本书为国家社科基金青年项目
"北宋三司财政管理体制研究"（18CZS017）结项成果

中国人民大学唐宋史研究丛书

A Study on the Financial Administrative System
of the Three Bureaus in the Northern Song Dynasty

北宋三司

财务行政体制研究

张亦冰 著

社会科学文献出版社
SOCIAL SCIENCES ACADEMIC PRESS (CHINA)

"唐宋史研究丛书"总序

中国人民大学历史学院唐宋史研究中心计划集编出版"唐宋史研究丛书",下文谨述其缘起与基本思路。

隶属于中国人民大学历史学院的唐宋史研究中心,成立于2010年,它是一个汇聚同好而组成的松散学术团体,一个学术交流平台,旨在推动关于中国唐宋历史研究领域的发展。除了不定期地举办学术讲座、召开学术会议外,中心主要的事务是从2015年起编辑出版年刊《唐宋历史评论》。现今在此年刊基础之上,同仁们经过集议,认为有必要集编出版一套专门以唐宋史研究为主题的学术丛书。

一方面,至少在形式上,这套丛书可以将中心成员学术著作汇集起来,以显示"学术团队"的总体力量。目前中心主要由本学院以及本校国学院从事唐宋史研究的教师组成,并聘有校外兼职研究员,经常参加中心学术活动的有20余人,还有已经毕业或在读的硕士博士研究生数十人。中心成员的学术兴趣涉及唐宋史众多领域，大致有政务文书与政治体制、社会经济、城市、财政、律令制度、宗教与民间信仰、历史文献、历史地理、医疾、民族关系、敦煌吐鲁番文献，以及辽金政治、地理、史学等多个议题。今后随着研究生培养工作的推进，我们的研究力量与研究议题必然会不断扩充与拓展，用一套学术丛书来集中展示我们的研究成果，无疑是构建中国人民大学唐宋史研究学术团队的合适途径。

另一方面，更为重要的是，这套丛书的集编出版，反映了我们关于如何深化唐宋史研究的一些学术思考。《唐宋历史评论》"发刊词"曾指出：

> 唐宋时代是中国古代历史上继周秦之变以后再次经历重大社会与文化变迁的时期，魏晋以来相承之旧局面，赵宋以降兴起之新文化都在此时期发生转变与定型。唐朝以其富强，振作八代之衰，宋代以其文明，道济天下之溺；唐宋并称，既有时间上的相继，又有文化上的相异。唐、宋的时代特色及其历史定位，要求唐宋历史的研究突破原先单一的唐史研究、宋史研究画地为牢，囿于一代的旧局面，构建"唐宋史观"的新思路，树立"唐宋史研究"的新框架，在更为宏观的历史视野中观察、理解中古史上的唐宋之变。

所谓"构建'唐宋史观'的新思路，树立'唐宋史研究'的新框架"，当然不仅仅是将习称之"唐宋变革"或"唐宋转折"的两端扯到一起，让两个断代史领域叠加起来而已，而是希望推进研究范式的某种转变，是如何从长时段"会通"地来观察历史的问题。

不同历史解释体系对于唐宋间存在着一个历史转折似无异议。从明人陈邦瞻（1557~1628）所论"宇宙风气，其变之大者三：鸿荒一变而为唐虞，以至于周，七国为极；再变而为汉，以至于唐，五季为极；宋其三变，而吾未睹其极也"[1]，到20世纪初由日本学者内藤虎次郎（1866~1934）在《概括的唐宋时代观》一文中提出的"宋代近世说"，认为唐宋之间存在一个历史的"变

---

1 陈邦瞻：《宋史纪事本末》附录一《宋史纪事本末叙》第四册，中华书局，1977，第1191~1192页。

革"[1]，及至现今仍流行于欧美学界的"唐宋转折"论，细节上虽多有差别，主旨却基本相同。

即便按照传统的、将整个中国帝制时期都划入"封建社会"的历史分期法，由于这个"封建社会"过于冗长，学者们也都试图将其再细分为不同的时段，以便于深入讨论。他们有将其分为前、后两期的，也有分为前、中、后三期的。但不管哪种分法，唐宋之际都是一个分界点。[2]

从内藤氏以来，学者们对这个转折的具体内容做过许多侧重面略有差异的描述。陈寅恪（1890~1969）先生以"结束南北朝相承之旧局面"[3]一语来概括唐代前期历史，最为精到。此外也有一些学界前贤，发表过一些相当有启发性的意见，向我们展示了这种长时段、全方位观察视野的犀利目光。

但是，从学术史的角度看，前贤的这些论断的影响，似乎更多地只体现在引导学者们去关注唐宋之间历史的变异与断裂，不管是称之为"变革"还是"转折"，都是如此。近数十年来我国史学的发展现状是，虽然关于应该摆脱断代史框架的束缚，从历史发展的长时段着眼，以"会通"的视野，来观察中国历史的沿革与变化的立场，差不多已经成了学界常识，但将这种常识落实到实际的研究工作中去，则还处在言易行难的初步阶段。具体就宋代历史研究领域而言，集中表现在制度史领域，越来越多的学者意识到应该从晚唐五代去追溯宋代制度的渊源，但真正"会通"的成果尚不多见。总体看来，唐与宋各自分为两个"断代"局面未见有大的改观，中间那道隔离墙并不易被拆除。

唐宋两朝研究各自囿于断代史畛域的主要原因，并非仅仅出于历史文献

1　论文原载〔日〕《历史与地理》第九卷第五号（1910 年），黄约瑟中译本，载《日本学者研究中国史论著选译》第一卷，中华书局，1992，第 10~18 页。关于由内藤此文影响下形成的"唐宋变革"论，可参见邱添生《论唐宋变革期的历史意义——以政治、社会、经济之演变为中心》，《台湾师范大学历史学报》第七期，1979 年 5 月。张其凡《关于"唐宋变革期"学说的介绍与思考》，《暨南学报》（哲学社会科学版）2001 年第 1 期。

2　参见白钢《中国封建社会长期延续问题论战的由来与发展》，中国社会科学出版社，1984。

3　陈寅恪：《论韩愈》，原载《历史研究》1954 年第 2 期，后收入氏著《金明馆丛稿初编》，上海古籍出版社，1980，第 296 页。

过于庞驳、史事制度过于复杂，以致多数学者以一人之心力，难以兼顾，而在于观察的视野与分析的理路，常常局限于一朝一代，未能拓展开去。我们强调应该跳出断代史的框架，摆脱一时一地的局限，以会通的眼光来观察历史，也绝非以为凡叙述某一史事，都必须从唐到宋，甚至更长时段地，跨朝越代，从头说到底。实际上，关于中国古代历史研究的绝大多数专题，都不得不具体落实到某一个"断代"的某些侧面，跨朝越代式的史事叙述，对于不少学者来说，无论在精力上还是智力上，都是不太容易应对的挑战。因此，我们在这里所强调的，是要以一种会通的立场、眼光与方法去分析处理断代史的问题。

所谓"转折"，指从一种形态转向另一种形态。但是，假定了"转折"的存在，绝非意味着研究者可以将其两端相互割裂开来。毋宁说，基于对"转折"的认识，更要求研究者持有一种长时段、全方位的观察眼光，从历史前后期本来存在的有机联系入手，来讨论造成"转折"的种种因素，分析"转折"的前因后果。

如果未能明了赵宋以降文化史与思想史的基本走向，就不太可能真正理解韩昌黎（768~824）"文起八代之衰，而道济天下之溺"的历史地位。同样的，未能充分掌握中原地区古代服饰演变的全局，认清秦汉而下直至明清，含蓄收敛服饰风尚实为常态，倒是"非华风"的盛唐风范实属例外，仅以唐宋间的简单对比，来划出"开放"与"保守"的文化分野，就未免流于世俗的片面之论了。笔者近年讨论宋代城市史，跳出传统的唐宋间产生所谓"城市革命"，亦即主要从历史的断裂层来作分析的思路，改为更多地观察唐宋间城市历史的延续性，小有收获，也可为一例。

所以说，如果能站在整个中国古代历史前后转折的高度，从时间与空间两个维度来做观察，关于"唐宋转折"的假设不仅不会使我们将唐宋间历史机械地割裂开来，反而会更推动我们去探索它们相互间的有机联系，深化对它们的认识。这大概就是一种正确的方法可能带给研究者的丰厚回馈。

相对而言，如何通过观察历史后续的发展，也就是元明清各代的历史，再反过来验证自己对唐宋时期历史的分析，或者在对历史后续发展的观察之中，来就前期彰显未明的史事的走向，获得一些启发，关注者看来更少一些。同样的，据我们对元明清史研究领域的粗浅观察，论者能跨越断代，将对史事的梳理上溯至唐宋者，似亦有限。因此，对于许多制度的沿革，史事的源起，常常只能知其然，而不能知其所以然。

前贤的许多论述，例如前引陈邦瞻之语，接下去又说："今国家之制，民国之俗，官司之所行，儒者之所守，有一不与宋近乎？非慕宋而乐趋之，而势固然已。"还有近人严复（1853~1921）之所论，"中国所以成为今日现象者，为善为恶，姑不具论，而为宋人之所造成，什八九可断言也"[1]。或者如王国维（1877~1927）所说"近世学术，多发端于宋人"[2]。这些议论虽已为人们所耳熟能详，也多见引于学者的论著之中，但它们之所指出的历史现象，真正被学者纳入自己的观察范围，予以深入讨论的，则不多见。

易言之，鉴于学术史的现状，立足于唐宋的观察视角的学术意义，还在于可能推进对经由唐宋转折定型的中国帝制后期历史的贯通性研究。这样的贯通性研究，无论是对我们进一步理解唐宋，还是元明清，或者今天的中国，都是极为必要的。

所以，立足于"唐宋"的观察方法，不仅要求我们拓宽视野，将7~13世纪整个民族的历史活动纳入分析讨论的范围，更需要我们将观察的眼光从一代一朝、一时一地，拓展到民族历史发展的全过程。同时，它也必将会对我们的学术能力提出更高的要求。

归纳而言，我们这套丛书以"唐宋史"为题，收录论著的具体议题自然不出唐宋两代的史事，而且多数仍不免分别讨论唐代或者宋代，但观察的视野与分析的理路，则希望不仅要会通唐宋两代，关心的时段也比唐宋历史时期还要广泛一些。更重要的是，与其说这样的专题选择是出于一种学术领域的划分，不如说是基于一种自以为更合适的学术方法与学术眼光的思考。我们希望以这种更具有透视力的学术眼光来自励，并希望以此为深化对民族历史的理解做出自己应有的努力。

1　严复：《严几道与熊纯如书札节钞》第39通信札，见《学衡》第13期，1923年1月，第12页。
2　王国维：《静安文集续编·宋代金石家》，见《王国维遗书》第五册，上海古籍书店1983年据商务印书馆1940年版影印。

　　具体就丛书的集编组织而言，我们希望能够遵循学术研究的自然规律，不分批分辑，杜绝批量生产，同仁的论著成熟一本推出一本，积以岁月，观以长效。同时，也欢迎学界同好加入我们的研究团队。

　　谨此说明。

包伟民

2016 年 3 月 30 日

绪　论

一

　　赵宋王朝自建国（建隆元年，960）至元丰五年（1082）官制改革，一直以三司统管全国财赋。三司号称"计省"，[1]所谓"天下财赋，内庭诸司，中外管库，悉隶三司"，[2]可见其在理财上的核心地位。北宋前期，身历其间的诸多臣僚，曾从不同角度阐述对三司角色的理解：或如司马光，谓天下钱谷"皆总于三司"，[3]强调其总管财赋；或如田况、张方平，

1　《宋史》卷一六二《职官志二》，中华书局，1985，第3807页。

2　《宋史》卷一六一《职官志一》，第3768页。

3　司马光：《司马光集》卷五一《论钱谷宜归一札子》，李文泽、霞绍晖校点，四川大学出版社，2010，第1066页。

言三司为"有司",[1] 谓其奉行宰执指挥处置政务,而无大政裁断之责;或如王化基、王旦,将三司譬诸唐前期尚书省,目其为"大有司",强调其职掌范围之广泛,与诸司多有关联。[2] 这些制度亲历者的"经验之谈",反映了北宋臣僚对于三司、宰执、诸有司职掌及相互关系的多层面理解,也体现出三司在财政管理体系中的复杂面相。而相比前后诸王朝中央理财官司,三司在北宋官僚体系中的角色具有独特之处。不论唐前期三省制下的户部,还是宋代元丰改制后乃至元明时期的户部,均不如三司一般涵盖如此宽泛庞杂的财计职掌,其长官更未如三司使一般密迩枢机、位望尊崇,"位亚执政,目为计相"。[3] 北宋三司之所以呈现出如此复杂而独特的面貌,同该机构的形成过程及其历史背景密不可分。

宋太宗端拱年间,直史馆罗处约追溯三司渊源:"臣以三司之制非古也。盖唐朝中叶之后,兵寇相仍,河朔不王,军旅未弭,以赋调管榷之所出,故自尚书省分三司以董之。然国用所须,朝廷急务,故僚吏之属倚注尤深。或重其位以处之,优其禄以宠之。"[4] 根据他的说法,三司乃是中晚唐战乱频仍,朝廷国用不足,不得已而设的权宜之制,故宋廷若欲天下致治,有必要更张制度,重建尚书省。而南宋晚期林駉在编纂的《古今源流至论》前集中,曾述及三司制度:"利权宜合不宜分,利源宜公不宜私,此国朝建置三司之美意也……自唐五代以来,而他官皆所不与,我国朝悉属三司。故造作军器属之胄案,土木之工属之修造,河防之设属之河渠,国家财用之出莫大于三者,而三司皆得总焉。"[5] 其书后集又曰:"(唐宋之际)户部之职一变而判以宰相,再变而主以他官,三变而为三司,而所谓三司使者乃其三变之余尔。国朝立极,五季弊政扫除殆尽,而独一二仅存,殆有深意焉。盖我朝以宰相主民,枢府主兵,三司主

1　田况所论,参其《皇祐会计录序》,吕祖谦编《宋文鉴》卷八七,中华书局,1992,第 1232~1233 页。张方平之论,参其《论国计事》,《乐全先生文集》卷二四,《宋集珍本丛刊》第 5 册,线装书局,2004 年影印本,第 515 页。

2　王化基、王旦之言,分别参李焘《续资治通鉴长编》(以下简称《长编》)卷三二,淳化二年九月庚子,中华书局,2004,第 721 页;卷八六,大中祥符九年三月辛酉,第 1979 页。

3　《宋史》卷一六二《职官志二》,第 3807 页。

4　《宋史》卷四四〇《罗处约传》,第 13034 页。

5　林駉编《新笺决科古今源流至论》前集卷二"国用",元延祐四年圆沙书院刻本,《中华再造善本》第 1 编,北京图书馆出版社,2005,第 15 叶 a。

财，国家大务，莫重三者，故不得不专其职也。"¹据此所言，三司制度固为晚唐五代乱世产物，但北宋因而不改，乃是由于祖宗深邃精微的良法美意：保留三司，既有利于朝廷集中利权，财臣得专领其职，也有助于君主分化制衡二府权力。

罗处约与林骃对北宋三司制度的评价大相径庭，主要由于二人所处历史环境不同，立论主旨有别：前者于宋初力主恢复尚书都省，重建盛唐典制；后者于南宋力主利权专一，纾解财计困局。但对于三司制度的特点及形成缘由，二人意见颇为一致：三司之所以专领国计，且于财计之职无所不包，主要源于晚唐五代中央计司需高效筹措钱物，以应对浩繁的军费开支；而三司理财长期得以维持，也同君主巩固统治、控御臣僚的权术密切相关。由此观之，北宋前期三司理财体制，乃是8~11世纪帝制中国财政、军事体制与政治格局深刻演化的产物。这一时期，随着两税法的展开以及榷利收入的增加，王朝赋税的征纳与管理模式必须因应调整；而严峻的边患以及募兵制的广泛推行，使得军费开支渐趋沉重。在此背景下，彻底终结藩镇割据，基本实现一统的赵宋王朝，在调整人事、更张典制以"走出五代"过程中，强化了朝廷权力对地方的渗透，但在行政运作层面，仍保留了晚唐五代以来使职行政乃至"藩镇为国"的诸多要素。此外，宋朝的军事征伐，除了塑造君主权威、成就广袤疆域，也带来了实物财政情况下，各区域财赋计度、审核困难与长距离钱物筹措、转输不便等严峻问题。应当说，在前近代行政技术条件下，如何合理措置以维持"国用"充足，是历朝理财机构均须究心的要务，而北宋前期政治、经济诸方面的结构性变局，更使中央计司面临全新考验，深刻影响了其理财体制的运作与演化。因此，对北宋三司加以考察，分析其组织架构、职掌分工与人事安排，厘清其形成、演进的基本脉络及因由，有助于我们把握北宋财政管理模式的基本特点，理解唐宋国计体系转变路径。

宋人有关三司制度的记载与言论堪称浩繁，然多为零散"印象"与片面评议，不足以展现财政管理整体、动态的图景。现代学者由财政史及官僚制度史角度出发，梳理三司建置、职掌，积累了大量成果，厘清了相关制度的基本

1　林骃编《新笺决科古今源流至论》后集卷二"三司"，第10叶b。

面貌，但对于三司相关制度的形成过程及其实际政务处置中的运行状况，往往囿于宋人论说，尚未做出充分分析。本书的总体目标，不在于全面胪列三司制度规定，也无意拾人牙慧，对三司理财体制之"优劣""利弊"再加评价，而拟在深入理解制度运作机制的基础上，对三司这一维持一百二十余年的中央财计机构在北宋国家行政体系中所扮演的角色，得出更为合理的认识。[1] 具体说来，本书试图从宋人论说出发，分析三司理财实践过程中，如何与宰执、诸司围绕国家财政管理展开互动，进而思考相关制度演进背后的历史逻辑以及制度参与者的思路与行为模式。为达此目标，本书将在前人基础上，调整考察视角，冀以进入政务运行的具体场景。在具体研究展开前，首先需梳理相关学术史，并对本研究基本方法、思路加以概述。

二

相比中书门下、枢密院等宰执机构，学界目前尚无以三司为研究对象的专著，专题论文数量也较有限。[2] 但因三司总领国计，牵涉财计事务范围极广，相关讨论往往见于各类财政史、经济史、官僚制度史乃至政治史研究中。黄亚娟、谢婷、贾明杰在讨论有关三司的学位论文中，曾对既有研究加以梳理，[3] 魏莹莹也曾对 21 世纪以来三司相关研究加以述评。[4] 本书不拟面面俱到地胪列前人成果，而是以议题与研究思路为中心，勾勒学术史大体脉络，并对研究方法重加检讨，以期充分把握当前有关三司研究的进展及深化余地。至于同本书相关的具体论点，将随文述及，此不赘言。

1　国家行政管理体系，一般由政府机构设置、职权划分以及相应法律法规三方面构成，其中职权划分为考察行政管理体系的核心。本书的考察，集中于三司与其他行政主体的职权划分及互动，兼及其余两方面。

2　近年，贾明杰的博士学位论文，曾对北宋三司相关制度进行全面考察，所论涉及三司发展变迁，三司与经济、政治、军事的关系，以及三司官员的利益与待遇等诸多方面，参贾明杰《北宋三司若干问题研究》，博士学位论文，河北大学，2017。

3　黄亚娟：《北宋三司使研究》，硕士学位论文，河南大学，2006，第 3~5 页；谢婷：《北宋前期三司组织机构和长官出身研究》，硕士学位论文，北京大学，2013，第 2~7 页；贾明杰：《北宋三司若干问题研究》，第 2~8 页。

4　魏莹莹：《宋代三司制度研究 15 年（2000~2015）述评》，《决策与信息》（下旬刊）2015 年第 7 期。

（一）"封建专制国家论"影响下的三司研究

　　方诚峰曾将宋代政治史研究归纳为三种主要范式："唐宋变革论"、"国家萎缩论"以及"封建专制国家论"。[1]三者研究焦点不一，但彼此并非全无关联，如"国家萎缩论"在某种意义上是美国学界吸收、扬弃"唐宋变革论"，转向地域研究的产物；而"封建专制国家论"对于君主及官僚权力结构的关注，也同"唐宋变革论"所涉议题颇为相关。作为仅设置于北宋前期的制度，三司相关研究很难被完全纳入某一研究范式，但又同上述命题，特别是"封建专制国家论"与"唐宋变革论"密切关联。

　　中国学界对北宋三司的关注，大多源于对北宋君主专制问题的考察，以及由此引发的君权、相权关系争论。[2]钱穆《论宋代相权》认为三司独立于宰相，具有理财权，"宰相不得预闻财政而宰相职权又去其半矣"；同时，他对宋人有关三司分宰相财权的批评也有所关注，并将此视为元丰改制废三司的原因，但对三司制度本身论述甚少。[3]此后，学界的关注点长期集中于君主如何实现财政层面的专制集权，又如何制衡宰相权力，[4]三司相关制度，多被作为君主削弱相权、巩固集权的手段予以述及。如漆侠、邓广铭、张家驹、关履权等人的相关论著，[5]均认为三司、枢密院分化宰相事权，反映了宋初设官互为牵制，加强君主专制的特点。直到20世纪80年代，学界对北宋君权、相权大小进行了重新考量，认为应充分肯定宰相财权，并逐渐关注"士大夫政治"对中枢权力格局的影响，[6]而作为中央理财部门的三司，其与朝廷决策层的关系，得

1　方诚峰：《试析宋代政治史研究诸轨迹》，邓小南主编《宋史研究诸层面》，北京大学出版社，2020，第1~19页。

2　方诚峰：《试析宋代政治史研究诸轨迹》，邓小南主编《宋史研究诸层面》，第12~13页。

3　钱穆：《论宋代相权》，《中国文化研究汇刊》第2卷，1942年9月。

4　杨世利、尚平：《宋代中枢权力研究综述》，《中国史研究动态》1998年第1期，第8~12页。

5　季子涯（漆侠）：《赵匡胤和赵宋专制主义中央集权制度的发展》，《历史教学》1954年12月号，第16页；收入氏著《求实集》，天津人民出版社，1982。邓广铭：《论赵匡胤》，氏著《邓广铭学术论著自选集》，首都师范大学出版社，1994，第68页，原载《新建设》1957年第5期。张家驹：《赵匡胤论》，《历史研究》1958年第6期，第42页。关履权：《论北宋初年的集权统一》，氏著《两宋史论》，中州书画社，1983，第43~44页，原载《华南师院学报》1980年第4期。

6　参杨世利、尚平《宋代中枢权力研究综述》，《中国史研究动态》1998年第1期，第8~12页。

到重新审视。如王瑞来在《论宋代相权》中,对北宋不同时期宰相干预财政事务的事例进行了搜集、分析,认为财权起初部分归属三司,最终集中于宰相;[1]另如张其凡《三司·台谏·中书事权——宋初中书事权再探》及傅礼白《北宋三司使的性质与相权问题》,主要论证宰相充分掌控财权,其从设官立制、人事任免方面考察宰相如何参与国家财政管理,并对三司使在财政决策、管理以及人事等方面的权限加以关注,修正了宋廷设三司以夺宰相财权等成说。[2]此后,崔玉谦、孙朋朋均曾考察三司同君主、中书门下的财权博弈,[3]杨帆更从三司、中书的长期矛盾入手,解释元丰改制何以罢废三司。[4]

三司作为"计省",其理财职能与北宋中央"财政集权"密切关联。相关研究,主要集中于三司建置变迁、组织架构、职掌内容、人事管理等方面。何回《宋代中央的财务行政——三司与户部的组织》一文,系有关三司制度最早的专题介绍。[5]此后,郑寿彭、葛绍欧对三司制度进行了全面考察。郑寿彭《宋代三司之研究》[6],对三司机构设置、职掌、官员及其在熙宁变法中的改造,以及元丰改制后废三司立户部的情况进行了系统论述。此文关注到一些其他学者讨论较少的问题,譬如设专节考察三司的司法职能,并通过三司置印、休假的特殊规定,论证三司在国家机构中的重要地位。该文面面俱到但欠深入,且对不少材料存在误读,譬如误以勾院分合为三部分合,并将都盐、商税等案职掌混为一谈。[7]此外,葛绍欧《北宋之三司使》以列表形式详细分析了北宋三司使的籍贯、出身、任期以及前后官情况。[8]

杨倩描《唐宋时期的三司体制述论》突破单一组织架构梳理,将三司视

1　王瑞来:《论宋代相权》,《历史研究》1985 年第 2 期,第 111 页。
2　张其凡:《三司·台谏·中书事权——宋初中书事权再探》,《暨南学报》1987 年第 3 期;傅礼白:《北宋三司使的性质与相权问题》,《山东大学学报》1991 年第 1 期。
3　崔玉谦:《北宋天禧元年三司使马元方离任始末考论——兼论内藏库与计司之间的矛盾冲突》,姜锡东主编《宋史研究论丛》第 21 辑,科学出版社,2018;孙朋朋:《北宋前期三司权力与地位演变及其政治意涵》,河南大学"西园研史"首届唐宋史青年学者论坛论文,2021。
4　杨帆:《熙宁七年三司大火考论》,姜锡东主编《宋史研究论丛》第 27 辑,科学出版社,2020。
5　何回:《宋代中央的财务行政——三司与户部的组织》,《中央日报》1947 年 6 月 1 日。
6　郑寿彭:《宋代三司之研究(上、中、下)》,《现代学苑》1973 年第 8 期,第 11~16 页;第 9 期,第 33~36 页;第 10 期,第 28~34 页。
7　郑寿彭:《宋代三司之研究(上)》,《现代学苑》1973 年第 8 期,第 11~12 页。
8　葛绍欧:《北宋之三司使》,《食货月刊(复刊)》第 8 卷第 3、4 期,1978,第 113~135 页。

为财政管理枢纽，分析其如何同官僚体系进行互动以落实"财政集权"。[1] 杨氏所定义的"三司体制"，并非仅限于三司机构，而是以三司为核心，由"垂直与横向的财政系统构成的庞大网络"。所谓"垂直系统"，指的是三司与转运司、州（由通判负责）等地方机构间的联系；而"横向系统"，则指三司与发运司、提举解盐司、市舶司等专项财政部门间的联系。在此基础上，作者考察了三司体制的形成过程、各机构的连接方式，并从人事任免权、官员身份高下与官司职掌等方面考量了三司的地位。杨文突破了以官司机构、人事为中心的研究范式，将考察对象调整为以三司为核心的国家财政管理体系，以此观照三司与官僚体系互动关系，拓展了议题空间。此后，汪圣铎对"三司理财体制"的形成过程，机构、职官设置，职权范围，其与内藏库关系，实践利弊以及熙丰时期撤三司等问题，进行了系统考察。[2] 汪氏并未对"三司理财体制"进行明确界定，但从讨论范围看，包括三司与内藏库关系以及与地方财政机构关系等方面。汪氏的主要贡献在于研究的全面性，其对三司机构、官吏设置的梳理也颇为细致，在史事考订方面较前人多有补正。至于三司参与财政决策、计度国用、财务审核等具体职掌，杨倩描、安国楼、肖建新、方宝璋等均有专题考察，[3] 此不赘述。

　　关于三司理财实践及其"财政集权"的实际效果，学界评述颇多。如程民生、冀小斌偏重讨论三司理财体系的弊端，认为北宋中央财政管理主体多元，三司财权难以切实集中，相关管理机制混乱，才是造成财政困难的主要原因。[4] 杨倩描曾对北宋"三司体制"的合理性加以分析，认为该体制之所以形

1　杨倩描：《唐宋时期的三司体制述论》，《河北师院学报》1990 年第 4 期，第 102~107 页。

2　汪圣铎：《宋朝理财体制由三司到户部的变迁》，中国社会科学院历史研究所宋辽金元研究室编《宋辽金史论丛》第 2 辑，中华书局，1991，第 128~133 页。另参氏著《两宋财政史》，中华书局，1995，第 5~8、584~607 页。

3　杨倩描：《从"系省钱物"的演变看宋代国家正常预算的基本模式》，《河北学刊》1988 年第 4 期；安国楼：《论北宋三司的财会管理》，张德宗主编《河南大学研究生论丛》第 2 辑，河南大学出版社，1988，第 131~138 页；肖建新：《宋朝审计机构的演变》，《中国史研究》2000 年第 2 期；肖建新：《宋代审计三论》，《史学月刊》2002 年第 1 期；方宝璋：《宋代财经监督研究》，中国审计出版社，2001。

4　程民生：《论北宋财政的特点与积贫的假象》，《中国史研究》1984 年第 3 期；冀小斌：《北宋积贫新解——试论"国用不足"与王安石新法之争》，周质平、Willard J. Peterson 主编《国史浮海开新录——余英时教授荣退论文集》，台北：联经出版事业股份有限公司，2002，第 283~300 页。

成，原因有二，其一为中唐以降新财源开辟，对专门的财政管理机构提出新要求；其二则为北宋建立后专制集权强化，伴随着统一包干式预算体系的建立，需要一个从中央到地方"一呼百应，一贯到底"，且能贯彻君主意志的理财机构作为保障。三司体制在北宋前期形成并能稳定运转一百二十余年，充分表明其适应高度集权理财体制的需要。杨氏认为，三司体制的主要问题在于两方面：其一，三司地位高，而其职掌过于驳杂，不但影响国家机器综合职能，且导致财政组织本身效率低下；其二、中书、枢密院与三司联系较少，沟通不畅，导致预算编制不充分，影响财政收支计度。[1]

　　由于三司财权集中，长官位望崇重，且同中枢政局密切关联，宋廷对其人事安排颇为着意。张小平《陈恕年谱》是对北宋前期三司使的个案考察，注意到陈恕任职三司长官期间诸项措置对北宋三司制度发展的重要意义，并由此切入，论及三司长官出身、职掌等问题。[2]黄亚娟《北宋三司使研究》则以三司长官群体为研究对象，全面考察了其出身、前后官情况、职掌以及人事管理等内容，并在此基础上，讨论其与君主、宰相的关系，比较元丰改制前后三司、户部在职掌范围、权力地位方面的差异。范学辉《三司使与宋初政治》将三司官员任免、活动与太祖朝政局演进结合考察，讨论三司使在宋初政治中的角色，认为太祖朝多以勋旧之臣掌三司，以实现对财权的绝对控制。[3]谢婷《北宋前期三司组织机构和长官出身研究》则在充分吸收前人研究的基础上，对"三司体制"的形成时间、宋初三朝三司组织架构演化的阶段性特点以及三司长官出身的变化，进行了细致考察。

　　最后值得一提的是黄纯艳《宋代财政史》[4]中有关三司的研究。在考察三司组织架构时，黄氏根据职能分类，归纳子司业务关系，力图展现三司内部机构在日常运行时的整体面貌。此外，黄氏认为三司职能远不限于财务，并将其财

1　杨倩描：《唐宋时期的三司体制述论》，《河北师院学报》1990 年第 4 期，第 110、114 页。

2　张小平：《陈恕年谱》，硕士学位论文，陕西师范大学，2005。

3　范学辉：《三司使与宋初政治》，姜锡东等主编《宋史研究论丛》第 6 辑，河北大学出版社，2005，第 19~50 页。

4　黄纯艳：《宋代财政史》，云南大学出版社，2013，第 1~81 页。相关论述主要集中在第一章第一节"北宋财政管理制度"中，除第一小节"北宋三司财政"外，其余两小节"北宋内藏财政""北宋朝廷财政"所论与三司财政管理亦多有关联。

政职能归纳为供应京师百官军队日常开支、统筹管理上供、监督催科地方财赋征收以及参与财政决策谋议四类，论述更为系统；其对于三司与君主、宰相之间财权关系的讨论，也较前人更具说服力。

（二）唐宋制度演化视角下的三司研究

作为肇始于中晚唐而定型于五代的理财机构，北宋三司的形成，必须在唐宋制度演化整体脉络下加以观察，相关研究也同日本学界"唐宋变革论""藩镇国家论"等假说存在关联。值得一提的是，三司制度曾长期不为日本学界瞩目，专题研讨较少。内藤湖南的《概括的唐宋时代观》主要从文化与政治史的角度，阐述了"宋代近世"及"唐宋变革"等论点，但并未过多讨论这一时期财政经济与官僚体制的具体演化，三司制度亦不在其论域之中。事实上，在二战结束前，仅曾我部静雄《宋代财政史》在讨论北宋财政管理制度及收支状况时，梳理了中央理财机构从三司到户部的变化，并考察了两宋三司"会计录"的编修情况，[1] 但三司机构设置与职能，并非其关注重点。

二战结束后，学者或阐发内藤学说，详论唐宋之际财政、经济制度方面的"变革"；或对"唐宋变革论"加以反思，主张宋代并非"近世"开端，而系"中世"。[2] 无论是"唐宋变革论"抑或"宋代中世说"，政治统治主体与支配体制的变化，均为其学说重要构成部分，而五代处于唐宋更迭的节点，其制度演化颇受关注，如日野开三郎、爱宕元、大泽正昭等，都曾讨论晚唐藩镇体制与宋代各类制度的联系。正如学者指出，藩镇问题在北宋初即已终结，有关命题很难被纳入"唐宋变革"的讨论范畴；[3] 但长期作为北宋理财中枢的三司，其职掌与职官设置多源自藩镇使职，且同唐宋财政体制的变化密切关联，颇受研究者关注。最具代表性的成果，分别来自砺波护与周藤吉之，兹分述如下。

砺波护对由唐至宋财政使职的演进进行了系统梳理。关于北宋三司制度，

1　曾我部静雄『宋代財政史』東京：生活社、1941、大安株式会社、1966 年再版、22~36 頁。

2　张广达：《内藤湖南的唐宋变革说及其影响》，荣新江主编《唐研究》第 11 卷，北京大学出版社，2005，第 43~44 页。

3　仇鹿鸣：《藩镇：一个难以被纳入唐宋变革论的议题？》，包伟民、刘后滨主编《唐宋历史评论》第 9 辑，社会科学文献出版社，2022，第 9~12 页。

砺波氏的讨论重点在于其所反映的时代特征。砺波氏依据宫崎市定等人的研究，认为五代政权的一大特点，在于军阀与商业资本的结合，而三司使的兴起即与此密切相关；此外，由唐至宋三司长官身份的变化，也可反映出这一时期政治权力的转移：门阀贵族逐渐衰落，五代牙军势力一度占据其位，至宋太宗朝后，终被进士及第的官僚取代。[1] 砺波氏对北宋三司制度尤其是三司使形成过程的细致梳理，主要为回应"唐宋变革"如何发生，宋代怎样进入"近世"这一议题。虽然其对宋代三司使身份的统计多有不确，对于制度演进具体细节也未充分论及，但其研究视角给人启发颇大，许多论点，如北宋继承后唐三司使制度等，多为研究者接受或进一步证实。此后，郝若贝（Robert M. Hartwell）曾进一步梳理北宋三司使的身份，以证明其为富有理财经验的专业财政官僚，促成了经济政策的合理推行与宋代经济转型。[2]

周藤吉之撰有《北宋三司的性格》[3]和《北宋三司的兴废》[4]二文，分别讨论三司内部官吏构成以及组织机构设置。在《北宋三司的性格》一文中，周藤氏梳理了北宋三司长官名称变化，并考察了历任三司长官的前后官情况，以及三司人吏、军将、大将的设置、管理与职掌。至于《北宋三司的兴废》一文，则将三司视为与中书、枢密院并列的"三大官厅"之一，力图对其庞杂的组织架构加以考察，并以此为线索，论述其主要职掌变化。周藤氏二文，研究对象虽有所不同，但均着眼于北宋三司内部人事、组织架构等内容，且认为其继承了五代藩镇体制。作为"宋代中世说"的主张者，周藤氏针对三司的研究，主要是在对五代藩镇内部权力结构与支配体制的观照下展开的（周藤氏还曾由宋代衙前等职役关系入手，对五代"节度使支配体制"问题加以考察[5]），在复原北宋三司制度细节的基础上，力图论证其与藩镇体制的联系。

1　礪波護『唐代政治社会史研究』第一章「三司使の成立について」京都：同朋舎（東洋学研究辑刊）、1986、3~45 頁。

2　Robert M. Hartwell, "Financial Expertise, Examinations, and the Formulation of Economic Policy in Northern Sung China," *The Journal of Asian Studies*, Vol. 30, No.2 (Feb, 1971), pp. 281-314.

3　周藤吉之「北宋の三司の性格」原載『法政史学』18、1965、氏著『宋代史研究』東京：東洋文庫、1969、79~144 頁。

4　周藤吉之「北宋における三司の興廃」原載『駒沢史学』13、1966、氏著『宋代史研究』、28~144 頁。

5　周藤吉之「五代節度使の支配体制－特に宋代職役との関連に於いて」原載『史学雑誌』第 61 編第 4、6 号、1953、氏著『宋代経済史研究』東京大学出版会、1962、573~654 頁。

　　砺波护、周藤吉之对于唐宋转折期性质的理解虽有所不同，但他们立足于考察三司的形成过程与制度架构，提出并尝试解决了诸多重要议题。20 世纪 80 年代后，日本学界有关"唐宋变革"的争论逐渐消沉，更多转向地域社会史研究以及"专制国家论"导向下对国家、民众关系的考察。此外，寺地遵有关"政治过程"与"政治权力形成"的假说，也推进了政治史研究。[1] 有关三司的研究，似乎难以回应上述议题，显得较为沉寂。相关专论的关注点，也由唐宋时代转折转向北宋中枢权力结构演进以及官僚体制变化等议题。如见城光威曾讨论宋初三朝三司长官的身份，并考察其与太祖、太宗二朝政权构建及皇权强化的关系；[2] 板桥真一、宫崎圣明等通过梳理三司官员的来源与迁转路径，讨论了北宋财政官僚选任思路的变化，[3] 后者更从茶盐法改革等财政决策过程入手，分析了北宋前期三司、中书门下统摄关系的演化过程，[4] 为学界围绕三司、宰相财权关系展开的长期争论，提供了新的研究思路。

　　在此时期，晚唐五代财政使职体系、藩镇财政制度的演化过程及其对北宋制度的影响，逐渐受到中国学者关注。彭向前《唐末五代宋初中央财权集中的历史轨迹》将三司制度视为宋廷加强财政中央集权的措施，并在"集权"脉络下梳理了三司理财职掌的演化过程。[5] 吴丽娱、李锦绣、何汝泉等主要立足于唐后期财政使职体制的形成与发展，从宰相财权演化、财赋收支分工、央地财政关系等角度，论其同北宋三司制度的关联。[6] 杜文玉、陈明光则针对五代财政中枢机构、"系省钱物"含义与支配方式、两税计征模式演变等议题，

1　张广达：《内藤湖南的唐宋变革说及其影响》，荣新江主编《唐研究》第 11 卷，第 47~48 页。

2　見城光威「宋初の三司について－宋初政権の一側面」『集刊東洋学』第 86 期、東北大学中国文史哲研究会、2001、21~41 頁。

3　板橋眞一「北宋前期の資格論と財政官僚」『東洋史研究』第 40 卷第 2 号、1991、95~102 頁；宮崎聖明「北宋の三司使・戸部尚書の人事と経歴」『北大史学』第 38 期、1998；『宋代官僚制度の研究』北海道大学出版会、2010、25~68 頁。

4　宮崎聖明「北宋の中書と三司の統接関係について」『史朋』34 号、2002；『宋代官僚制度の研究』、69~99 頁。

5　彭向前：《唐末五代宋初中央财权集中的历史轨迹》，硕士学位论文，河北大学，2001。

6　吴丽娱：《论唐代财政三司的形成发展及其与中央集权制的关系》，《中华文史论丛》1986 年第 1 期，第 169~204 页；李锦绣：《唐代财政史稿》下卷，北京大学出版社，2001，第 145~229 页；何汝泉：《唐财政三司使研究》，中华书局，2013。

进行了细致考察，深入分析了五代财政管理体制如何影响北宋三司。[1]

综上所述，学界对北宋三司制度的研究路径，起初或多或少受各类假说如"君主专制论""唐宋变革论"等影响。学者围绕三司制度起源、三司机构设置以及三司官员身份、人事制度等方面展开考察，试图理解三司与中枢决策层、地方政府之间的关系。虽然对于三司在管理体系中的地位与职能运作模式，并未形成一致意见，但厘清了不少有关三司的制度与史事细节，丰富了对此机构的认识。

（三）存在的问题

学者对北宋三司的讨论既已相当全面，相关议题当如何深化，又该怎样调整视角，拓展新的研究路径呢？我们首先应检讨当前研究中的结构性缺陷。

首先是研究视角与问题意识的局限。学者考察三司，往往受前述诸多假说影响，如日本学者关注统治阶层身份变化反映的"唐宋变革"问题，中国学者关注的中央集权、君主专制等问题，均属此类。应当说，以此类假说为导向的研究，有利于激发议题、拓展思路，但面对具体史事，其解释力往往并不充分，人们据此复原史事并解释其演进过程，容易被各类预设所包裹。譬如目前学界有关三司制度成因的理解，往往仍套用"中央集权的要求""君主专权的需要"等成说，对一些基本问题，如"权力"的具体内涵、构成要素及其之于统治的各自意义，"集权""专权"措施的落实方式与次第，北宋的财政"集权"有何特点，等等，却未能深入追讨。此外，在研究视角方面亦缺乏对话和聚焦：关注三司与君主专制、财政集权关系者，多着眼于政治权力结构，往往将官僚体制的演变与调整，视为权力博弈与顶层设计的产物，对于制度演化的内在理路缺乏关注，也难以阐明制度运作的基本原理，只能就纯粹的人事安排、制度结果立论；而关注唐宋三司演化者，往往着眼于财政制度要素的关联

1　杜文玉：《五代十国制度研究》，人民出版社，2006，第 137~145 页；陈明光：《"检田定税"与"税输办集"——五代时期中央与地方的财权关系稿之一》，《中国社会经济史研究》2009 年第 3 期；陈明光：《从唐朝后期的"省司钱物"到五代的"系省钱物"——五代财政管理体制演变探微》，武汉大学中国三至九世纪研究所编《魏晋南北朝隋唐史资料》第 30 辑，上海古籍出版社，2014；陈明光：《五代财政中枢管理体制演变考论》，《中华文史论丛》2010 年第 3 期，第 101~136 页。

与差异，对于其与北宋前期政局演变、政治文化的关系常措意不足，解释难免隔膜。

其次是论证思路方面的局限。其一，学者多纠结于"定性"问题，而这类问题本身多由非此即彼的立场出发，加之研究者视角与选用史料的不同，不但难以形成共识，更不利于观察各类史事之间的关联。譬如，学者考察三司制度形成，往往纠结于确定制度成立的具体"时间点"，对制度内涵的变化以及具体演进环节间的关联反而关注较少。而对三司与宰相财权孰重孰轻的争论，更是这一现象的典型表现。其二，多专注于制度或人事安排的表面差异，而对其背后的权力结构演变探究较少。譬如，论北宋三司之形成，往往局限于三部是否归并为一、是否由宰相兼任长官而缺乏独立性等问题，而对三司职能范围、内部组织结构及其政务处理机制演化的深层原因措意不足；又如，在考察三司职能时，多致力于"填充"各类史事，以丰富三司的职能类型，但对三司官员发挥的实际作用分析不多；此外，对于三司与其他财务管理主体怎样配合，内部人事安排与分工模式有何变化，体现了何种权力结构，缺乏细致考察；对于传统国家财政管理的实际能力、局限及因应模式，更是未尝究心。在此基础上形成的论述，往往脱离具体历史场景，影响了认识的深化。

最后则是具体研究中"逻辑链"与"证据链"的问题。这主要体现在材料的解读与论述方面。在材料使用方面，学者受宋人议论影响极大，关于三司职权、地位的考察，基本围绕宋人议论展开。宋人将三司视为国家重要官司，相关议论往往颇为精要，显示了时人对三司在官僚机构系统中角色的深刻认识。但其议论语境有别，基于不同角度，对于三司的评价也各不相同，必须加以辨析，如司马光本人，在熙宁与元祐间，即对是否保留三司阐述过完全相左的意见。[1] 另外，政书的史料编撰方式，也对制度史研究思路有所影响，学者往往将古人的议论或归纳，按"关键词"分类组合，而对其背后的历史信息挖掘不足。对于此点，李立《宋代政治制度史研究方法论批判》曾有切

1　关于司马光熙宁二年与元祐间对于三司的不同议论及背景分析，参傅礼白《北宋三司使的性质与相权问题》，《山东大学学报》1991年第1期，第85页。

中肯綮的评论[1]，兹具引如下：

> 现代政治制度史的研究远远超越了古人，不过在写法结构上仍然或
> 多或少受到古人的影响。比如在结构上，大多数学者的注意力集中在政
> 府机构及其构成、重要职官的职掌、选任及其在历史上的变化等等，过
> 多注重制度和组织的静态方面。至于借鉴社会科学理论，对权力的分配
> 和实际行使等进行动态方面的考察，直到近些年才真正得到学者们的关
> 注。在研究方法上，学者们采取了类似《通考》或正史志书的叙事手法，
> 往往将性质相同的史料按照时间顺序放在一起排比，有时由于史料本身
> 的不完整性，只要性质相同，可以混合运用后期的材料说明前代的问题。

值得一提的是，李立在证明上述论断时，所举例证恰为学者对三司形成
时间的讨论：

> 例如关于宋代三司使设置于唐成形于宋的观点，汪圣铎引用北宋真
> 宗咸平二年孙何的话作为例证，又引用南宋洪迈《容斋续笔·杨国忠诸
> 使记》的内容证明孙何的话不误；引用林駉《古今源流至论》后集《三
> 司》条说明三司的形成过程；引用吴曾《能改斋漫录·三司使之职》说
> 明唐末曾专为朱全忠设三司都置使等等，皆是用后世的史料或后人的概
> 括来论证前代的事情，所用史料的时间跨度极大。

应当说，这类所谓"政书"式的制度史研究法，厘清了有关制度沿革的诸多基
础性问题，所举宋人议论也多具启发性。但局限于此，难免遮蔽制度形成、运
作中的实态，切断了制度与文本语境及历史场景的关联。

此外，在具体论述中，学者往往缺乏基本的概念界定，进而影响了对史
事间逻辑关系的阐述。较典型者，即对机构、职官、具体官员三者区分不明

1　李立：《宋代政治制度史研究方法论批判》，包伟民主编《宋代制度史研究百年（1900~2000）》，商务印
书馆，2004，第 23 页。

确，对各类权力、职能的内涵缺乏界定，这对辨析机构职能、官员身份，分析不同行政主体权力类型与彼此关系干扰尤大。如前所述，部分学者将三司官员因个人身份被委派的临时差遣视为三司机构职能，以此论证三司职掌的广泛，进而又以此证明其地位崇重。另如学者多论及三司官员参与财政决策，但并未厘清其参与方式以及体现的职权，这导致人们难以理解三司官员与其他部门官员在财政决策中具体作用及角色的差异。总之，学者对三司机构、人事沿革、职掌内容及其同君主、宰执的财权博弈，已有较多研究，但因考察视角、论述思路以及材料使用等方面的问题，相关研究多显静态而孤立，对三司财政管理职能的运作机制、权力关系，缺乏整体、动态把握。

三

（一）研究思路

本书关注的核心议题为，10~11世纪王朝中枢决策体制、财政结构变化过程中，以三司为核心的中央财政管理体系如何形成，其权力架构、运作机制如何演化，又有哪些因素以怎样的方式影响其演化路径。具言之，大致包括以下问题：第一，伴随着唐宋之际政局的演进，三司如何由唐中后期宰相统领的使职机构，变为由"两省五品以上及知制诰、杂学士、学士"充当长官，[1]职掌广泛的"计省"，这与其组织架构、人事安排的变化有何关联；第二，面对不同类型财政事务，三司与其他机构如何分工协作、相互制约，其间存在哪些协调与抵牾之处，面临哪些行政层面的困难，其因应方式又如何影响了财政管理机制的演变；第三，随着三司职掌、组织架构的演化，其与君主、宰相在财政决策中的权力关系发生了怎样的变化，又如何影响了熙宁、元丰之际三司在理财新法中的角色，罢废三司是否是制度弊端与新政推行的必然结果。

欲回应上述问题，必须调整研究方法。拓展研究空间的路径大体有三。其一，突破单线制度溯源。作为制度史研究，聚焦制度定型的节点，自是题中应有之义，但若局限于此，则难以还原制度演变的过程，也不利于研究者探求

---

[1] 《宋史》卷一六二《职官志二》，第3807页。

背后深层次原因。以三司研究而论，北宋三司与唐后期三司间的差异，体现在官员与机构设置、职能范围、运转方式以及与中枢机构关系等诸多方面。若试图对这些变化加以解释，必须放宽视野，既要注意这一时期政治、军事、财政局面的变化，也需关注不同类型政治主体（如各类藩镇以及由其建立的政权）财务管理体制的演化路径。

其二，突破对三司职掌内容的简单罗列，转而考察三司在不同时期参与政务的具体内容以及与之相关的权力类型。考虑到三司以理财为主要职能，必须对北宋前期的财政政策制定、财赋收支、征调管理机制及其变化加以分析，并思考三司在其间发挥何种作用。唯其如此，方可对三司在理财体制中的角色有较为明确的认识。

其三，突破对制度、人事的表面梳理，结合政治结构、官僚群体身份解释其演化。当前的政治史研究，已不局限于对权力斗争的简单叙述，而是将政治政策、政治制度、政治主体、政治事件乃至政治文化纳入同一分析框架，分析政治演进的特点与动因，[1] 或将政治结构视为权力场域，对政治主体间的互动关系加以考察，注意权力形成、作用的过程及相互关系。[2] 三司作为重要的财政管理机构，考察其制度运转、人事安排及其同各政治主体间的有机互动，是理解北宋前期政治权力结构的重要切入点。譬如，蓝克利（Christian Lamouroux）力图综合考察礼仪空间、政治空间与财政空间，以阐述宋代君主权力的构建方式，并以"天书封禅"为切入点，分析其间各类礼乐活动及三司官员的财政措置如何帮助君主确立了其对于朝廷、地方的中心地位。虽然这并非以三司为中心的研究，但其开阔的思路颇具启发性。[3]

综上，欲明了三司职掌如何发挥作用，不能局限于对史事的举例归纳，

1　寺地遵：《南宋初期政治史研究》，刘静贞、李今芸译，台北：稻禾出版社，1995，第2页。
2　平田茂树：《宋代政治史研究的新的可能性》，平田茂树、远藤隆俊、冈元司编《宋代社会的空间与交流》，河南大学出版社，2008，第23~24页。
3　蓝克利：《礼仪、空间与财政——11世纪中国的主权重组》，顾良译，《法国汉学》第3辑，清华大学出版社，1998，第129~163页。

还需进一步思考日常政务实践中，三司如何与其他行政主体互动。[1]邓小南曾以官僚政治制度研究为例，指出任何制度均非"静止的政府形态与组织法"，其形成与运行当视为一"动态的历史过程"。[2]这提醒我们，必须在制度运作中，思考参与主体间的相互关系，理解其同制度演进之关联。而刘后滨对唐代中书门下体制的考察，更提供了政治运作研究的实证范例：自政治体制演进、官僚系统运作以及国家政务运行三层面切入，力图突破制度条文规定，在日常政治活动中，"定位相关官职在官僚体系复杂网络中的位置，以及定位相关官职所承担的政务环节在上下贯通的政务运行程序中的位置"。[3]相比传统职官制度局限于诏令条文的静态考察，依托"政治体制"视角展开的研究，将焦点集中于中枢官僚制度运行机制，在此基础上考察不同参与主体的互动关系，有利于揭示制度背后的国家权力结构。

　　上述研究取向，对于理解官僚系统中三司的角色及其演化，颇具借鉴意义。在此，笔者提出"财务行政体制"概念，并将其作为考察三司职掌运作，理解财政管理中权、能关系的分析工具。"体制"，意味着需注意行政主体（机构、职官）职掌的运行机制以及相互间的关系。事实上，在有关三司研究中，曾有学者以"三司体制"为视角，对三司相关制度加以考察。如前述杨倩描所定义的"三司体制"，即是以三司为核心，由"垂直与横向的财政系统构成的庞大网络"。[4]杨氏以"体制"入手展开研究，意味着关注官司内外的"关系"，而非孤立的机构、职掌考述；但其并未充分讨论官司职掌"运行机制"，因此对于机构间的"关系"，仍缺乏切实把握。相比之下，三司财政管理的运行机制，正是本书特加措意之处。

　　所谓"财务行政"，本为现代行政学术语，其含义有广狭之分。从狭义上

1　此前关于三司的研究，大多局限于财政史或官僚制度史范畴。前者的着眼点在于讨论财政收支内容、数量以及管理制度，三司仅是作为财政管理机构被介绍；后者则关注官司组织架构、官署系统，对于职掌往往局限于举例胪列。上述研究，均未充分关注三司政务运行机制，因此也未将机构与政务处置视为整体加以考察。
2　邓小南：《走向"活"的制度史——以宋代官僚政治制度史研究为例的点滴思考》，《浙江学刊》2003年第3期，第100页；载包伟民主编《宋代制度史研究百年（1900~2000）》，第13页。
3　刘后滨：《唐代中书门下体制研究》，齐鲁书社，2004，"前言"，第5页。
4　杨倩描：《唐宋时期的三司体制述论》，《河北师院学报》1990年第4期，第102~107页。

说，"财务行政"特指行政单位依法对国家财政预算资金进行领拨、分配、使用和监督的管理活动，包括财政预算、会计、决算和审计等方面；就广义而言，"财务行政"指政府对国家财政收支分配活动的组织、实施和监督管理活动的总称，其内容包括与财政活动有关的管理程序和方法等。[1] 相比"财政"主要讨论政府作为经济活动主体，参与经济资源收支分配活动，"财务行政"更侧重财政制度得以顺利运作的决策、立法与日常管理行为。[2] 就北宋三司而言，其主要职掌，如拟订国家钱物收支计划、参与钱物出纳审核之类，正可纳入广义"财务行政"之范畴。

然而，"财务行政"毕竟为一现代行政学概念，其中预算、会计、审计等内容，虽与三司职掌相似，但具体内涵多有参差。杨倩描曾使用"财务行政管理"这一概念，讨论三司预算、审计等职掌。其对"财务行政"所做的界定，即为"国家通过财政机关对国家财政事务所进行的管理"。[3] 杨氏所言虽无不妥，但对其具体内涵阐述相对模糊。为进一步讨论的便利与准确，将本研究采用的"三司财务行政体制"概念界定如下：北宋三司为满足国家财赋所需，拟订相关官司钱物收、支、调拨计划，并对其执行情况加以审核监督的管理机制。

总之，关注"财务行政体制"，包含两层含义：一方面，意味着对三司各类职掌的整体观察；另一方面，意味着对三司财政管理机制及其同各方权力关系的动态分析。由此视角切入，议题空间能得到有效拓展。其一，三司内部机构与人员设置，自晚唐五代至北宋，经历了怎样的演进过程，其相互间如何分工协作、关防制衡？其二，三司财务行政依据的基本法规、诏敕依据为何，对其理财权限有何影响？在法条编纂与决策过程中，三司发挥了何种作用？其三，三司财务行政的核心内容是什么，其计度国用、审核钱谷出纳的具体模式为何？回应上述问题，才有可能充分理解三司财政管理的运行机制及各机构间的互动关系，进而合理定位三司在北宋国家行政管理体系中的角色。

1　谢斌主编《行政管理学（第 2 版）》，中国政法大学出版社，2014，第 211 页。

2　安仲文、高丹编《行政管理学（第 2 版）》，东北财经大学出版社，2013，第 194 页。

3　杨倩描：《北宋的财务行政管理》，《中国经济史研究》1988 年第 1 期。

（二）史料情况

　　学界有关三司研究的丰富积累，关于北宋前期政治史的深入探析，对于宋代官僚制度史、财政史以及宋代中枢决策、出令机制的细致考察，是本研究得以展开的重要基础。但欲趋近前述研究目标，仍面临许多现实困难。

　　本研究面临的最大难点，在于史料制约，主要体现在以下方面。其一为行政公文缺失。如学者所言，关注"过程"与"关系"的制度史研究，多以文书行政与信息渠道为视角；而所谓文书行政，就是"以行政文书为依托、以决策为中心的一系列行政行为过程……文书行政研究的重点主要就是决策行为的分析过程"。[1] 目前，关于中枢政治体制运作的研究，多依托于传世行政公文，尤其是各类诏敕。相比之下，三司作为负责财务行政之"有司"，一方面，其决策层级不如宰执，所涉事务也较为琐细，时人针对相关文书、行政流程之专门介绍较少；另一方面，北宋财务文书账簿，不如告身之类具有保藏价值，也多未曾摹刻上石，难以留存至今。因此，很难通过文书体式、内容还原政务流程。其二则为北宋前期传世文献记载局限。编年体史书与政书，构成了本书史料的基础。但就《续资治通鉴长编》而言，其关于北宋前期史事的记载，远较熙宁以后疏略；就《文献通考》《宋会要辑稿》等政书而言，其与《长编》史源颇多一致之处，往往内容重出，仅能补充史事细节。更重要的是，北宋前期曾任职三司的官员存世文集数量较少，其中有关三司公务文牍更是几付阙如。这不但意味着史料数量的缺乏，更意味着史料类型及其反映史事层次的局限，很难由当事人的亲身经历及叙述钩沉制度运行的日常状态。

　　反映行政流程的史料的缺失，使得制度运作机制难以直观呈现，增加了研究的难度，但这并不意味着相关研究思路难以落实。倘若以前述问题意识为导向，调整史料解读思路，对不同含义、类型材料加以拼合，仍可能勾勒出制度运作机制的大体面貌。北宋重要三司官员，如张方平、蔡襄、包拯等人的文牍奏札尚多结集传世，虽绝非"新材料"，但若调整研究视角，细致爬梳解读，对回应本书所关注议题，仍多有助益。此外，南宋部分财务文书体式得以保留

1　李全德：《宋代的信息沟通与文书行政研究述评》，邓小南主编《宋史研究诸层面》，第 53 页。

至今，虽与本书考察时代不同，但若加以辨析，仍可对理解北宋财务运作有所启发。总之，本书所用史料，大多集中于前人早已利用的政书、编年体史书以及诏敕奏议，但因研究视角与解读、整合史料方式的调整，有望使此类"旧材料"在"新问题"观照下，体现出独特价值，并为公文缺失情况下如何考察行政运作机制，提供一定借鉴。

四

本书的核心议题与基本目标，是在北宋国家财政管理体系中合理定位三司角色，并对其演化路径做出解释。具体议题，集中在三司财务行政体制的三个重要层面：（1）机构内部的分工互动模式；（2）处置政务的权限及参与决策的方式；（3）日常财政管理的基本内容与运作机制。各章节围绕上述议题展开，涉及的具体问题及基本论点大体如下。

第一章，主要关注三司职掌范围与内部权力结构。第一节"唐宋之际三司职掌范围及分工演进"，讨论北宋三司职掌内容及三部分工模式的形成过程，并分析晚唐五代中央财政管理体系，特别是藩镇为国的后梁、后唐财政使职，对其有何影响。北宋总领中央财计的三司，其制度源于唐中叶形成的财政三使，但二者职掌范围与分工方式差异颇多：北宋三司的职掌范围大为扩展，且三部自成独立收支体系的分工局面不复存在。相关变化主要发生在五代宋初中央财政管理制度演进过程中：后梁至后唐同光元年（923），源自藩镇财使的中央财政使职，与继承自唐末的财政三司使，其职掌由并立转为融合，为北宋三司职掌之拓展奠定了基础；而后唐天成元年（926）废租庸司重设三司，以及宋太祖乾德五年（967）三司所掌案分调整，则成为北宋前期三司分工格局最终形成的契机。

第二节"北宋三司内部行政机制及其演进——以三司长官、三部判官为中心"，主要考察财务行政运作中，三司内部各机构的职权关系，并分析宋初三朝调整三司组织架构的制度逻辑。北宋三司行政中，长官需与三部诸案判官密切合作，在充分搜集、分析各方情报、意见的情况下，以牒帖出令及进奏取旨等方式处置政务。其中三部判官在政务研判中发挥核心作用，而其基础则为三部吏人对相关账簿案牍、法条诏敕的搜检与分析。宋初三朝，三司长官、判官设置与组织架构屡经调整。宋廷的主要目的，是在行政负担日重情况下，优化各机构职掌的落实方式，并理顺其协作关系，从而兼顾政务处置的全面、高效与合理。这一过程，直到咸平六年（1003）方告一段落。

第三节"北宋前期三司官员的选任与迁转"，主要讨论北宋前期君主任用、拔擢三司官员的考量因素及其变化。作为"总国计"之司，三司官员的人事安排一直颇受宋廷重视，但在不同时期，其关注侧重有所差异。宋太祖、太宗朝，三司长官经历了从留用前朝三司使到任用潜邸旧僚的变化，同时分设三使，参用科举文臣及富有经验之财臣为僚佐，意图在巩固皇位，制衡三司、中书财权的同时，保证钱物调度高效，满足战争状态下军国用度。自端拱二年（989）后，宋太宗多以进士出身的"文学"之臣充任三司官员，并以久历财政差遣者为三司使，长期任职，以三司僚属为计司储才之阶，期待其通晓治道，更张典制。真宗咸平六年复以三司使一人统领三司，加之三司判官等僚佐难以关防长官，三司内部的权力制衡机制动摇，随着天书封禅活动的展开，丁谓、林特等财臣权力逐渐扩张。仁宗即位后，清算了所谓"丁谓党"，出于对"聚敛"之臣出掌大政的顾虑，此时的三司长官，虽仍多历任财政差遣，但不再以专任钱谷者为之，任期也大为缩短。而由于三司官员作为出常调的"清望"资序，具有快速迁转至侍从乃至执政的前景，君主、大臣往往"因人命官"以拔擢亲旧，任职者也多以此为养资晋升之途，不安于久任，不但难以历练选拔钱谷之才，更影响了国家财政管理的成效。

第二章，主要关注三司参与财政决策的方式以及各类决策依据，在此基础上讨论三司与朝廷特别是中书门下宰执的职权关系及其变化。第一节"北宋财政决策体制中三司、中书门下的职权关系"，主要立足于财政决策流程，考察三司政务处置中奉行朝廷指挥与进奏取旨的方式，思考其与宰相的职权关系。此前，学界多沿袭宋人说法，称北宋中枢行政呈现"分权"格局，即所谓的"宰相主民""三司主财"，这实质上是对史事的模糊化表述。在政务决策与执行的过程中，三司与宰相的职权关系颇为复杂。一方面，"军国要务"多由宰相裁决定夺，三司往往并非动议的发起者，也不具有裁决权，其奉行宰相"指挥"，与一般意义上的"有司"并无二致。另一方面，三司能够稳定且高频度地参与御前会议，其独立取旨权得到制度保障，得以直接奉行乃至影响君主旨意，颇具"内职"行政特点。以上两点，体现了三司在政务处置中的双重角色。而其成因，或与北宋三司源于五代藩镇财政使职以及北宋君主意图维持多元决策和出令渠道有关。

第二节"权能错位：北宋财政管理中三司、中书门下的分工与互动"，主要讨论三司与中书门下的分工模式，并分析其作为"有司"奉行中书门下指挥、协助处置政务时，如何依托自身财务信息搜集与研判能力影响决策进程。北宋真宗朝，随着编敕法条的完善，财政管理的分工模式也逐渐得到规范——对于"明有条贯"之事，三司可自主处置，相关法条亦多由三司官员主持编定。至于无条可依之事，则由中书门下宰执主导决策，三司备顾问并奉行指挥。由于中书门下宰执不参与三司法条编修，且缺乏财政数据处理能力，故依赖三司提供的信息与分析结果完成决策；加之二者互无统属关系，彼此缺乏有效沟通机制，上述分工模式存在权能"错位"的可能。至北宋中叶，随着"无条"之事与军国要务增多，三司与中书门下权能"错位"的问题逐渐显露，影响了国家财政管理的效率及合理性。自宋仁宗后期，士大夫多建议加强宰执的财政信息获取、分析能力，并在此基础上理顺中枢决策层和三司的分工与权能关系。这一主张，至熙宁新政展开，方得逐步落实。

第三节"宋神宗朝'朝廷钱物'的封桩与征调"，主要考察熙丰理财新法展开后，朝廷钱物来源如何，三司怎样参与其征调管理，进而分析神宗、王安石不同理财主张对朝廷钱物管理方式的影响。学界多认为熙宁新法展开以来，宰相制国用，三司财权已逐渐萎缩，元丰五年罢废三司，乃是这一过程的必然结果。上述认识，未免有"倒放电影"之嫌。事实上，在熙宁新法展开，朝廷钱物形成过程中，仍必须依托三司加以管理。熙宁、元丰年间，宋廷对财政管理制度进行了多方面调整，通过出卖铜铅监场、牧监以及以保甲、义勇代弓手等方式，积累了相当数量钱物，并将其封桩储存，由三司审核会计，朝廷支配用度，是为"朝廷封桩钱物"。至于常平、免役、市易等新法收入，起初多用于青苗借贷、供给吏禄等特定支费，并未纳入朝廷"封桩"范畴，直到熙宁八年（1075）后，宋廷定额起发司农寺、市易务所属新法钱物，并于元丰年间专设"元丰库"封桩，才使其成为"朝廷封桩钱物"，以备开边军资之用。上述两类钱物管理方式的差异与演化，反映出王安石与宋神宗在"理财"旗号下理念与实践的分歧：前者意图"理财"以抑兼并，养吏士，作为达致"先王之政"的基础；后者则将"理财"视作"富国强兵"的手段，为开边功业提供财政保障。随着新政逐渐由宋神宗主导，新法钱物的用途与管理方式也发生变化。北宋末，部分臣僚认为"朝廷钱物"的封桩与征调破坏了祖宗之法，并将其归咎于王安石的制度设计，并非历史事实。

第三章主要关注三司"总国计"职掌的内容、目标与运作方式，并分析其演化过程及缘由。第一节"常程计度：北宋前期三司国计体系的运作与演进"，主要考察高度集权乃至具有"统收统支"色彩的三司国计体系如何形成，其运作模式怎样演化。北宋前期由三司主导的国计体系，既继承前代制度，更是宋初中央集中财权、控御地方的产物，还与唐宋之际财税结构及管理体制的变化密切相关。宋初三司直接统筹郡计，进而移易两税钱物以供全国用度；但在实物财政条件下，三司过分集中全国财政计度与审核权，导致申省文账大量积压，影响国计体系正常运作。宋真宗朝实行财赋征调立额管理，三司一般不再直接掌控州郡税赋计征，而是依托各路上供额安排钱物调度变转；同时，转运司获得更多自主权，国家财政计度体系逐渐趋于合理。

第二节"簿书期会：北宋三司对钱物的支拨与勾销"，主要考察三司如何依托财务文书，实现对钱物流转与储存的掌控，并分析繁复流程背后的制度逻辑。北宋前期，三司通过审核勘验账簿、请受历、文旁等财务文书所载信息，实现对京师仓场库务钱物出纳的监管，是谓"簿书期会"之职。其形式主要有二：一为库藏钱物支给官吏军兵等人员，二为官司间的钱物出纳。二者运作模式存在相似之处，三司多需参与事前支拨审批及事后文账勾销，以保障京师钱物出纳的真实、合法、准确；唯前者涉及人员身份验证等问题，相关财务凭证、审核流程更为复杂。"簿书期会"作为三司日常行政的重要内容，不但是监管钱物收支的基本方式，也是三司"总国计"得以实现的基础与保障。

第三节"财政集权与五代宋初幕职、州县官料钱制度演进"，属对北宋财政管理体制实际运作状况的微观研究。原则上，州郡收支情况应尽申三司，以便其监管审核，这也是总领国计的基础。但在现钱不足、普遍折支的情况下，估价因素对中央计司的监管方式提出了新的挑战。五代宋初，朝廷为有效掌控地方财政支出，曾屡次厘定幕职、州县官员额，并规定其料钱标准。与此同时，朝廷尽量保障幕职、州县官料钱收入水平，避免民户负担过重，以维持官僚队伍与官民关系稳定。因现钱缺乏，幕职、州县官料钱多折支实物，但各地钱物比价不同，朝廷很难在规定折支比例、比价的同时，达致上述目标。后汉及宋初，曾通过设置俸户、变易折支物为现钱等方式改善官员待遇，但往往造成民户滋扰的问题。最终，宋太宗朝废止了俸户制度，并在规定料钱"半支见钱"的同时，命各州以时估折支，将折价定估权下放各州。朝廷财政集权的制度意图，在实践中面对种种制约，经历诸多调整，最终在各方互动中形成较务实的实施办法。

第一章　三司的组织架构与人事安排

　　翻开《宋史·职官志》，三司条下类目繁多的诸案、子司及其庞杂的职掌，颇为引人注目。这些机构怎样分工，彼此如何配合衔接，又同莅任此职的三司官员有何联系？上述问题，关乎对三司职掌范围及内部行政机制的理解，也是考察三司财政管理体制的基础。本章首先梳理北宋三司财务行政的职掌范围与分工，并将其与唐代财政三司对比，分析其间的差异；在此基础上，考察唐末至宋初三司职掌范围与分工的演进过程，从而理解北宋三司制度的渊源及其与藩镇财使、五代中央财政使职间的密切联系。其次，讨论三司内部机构、人员设置及其职权分工，重构三司财务行政运作中各部门的互动模式。最后，分析宋初三朝三司人事安排，特别是长贰任命的考量因素与制度逻辑，并思考其同政治、经济形势变化，以及三司组织架构调整间的复杂关系。

第一节　唐宋之际三司职掌范围及分工演进

北宋前期以三司统管全国财政，但其组织架构、职掌内容、分工格局等多踵前代，并非宋廷创制。一般认为，北宋三司制度，发端于唐宪宗元和年间形成的财政三司使，即盐铁转运、度支、户部使。二者职掌相似，均负责总管全国财政，在职官与机构名目方面，后者对前者亦多有继承。[1] 但两项制度，毕竟相去一百余年，其间国家财务管理方式屡经变化。吴丽娱指出，唐后期财政三司使职掌分立，而北宋三司由一使统一理财，两者区别明显。[2] 因此，为理解唐宋三司制度变化，需深入考察其在五代宋初的演进脉络。

对于唐宋之际中央财政管理制度之演进，学界已多有讨论。如砺波护[3]、董恩林[4]、李军[5]、杜文玉[6]、陈明光[7]等，均曾对五代财政使职繁杂的名目变化、置废并省过程加以梳理，并指出后梁在保留唐廷所置三司的同时，先后设建昌宫使、国计使、租庸使等，与三司一并理财；至天成元年，后唐明宗设置三司使额，正式确立了以三司使统一管理中央财政的局面。此外，室永芳三对五代租庸使的来源与性质进行了深入考察，认为其继承了晚唐租庸使供军与供御职能。[8] 周藤吉之也曾指出五代藩镇财政使职及其设置对北宋三司官吏体系的影响。[9]

总之，学者已注意到北宋三司的直接制度来源为五代中央财政使职，而非唐代财政三司。但官司组织与人员设置，只是制度的基本框架，实际职掌及

1　如使职系统内判官、推官等官员，孔目官、勾押官等负责勾检的"有官的史"，以及前行、后行、手分等负责文书事务的吏职，其职事虽有所变化，但名号一直延续到北宋。参李锦绣《唐代财政史稿》下卷，第574~576页。

2　吴丽娱：《论唐代财政三司的形成发展及其与中央集权制的关系》，《中华文史论丛》1986年第1期，第169~204页。

3　砺波護『唐代政治社会史研究』第一章「三司使の成立について」、3~45页。

4　董恩林：《五代中央财政体制考述》，《湖北大学学报》1986年第2期，第57~62页。

5　李军：《五代三司使考述》，《人文杂志》2003年第5期，第126~132页。

6　杜文玉：《五代十国制度研究》，第137~145页。

7　陈明光：《五代财政中枢管理体制演变考论》，《中华文史论丛》2010年第3期，第101~136页。

8　室永芳三「五代における租庸使の成立とその性格」『東洋学報』53巻、1971、46~75頁。

9　周藤吉之「北宋の三司の性格」原載『法政史学』18、1965、氏著『宋代史研究』、79~144頁。

分工方式，更能反映不同时期财务行政机制的特点。学界对此问题，尚缺乏系统考察。本节拟在对比唐宋三司职掌基础上，爬梳其职掌范围及分工演化，分析其内在动因，从而深化对北宋三司理财体系形成过程的理解。

一　唐宋三司职掌差异概述

北宋三司由唐中后期盐铁转运、度支以及户部三类财政使职机构发展而来，但二者的职掌范围与分工方式有所不同。李锦绣曾归纳唐后期财政三司使收支职掌的具体内容，兹列表如下（见表1-1）。

表1-1　唐后期财政三司收支项目情况

使职名	收入	支出
盐铁转运	东南盐利、茶利、坑冶、铸钱	盐本、漕庸、盐铁司官兵俸、宫禁服御等
度支	两税及其附加税、榷酒、两池三川盐利	供军、百官禄米、鸿胪礼宾费、税物运输开支、宫禁年支
户部	除陌钱、常平义仓	京官俸及加给、在京官司公廨钱、和籴、水旱赈贷等

资料来源：据李锦绣《唐代财政史稿》下卷归纳。

唐代财政三司的职掌范围，主要集中于同供军供国直接相关的钱物统筹、收支审核等事务，其虽承担部分宫禁供应工作，但内廷须索多来自内库，一般由内诸司使掌管。[1] 此外，财政三司并非业务直接关联的一体化行政机构，而是收支自成体系、彼此独立的使职组织，如百官禄米主要来自度支两税收入，[2] 京官俸料钱主要由户部除陌钱供给。[3] 之所以形成这一格局，盖因三司并非统一设置，而是在因应政治与财政形势变化过程中，逐渐充实各项职能，建置逐一独立，[4] 故相互配合较少，职掌联系也不甚密切。

1　李锦绣：《唐代财政史稿》下卷，第437~456页。
2　李锦绣：《唐代财政史稿》下卷，第777~779页。
3　李锦绣：《唐代财政史稿》下卷，第896~900页。
4　关于唐代财政三司格局的形成，参李锦绣《唐代财政史稿》下卷，第105~144页。

　　北宋三司职掌范围，较唐代有较大拓展，以至于北宋臣僚多将其比作唐前期事无不统的尚书省。端拱元年（988）罗处约之进奏[1]、淳化二年（991）王化基之《澄清略》[2]，均建议废三司，重建尚书省，即是从职掌内容、分工角度，以三司比附尚书省；至道二年（996）二月判都省王炳建议复尚书省，太宗命"尚书丞郎及两省五品以上集议其事"，吏部尚书宋琪等上奏述尚书省沿革，"唐之中叶，兵革弗宁，始建使名，专掌邦事，权去省闱，政归三司。五代相循，未能复旧"，[3]直接将三司视为尚书省职能的替代者。复尚书省之议，太宗虽觉迂阔，但此后臣僚仍不时提及。大中祥符九年（1016），真宗考虑重设尚书省二十四司，宰相王旦进言"今之三司即尚书省"；[4]庆历年间，范仲淹论述历代宰相兼判他事，亦称"唐之尚书省，今之三司"。[5]在北宋人眼中，尚书省本系国家行政运转的核心机构，其职掌范围极为广泛，如至和二年（1055）判延州吴育进奏，主张恢复尚书省，称其系"天下之大有司"，并言"国家总揲万机，惟在纲要，小大之务，各有攸司……今尚书省是其本也"。[6]由此观之，臣僚以三司比尚书省，意在强调其职掌范围广泛，不仅限于财赋收支，非寻常诸司可以比拟。[7]事实上，北宋朝廷诏令及臣僚奏议，往往将三司与"京百司"对举，以显示其间差异。[8]宋人论述三司职任广泛性的言论还有很多，仁宗中期三司长官田况，一面称本司"《周官》六典，文昌万事，过半在于兹矣"，同时言其"以唐五代言之，则包租庸、地税、户口、国计之名"，[9]不但将三司比诸尚书省，更称其兼具唐后期

1　《长编》卷二九，端拱元年十二月，第 660~661 页。

2　《长编》卷三二，淳化二年九月庚子，第 721 页。

3　《长编》卷三九，至道二年二月，第 830 页。

4　《长编》卷八六，大中祥符九年三月辛酉，第 1979 页。

5　范仲淹：《范文正公政府奏议》卷上《再奏乞两府兼判》，《范仲淹全集》，李勇先、王蓉贵校点，四川大学出版社，2002，第 562 页。按，范仲淹此说，或因混淆唐前期尚书省政务决策"司会"之任与北宋计司财计"司会"之职，以致误读。参熊昕童《宋人以三司比尚书省考》，未刊稿，第 3 页。

6　《长编》卷一八一，至和二年十一月乙丑，第 4383 页。

7　宋人将三司目为近乎尚书省的"大有司"，既言其职掌范围之广，亦强调其在文书行政中的枢纽地位。

8　如景德四年（1007）五月，张咏论过犯臣僚进状诉事，称针对"文武臣僚，三司、京百司人吏"（徐松辑《宋会要辑稿》职官三之六五，刘琳等校点，上海古籍出版社，2014，第 3082 页）。

9　田况：《皇祐会计录序》，吕祖谦编《宋文鉴》卷八七，第 1232 页。

各类使职职掌。另如北宋中期陈舜俞所拟策文“今之三司，特古之群有司也”，[1]如其所述，三司应被视为具多方面职掌的“群有司”。总之，据宋人议论，北宋三司职掌已较唐后期大为扩展，不仅限于财赋收支。

关于三司职掌的具体内容及分工方式，以《宋史·职官志》的记载最为全面，但其未明言所载制度的时代断限，需先予辨析。据志文所述，三司有“勾当公事官二员，以朝官充。掌分左右厢检计、定夺、点检、覆验、估剥之事”，[2]而李焘言三司勾当公事官两员，初置于康定元年（1040）十二月。[3]据此，《宋史·职官志》所见当系康定元年十二月以后的三司制度。关于《宋史·职官志》“三司”条的史源，志文载“三司推勘公事一人，以京朝官充。掌推劾诸部公事”，[4]而《长编》言嘉祐五年（1060）朝廷置三司推勘公事，文字与《职官志》完全一致，李焘注文称：“此据《两朝史志》，不得其月，今附岁末。治平二年正月罢。”[5]《长编》既本诸《两朝国史》，则《宋史·职官志》当与其同源。

总之，《宋史·职官志》对于三司典制的记载，其史源当来自《两朝国史》，反映了仁宗、英宗二朝的制度状况。以此为基础，结合《宋会要辑稿》等史料中有关三司诸案职掌[6]、统摄仓场库务[7]之记载，可将北宋前中期三司职掌及其沿革列为表 1-2。

对比唐代财政三司，表 1-2 所列北宋中期三司职掌存在明显差异。首先，

---

1 陈舜俞：《都官集》卷三《策·经制一》，《宋集珍本丛刊》第 13 册，线装书局，2004 年影印本，第 74 页下栏。

2 《宋史》卷一六二《职官志二》，第 3811 页。

3 《长编》卷一八六，嘉祐二年十月乙丑条李焘注，第 4493 页。此外，庆历元年（1041）正月，“太子中舍寿光任颛为三司勾当公事。先是，权三司使叶清臣请置推官四员，诏举朝臣二人系通判资序者，充勾当公事。三司勾当公事自颛始”（《长编》卷一三〇，庆历元年正月丁巳，第 3079 页），康定二年（1041）十一月改元庆历，故庆历元年正月实即康定二年正月，其与“康定元年十二月”相去不远，可知宋廷当于康定元年十二月设置勾当公事官，次月以任颛担任此职。

4 《宋史》卷一六二《职官志二》，第 3811 页。

5 《长编》卷一九二，嘉祐五年，第 4657 页。所谓“开宝八年十一月”事，当指其年十一月戊寅设置的三司推勘院（《长编》卷一六，开宝八年十一月戊寅，第 351 页）。但此机构很快被罢去，与嘉祐五年置司“推勘公事”无涉。

6 《宋会要辑稿》载有诸案名目、分布，与《宋史·职官志》基本相同，仅盐铁司颗盐、末盐案，《宋史·食货志》作“都盐案”，但《宋会要辑稿》未言各案职掌范围，故仍以《宋史·职官志》所载为基础制表。参《宋会要辑稿》食货五六之九，第 7286~7287 页。

7 《宋会要辑稿》仪制三之三八、三九，第 2350 页。

表1-2　北宋中期三部诸案分工及统摄仓场库务情况

部名	案名	职掌内容*	沿革调整	职掌类型	统摄司局仓场库务
盐铁	兵案	掌衙司军将、大将、四排岸司兵卒之名籍，及库务月账，诸州衙吏、宿直、胄吏功过，三部胥吏之名帐及刑狱，造船、捕盗、亡逃绝户资产，禁钱	景德二年，并支案为刑狱度支案	包括三方面，1.三司内部人事与行政管理:(1)衙司军将、排岸司兵卒及所掌库务月账;(2)诸州吏人迁补;(3)三部吏人名册管理及其安排宿直安排课绩;(4)盐铁官吏宿直安排课绩、禁钱;(5)吉凶仪制 2.财政刑狱:包括捕盗、亡逃绝户资产、禁钱 3.支出:造船	
	胄案	掌修护河渠、给造军器之名物，及军器作坊、弓弩院诸务诸季料籍		支出	南北作坊料物库
	商税案			权利收入	
	都盐案**				
	茶案			权利收入	
	铁案	掌金、银、铜、铁、朱砂、白矾、绿矾、石炭、锡、鼓铸		权利收入（坑冶、铸钱）	
	设案	掌旬设、节料、斋钱、餐钱、羊豕、米面、薪炭、陶器等物		支出	瓷器库、御厨
度支	赏给案	掌诸给赐、赙赠：例物、口食、縠、罗、纱、绫、时服、冬衣、绵、布、鞋、席、纸、染料、市船、权物务、三府公吏		支出	裁造院、西染院、内衣物库、文思院、杂物库

续表

部名	案名	职掌内容	沿革调整	职掌类型	统摄司同仓场库务
度支	钱帛案	掌军中春冬衣、百官俸禄、左藏钱帛、香药榷易		支出	左藏库、内香药库、杂买务
	粮料案	掌三军粮料、诸州仓给受、诸军校口食、御河漕运、商人飞钱		支出	三粮料院
	常平案	掌诸州平籴	大中祥符七年新设	平籴	
	发运案	掌汴河广济蔡河漕运、桥梁、折斛、三税		漕运	诸排岸司
	骑案	掌诸坊监院务饲养牛羊、马畜及市马等		支出	
	斛斗案	掌两京仓廪蓄积、计度东京粮料、百官禄粟厨料		支出	百万仓
	百官案	掌京朝幕职官奉料、祠祭礼物、诸州驿料		支出	药密（蜜）库

续表

部名	案名	职掌内容	沿革调整	职掌类型	统摄司局仓场库务
户部	户税案	掌夏税	原本为夏税、秋税两案,咸平四年并	两税收入	斗秤务
	上供案	掌诸州上供钱帛	原本为东上供、西上供两案,咸平四年并	上供	
	修造案	京城工作及陶瓦八作、排岸作坊、诸库簿账、勾校诸州营垒、官廨、桥梁、竹木、薪茭	原本为修造、竹木两案,咸平四年并	支出	竹木务、箔场、都大提点寺务司
	曲案	掌榷酤、官曲		榷利收入	曲院
	衣粮案	掌勾校百官诸军司奉料、春冬衣、禄栗、茶、盐、酱、鞋、傔粮等	原本为仓、衣粮两案,咸平四年并	支出	专勾司

*　据《宋史》卷一六二《职官志二》,第 3808~3809 页。

**　《宋会要辑稿》食货五六之九作"颗盐""末盐"二案(第 7286 页),或为宋初情形,此后合并。

北宋三司职掌范围大为扩展，几乎涉及京师、州军一切钱物收、支、调运相关之事。诸如京师工作营建、军器制造、马匹蓄养，以及诸州桥梁修造、财政相关刑狱等事，在唐后期并不属于财政三使职掌，但于北宋均成为三司之职。此外，唐中后期内廷取索、供应等事，主要由内库及内诸司使系统负责，财政三司除定额供应部分宫禁年支钱物外，基本不预其事，[1]而北宋内廷取索，则主要来自三司所掌左藏库钱物。[2]

其次，唐代财政三司收支项目自成体系，各司事务独立处置，与他司关联较少；相比之下，北宋三部诸案之事，往往同他部下属诸案职掌更为相关。如度支百官案掌"京朝幕职官奉料"，与度支钱帛案所掌"百官俸禄"、户部衣粮案所掌"勾校百官诸军诸司奉料"等事关系密切。对于此类事务，三部均难以独立处置，必须与他部配合。

综上，北宋三司虽源于中晚唐财政三司，但其职掌范围与分工方式均发生了相当大变化，欲究其始末，还需考索五代史事。

二　唐宋之际三司职掌范围之演进

五代中央财务管理体制屡经调整，并非一直以三司统管财赋。对于中央理财机构设置的演进过程，陈明光已进行了系统梳理。[3]本小节将在此基础上，分析相关机构职掌之演变分合，厘清北宋三司职掌范围的制度渊源。

（一）后梁二元理财体制及其职掌范围

朱温于开平元年（907）篡唐称帝，建立后梁，同时保留了唐王朝的诸多官僚机构，其中即包括财政三司。

唐末朝廷虽势力衰微，"诸道常赋多不上供"，[4]三司财政收入往往为藩镇及

1　关于度支、盐铁供应宫禁年支，参李锦绣《唐代财政史稿》下卷，第806、854、855页。
2　周曲洋：《禁中须索与北宋内廷财政》，硕士学位论文，中国人民大学，2013，第2页。
3　陈明光：《五代财政中枢管理体制演变考论》，《中华文史论丛》2010年第3期，第101~136页。
4　《旧五代史》卷一七《梁书·赵匡凝传》，中华书局，1976，第235页。

内诸司所夺，[1] 但仍保留部分财源。如山南东道节度使兼三司水陆发运等使赵匡凝，"尽忠帝室，贡赋不绝"；[2] 当其败于朱温，逃奔杨行密后，面对"岁以金帛输全忠"的调侃，曾反问："诸侯事天子，岁输贡赋乃其职也，岂输贼乎？"[3] 此外，晚唐三司尚能维持经费支给。天祐元年（904），百官从唐昭宗迁至洛阳，生活窘困；当年八月，昭宗遇弑，哀帝即位，为孚恩信，乃下诏救济百官："朕奉太后慈旨，以两司纲运未来，百官事力多阙，且夕霜冷，深轸所怀。令于内库方圆银二千一百七十二两，充见任文武常参官救接，委御史台依品秩分俵。"[4] 可见一般情况下，随行百官俸禄仍当由财政三司供给，只是此时盐铁转运、度支两司所属财赋未能运抵，中央财政无力支付，方才调内库银"方圆支用"，[5] 而由御史台给散应急。此外，天祐二年（905）五月，宰相柳璨建议唐哀帝行南郊，修太微宫，因"延资库、盐铁并无物力"供应修造，朱温乃令河南尹张全义供给，可见此项开支本应由盐铁转运司负责。[6]

后梁建立后，不但保留三司组织架构，其职掌亦得以维持。开平二年（908）三月，有司建议以唐宗室李棁为二王后，命度支负责洛阳二王祠庙祭料供给；[7] 次年，判户部于兢奏请天下州军送户口账籍。[8] 此外，龙德元年（921）二月，宰相兼盐铁转运使敬翔进奏，"请于雍州、河阳、徐州三处重置场院税茶"，[9] 可见财政三司不但掌管支给，还需负责四镇以外榷利收入。[10] 与此同时朱温所领藩镇理财机构，亦蜕变为与三司并立的中央财政使职，形成了独特的二元理财体制。朱温称帝后着手中央政权的制度建设与人事安排，首先设立建

1　李锦绣：《唐代财政史稿》下卷，第 1332~1351 页。

2　《旧五代史》卷一七《梁书·赵匡凝传》，第 235 页。

3　《资治通鉴》卷二六五，天祐二年八月，中华书局，1956，第 8646 页。

4　《旧唐书》卷二〇下《哀帝纪》，中华书局，1975，第 786~787 页。

5　唐后期"方圆支用"的含义，即不拘于开支定额，机动移用钱物，应付支给，相当于给予相关机构一定的财赋灵活支给权。参见李锦绣《唐代财政史稿》下卷，第 1206~1207 页。

6　《旧唐书》卷二〇下《哀帝纪》，第 797 页。

7　《旧五代史》卷四《梁书·太祖纪》，第 66 页；王溥：《五代会要》卷五《二王三恪》，上海古籍出版社，1978，第 85 页。

8　王钦若等编《册府元龟》卷四八六《邦计部》，周勋初等点校，凤凰出版社，2006，第 5515 页。

9　《旧五代史》卷一〇《梁书·末帝纪》，第 146 页。

10　后梁三司与建昌宫使、租庸使等中央财政使职，起初可能基于地域分工，如建昌宫负责四镇财赋，三司负责四镇以外财赋。但租庸司之职掌已突破四镇，其与三司关系尚待进一步研究。

昌院，并以养子宣武节度副使朱友文为开封尹、判院事，"掌凡国之金谷"，当月，又升建昌院为建昌宫，以朱友文为建昌宫使。上述举措，甚至早于命谋主敬翔知崇政院事掌军谋、民政大权，[1]可见建昌宫（院）对于朱梁政权的重要性。[2]

　　关于建昌宫（院）的职掌，据《旧五代史》所述："以太祖在藩时，四镇所管兵车、赋税、诸色课利，按旧簿籍而主之。"[3]另据《新五代史》："太祖即位，以故所领宣武、宣义、天平、护国四镇征赋，置建昌宫总之。"[4]而《资治通鉴》则言："帝为四镇节度使，凡仓库之籍，置建昌院以领之。"[5]上述记载有所参差，但至少可得出以下认识：其一，建昌宫（院）职掌颇为庞杂，范围超过唐后期财政三司，其内容不但包括"赋税、诸色课利"，还包括"兵车"等事，需要领"仓库之籍"，"按旧簿籍而主之"，[6]即依据籍账掌管包括钱物、甲仗、辎重在内的各类官物的库藏出纳；其二，建昌宫（院）上述政务，仅限于特定地域范围，即朱温称帝前担任节度使的宣武、宣义、天平、护国四镇。

　　朱温之所以专门设立机构掌管四镇钱粮甲仗及相关庶务，当源于其任四镇节帅时的藩府管理体制。朱温于中和三年（883）三月建节宣武，即于使府所在之汴州，辟"敏事慎言，达吏治，明筹算"的裴迪为节度判官。此后，朱温用兵四方，常留裴迪于汴"调兵赋"，甚至揭榜于门，宣称"以兵事自处，而以货财狱讼一切任迪"。[7]随着朱温自天复元年（901）五月兼领宣武、宣义、天平、护国四镇，裴迪履行职权的地域，也自宣武军扩展至四镇下属州军；其内容则由财赋军资之筹措、调拨，逐渐延伸至官吏、兵员人事管理等领域，所谓"四镇租赋、兵籍、帑廪、官吏、狱讼、赏罚、经费、运漕，事无巨细，皆得专之"，颇有总领四镇庶务"大管家"之意味。天祐二年，朱温欲行禅替，

1　《资治通鉴》卷二六六，开平元年四月辛未，第8674、8675页。
2　关于建昌院、建昌宫同朱梁政权建构的关系，参阅建飞《唐末五代宋初北方藩镇州郡化研究（874~997）》，博士学位论文，北京大学，2017，第34~38页。
3　《旧五代史》卷一四九《职官志》，第1995页。
4　《新五代史》卷一三《朱友文传》，中华书局，1974，第136页。
5　《资治通鉴》卷二六六，开平元年四月，第8675页。
6　《旧五代史》卷一四九《职官志》，第1995页。
7　《新五代史》卷四三《裴迪传》，第471页。

乃以自身亲信官员充唐廷大臣，裴迪也被派往唐哀帝所居之洛阳，"命为太常卿"。[1] 此时，四镇财赋管理调度之任被交予朱友文，"太祖领四镇，以友文为度支盐铁制置使。太祖用兵四方，友文征赋聚敛以供军实"。[2] 相比裴迪所掌，朱友文"度支盐铁制置使"的职掌范围有所缩小，主要集中于军资钱物筹措调拨，但仍维持统管宣武等四镇钱谷财赋之制。朱友文此后得任建昌宫使，当延续裴迪"宣武节度判官"及自身度支盐铁制置使职掌，故可"按旧簿籍"管理官物，而建昌宫系"东京太祖潜龙旧宅"，[3] 建置方位的一致，或也能体现制度的继承。

朱温在位时，屡次出兵征伐或西巡洛阳，并不久留开封，在此期间，往往命宰臣兼判建昌宫事，如开平二年之韩建、三年之薛贻矩及乾化二年（912）之于兢。与此同时，朱友文仍身任建昌宫使，直到乾化二年被杀。建昌宫并设两"长官"，或因朱友文于朱温外出时领东都留守，难以兼顾建昌宫繁杂事务，故保留使额而由他官负责实际工作。乾化二年四月，朱温自东都前往洛阳，行前加朱友文为特进、检校太保，兼开封尹，令其"依前建昌宫使，充东都留守"；[4] 次月壬午驻跸汜水之时，又命宰臣于兢兼延资库使，[5] "敕以建昌宫事委宰臣于兢领之"。[6] 当年六月戊寅，朱友珪于洛阳发动政变，弑朱温后，秘不发丧，遣使赴东都杀建昌宫使朱友文，[7] 判建昌宫事于兢也逃至洛阳，并被罢职。[8] 建昌宫总领四镇钱谷财赋之制，至此终结。

朱友珪于乾化二年六月篡位称帝后，以河南尹、魏王张全义兼掌国计使，"凡天下金谷兵戎，旧隶建昌宫者悉主之"。[9] 表面看来，国计使只是对建昌宫长官职能的继承，但由于张全义身为河南尹，长期主政洛阳，其职

---

1 《旧五代史》卷四《梁书·太祖纪》，第61页。

2 《新五代史》卷一三《朱友文传》，第136页。

3 《旧五代史》卷一四九《职官志》，第1995页。

4 《旧五代史》卷七《梁书·太祖纪》，第106页。

5 《旧五代史》卷一四九《职官志》，第1995页。

6 《旧五代史》卷七《梁书·太祖纪》，第107页。

7 《资治通鉴》卷二六八，乾化二年六月戊寅，第8759页。

8 乾化三年二月，朱友贞遣人赴洛阳杀朱友珪时，门下侍郎同平章事于兢于政变中"被伤"，可知他当时身在洛阳，据《资治通鉴》卷二六八，乾化三年二月庚寅，第8767页。

9 《旧五代史》卷一四九《职官志》，第1995页。

掌也不仅限于四镇钱谷军资。这与唐晚期以来河南府的独特财政角色有关。

唐末，唐昭宗屡为藩镇控制，其车驾驻跸所在之节帅，往往兼任财政使职以供朝廷开支。如乾宁三年（896），唐昭宗为李茂贞所迫，逃亡太原，途经华州时被镇国军节度使韩建遮留，遂以其为"催促诸道纲运等使"，负责征敛商税，供应随驾人员开支以及其后的宫阙修复、善后钱物开销。[1] 当天祐元年昭宗被朱温挟持往洛阳时，由于供御经费开支极大，随行官司钱物有限，上供亦多不至，三司难以应付，加之该年朱温大量裁撤负有供御之职的内诸司，[2]因此只得由河南府承担"供御""供国"之事，如天祐元年闰四月，以"内园冰井公事委河南尹"，[3]取代原内园冰井务职掌；天祐三年（906）十一月丙子（时哀帝已即位），废牛羊司，"御厨肉河南府供进，所有进到牛羊，便付河南府收管"，[4]"其牛羊司官吏并宜停废"。[5]此外，当宰臣柳璨等谋划天祐二年十月行南郊，本应由延资库使、盐铁转运使供应钱物，营建太微宫，因其"并无物力"，亦由朱温牒河南尹、判六军诸卫张全义，[6]命其"指挥工作"。[7]揆诸上述史事，河南府已然承担了驻扎洛阳的皇室、百官与军队的钱物供给，兼具"供御"与"供军""供国"职能。

朱温建立后梁，以汴州为东都，唐廷百官自洛阳前往朝见，但至开平元年十月，朱温即命百官归洛阳，除宰臣韩建、薛贻矩及翰林学士张策等要员外，"其宰臣张文蔚已下文武百官，并先于西京祗候"。[8]开平二年末，朱温一度考虑迁都河南府，[9]并于开平三年、四年两次前往巡幸，举行祀太庙、圜丘

1　《旧唐书》卷二〇上《昭宗纪》，第 759 页。

2　《资治通鉴》卷二六四，天祐元年四月戊申，第 8631 页。

3　《旧唐书》卷二〇上《昭宗纪》，第 780 页。

4　《旧唐书》卷二〇下《哀帝纪》，第 808 页。

5　《册府元龟》卷六二一《卿监部》，第 7198 页。

6　天祐元年四月，张全义曾一度受命为天平节度使，朱温自兼忠武节度使（《资治通鉴》卷二六四，天祐元年四月癸丑，第 8632 页）。但当年十月丙申，张全义赴洛来朝，朱温即命其为河南尹兼忠武节度使、判六军诸卫事，自己则兼天平节度使，并返回汴州（《资治通鉴》卷二六五，天祐元年十月丙申，第 8637 页）。

7　《旧唐书》卷二〇下《哀帝纪》，第 797 页。

8　《旧五代史》卷三《梁书·太祖纪》，第 54 页。

9　《资治通鉴》卷二六七，开平二年十二月，第 8706 页。

等一系列礼仪活动。[1] 朱温之所以有此意向，一方面，因河南府经张全义长期经营，财政相对充裕；[2] 另一方面，张全义的合作态度，使河南府成为朱梁政权重要的财赋供应地。开平元年五月，张全义进"开平元年已前羡余钱十万贯、绸六千匹、绵三十万两"，并"请每年上供定额每岁贡绢三万匹，以为常式"，[3] "朱梁时供御所费，皆出河南府"。[4] 综上，自晚唐至后梁，河南府承担着"供御"与"供国""供军"之责。乾化二年张全义以河南尹兼任国计使，兼掌原建昌宫职事及贮存钱物，不但表明中央财政机构管辖地域突破四镇，更意味着其职掌范围进一步扩大，由供应百官、军资，兼具"供御"之职。由此观之，国计使存在时间不长，却是五代中央财务行政体制演进的重要节点。至后唐长兴二年（931），宣徽北院使知内省事孟汉琼"居中用事，人皆惮之"，往往"直以中宫之命取府库物，不复关由枢密院及三司，亦无文书，所取不可胜纪"，[5] 说明在正常情况下，禁中须索需关报三司知晓，供御之职仍得维持。[6]

乾化三年二月，均王朱友贞与赵岩、杨师厚等谋杀朱友珪，并于当月在汴州称帝。[7] 张全义虽仍为洛京留守兼河阳节度使，且为天下兵马副元帅，[8] 但应当不再担任国计使，而由朱友贞亲信赵岩任租庸使，掌管全国财计。后唐同光二年（924），左谏议大夫窦专进奏，言及"伪梁"理财旧制："既废宫（按，即建昌宫）后，改置租庸，杂以掊敛相兼，加之出放生利。"[9] 此言正表明建昌

1　《资治通鉴》卷二六七，开平三年正月己卯、辛巳，第8707页。

2　《旧五代史》卷六三《唐书·张全义传》，第838~839页。

3　《旧五代史》卷三《梁书·太祖纪》，第52页。

4　《旧五代史》卷六三《唐书·张全义传》，第842页。

5　《资治通鉴》卷二七七，长兴二年五月己卯，第9059页。

6　值得一提的是，《五代会要》载有后梁开平三年十一月以后诸司使名目，其中最晚设置者，为开平三年十一月所设乾文院使。内有如尚食使、司膳使（按，原名御厨使，开平元年五月改）、内园栽接使、弓箭库使等（王溥：《五代会要》卷二四《诸使杂录》，第388页）。使名的存在，并不意味着诸使类机构一定存留，但由此也可推测，具备供御之职的诸司使，虽于唐末大量罢废，此时又部分得以重建，只是主掌者由士人换成了宦官，且仅为事务机构，其钱物来源由国计使掌管。关于五代时期诸使类机构之具体设置、职掌、沿革，参赵冬梅《唐宋诸使职掌考》，《国学研究》第16卷，北京大学出版社，2005，第275~327页。

7　《资治通鉴》卷二六八，乾化三年二月庚寅，第8767页。

8　《旧五代史》卷六三《唐书·张全义传》，第840页。

9　王溥：《五代会要》卷二四《建昌宫使》，第378页。

官与租庸司间职掌的继承关系。而相比国计使，后梁租庸使职掌又有所变化。后唐同光二年，租庸使奏言本司帖文"近例皆直下"藩镇支郡，而朝廷下诏称此为"伪廷近事"，可见后梁租庸使可直接行帖州军，乃至不经节帅，直下藩镇支郡，指挥财务收支调拨。[1] 此外，租庸使财政管理地域已不限于四镇及河南府，扩展到统治全境。贞明六年（920）四月己亥，后梁末帝下诏，要求用兵之地蠲除赋役：

> 除两京已放免外，应宋、亳、辉、颍、郓、齐、魏、滑、郑、濮、沂、密、青、登、莱、淄、陈、许、均、房、襄、邓、泌、随、陕、华、雍、晋、绛、怀、汝、商等三十二州，应欠贞明四年终已前夏秋两税，并郓、齐、滑、濮、襄、晋、辉等七州，兼欠贞明四年已前营田课利物色等，并委租庸使逐州据其名额数目矜放。所在官吏，不得淹停制命，征督下民，致恩泽不及于乡间，租税虚捐于账籍。[2]

上述魏、襄、雍等州均不属四镇及河南府，多为朱梁政权"附镇"所在。由此可见，相比国计使，后梁租庸使财政管理的广度与深度均大为扩展，由"兼镇""属镇"延伸至"附镇"，[3] 且得以直接指挥藩镇支郡。

综上，后梁政权内部，存在着二元理财体制。但因史料所限，二者的具体分工方式已难详考。大体说来，中央财使继承了藩镇财使职能以及河南府供御职掌，其职掌范围较唐后期财政三司更广泛，但所辖地域主要集中于四镇及河南府；与此同时，唐后期之财政三司仍得以维持，并以宰相兼领，保留了部分财赋的收支管理权。

1　《资治通鉴》卷二七三，同光二年十月辛未，第8925页。
2　《旧五代史》卷一〇《梁书·末帝纪》，第142页。
3　何灿浩将唐末藩镇划分为强藩、强藩属镇、强藩附镇等类型。其中属镇长官多由强藩任命，而附镇需向强藩纳贡、从征，但强藩对其长官无人事任免权。参氏著《唐末政治变化研究》，中国文联出版社，2001，第101~120页。五代情形亦大体相似，参闫建飞《唐末五代宋初北方藩镇州郡化研究（874~997）》，第22~32、43~54页。另外，财务管理中的"账"类文书，宋人文献中往往用"帐"字，如"帐簿""文帐""计帐"之类。关于"帐""账"的规范使用原则，会计学者讨论甚多，此不赘举。本书论述中一律采用通行之"账"，史料引文则一仍其旧。

（二）由二元而一元：后唐三司之成立及其职掌范围的扩展

后唐中央理财体制，经历了数次调整，最终由二元体制回归一元。与此同时，中央财政管理机构的职掌范围也发生了重大变化。

后梁贞明元年（915），晋王李存勖占据魏州后，即以魏州孔目官孔谦为支度务使，负责收支调拨钱谷，以供军需，当李存勖与后梁交锋激烈，"聚三镇之兵，战于河上，殆将十年"，孔谦"供亿军须，未尝有阙"。[1] 支度务使虽为节镇财计使职，但孔谦统一主掌河东、成德等属镇钱物，职责范围不限于天雄军。随着对梁战争的进展，晋王李存勖统辖的地域范围也有所变化，每当节镇州军归附，支度务即将权力触角延伸于此。据《册府元龟》所述："庄宗初定魏博，选干吏以计兵赋，（孟）鹄为度支孔目官（按，当为'支度孔目官'）掌邢洺钱谷司。明宗时为邢洺节度使，军赋三分之一属霸府，鹄于调弄之间，不至苛急，每事曲意承迎，上心甚德之。而支度使孔谦专典军赋，而于藩镇征督苛急，明宗常切齿。"[2] 邢、洺、磁三州于贞明二年（916）归附晋王，九月以李嗣源为节度使，故支度务使孔谦乃遣所属孔目官孟鹄征调该镇财赋。

同光元年后唐建国，并于当年十月灭后梁。其间，后唐庄宗设租庸司，并以宰臣张宪、豆卢革、卢质、王正言等判租庸，但实际主掌财计、征调军需者，乃是担任租庸副使的孔谦，故《资治通鉴》称其"暴敛以供军，民多流亡，租税益少，仓廪之积不支半岁"。[3] 同光二年四月，孔谦"累移文于汴，配民放丝"，[4] 下令贷汴州民钱而命民众以丝偿官，并低估丝价意图厚敛。此举为知汴州卢质反对，奏称"臣惟事天子，不事租庸，敕旨未颁，省牒频下，愿早降明命"，[5] 可见租庸司直接以牒文指挥汴州摊派贷钱。不但如此，后唐租庸司亦如后梁一般，多以使帖指挥藩镇支郡，如同光二年十月，天平节度使李

1　《资治通鉴》卷二六九，贞明元年六月，第8791页。

2　《册府元龟》卷四八三《邦计部·选任》，第5476页。

3　《资治通鉴》卷二七二，同光元年九月庚戌，第8893页。

4　《旧五代史》卷九三《晋书·卢质传》，第1228页。

5　《资治通鉴》卷二七三，同光二年四月庚辰，第8919页。

存霸、平卢节度使符习进奏："属州多称直奉租庸使帖指挥公事，使司殊不知，有紊规程。"后唐朝廷曾下诏约束，"今支郡自非进奉，皆须本道腾奏，租庸征催亦须牒观察使"，但"虽有此敕，竟不行"，[1] 说明租庸司对支郡的直接指挥已为既成事实。总之，后唐租庸司继承了后梁租庸司之于州郡的直达指挥，且随着控制藩镇增多，其直接征调钱物的地域范围也在不断扩大。

后唐租庸司除直接指挥藩镇州郡，还继承了后梁国计使的供御职掌，"朱梁时供御所费，皆出河南府，其后孔谦侵削其权"。[2] 但后唐庄宗在位期间，重以宦官任供御诸司使，"各领内司事务"，[3] 更从宦者之议"分天下财赋为内外府"，将藩镇上供额外进纳钱物归入内府，以外府充租庸司经费，内府"充宴游及给赐左右"，剥离了租庸司管理供御钱物之职。同光二年郊祀，租庸司经费不济，郭崇韬建议庄宗"出内府之财以助有司"，庄宗方才命租庸赴晋阳"辇取以相助"；[4] 一年多后，庄宗听闻李嗣源占领汴州，在军中"索袍带赐从官"，"内库使张容哥称颁给已尽"，随行士兵叱骂张容哥为"阉竖辈"而欲杀之，[5] 可见宦者主掌内库出纳，租庸司非得诏旨则难预其事。后唐明宗即位后，不再专由宦者掌管内诸司，但其供御职能仍得以维持，这表明中央计司已难以全面管理供御钱物。

相较后梁计司，后唐租庸司职掌范围有较大扩展，其中最关键的变化，当属同光二年租庸司对财政三司的兼并。此次改制，常被宋人视为北宋三司制度的直接来源，所谓"宋法后唐之制，三司使实总国计"。[6] 学者论述五代三司体制变化，亦多瞩目此次改革，[7] 但关注点主要在于"三司使"名目的正式确立，对于改革带来的计司职掌变化，则较少措意。

1　《资治通鉴》卷二七三，同光二年十月辛未，第 8925 页。

2　《旧五代史》卷六三《唐书·张全义传》，第 842 页。

3　《旧五代史》卷六三《唐书·张全义传》，第 842 页；另据《资治通鉴》卷二七三同光二年正月："敕：'内官不应居外，应前朝内官及诸道监军并私家先所畜者，不以贵贱，并遣诣阙。'时在上左右者已五百人，至是殆及千人，皆给赡优厚，委之事任，以为腹心。内诸司使，自天祐以来以士人代之，至是复用宦者，浸干政事。"（第 8912 页）

4　《资治通鉴》卷二七三，同光二年二月己巳，第 8914 页。

5　《资治通鉴》卷二七四，同光四年三月癸未，第 8973 页。

6　章如愚：《群书考索》后集卷四《官制门》，广陵书社，2008 年影印本，第 460 页。

7　陈明光：《五代财政中枢管理体制演变考论》，《中华文史论丛》2010 年第 3 期，第 121~122 页。

　　如前所述，后梁长期维持"二元"理财系统，既以建昌宫、租庸司等负责原藩府财计，同时保留财政三司体系，并以宰相兼判。后唐灭梁，起初仍维持着财政三司与租庸司并存的局面，但租庸司长官逐渐参与三司政务，两者不再泾渭分明。同光元年十一月戊午，在租庸副使孔谦、枢密使郭崇韬建议下，庄宗以原租庸使张宪为东京副留守知留守事，镇守魏州，而命宰相豆卢革判租庸，兼诸道盐铁转运使。[1] 当豆卢革于明宗天成元年七月被贬辰州刺史，制词称其"或主掌三司，委元随之务局"，[2] 所谓"元随之务局"，指庄宗魏州称帝时设置的租庸司，制词所言，正表明豆卢革曾以租庸司长官兼领财政三司职掌。此后，兴唐尹王正言一度受命领租庸司，但其"风病恍惚，不能综三司事"，庄宗遂以孔谦为租庸使，[3] 此亦证明租庸司长官兼掌三司。此外，租庸司长贰还曾干预三司人事安排，如后唐庄宗灭梁入汴后，租庸副使孔谦因后梁租庸巡官刘赞为其里人，遂上表荐其为盐铁判官。[4] 总的来说，后唐建国初的财政三司仍为独立机构，但在职掌与人事方面，租庸司长官已多参与其间。

　　同光二年正月，庄宗诏令"盐铁、度支、户部三司并隶租庸使"，[5] "凡关钱物，并委租庸使管辖"，[6] 这意味着财政三司不论在组织上还是业务上，均为租庸司兼并。改制并非一蹴而就，如二月已巳南郊赦书中赋税检放条目，仍称"且检天下桑田正税，除三司上供既能无漏，则四方杂税必可尽除"，[7] 但总的来说，两机构的合并，不但表明后梁以来中央二元理财体系的终结，也意味着租庸司得以统一管理除内库外中央全部财赋，职掌范围大为扩展。据陈明光梳理，后唐租庸司之权限，包括管理诸道兵账、户口文账，调整百官俸料发放标

---

1 《资治通鉴》卷二七二，同光元年十一月戊午，第 8907 页。

2 《旧五代史》卷三六《唐书·明宗纪》，第 502 页。

3 《旧五代史》卷七三《唐书·孔谦传》，第 964 页。

4 《旧五代史》卷六八《唐书·刘赞传》，第 907 页。

5 《资治通鉴》卷二七三，同光二年正月戊午，第 8913 页。

6 《旧五代史》卷一四九《职官志》，第 1996 页。

7 《册府元龟》卷九二《帝王部》，第 1017 页。但至同光四年正月，朝廷重申放免百姓壬午年即后梁龙德二年（922）以前所欠"秋夏残税及诸色课利钱物"，并声明若不遵行，"仰下租庸司及诸道州府切准前敕处分"（第 1018 页）。

准，支付少府监铸造官印原料工钱，组织漕舶、两税折纳标准厘定等项，[1]涵盖钱物收、支、调运诸方面。天成元年四月，后唐明宗废租庸司，复置三司，直到北宋建立，其职任并无明显变化。可以说，同光二年改制意味着北宋三司职掌范围基本形成。

综上所述，北宋三司职掌，继承了唐代三司制度与藩镇财使职能。同光二年租庸司与三司合并，职能归于一司，并成为北宋三司制度的直接源头，这也造成北宋三司职掌范围远较中晚唐三司庞杂。

三　唐宋之际三司职掌分工之变化

唐宋之际，三司不但职掌范围大为扩展，其分工模式亦多有变化。唐宪宗元和年间，财政三司逐渐形成相互独立、东西分掌的收支系统。三者既有自身独立的收入来源，也有专门的支给对象，各自职掌较少交集。[2]这一体系至晚唐受到极大冲击，藩镇以及宦官统领的诸使系统，侵夺了三者的大量财源，如度支所依赖的解盐课利为河中节度使所占，东南盐利亦不属朝廷，甚至各州两税也多不上供。由于财源匮乏，三司难以单独应付本司开支，原本收支分立的局面被打破，管理渐趋一体。就财赋征调而言，唐末钱物上供路线所经藩镇，多兼领"三司水陆发运使"，如唐昭宗光化年间，忠义军节度使赵匡凝兼山南东道管内三司水陆发运使；[3]天祐元年七月，则以武昌军节度使杜洪兼鄂岳蕲黄等州三司水陆发运使。[4]这一系衔从侧面反映出三司财赋已纳入统一征调系统。就钱物支给而言，唐末三司往往共同应付某项开支，如天祐二年五月，唐哀帝因星变不视朝，举行祈禳，下诏"于太清宫置黄箓道场，三司支给斋料"。[5]此外，唐末宰相如崔胤、裴枢、张文蔚等，亦多兼领盐铁转运、度支等

1　陈明光：《五代财政中枢管理体制演变考论》，《中华文史论丛》2010 年第 3 期，第 117 页。
2　李锦绣：《唐代财政史稿》下卷，第 141~144 页。
3　《旧唐书》卷二〇上《昭宗纪》，第 767 页。
4　《旧唐书》卷二〇上《昭宗纪》，第 782 页。
5　《旧唐书》卷二〇下《哀帝纪》，第 793 页。

使。[1]宰相由分判三司到兼领多司，亦反映出三司财赋管理渐趋一体化。[2]

　　后梁时期一度恢复唐后期宰相分判财政三司之制，至于三者具体收支分工则难以详考。后唐同光二年正月，租庸司兼并财政三司，据当年三月左谏议大夫窦专进奏，租庸司"总三司合勘"，并请求"令盐铁却归三司，收其征赋"，[3]欲重置三司掌管部分财赋。由此可知，同光二年改制后，三司作为理财主体已不复存在，其事务自然也由租庸司统一处置。后唐明宗天成元年四月，废租庸院，重置三司并以宰臣专判；长兴元年（930）八月，又以张延朗为三司使，确立三司使额。[4]原本统归租庸司的理财职掌，需再经分配归入三司。对于此次分工调整的具体状况，史无明文，难得其详。笔者拟梳理三司诸案设置沿革及相关史事，推测后唐明宗朝至宋初三司职掌分工模式。

　　清泰元年（934）十二月，后唐末帝以张延朗为相，兼判三司。[5]对此任命，张延朗曾上表推辞：

　　　　臣又以国计一司，掌其经费；利权二务，职在据收。将欲养四海
　　之贫民，无过薄赋；赡六军之劲士，又借丰储。利害相随，取与难
　　酌……况诸道所征赋租，虽多数额，时逢水旱，或遇虫霜，其间则有
　　减无添，所在又申逃系欠。乃至军储官俸，常汲汲于供须；夏税秋租，

1　关于崔胤、裴枢、张文蔚身兼度支、盐铁转运，参《旧唐书》卷二〇上《昭宗纪》（第769页）、同书
　　卷二〇下《哀帝纪》（第790页）以及《旧五代史》卷一八《梁书·张文蔚传》（第242页）。其中崔
　　胤似曾身兼三使，如天复元年六月，崔胤"时领三司使"（《资治通鉴》卷二六二，第8556页）；此后
　　天复三年正月，李茂贞还昭宗，崔胤复官，"复以胤为司空、门下侍郎、同平章事，领三司如故"（《资
　　治通鉴》卷二六三，第8594页）。但当天复二年，崔胤邀朱温至凤翔，意图迎还为李茂贞所劫之唐昭
　　宗，为昭宗所责而罢相，并免去诸使职，当时其使职名目为"延资库使、诸道盐铁转运等使、判度支"
　　（《旧唐书》卷二〇上《昭宗纪》，第774页），其中并无户部。故学者一般认为，天祐三年三月戊寅，
　　唐廷以朱全忠为盐铁、度支、户部三司都制置使，"三司之名始于此"，不过朱全忠辞而不受（《资治通
　　鉴》卷二六五，第8658页）。
2　关于唐末三司收支一体化管理，参李锦绣《唐代财政史稿》下卷，第208~213页。
3　王溥：《五代会要》卷二四《建昌宫使》，第379页。
4　王溥：《五代会要》卷二四《建昌宫使》，第379页。
5　《旧五代史》卷八九《晋书·刘昫传》："清泰初，（刘昫）兼判三司，加吏部尚书、门下侍郎，监修国
　　史。时与同列李愚不协，动至忿争，时论非之。未几，俱罢知政事，昫守右仆射，以张延朗代判三
　　司。"（第1172页）

每悬悬于继续。[1]

张延朗自天成二年起多次担任三司长官，[2]对相关部门职掌当较为了解，其奏表所言，不啻对三司分工的简要归纳。据张延朗所述，盐铁、度支、户部三司，一司"掌其经费"，即管理"军储官俸"等经费支出；二司"职在揫收"，主要负责"夏秋两税"等财赋收入。天成元年四月，后唐明宗为改庄宗朝百姓运粮洛阳之困弊，曾下制书，命度支司与洛阳总管司计会兵数，"据所供馈积贮京师，其近畿粮储，可令诸军就食"，[3]度支司计度京师诸军粮食，当即"掌其经费"之职。至于"职在揫收"二司，则为盐铁、户部，如天成四年（929）五月户部拟定三京诸州府逐年夏秋税租额及折征标准，应是"揫收"之职的体现；[4]此外，后晋天福六年（941）三司奉枢密院宣，指挥庄宅营田务将万年县、泾阳县官产田庄三所交予晋昌军节度使安审琦，田庄由输纳"夏秋省租"改为向州县"供输两税"，事关两税额调整，亦由三司户部"牒晋昌军节度使"，[5]反映了其对田赋征收的管理。

　　自后唐同光二年至北宋建立，史料中未见三司组织架构之重大调整。《宋史·职官志》述北宋三司分工：

> 盐铁，掌天下山泽之货，关市、河渠、军器之事，以资邦国之用。度支，掌天下财赋之数，每岁均其有无，制其出入，以计邦国之用。户部，掌天下户口、税赋之籍，榷酒、工作、衣储之事，以供邦国之用。[6]

以上概括，足以体现宋人对三司分工的一般理解：三司职掌依收支划分，其中

1　《旧五代史》卷六九《唐书·张延朗传》，第920页。

2　张延朗凡三掌三司，共约四年：天成二年六月以宣徽北院使判三司，次年二月罢为忠武节度使，宰相王建立代之；长兴元年八月，任三司使，次年二月罢去，孟鹄代之；至后唐末帝清泰元年十二月，复以宰相判三司，此后直至天福元年十一月后唐灭国被杀，一直担任三司长官。

3　《册府元龟》卷四八四《邦计部·经费》，第5494页。

4　王溥：《五代会要》卷一九《县令》，第316页。

5　《广慈禅院庄地碑》，陆耀遹：《金石续编》卷一三，《石刻史料新编》第1辑第5册，台北：新文丰出版公司，1977，第3287~3288页。

6　《宋史》卷一六二《职官志二》，第3808页。

盐铁、户部掌收，职责分别为"资邦国之用""供邦国之用"；度支则负责"计邦国之用"，筹划用度。另据淳化五年（994）起居郎梁周翰进奏起居注修撰体式，三司"盐铁金谷增耗，度支经费出纳，户部版图升降"，当于季终报起居院，[1]亦可证盐铁、户部负责财赋收入及相关版籍，度支则主管经费支出。此外，咸平二年（999）八月右司谏直史馆孙何奏请罢去三司，"三部使额，还之六卿"，并对三司"禄百辟，赡六军"之分工论述如下："夫盐铁者，盖管榷山海之谓也，而物非自集，须假牢盆；户部者，盖均一征税之谓也，而财非自生，须计田赋；度支者，盖供亿军国之谓也，而粟非自行，须资漕运。"[2]据此可知，盐铁、户部主要负责财赋收入，前者主掌征榷课利，后者主掌田赋；度支则负责供应军国，筹措调运钱物，满足军队、官僚系统等开支。这一说法同张延朗所述无大差异，也与《宋史·职官志》记载的分工情况基本相同，可见后唐形成的三司分工格局延续至北宋。类似表述，还见于元丰二年（1079）五月修起居注王存进奏："三司金谷之增耗、经费之出纳、版图之升降，固非月可见者，必待岁终而会计也。"[3]至北宋中叶，臣僚对三司分工格局的基本理解并无变化。

但上述记载只能视为臣僚对北宋前期三司分工的大体归纳，若欲考察其在唐宋之际的具体变化，仍有必要复原北宋初三司各自职掌。据乾德五年十月度支判官侯陟所言："三司凡二十四案，盐铁主其六，户部主其四，余皆度支主之。"[4]至于诸案具体名目，据《职官分纪》：

> 国朝三司凡二十四案，曰：兵刑、胄、铁、商税、茶、颗盐、末盐、设、赏给、钱帛、发运、百官、斛斗、粮料、骑、夏税、秋税、东上供、西上供、修造、竹木、曲、衣粮、仓。[5]

1　《宋会要辑稿》职官二之一二，第 2991 页。
2　《长编》卷四五，咸平二年八月辛亥，第 958 页。
3　《宋会要辑稿》职官二之一四，第 2994 页。
4　《长编》卷八，乾德五年十月癸酉，第 196 页。
5　孙逢吉：《职官分纪》卷一三《三司》，中华书局，1988 年影印本，第 298 页。另据《宋会要辑稿》食货五六之九，第 7286 页。两段史料，文字基本相同，史源当一致。但《宋会要辑稿》所载各案名缺"西上供"，不足二十四案之数，故从《职官分纪》记载。

上述记载反映了宋初三司职掌内容，但难以体现其具体分工。如前所述，有关三司各案名称、职掌的详细记载，仅见于《宋史·职官志》，其大体反映了仁宗朝状况，但较之宋初情形颇有不同。因此，需结合《职官分纪》《宋史·职官志》中相关记载，厘清北宋前期三司诸案的调整情况，方能推测宋初二十四案在三司的大体分布。

北宋前期三司诸案的调整，大体可分为两个阶段。首先，为三司之间重新分配诸案。乾德五年，在度支判官侯陟建议下，将三司二十四案由前述"盐铁主其六，户部主其四，余皆度支主之"改为"三司均主其八"。[1] 其次，为三司各案的分合置废。这一过程主要发生在真宗朝：其一为咸平四年（1001），夏、秋两税，东、西上供，修造、竹木以及仓、衣粮等案合并，总案数减少四个；[2] 其二为景德二年（1005），盐铁司兵案"并度支案为刑案"；[3] 其三则为大中祥符七年（1014），于度支司增设常平案。[4] 根据三司诸案移易并合过程，可知乾德五年诸案分工时，度支十四案中有六案移入盐铁、户部，自身除常平案外并未添入、改置新案。故《宋史·职官志》所载赏给、钱帛、粮料、发运、骑、斛斗、百官七案，宋初即属度支，至于其较乾德五年八案少一案，当因景德二年本属度支之一案并入盐铁兵案，至于此案之具体名目，暂难详考。这八案中，发运案的漕运管理职能，应在周世宗显德年间攻取淮南，疏通汴河，恢复漕运，[5] 以及建隆二年（961）陈承昭主持完成蔡河、五丈河导流工程后，[6] 方才完全具备；其余七案职掌，如俸料、禄粟、春冬衣、各种赏赐以及牧监饲养

---

1 《长编》卷八，乾德五年十月癸酉："度支判官侯陟言：'三司凡二十四案，盐铁主其六，户部主其四，余皆度支主之。自荆湖、西蜀之平，事务益众，欲令三司均主其八。'诏三司推官张纯分判度支案事（此据旧录）。"（第196页）另据《宋会要辑稿》食货五六之九："旧例盐铁六案，度支十四案，分押户部四案。乾德五年度支判官侯陟言其不均，始令三部各分领八案焉。"（第7286页）

2 《宋会要辑稿》食货五六之九："咸平四年，并夏、秋税两案为一，曰户税；并东、西上供曰上供；并竹木归修造；仓案归衣粮。"（第7286页）

3 《宋史》卷一六二《职官志二》，第3808页。此事具体含义颇为费解，"度支"后似缺字。

4 《宋史》卷一六二《职官志二》："度支分掌八案：……四曰常平案，掌诸州平籴。大中祥符七年，置主吏七人。"（第3809页）另据《宋会要辑稿》食货五六之九："大中祥符七年，别置常平案。"（第7286页）《长编》卷一六，开宝八年十一月："戊寅，初置三司推勘院，以将作监丞张邈知院事，寻罢之。"（第351页）

5 《资治通鉴》卷二九四，显德六年二月丙子，第9594页。

6 《长编》卷二，建隆二年正月丁巳，第38页；建隆二年三月甲辰，第41页。

等，则均为供军、供国支出管理，属于掌"经费"范畴。

以下对主掌财赋收入的盐铁六案、户部四案职掌略作蠡测。盐铁六案中，至少当包括商税、茶、铁、颗盐、末盐五案，均与榷利收入有关；而户部四案中，则应包括夏税、秋税、曲三案，主要负责两税正税以及榷曲收入。至于乾德五年自度支析出东上供、西上供、修造、竹木、仓、衣粮六案，当由度支并入户部司。乾德四年（966）十月南郊斋宫坏，责罚对象即为度支判官侯陟，"坐不以时完葺也"，[1]南郊斋宫属于京师建筑，未能按时维修，责任在度支判官而不在户部判官，可见户部修造案在乾德五年前原属度支。其余五案，竹木案同建筑营造密切相关；仓、衣粮二案则针对军粮供给，均属于钱物支出范畴。至于东、西上供二案，考虑到职能相似的发运案属度支，此二案当亦隶属该司。胄、设两案，当由度支司并入盐铁司，前者与兵甲制造、河渠整修之物料支出密切相关，后者则针对军队冬设、节料之类开支。综上所述，可将宋初（乾德五年前）三司诸案分工情况大体列表如下（见表1-3）。

表1-3　宋初三司案名及职掌分工情况

司名	案名	职掌类型
度支	赏给、钱帛、粮料、发运、骑、百官、东上供、西上供、修造、竹木、仓、衣粮、胄、设	经费支出、调运
盐铁	商税、茶、铁、颗盐、末盐、一案不明	财赋收入
户部	夏税、秋税、曲、一案不明	财赋收入

综上，后唐天成元年复置三司，其内部分工格局当为"两司掌收，一司掌支"，并一直持续至北宋乾德五年。相对唐后期制度，这一分工格局的变化大致体现在以下几方面。其一，正税收入：两税征收的管理职能，由唐后期度支转至户部。其二，榷利收入：颗盐榷利及榷茶管理职能，分别由度支、户部移至盐铁；至于负责两税的户部司之所以兼掌榷酒榷曲，可能因酿酒消耗谷物，与两税征纳密切相关。其三，财赋支出、转输，统归度支管理：俸料支出、漕运人员供给，分别由户部、盐铁转至度支；至于漕运转输，则由盐铁、

度支分别主持转由度支粮料案、发运案负责。上述变化，体现出以下特点：首先，钱物支出一元管理，不再政出多门；其次，财赋收入管理的整体性、专门性提高，榷利、田赋两类收入，分别由一司专门掌管。这或因晚唐五代中央财政紧张，计司需更高效完成财赋征调，协调通融钱物以应国计之需，故征收、支出、转输均实行一元化管理，以提高行政效率与灵活性。

要之，在"两司掌收，一司掌支"体系下，三司必须密切联系、配合，才能完成财政收支转输的整体流程，实现国家财政管理的正常运转。相比唐中后期三司收支管理各自独立，后唐以降三司之分工格局明显不同，度支支出必须依赖他司财赋收入方可应付。究其原因，当与晚唐五代国家财政局面的整体变化密切相关：随着唐末宦官、藩镇对三司财源与财政管理权的侵夺、干预，朝廷必须集中统筹钱物，应付财计，三司各自收支的局面自然无法维持；五代藩镇财使兼并财政三司，则从建置上取消了各司独立性，使彼此职掌更为密切，此后三司虽得复置，但一体化财政管理局面已逐渐形成。

三司收支独立体系的最终瓦解，则与北宋乾德五年三司案分调整密切相关。宋廷平荆湖、后蜀后财赋转输任务增多，为避免独掌十四案的度支司负担过重，[1]宋太祖"始令三部各分领八案"。[2]此次调整，彻底终结了三司各自独立收支的局面。以官员俸料、禄粟与春冬衣支给为例，此事本由度支负责，但乾德五年调整后，三司度支赏给案掌"诸给赐、赙赠例物、口食，内外春冬衣"，斛斗案掌"计度东京粮料、百官禄粟厨料"，百官案掌"京朝幕职官奉料"，而户部衣粮案则掌"勾校百官诸军诸司奉料、春冬衣、禄粟、茶、盐、鞋、酱、傔粮等"。计度与勾校审核分属两司，任一司均难以独立处置相关事务。又如榷场交易，"河北四榷场所须物货，令省司赏给案取索定数，授诸案施行"，可知支给标准由度支司赏给案参与拟定，但所需钱物筹集支给，则交他司相应案分处理，并由度支赏给案判官"置簿催驱"，保证效率。[3]乾德五年

1　度支司官员不但负责事务类型较多，且往往兼任他司事务，如前述天福六年户部牒，签署者均为度支推官权判户部、度支判官权判户部。《广慈禅院庄地碑》，陆耀遹：《金石续编》卷一三，《石刻史料新编》第 1 辑第 5 册，第 3288 页。

2　《宋会要辑稿》食货五六之九，第 7286 页。

3　《宋会要辑稿》食货五六之一三，第 7289 页。

调整的直接契机，固为三司"事务益众"，须均劳逸，[1]但改制之所以能顺利完成且长期维持，则与后唐以降形成的制度基础有关：三司不再自为收支体系，需相互配合方可保证财务行政正常运转。

需要说明的是，三司收支自成独立体系之局面虽被打破，财政管理中必须统筹协调、集体负责，但其钱物收支仍分别记账。如治平元年（1064）七月，三司使蔡襄奏请封桩钱帛，准备当年南郊支赐，即根据嘉祐七年（1062）明堂支赐中各司支出钱物名目、数量，条列三司此番应封桩之钱帛金银数，如现钱"明堂度支九十六万二千余贯，盐铁支八万六千余贯，共计一百四万八千余贯"，银"明堂度支三十五万四千六百三十余两，盐铁支三千三百余两，共计三十五万七千九百余两"，绢"明堂度支一百二十万八百余匹，盐铁支七万八千四百余匹，共计一百二十七万九千二百余匹"，[2]即属此类。

小　结

唐宋之际，作为中央理财机构的三司，其制度经历了诸多调整，主要变化有二：其一，职掌范围大为扩展；其二，三司收支各自独立之格局改变，三部收支相互关联，需密切配合方可履行职掌。

造成上述差异的缘由，在于五代至宋初三司组织架构与机构设置的数次更革。就职掌范围而言，五代后梁至后唐同光元年，中央理财体制由"二元"转为"一元"，最终租庸司合并三司，并兼具二者职掌；天成元年，后唐明宗废租庸司而复设三司，但其职掌较唐中后期大为扩展。就职能分工而言，后唐同光元年至天成元年三司废而复置，以盐铁、户部掌收，度支掌支，三者需相互配合方可维持国用；至北宋乾德五年，宋廷为均三司劳逸，以三司各掌八案，彻底打破了三司收支独立局面。总之，唐宋财政三司之职掌范围、分工差异之所以形成，主要受五代中央财政使职影响；而五代中央财政使职之职掌，又多源于藩镇财政使职。换言之，机构建置、官吏名目而外，北宋三司职掌亦

1　《长编》卷八，乾德五年八月癸酉，第 196 页。

2　蔡襄：《蔡襄集》卷二六《乞封桩钱帛准备南郊支赐札子》，上海古籍出版社，1996，第 454~455 页；参《宋会要辑稿》食货五一之二四、二五，第 7154 页。

脱胎于中晚唐三司、五代藩镇财政使职等制度。在制度演进过程中，机构、职官、职掌三类制度要素密切关联：职掌内容、范围与分工的演变，往往由机构、职官的改组、重置促成；而职掌内容与分工的变化，又会影响官司架构与人事安排的调整。相关史事，主要发生在北宋太祖、太宗二朝，需待以下二节详论。

第二节　北宋三司内部行政机制及其演进
——以三司长官、三部判官为中心

　　三司作为北宋前期国家财政管理的中枢机构，职掌庞杂，除计度全国钱物收支、审核申省账簿，还需参与财政决策谋议乃至法条编纂。[1]而三司内部组织架构与人员设置颇为复杂，且在宋初三朝多有变化。因此，欲理解北宋三司建置的调整，除了考虑政治时局与帝王权术，更应从行政合理性角度，分析各机构、人员在政务运作中的角色，思考制度演化背后的基本原理。

　　据宋人所述，三司内部机构大体可分三类：判使厅，盐铁、度支、户部三部诸案，以及诸子司。[2]其中判使厅系三司长官所在，[3]三部及所属诸案设有判官、推官、巡官，诸子司则由判勾官、判官等处理公务。[4]学界对于北宋

1　关于三司职能的全面梳理，参汪圣铎《两宋财政史》，第591~594页；黄纯艳《宋代财政史》，第13~24页。
2　熙宁五年（1072），宋廷确定提举帐司勾院磨勘司与三司各机构往来文书体式，规定"报判使厅及三部文字体式，依副使例。其诸案及子司报本司文字于申状"（《宋会要辑稿》职官五之三〇，第3136页）。
3　三司长官往往被通称为"判使"，所处官厅被称为"判使厅"，如至道元年（995）六月，诏令三司将检覆两税文账"上历管系，于判使厅置库架阁，准备取索照证"（《宋会要辑稿》食货六九之一六，第8055页）。该官厅有时也被称为"三司使厅"，如治平三年（1066）六月戊申，宋廷"从三司使韩绛奏请，置管勾三司使厅都知杂司公事文簿一员，命屯田员外郎梁端为之"（《长编》卷二〇八，第5056页）。
4　关于三部及诸子司官员设置，参《宋史》卷一六二《职官志二》，第3807~3811页。

三司的机构名目、官吏设置、职掌及其沿革已有全面梳理，[1]但对于各官司、人员在行政流程中的分工模式、互动关系尚缺乏深入讨论，且未详究影响三司组织架构演进的各项因素。本节将由三司内部行政运作机制着手，力图考察各部门及其人员发挥的具体作用，分析组织架构的基本特点，进而思考太祖朝至真宗朝三司建置频繁调整的原因。考虑到政务处置中，三司长官与三部判官居于关键地位，本节将集中考察；至于主要负责账簿审核、文书收发等辅助性工作的诸子司，[2]其职掌并非政务运作核心，姑不详论。

一　三司政务处置的基本方式

北宋三司长官名称，因任职官员资格、身份而异。[3]除三司使外，所谓判三司使事、同判三司使事、权三司使、权三司使公事[4]、权发遣三司使公事或判三司等，均为三司长官，[5]宋人往往统称为"判使"，[6]其职掌无本质区别，除了"掌邦国财用之大计"，更需"总盐铁、度支、户部之事"，在此基础上方可"经天下财赋而均其出入"；而三部"分掌逐案之事"的主要负责人，则为三部判

1　关于三司组织架构的研究进展，参张亦冰《北宋三司研究述评》，包伟民、刘后滨主编《唐宋历史评论》第 3 辑，社会科学文献出版社，2017，第 305~306 页。其中汪圣铎（《两宋财政史》，第 584~591 页）、黄纯艳（《宋代财政史》，第 3~6 页）对三司机构的梳理颇为系统，而周藤吉之对于三司内部官司类型及其演进的讨论最为细致（「北宋における三司の興廃」氏著『宋代史研究』、28~144 頁）。此外，郑寿彭曾简要论及三司长官、判官的用人标准与职掌细则［《宋代三司之研究（中）》，《现代学苑》1973 年第 9 期，第 33~36 页］；杨倩描曾对宋初三司调整原因进行深入分析（《唐宋时期的三司体制述论》，《河北师院学报》1990 年第 4 期，第 114~115 页）。其余专题研究及论点，将随文述及。

2　周藤吉之「北宋における三司の興廃」氏著『宋代史研究』、39~65 頁。

3　据《宋史》卷一六二《职官志二》，三司使"以两省五品以上及知制诰、杂学士、学士充"，若阙正使，"则以给、谏以上权使事"（第 3807 页）。

4　关于三司使、权三司使、权三司使公事的区别，据《长编》卷一六四庆历八年（1048）四月甲戌："翰林侍读学士、户部郎中、知永兴军叶清臣为翰林学士、权三司使。咸平末，并三部为使，官轻者则为权使公事。康定初，清臣已为权使公事，今再领三司，当为使，而又为权使，中书误也。自是遂分权使与权使公事为两等。"（第 3944 页）可知咸平六年重设三司使后即有权三司使公事，二者差异取决于任职者本官高下。

5　关于上述官称形成始末及内涵的具体梳理，参龚延明编著《宋代官制辞典》，中华书局，1997，第 115~117 页。

6　据《长编》卷二○八，治平三年六月戊申，英宗问宰臣新设管勾三司使厅公事，是否统摄三司副使及判官，宰臣韩琦答复"此特判使之属也"（第 5056 页），言其为"判使"之属官，不得统摄三司副使、判官，如此则"判使"即为三司长官。

官。赵宋承后周"旧制",于三部各设判官一员,[1] 由三司长官直接统辖,此后其统属关系几经变化,至咸平六年形成定制,分领于三部副使。本节首先讨论三司判官与长官如何分工、互动,以理解其政务研判、处置的基本机制。

(一)"商量"与"与夺"

三司开拆司"掌受宣敕及诸州申牒之籍,发放以付三部",[2] 将各方文书登记在册,并根据其内容发往三部处理。咸平四年五月,臣僚针对"三司官吏积习依违"以致"案牍凝滞"之局面,建议提升三司长官与三部判官行政效率,"逐部判官呈覆向来诸路州军所申请及本司所积滞事,疾速与夺,然后诣判使会议,别白施行"。[3] 可见诸事先由三部判官[4] "与夺",再交三司长官裁断。判官负责研判并拟定处置方案,在政务处置中发挥基础作用,而三司"判使"则决定是否施行。

乾德四年宋廷下诏"条约三司官属",曾对判官"与夺"政务的具体方式与要求加以规定[5]:

> 三司盐铁、度支、户部判官,除各行本司公事外,自今应有改移制置、支拨折科、增减条流、转输供亿,凡干起请,并系商量,切在从长,务令允当。若或事未谙详,理须询访,即宜关牒以问别司。别司才受公

---

1 《宋史》卷一六二《职官志二》,第3807~3808页。
2 《宋史》卷一六二《职官志二》,第3810页。
3 《长编》卷四八,咸平四年五月戊子,第1061页。
4 本书所指"三部判官",即盐铁、度支、户部三判官。宋代史料中亦常以"三司判官"泛称这一群体。《宋史》卷一六二《职官志二》在列三司使、副使后,即列"判官",此后又于三部判官中分列盐铁、度支、户部判官,易致误会(第3808页),其实所谓三司判官,即三部之判官,三司判使厅仅有长官、三司副使,并无判官。
5 《长编》卷一一,开宝三年四月己卯,李焘注"条约三司官属,乃乾德四年正月事",第245页。按《宋大诏令集》所载文本,除多首词外,其余内容与《长编》文字基本一致,本书以《长编》文本为主展开分析〔参《宋大诏令集》卷一六〇《置三司推官诏》(乾德四年正月丙戌),司义祖整理,中华书局,1962,第604页〕。宋廷此诏目的,一方面在于加强三司内部协调,使得三司官员在避免"侵长官之权"前提下"知无不为,共济公家之物";另一方面,或许也与时任三司长官赵玭行政能力有限且不获宋太祖信任(范学辉:《三司使与宋初政治》,姜锡东等主编《宋史研究论丛》第6辑,第47~48页)有关,遂委任判官对其加以辅助、制约有关。

文，便须尽理回报，具明可否，方得施行，苟涉稽违，当行黜责；若或因而更改，颇协便宜，仍具奏闻，并充课绩。若在省曾遍咨谋，事犹未决，即许牒逐路转运使问其利害。其转运司承受公文，亦准此应报，或当军期，不在此例。[1]

三司判官应对政务加以分类，一类为不需进奏即可行遣的"本司公事"，另一类则需进奏"起请"，涉及制度调整、钱物转输、税则更定等方面，但二者区分标准并不明确，往往取决于君主与三司官员自身判断。宋太祖、太宗二朝，君主多躬亲独断钱谷细务，前者曾切责三司废材支用不当，[2]后者甚至直接指示三司官员如何利用污染布料。[3]但三司频繁进奏琐事，终致君主疲于应付。直到大中祥符三年（1010），宋廷以是否"有条事件"为标准，规定三司分别采取"具状以闻"与面奏取旨两类进奏方式。[4]此外，三司对于内廷批下臣僚奏议，往往"不复奏禀，直下诸路"，至天圣元年（1023），宋廷始规定三司对于臣僚奏请更改制度，即使可行，也需"奏裁"方可下行。[5]

在拟定政务处置方案前，三司判官先在本部内会同他官"商量"，"从长"听取意见，形成适宜方案，提高决策合理性。倘经本部商量仍"事未谙详"，判官可向三司其余二部及各子司咨询。相关部门必须及时回报，明确答复意见可行与否，并充分说明理由，若建议"颇协便宜"，为朝廷接受，则理作课绩；假如判官遍询三司诸部，"事犹未决"，还可行牒漕司搜集建议。由此观之，三司内部的信息搜集与集体决策机制，乃是三部判官政务研判的制度保障。大中祥符四年，宋廷诏三司"凡有公事，并商量允当，方得施行及连衔申奏"，并于九年重申此诏，[6]可见三司处置政务，不论进奏取旨抑或出令行遣，均需首先谋议妥当。而三司判官在"商量"过程中发挥重要作用，若"不到省商量公

1 《长编》卷七，乾德四年正月丙戌，第165~166页。
2 周密：《齐东野语》卷一《梓人抡材》，张茂鹏点校，中华书局，1983，第13页。
3 《长编》卷三四，淳化四年二月戊子："有司言油衣帘幕破损者数万段，欲毁弃之。上令煮浣，染以杂色，刺为旗帜数千，以示宰相。"（第746页）
4 《宋会要辑稿》仪制六之五，第2403页。
5 《宋会要辑稿》仪制七之二一，第2432页。
6 《宋会要辑稿》仪制六之六，第2404页。

事"则为失职。[1] 咸平初，江、淮、两浙制置茶盐王子舆深晓茶盐利弊，但因并未任职三司，"每事上计司，移报稽滞"，影响效率，故请求"兼省职"，真宗遂"命为盐铁判官，仍领制置"。[2] 这一任命，除出于资历考虑，当因三司判官便于获取各方信息且具"与夺"之职。

　　三司判官落实"与夺"之职的主要方式为拟定处置方案并行判。开宝四年（971）九月庚子，宋廷命殿中侍御史李莹分判三司度支事；[3] 次年初，李莹任江南接伴使，其官职为度支判官、殿中侍御史，[4] 另据开宝六年（973）十月辛巳李莹所撰《大宋新修唐太宗庙碑铭并序》，自题结衔"朝散大夫·行殿中侍御史·分判度支公事·柱国"，[5] 由此观之，李莹作为"度支判官"的职掌，即为判本部公事。另据御史中丞王化基淳化二年九月所献《澄清略》，建议复尚书省代三司，更以三司判官职掌比诸唐前期尚书省二十四郎官；[6] 而景德年间曾任三司户部判官的王曾，[7] 富弼所作行状及宋祁所撰墓志中，均称其"判三司户部案"。[8] 可见据时人理解，三司判官与唐前期六部四等官中的"判官"即郎中、员外郎相似，职在对本部诸案事行判。[9]

（二）出令、进奏与内部监督

　　依托三部诸案的政务研判与拟定方案，三司长官得以裁断政务，或下达文牒指挥他司，或奏请君主取旨奉行。在指令文书发出生效前，三司判官、

1　《宋会要辑稿》仪制二之五，第 2319 页。

2　《宋史》卷二七七《王子舆传》，第 9430 页。

3　《长编》卷一二，开宝四年九月庚子，第 270 页。

4　《长编》卷一五，开宝七年四月丙午，第 319 页。李莹接伴者，系开宝五年江南进奉使李从善（《长编》卷一三，开宝五年闰二月癸巳，第 280~281 页）。

5　李莹：《大宋新修唐太宗庙碑》，王昶：《金石萃编》卷一二四，《石刻史料新编》第 1 辑第 3 册，台北：新文丰出版公司，1982，第 2290 页上栏。

6　《长编》卷三二，淳化二年九月庚子，第 721 页。

7　《宋史》卷三一一《王曾传》，第 10182 页。

8　富弼：《王文正公曾行状》，杜大珪编，顾宏义、苏贤校证《名臣碑传琬琰集校证》中集卷四四，上海古籍出版社，2021，第 2340 页；宋祁：《文正王公墓志铭》，杜大珪编，顾宏义、苏贤校证《名臣碑传琬琰集校证》中集卷五，第 643 页。

9　唐中后期三司使职系统内"判官"的原初含义为"判案郎官"，即以尚书省二十四司郎中、员外郎兼行判案之事（李锦绣：《唐代财政史稿》下卷，第 242~243 页）。

使、副等还需最后审核,确保内容妥当无误,并签押为证,以示负责。

后晋天福六年八月二十七日,三司户部为处置请射官庄事,曾行牒晋昌军节度使安审琦,牒文签押依次为"度支推官权判将仕郎试大理司直兼殿中侍御史许押,度支判官权判朝议大夫尚书金部郎中上柱国赐紫金鱼袋薛押,副使检校司空右监门卫将军董押[1],宣徽北院使判三司检校司徒右监门卫大将军刘押[2]",此处度支推官、判官兼判户部事,牒文的签押次序根据职位从低到高;另据录文,行下日期上有"三司使□□□一颗",可见三司长官需于签押时用印。[3]推官、判官于使、副前依次签押牒文之制,延续至北宋,"所有在省三部、九子司应行下文字,先呈押判官,委是合行,方得书押"。[4]至于三司长官签署文牒,起初亦不可或缺,如后周广顺二年(952)十月,因三司使李谷"病臂","未能执笔",周太祖特令其"刻名印用之"[5],以个人印章取代签押;至宋太宗淳化四年(993)四月,宋廷据殿中丞马应昌建议,规定三司判官、推官需联署"处分符牒",三司长官"但于案检署字",只需签署存档副本。[6]咸平六年又重申此要求,"判使非奏事及有所更张,则止署按检,余皆本部副使、判官主之"[7],此后三司长官除进呈奏状仍需署字外,[8]不再签署发出文书。但三司内部行用文书,仍需其签押方得生效。庆历三年(1043)四月戊午,权三司

1　当为董遇,据《册府元龟》卷五一一《邦计部》:"晋董遇,高祖天福中为三司副使……"(第5812页)

2　当为刘遂清,据《旧五代史》卷九六《晋书·刘遂清传》:"(天福)六年,驾幸邺都,转宣徽北院使兼判三司,加检校太保。"(第1276页)

3　《广慈禅院庄地碑》,陆耀遹:《金石续编》卷一三,《石刻史料新编》第1辑第5册,第3288页上。

4　《宋会要辑稿》食货五六之一四、一五,第7290页。此事乃熙宁二年(1069)权三司使公事吴充所述,但相关制度在北宋前期并无明显变化。

5　《资治通鉴》卷二九一,广顺二年十月丁未,第9485页。

6　《长编》卷三四,淳化四年四月戊申,第749页。此次调整中文书案检的含义,参刘江《宋朝公文的"检"与"书检"》(《北京大学学报》2012年第2期,第131~136页),其认为政务处理中官员书(案)检,表明了其权力延伸与收束的上下限。

7　《长编》卷五五,咸平六年六月丁亥,第1205页。

8　三司文书签署规定之调整,或与三司长官设置及其行政负担有关。淳化四年,三司改为一使通掌诸部,规定长官"但于案检署字",当因其签署文书增多。如景德四年,知枢密院事陈尧叟兼群牧制置使,即以"本司事多,请但署检,其帖牒委使副、判官印署施行",真宗从之(《长编》卷六六,景德四年八月乙巳,第1479~1480页),可见署检而不署牒帖,乃官司长吏减轻自身行政负担的一般做法。而咸平六年三司长官"止署按检"之规定,载于宋廷并三使为一的改制诏书中,可见淳化五年废总计使复设三使后,由于各使仅负责本司事务,压力相对减轻,三使签署之制或曾恢复。

使姚仲孙被罢职，罪名为"不觉察省吏崔班等伪为使副判押文书，以规取商人财物也"，[1] 吏人必须伪造三司使副签押方得规取财物，正体现了三司指令的有效性。[2]

对于难以直接行遣且不合进呈奏状的政务，三司官员需面奏取旨。在召开频率最高的御前会议——垂拱（长春）殿听政中，三司长官面奏的频率与时长较有保证，对财政决策影响颇大。[3] 在宋真宗朝以前，除三司长官外，三部判官乃至子司判官，均可上殿进奏。[4] 三司官员虽经内部商量，但长官、判官之间意见未必一致，当合班进奏时往往各持己见，甚至相互攻讦，造成混乱。太平兴国七年（982）二月，担任三司长官近十年的王仁赡与判三司勾院陈恕、宋琪等多有龃龉，"议本司事，有不协者，互持短长"，当三司诸官合班奏对之际，陈恕出班具奏王仁赡平日劣迹，"词辨蜂起"，王仁赡无法反驳，只得伏罪。[5] 宋太宗曾抱怨："三司官吏奏事朕前，纷纭异同，互有所说，此固不为私事，但迭执偏见，不肯从长商度。"[6] 可见三司长官、判官等于进奏时意见不合乃至当堂争辩，已成常态。三司官员御前各抒己见，有助于君主避免偏听之弊，但也导致决策责任变相转嫁，君主负担愈重。因此，宋太宗规定各司唯

1　《长编》卷一四〇，庆历三年四月戊午，第3366页。

2　在特殊情况下，如以三部副使等他官兼判三司，其是否签署牒帖，取决于职掌负担之轻重。景德元年十月，真宗预备亲征，命盐铁副使林特、户部副使崔端本同判留司三司，林特等"乞依咸平二年魏羽例，不书牒帖"，真宗并不允许，称"魏羽兼权知开封，以故不书牒帖。今二人同掌，不须循此例也"（《长编》卷五八，景德元年十月丁未，第1279页）。所谓"魏羽例"，指真宗咸平二年十二月北巡前，曾以权知开封府判留司三司（《长编》卷四五，咸平二年十一月戊申，第969页），因开封府与三司职掌俱繁，且魏羽一人兼领，故允其"不书牒帖"；而林特、崔端本为三部副使，此时二人一道权判留司三司，真宗认为职掌不至于过于繁重，故不允其请。可见三司长官不于牒帖"署字"，主要出于减轻行政负担之考虑。

3　参本书第二章第一节。

4　如淳化五年六月，"诏三司总计使及诸道判官，因上殿奏事，如闻宣谕民间利害，并令录送中书门下付史官，以存劝戒"（《长编》卷三六，淳化五年六月己巳，第790页）；至道二年，太常博士、直史馆陈靖进奏，亦称"臣早任计司判官，每获进对，伏闻圣训"（《长编》卷四〇，至道二年七月庚申，第844页）。但淳化五年三月，因太宗认为"三司判官多不守本职，拜疏言事悉非济要"（《宋会要辑稿》职官三之五〇，第3067页），遂诏令三司判官进奏内容必须与本司事务相关，"计司官属不得越局言他事"（《宋史》卷二七六《张观传》，第9402页）。

5　《长编》卷二三，太平兴国七年二月辛未，第513页。

6　《长编》卷二四，太平兴国八年三月癸亥，第540页。

"大事非本司能决者"方能进奏，且"须计定合行与否"，[1]试图限定三司进奏内容、方式，命其形成初步方案以便君主裁决。

至宋真宗朝，参与面奏的三司官员及奏对方式发生了较大变化，据大中祥符九年九月二十二日诏："三司使、副使自今同上殿奏事，判官有大事亦令上殿。"因此前"副使、判官皆对，其后止使、副使同之"，至是方举旧制，[2]可见当时仅三司使副上殿面奏，三部判官一般不预其间，唯谋议大事方得参与。[3]此外，宋廷对三司官员奏对方式的规定也影响了其各自发言权。前述大中祥符九年九月强调，三司官员奏对，"凡公事先须论定，不得临事异同"，[4]要求官员在面奏前达成统一意见，不得于奏对时分歧争辩。此举意在提高决策效率，但导致三部判官在奏对中很难提出异议。为向君主表达意见，如庆历四年（1044）殿中侍御史赵祐，甚至以台官而非三司判官身份赴阁门请对。[5]

为了保障三司政务处置的合理性，宋廷还以长官与判官为基础，构建了一套行政监督体系。根据乾德四年三司官属"条约"，三司长官负责点检"判官等起请、行遣"，倘有"不当公事"，则需"置历批书"，详加记录。三司判官对于长官决定，则负有监督审议之职，倘若三司使处置不当，相应部门判官必须指出，假如"事理显明"而三司长官拒绝接受意见，判官有权直接面奏。即使决策已形成圣旨，三司长官"奉旨施行"，本部判官若发现不妥之处，仍需及时指出。[6]有此制度依据，三司判官面奏时敢于反驳长官意见，并一度得到君主支持。值得一提的是，为防止本部判官因事涉嫌疑，"避事不言"，宋廷允许"别部判官及逐路转运使直具利害闻奏"，并明确要求诸路转运使"如见三司行下公事有不便于民者，许直具事状以闻，不得隐避"，[7]通过三部内外监

---

1 《长编》卷二七，雍熙三年正月，第608页。

2 《宋会要辑稿》仪制六之七，第2404页。

3 三司诸子司官员，有时也可参与面奏，但缺乏制度保障。如刘敞于皇祐三年（1051）八月权判三司开拆司，当秦州与羌人争古渭州时，仁宗问左右"弃之存之孰利"，刘敞"时从三司奏事"，听闻此言，"遂上奏独请弃之"［刘攽：《彭城集》卷三五《故朝散大夫给事中集贤院学士权判南京留司御史台刘公（刘敞）行状》，逯铭昕点校，齐鲁书社，2018，第920页］。

4 《宋会要辑稿》仪制六之七，第2404页。

5 《长编》卷一五二，庆历四年九月庚午，第3700页。

6 《长编》卷七，乾德四年正月丙戌，第166页。

7 《长编》卷七，乾德四年正月丙戌，第166页。

督，尽量避免处置失当。除了行政监督，淳化五年七月，宋廷还诏命三司总
计使及诸道判官"各给御前印纸，自八月互书劳绩，岁终校其优劣，以申黜
陟"，[1] 长官与判官相互批书课绩，彼此关防。

对于三司政务处置中其他官员的表现，三司判官与长官亦需加以记录，
所谓"赏罚之典，断在必行，应逐司判官各置历批书课绩，与判使通署"，这
直接影响三司人事黜陟。[2] 此外，为监督三司决策的实际执行情况，三司判官
还需亲自监督诸案所管仓场库务。如景德元年（1004）八月规定，曲院炒焦作
制曲，三司本判官需"至时巡觑"，看其是否混入生麦，影响酿酒品质，并查
其所用柴火是否有剩，以免官吏没入，"如见弛慢，勘逐施行"。[3] 另如琼林苑
等园苑，本由内臣统领兵士管理，自天圣三年以后，也规定"三司本案判官同
共提点，每月遍至园苑巡察违犯以闻"，检查内臣及兵士有无违法。[4]

综上，在三司政务处置中，诸案判官需汇总各方意见并分析研判，拟定
初步方案；而三司长官则在此基础上加以裁断，或出令指挥，或进奏取旨。两
者的分工主要体现在行政流程方面，并无明确的类别或层次划分。[5] 除了分工
配合处置政务，三司长官、判官还通过行政监督与人事课绩，尽量保证决策合
理且得以落实。

二　三司行政的主要依据

前述三司对财政事务的研判，必须建立在充分搜集、分析各方信息的基

1　《长编》卷三六，淳化五年七月乙亥，第 790 页。
2　《长编》卷七，乾德四年正月丙戌，第 166 页。
3　《宋会要辑稿》职官二六之三三，第 3705 页。
4　《宋会要辑稿》方域三之一一，第 9304 页。
5　庆历八年春，权三司使张方平"以目疾恳请解邦计"，仁宗不愿张方平解职，劝其"宜且小勉，不多时
烦卿也"，试图对其加以挽留，并决定"特命三部副使分受辞讼，常程细务，但令诸案发遣，大事乃禀
白焉"，即对三司政务分类、分层，辞讼事务全归副使，常程细务三部诸案判官即可全权处置，仅大事
需向长官张方平汇报，以便纾解其压力。据王巩所述，仁宗此举乃是向臣下表明"厚薄之意"，属于极
特殊的礼遇（王巩：《文定张公乐全先生行状》，《张方平集》，郑涵点校，中州古籍出版社，2000，"附
录"，第 792~793 页），可见正常情况下三司长官"总盐铁、度支、户部之事"，不论政务大小均需裁
决行遣。

础上。除了来自本司内部及外路州军的情报与意见,三司还需借助财务账簿,检用诏敕法条,才能合理合法处置政务。而账簿、法条的搜检、比勘与分析,非三司长官及三部判官所能独办,需要更多官吏配合协助。

(一)账簿案牍与法条诏敕

天禧五年(1021)至天圣元年,三司曾置发遣祠部司,由盐铁司勾覆官、前行、后行以及祠部手分等吏人组成,专门审核祠部发放度牒。虽然该机构存在时间不长,且并非三部之一,但仍可略窥三司行遣政务的方式与依据。天禧五年二月,朝廷接受三司建议,规定发遣司审批开封府界度僧奏请流程:

> 应诸处奏到文状,并批送三司,委开拆司依发放例置历抄上,发与发遣司,委本司将祠部照证帐按及宣敕条贯,勘会合度数,限半月内印押,通判部官发放。候给讫单状到,勾销元帐。候印押了,具道数实封发与开拆司入递,赴当官点名给付。[1]

朝廷将开封府界奏状批下三司,三司开拆司收到后即登记入历,并交付发遣司处置。发遣司收到批下奏状后,需审核应发度牒数量,并交由三部官员处置,决定是否发放。其勘验依据有二:其一为祠部"帐按(案)",即祠部据以批度的文账档案,当度牒发放完毕,发遣司需对照勾销;其二为批度遵行的"宣敕条贯",即给付度牒所依据之法规,发遣司据此核查度僧数量无误,即可用印发放度牒。可见账簿案牍与法条诏敕,均为三司处置政务必需的依据。

先论账簿案牍。仁宗后期,士建中管三司商税案,曾比较商税增亏:"天下诸商税钱每岁二千二百万贯,自嘉祐三年后来只收得七百万贯,每岁亏一千五百万贯。"[2]可见三部诸案有条件获得某项钱物历年收支的具体数据,从而分析其长时段变化。而这些数据的来源,当为存档三司账簿。

三司所收文书账簿经勾院、凭由司、磨勘司等机构审核后,主要保存于

---

1 《宋会要辑稿》职官一三之一九,第3380页。
2 龚鼎臣:《东原录》,《全宋笔记》第8编第9册,大象出版社,2017,第192页。

金耀门文书库，[1]以供查阅照会。该库"收盛三司自太平兴国以来诸般帐案"，[2]与三司财务管理关系密切。景德四年（1007），朝廷要求文书库"文字并依部分架阁"；大中祥符四年（1011），更命文书库"分三部，各房架阁文字，逐案异架，一一交点"，[3]可见文书库内案牍分部、案保存，以便三部各案查阅。熙宁二年（1069），三司还请求"差官两员往本库，与监官重别编排，置簿拘管架阁，准备使用"，[4]希望重新编排登记文书库档案，以利检索。

文书库账簿的入档与调取，也由三司官吏直接负责。景德三年（1006）八月，规定由三司军将、大将充金耀门文书库专、副，管理库存档案出入。[5]三司自金耀门文书库调用文书，需遵循严密的关防程式。景德四年三月诏规定，三部吏人"如的要文字照会"，应以本部判官签押帖文，作为借调库存文书凭据；文书库审查帖文后，将出借信息登记在册，由本库监官亲自检索，调出文档并密封，先交本部判官勘验，再付三部吏人使用，且十日内必须归还。大中祥符四年，宋廷更规定"锁钥纳三司使处。如非时人吏私检文帐，即行严断"，不但文书出借审查之责归于三司判官，库房钥匙更由三司长官掌握，三司吏人不得非时"私检文帐"。[6]

三司文书档案保管机构，不仅限于金耀门文书库。至道元年（995）六月，命各州军申报三司"新旧逃户、检覆招携及归业承佃户税物文帐"，[7]以便三司及时点检逃户、归业户应纳税数，并将应收、应支以及应倚阁税数进奏。为三司长官审核点检方便，宋廷除命三司"将覆检文帐上历管系"，更于判使厅置库架阁"准备取索照证"。[8]此外，金耀门文书库并非直接从属三司，后者难以监管取索交接过程，架阁文账难免破损缺失。为保证勘验文书的完备，三司架阁库亦需保管部分重要文账，如审核祠部度牒发放，为避免"自来所管帐，今

---

1 《宋会要辑稿》食货五二之一一、一二，第 7175 页。
2 《宋会要辑稿》食货五二之一二，第 7176 页。
3 《宋会要辑稿》食货五二之一一，第 7175 页。
4 《宋会要辑稿》食货五二之一二，第 7176 页。
5 《宋会要辑稿》食货五二之一一，第 7175 页。
6 《宋会要辑稿》食货五二之一一，第 7175 页。
7 《宋会要辑稿》食货一一之一〇，第 6216 页。
8 《宋会要辑稿》食货一一之一〇，第 6216 页。

缘照证使用，虑恐损失不全"，三司吏人需全面点检改制前后祠部文账，"自天禧元年后帐见在者，般赴三司，置库架阁。所有天禧元年已前帐，即据见在道数编排，于金耀门文书库架阁，今后并委三司承领"，[1] 给牒文账直接由三司架阁库保管，不再由金耀门文书库保存。

再论"宣敕条贯"。所谓"条贯"，主要指"编敕"等法典所载法条。至于"宣敕"的含义，嘉祐年间韩琦《进嘉祐编敕表》中曾有述及："应中书、枢密院圣旨札子、批状，合行编录者，悉改为'宣'、'敕'。"[2] 此外，熙宁详定一司编敕时，曾规定皇祐四年（1052）编敕后所降一切"圣旨札子、批状"，"中书颁降者悉名曰'敕'，枢密院颁降者悉名曰'宣'"，[3] 可见所谓"宣""敕"，分别为法典编修者对枢密院、中书门下二府下达指挥之统称。因此，"宣敕条贯"当指编敕依据的各类行政法条。为表明政务处置合理合法，三司在所下牒、帖等指令中，需引述法条依据，如庆历五年（1045）欧阳修为河北都转运使，曾接到三司所下牒文，其中声明"仰依编敕"，明令禁止籴买展限。[4]

三司处置政务以编敕条贯为据，但法条浩繁，检用不易。咸平二年，户部使索湘、盐铁使陈恕、度支使张雍以及三部判官，专门针对三司事务编《三司删定编敕》六卷，"取三司咸平二年三月以前逐部宣敕，分二十四案为门删定"。[5] 该编敕为"一司敕"，体例与据《唐律》分门的"海行"《咸平编敕》完全不同。以案分类编敕，大约为便于三部诸案官吏检索。此外，三司官员要求州军奏请改制前，检核有无相应法规诏敕，并说明奏议方案与现行法条异同，以便决策更具针对性。大中祥符三年五月丁亥，三司度支判官曹谷进奏：

> 内外群臣上封者众，尤烦省决。自今望令言钱谷者先检会三司前后

1　《宋会要辑稿》职官一三之一九，第 3380 页。

2　韩琦：《安阳集》卷二七《进嘉祐编敕表》，《宋集珍本丛刊》第 6 册，线装书局，2004 年影印本，第 510 页上栏。

3　《长编》卷二八六，熙宁十年十二月壬午，第 6995 页。

4　欧阳修：《欧阳修全集》卷一一七《河北奉使奏草卷上·乞展便籴斛斗限》，李逸安点校，中华书局，2001，第 1800 页。

5　《宋会要辑稿》刑法一之二，第 8213 页。

> 编敕，议刑名者引律令、格式、刑统、诏条，论户税者须按《农田敕》
> 文，定制度者并依典礼故事，各于章疏具言前后诏敕。如已有条贯者，
> 即明言虽有某年月日诏敕，今来未合便宜，乞行更改，方许承接。[1]

此奏为宋廷接受。曹谷作为三司度支判官，负责政务研判，因此对于臣僚建言之事是否有法可循非常敏感。他认为三司事务之所以积压难决，原因在于上封者多不事先检索"编敕"，不明确起请之事是否已有"条贯"规定，也不说明奏请内容对既有"编敕"条贯有何因革损益，这导致三司处置时需逐一检索法条，斟酌可行与否，增加负担，影响效率。

（二）三部吏人的辅助性工作

为协助三司判官、推官搜检、分析大量案牍法条，三部设有孔目官、勾押官、勾覆官、前行、后行、手分等吏职，"三部诸案，并与本部都孔目官以下分掌"。[2]三部吏人数量颇为庞大，在景德元年九月遴选裁减后尚有五百五十五人，其中"盐铁百五十六人，度支百八十二人，户部二百一十七人"，[3]相较区区六员判官，官吏比例约为 1∶90 弱。至于吏人在三部诸案中的配置方式，孔目、勾押官似乎直属于三部，而前行、后行之类则属于诸案，如仁宗朝即有三司盐铁都勾押官段正、盐铁商税案前行陈祚、商税案后行王文禧等。[4]

三部吏人主要从事资料整理、检索等基础性工作，因过于"日常"，史料记载颇为有限，唯孔目官事迹偶见载籍。天圣四年（1026）三月，三司孔目官王举、勾覆官勾献下御史台鞫按，罪名有二。其一为怠于职守，天圣元年正月，计置司建议改茶法为"贴射法"，直接通商，而以颗盐、白矾代茶，折博商人河北、陕西缘边入中粮草；[5]但当年五月，此二吏人在给商人请矾券时，未

1　《长编》卷七三，大中祥符三年五月丁亥，第 1671 页。

2　《宋史》卷一六二《职官志二》，第 3809 页。

3　孙逢吉：《职官分纪》卷一三《三部诸司属吏》，第 305 页上栏。

4　孙逢吉：《职官分纪》卷一三《三部诸司属吏》，第 305 页上栏。

5　《长编》卷一〇〇，天圣元年正月丁亥，第 2314 页。

明确规定商人于各地请矾数量比例,"不指定慈州、晋州矾分数,致商人多请慈州矾",造成官府钱物亏损。[1]其二为谎报财计,天圣二年(1024),朝廷令三司比较"贴射法"后缘边入中粮数及榷茶收入变化,评估此法利弊,但王举等"以逐路夏秋税赋并两川物帛所博粮草,通作三司计置防边所增;及未改茶法时不折计虚实钱,而妄称卖茶课增一百四万余贯,以觊恩赏",一方面将非入中所得的两税粮草计算在内,号称入中收入提高;另一方面将现行榷茶收入与未改茶法前的虚钱收入进行比较,不加折算,谎称茶课增加,朝廷一度被其蒙蔽,赐王举等各银五十两、绢三十匹。[2]此事虽为三司吏人渎职违法,但可见三司财务数据点检与核算的烦琐,往往经其手完成,朝廷难知其详。

此外,在庆历四年五月的"陈留移桥案"中,[3]朝廷命监察御史王砺定夺是否移桥,户部判官慎钺听闻后,因"本案管移桥公事",即遣吏人暗中探问王砺意见,结果为其诬告,慎钺亦因此获罪。[4]可见三司判官处置政务,需以吏人搜集信息为基础。熙宁五年(1072)十一月,详定账籍所奏言,根据条法规定,三部诸案手分对于自身负责的"逐司逐案帐目",需"二人同共系书行遣",而勾覆、勾押、孔目官等吏人,也需"各随帐目本属案分书押",[5]以表明责任。

相较判官、推官,三部吏人身份低下,往往受到轻视。[6]但吏人们任职时间较长,对三部行政流程、法令条文以及关防要领颇为熟悉。至道元年五月,太宗"召三司孔目官李溥等二十七人,问以计司钱谷之务","(李)溥等言尽知其利病,不可以口占,愿得条对。许之,俾中使押送中书,限五日具奏"。至当月己未,李溥等"条上三司利害七十一事,中书参校其四十四事可行,遂著于籍;其十九事令陈恕等议定而后行之"。[7]太宗直接向三部吏人询问"计司

---

1 《长编》卷一○四,天圣四年三月,第2404页。

2 《长编》卷一○四,天圣四年三月,第2404页。

3 关于移桥案始末,参戴建国《从两桩案件的审理看北宋前期的法制》,《历史教学(下半月刊)》2017年第4期,第32~34页。

4 《长编》卷一四八,庆历四年五月壬寅,第3585~3586页。

5 《宋会要辑稿》职官五之二九、三○,第3135~3136页。

6 如宋太宗曾劝盐铁使陈恕向孔目官李溥等咨询业务情况,但陈恕"终不肯降意询问"(《长编》卷三七,至道元年五月,第813页)。

7 《长编》卷三七,至道元年五月己未,第813~814页。

钱谷之务"，固与其事必躬亲的施政风格有关，[1] 亦由于三司孔目官等吏人长期浸淫本司，对各类业务规范、利弊相当熟稔，如太宗所言"钱谷利病，此辈自幼即枕藉寝处其中，必周知根本"。[2] 仁宗亦曾依从盐铁都勾押官段正、盐铁商税案前行陈祚等关于商税定额的建议，并对三司使副表示"财谷之事，此辈虽是胥吏，却知本末，苟有所长，亦须采用，不可以其贱吏而不听其言"，[3] 要求三司长贰积极听取熟悉业务吏人之意见。此外，北宋中叶的"三司故吏"高成端，"明习吏事，自五代以来三司条贯，无不有也。嘉祐中尝言事，不用"，[4] 说明长期任职的三司吏人，不但熟悉当时条法，更了解其因革损益，能够就制度调整提供建议。

庞大且熟稔钱谷业务的吏人群体，是财务行政正常运转的保障，但也造成人事管理的巨大压力。根据前述三部官吏比例，一官需管理九十名以上的吏人，而北宋中期三司官员任期普遍较短，难以充分熟悉各类业务；相比之下，吏人们多长期任职，对制度漏洞较为了解，本部官员难于监管。[5] 因此，宋廷不时遴选裁减吏人，以提高其行政素质。如前述景德元年九月，真宗曾命刘承珪与三司使副考核本司吏人业务能力与罪犯记录，裁减其中"书计非精或尝负罪犯者"，三部及诸子司"定留八百九十人"。[6] 此外，宋廷还试图通过设置关防程序、析分职掌等手段，加强对吏人的监督。但烦琐的财务审核环节，反而为官吏奸弊与受贿提供了空间。对于规模日益庞大的财务审核机构，宋太宗大感焦虑："事得其要，则简而易理。今三司但欲增置关防，以塞奸幸，不知纲目既众，簿书愈多，奸幸弥作。"[7] 值得一提的是，熙宁重禄法出台前，三司吏人多无法定俸禄，[8] 其任职受贿，乃是朝廷默许的行为。一些财务审批手续的设置，甚至是为了增加受贿门径，供吏人自养。如熙宁三年（1070）八月，王安石奏论京师诸仓吏人侵克诸军月粮之弊："三司所治，多是生事，以取赂养吏

1　刘静贞：《皇帝和他们的权力：北宋前期》，台北：稻乡出版社，1996，第61~71页。
2　《长编》卷三七，至道元年五月，第813页。
3　孙逢吉：《职官分纪》卷一三《三部诸司属吏》，第306页。
4　陈师道：《后山谈丛》卷六，李伟国点校，中华书局，2007，第76页。
5　《长编》卷一九六，嘉祐七年五月丁未，第4753页。
6　《长编》卷五七，景德元年九月壬辰，第1256页。
7　《长编》卷四〇，至道二年闰七月辛未，第849页。
8　何忠礼：《宋代官吏的俸禄》，《历史研究》1994年第3期，第111页。

人，不然则三司何至事多如此……又三司所治事，近则太详，远则太略，所以详近者，凡以为吏人便于取赂而已。"[1]可以说，如何设置财务行政中的关防措施，协调防弊与保证行政效率间的矛盾，一直困扰着北宋朝廷。

综上，三司日常行政的主要依据为各类法条与案牍资料。对于三司账簿存档与行政法条编纂，宋廷制定了诸多专项规定，但三司钱谷事务庞杂，诏敕法条浩繁，案牍簿书亦多积压，必须依托三部吏人协助，才可能应付法条检用、文书勘验带来的沉重压力。三司吏人常年浸淫于此，熟悉业务，往往能为财政决策提供研判依据或意见，但与此同时，如何有效关防监督吏人，避免其利用信息落差恣意为奸，也是宋廷长期面临的棘手问题。

三　三司组织架构调整及影响因素

宋初三朝，三司长官及三部诸案官员的职掌变化不大，但其组织架构曾屡经调整，主要体现为官员设置方式的变化。《职官分纪》《玉海》等对此有系统记载，[2]周藤吉之等学者的梳理颇为全面，[3]且对制度演变的阶段性特点有所讨论，但仍难就其演进动因特别是行政合理性做出充分解释。[4]这固然受制于史料，更与学者专注于考证官司建置变化，较少关注政务处理方式有关。笔者梳理了三司长官、判官的主要职掌及其运作机制，拟由此着手，考察不同时期三司组织架构与官员设置的特点，尝试分析其演化缘由。

1 《长编》卷二一四，熙宁三年八月癸未，第5223页。
2 孙逢吉：《职官分纪》卷一三《三司》，第299页下栏；王应麟：《玉海》卷一八六《食货·理财》，江苏古籍出版社、上海书店，1987年影印本，第3403页。
3 周藤吉之「北宋における三司の興廢」氏著『宋代史研究』、2~5頁。黄亚娟曾制表梳理宋初三司分合过程，但对于三司长官设置与机构建置的分合，未作清晰区分（《北宋三司使研究》，第8页）；此外，贾明杰也曾对熙宁以前三司分合、诸子司建置，以及长官、判官等官员设置加以详细梳理（《北宋三司若干问题研究》，第11~26页）。
4 杨情描的相关讨论颇具启发性，其认为太宗时期针对三司长官的调整，主要为限制三司使权力，但影响了三司内部协同活动（《唐宋时期的三司体制述论》，第114页）。杨氏试图将三司机构调整与宋初政治、经济局面变化结合考察，其研究思路集中于君主集权如何加强，对部门间相互关系及调整的行政合理性关注较少。此外，谢婷曾论述宋初三司机构调整、长官设置以及政务细分的过程（《北宋前期三司组织机构和长官出身研究》，第17~29页）；黄纯艳曾综述三司建置沿革，指出三司分合各自利弊，分的优点在于可互相稽考，合的优点在于三司使可通晓财利（《宋代财政史》，第4页）。

（一）从一官独掌到三使分置（建隆元年至淳化四年）

北宋建国后，继承后周旧制，三司仅设长官一人，通掌三部事务，直接统摄三司判官；而在谋议决策时，三部判官亦多随三司长官一道参与面奏。如此一来，三司长官需直接裁断、指挥三部诸子司众多事务。行政层级的减少，有利于信息汇总与灵活指挥，但随着赵宋政权统治地域范围扩大，财赋计度繁重，三司长官权力集中且职掌庞杂，本司既无暇应付，朝廷更不易监管。宋太宗即位三个月后，即设三司副使，以枢密直学士、左正谏大夫贾琰任之。[1] 这一制度设置与人事安排，同宋太宗重用藩邸故旧稳固皇位有关，[2] 事实上析分了三司长官王仁赡之职掌。此外，由于政权肇基，多有征伐，钱物征调压力大，宋廷对三司长官同君主关系以及财务管理能力有较高要求。在此期间，曾出现个别三司长官长期专任现象。宋太祖在位期间（960~976），共有六人（张美、李崇矩、赵玭、楚昭辅、张澹、王仁赡）担任三司长官，乾德五年至开宝四年近五年间三司未置长官，且张澹任职未"逾旬"即死，其余五人平均独掌三司约两年；但出身太祖旧僚的楚昭辅与王仁赡任职时间相对较长，[3] 后者更是任至太平兴国七年，"掌计司殆十年"。[4] 三司长官久任，难免专权，不利朝廷监管，如王仁赡"恣下吏为奸，怙恩固宠，莫敢发者"。[5]

太平兴国七年二月罢判三司王仁赡后，太宗不再以一官独掌三司，改以给事中侯陟、右正谏大夫王明同判。[6] 次年三月，更"分三司为三部，各置使"，并以王明为盐铁使，陈从信为度支使，郝正为户部使。[7] 改制目的，一方面为

---

1 《长编》卷一七，太平兴国元年十二月丁巳，第 387 页。

2 宋太宗为开封府尹时，贾琰为开封府推官。《宋史》卷二六三《窦偁传》："太宗领开封尹，选偁判官。时贾琰为推官，偁不乐其为人。"（第 9098 页）《宋史》卷二六四《宋琪传》："太宗即位，召赴阙。时程羽、贾琰皆自府邸邀攀附致显要，抑琪久不得调。"（第 9121 页）关于宋初三司官员的人事安排，详下节。

3 据黄亚娟统计，北宋三司长官平均任期仅一年三个月（《北宋三司使研究》，第 22 页）；范学辉注意到，太祖朝三司长官的人选，经历了从后周旧臣向自身亲信僚属的转变，并指出楚昭辅、王仁赡等太祖旧僚财务管理能力的不足，参氏著《三司使与宋初政治》，姜锡东等主编《宋史研究论丛》第 6 辑，第47~50 页。

4 《宋史》卷二五七《王仁赡传》，第 8958 页。

5 《长编》卷二三，太平兴国七年二月，第 513 页。

6 《长编》卷二三，太平兴国七年二月辛未，第 513 页。

7 《长编》卷二四，太平兴国八年三月癸亥，第 539 页。

长官分担政务，不致压力过大；另一方面则为改变三司长官权重难制局面。经此调整，后唐以来单一长官统领三司之格局被打破，三司分设长官，各自独立负责部内政务裁断，并分别面奏取旨。[1] 如盐铁司设兵案、末盐案，分别掌三司"军将、大将、四排岸司兵卒之名籍"及末盐出卖事务，太平兴国九年（984）十月，盐铁使王明曾面奏太宗，请求确定东南诸州押纲使臣、三司大将、军将自建安军（后改为真州）搬运回货盐数量及折耗量，以便管理欠折填纳。[2] 三使专治本司事，能够减轻负担，提高行政效率，此制在当时颇具合理性，维持近十年。

宋太宗置三部诸案推官，意在协助判官。乾德四年，宋廷曾于三部分别设推官一员，"令总断逐司公案，兼专掌勾司公事，仍别给印"，[3] 总领政务，勾检公事，本为关防判官，但其性质很快发生变化。随着三部诸案事务的增加，宋初三部各设判官一员之"旧制"逐渐难敷需要。太平兴国三年（978）十二月，太宗因三司判官人数不足以督察千余吏人，在事务"最为繁剧"的商税、胄、曲、末盐四案设置推官，"命左赞善大夫张仲容等四人分领之"，以协助判官。此后不久，三部诸案"皆置推官，或置巡官，悉以京朝官充"。[4] 推官得以分担三司判官负担，当本部判官无法正常厘务时，推官甚至"权本曹判官事"。[5]

雍熙四年（987），太宗为加强对财务凭据的审核，命三部推官专职分判

---

1 三部分设长官，不再由一官通掌，尚可自其他史事获得旁证。太平兴国八年九月癸丑朔，为使上供钱物"贡输无滞"，太宗遂于京师设水陆发运司，"凡水陆舟车辇送官物及财货之出纳，悉关报而催督之"（《长编》卷二四，第 551 页），据《李若拙墓志》，"荆楚、巴蜀、并汾之地，新奉职贡，梯航实劳……乃置水陆发运使，专决留滞，事权禄位，吏局白直，亚三部一等，与计相抗行文牒"，而李若拙时为发运司副贰（郭茂育、刘继保编著《宋代墓志辑释》，中州古籍出版社，2016，第 91 页。标点有所调整）。可见水陆发运司长官在事权、禄位、白直配置等方面，次于三部长官，而在文书行移方面，则与"计相"对等行牒。此处的"三部"，即当所谓"计相"，可证明此时三司分设三长官。

2 《宋会要辑稿》食货四二之一、二，第 6938 页。

3 《长编》卷七，乾德四年正月丙戌，第 166 页。

4 《长编》卷一九，太平兴国三年十二月丙辰，第 437 页。

5 如太平兴国七年二月，三司使王仁赡因不法事被判勾院陈恕告发而遭罢免，度支判官雷德骧、盐铁判官奚屿、户部判官王遹均遭谪降，而以盐铁推官耿振、户部推官元垍权本曹判官（《长编》卷二三，太平兴国七年二月辛未，第 513 页），点校本《长编》此句断作"擢恕为度支员外郎、盐铁推官，耿振户部推官，元垍并权本曹判官事"。《宋史》卷二六七《陈恕传》载此事云："擢恕为度支员外郎，仍旧职。"可见陈恕仍判勾院，并未改任盐铁推官。故《长编》之"盐铁推官""户部推官"均当下属，分别为耿振、元垍二人职任，点校本误。

本部凭由司，[1]明令其不再"金书本职公事"，[2]三部诸案一度又由判官专掌。然而，三部诸案面对的事务并未减少，文账敕条也愈发纷繁。端拱元年十二月，太宗因"三司之中，邦计所属，簿书既广，纲条日繁"，有调整其组织架构之意，而三司则建议"置十二员判官兼领其职"，平均一位判官负责二案，试图减轻各判官行政负担，达到"各司其局，允执厥中"之目的。[3]上述建议，起初未被太宗接受。直到淳化四年四月，因殿中丞马应昌之议，太宗"罢盐铁、度支、户部等使，三司但置使一员、判官六员、推官三员，三部勾院但置判勾官一员、判官一员，其属吏并仍旧贯"，以盐铁使魏羽判三司，[4]不但重行一官通掌三司，更恢复了判官、推官共掌三部诸案之制。从调整思路看，太宗试图加强三部政务统筹，同时减轻判官负担，提高三部行政效率。但此次改制仅维持半年，即为"十道左右计—总计使"这一以地域为中心的分工模式取代。

（二）左右计、十道判官的设置与罢废（淳化四年至五年）[5]

淳化四年十月，太宗于三司分置左、右计与十道判官，分领两京、诸州财务；并设总计司，以左、右计使统领诸判官，以总计使通领左、右计。[6]此时的三司判官不再据诸案职掌分工，而依十道地域划分职掌，"均州县之籍以分其职"，[7]专门负责处理一道内财政事务；[8]至于两京财计，则由左、右计使及其判官直辖。

此次制度调整，与统治地域扩大后，三司单一长官难以应付庞杂政务，

---

1 《宋太宗皇帝实录校注》卷四二："（雍熙四年十一月）乙丑，以三司开拆推官左拾遗直史馆韩国华判开拆司。盐铁推官段惟一、度支推官朱赋、户部推官崔维翰判本部凭由司，专主天下钱谷出入之数，不更隶本部。"（钱若水修，范学辉校注，中华书局，2012，第523页）
2 《宋会要辑稿》职官五之三四，第3137页。
3 《长编》卷二九，端拱元年十二月，第660页。
4 《长编》卷三四，淳化四年五月戊申，第749页。
5 杨倩描《宋初三司左右计体制初探》细致考察了淳化左右计的设置动因、十道的名称、左右计与十道的关系以及十道与十七转运司路如何对应（河北师范学院历史系《中国古史论丛》，河北教育出版社，1995，第351~356页）。本书对于上述问题，不再赘述。但杨氏认为设置左右计主要为彼此激励，似缺乏证据，对于制度设置与罢废的行政合理性因素，尚未充分关注。
6 《宋史》卷一六二《职官志二》，第3807页。
7 《宋史》卷二七六《张观传》，第9402页。
8 杨倩描曾考证左右计及十道判官人员，如左计判官韩国华、右计判官梁鼎、河南东道判官张观、河南西道判官张秉以及关西道判官梁颢（《宋初三司左右计体制初探》，第354~355页）。

导致文书积滞、内部监管不力有关。[1] 宋廷试图改变三司判官分工模式，以便同一地域范围内财务信息勘验对照，从而提高三司钱物出纳审核的效率与严密性。与此同时，为协调跨地域财政事务，避免十道判官职掌过于分散，宋廷"令京东、西，南北各以［百］五十州为率，每州军岁计金银、钱、缯帛、刍粟等费，逐路关报总计司，总计司置簿，左右计使通计置裁给，余州亦如之"，[2] 使左右计使按地域分掌各州军岁计，总计司居间协调调度。总计使陈恕判左右计事，[3] 有权晓谕指挥三司全体官吏，[4] 并需参与各司谋议，"合干论议计度，并令恕等参预焉"。[5] 此外，宋廷还规定总计使与诸道判官共同上殿奏事，[6] 于课绩印纸"互书劳绩"，[7] 其目的当是在判官十道分工情况下，加强三司内部的整体管理与相互协调，维持财政决策合理性。

但从实际效果看，以地域为中心划分官司职掌，并非长久之法，"官司各建，政令互出，难以经久"。[8] 在此前实践中，三司已然形成以职掌为中心的行政机制，其运作合理性与机构间的内在关联，非以地域为中心的十道左右计所能比。此次改制仅推行了一年零两个月，即因"官司各建，政令互出，难以经久"，总计使陈恕"极言其非便"而停罢。[9] 值得一提的是，三司依十道判事之制虽废，但按区域划分事务，本身不乏合理性。熙宁八年闰四月，司农寺进奏，建议"隶本寺钱物帐状，乞令属官分路，依三司判官点检签书，置籍揭贴，常见州县收、支、见在之数"，[10] 可见三司判官仍将州军帐状"分路"点检，以审核各州军钱物收支状况。

1　孙逢吉：《职官分纪》卷一三《三司》，第 298 页下栏。

2　《宋史》卷一七九《食货志下一》，第 4348 页。按，据杨倩描考证，当时全国共三百余府州军监，左、右计分别负责全国东、西部诸州，南北纵向剖分（河南道分为东、西两道），因此，左、右计各负责一百五十余州，《宋史》脱"百"字（《宋初三司左右计体制初探》，第 353 页），此说可从。

3　孙逢吉：《职官分纪》卷一三《三司》，第 299 页下栏。

4　《宋会要辑稿》职官六四之一一："（淳化五年三月）二十一日，三司河东路判官、左司谏张观向黜知道州。先是，三司官吏多上书言事，无益于理，命总计使陈恕谕令各司其局，无或出位。"（第 4770 页）

5　孙逢吉：《职官分纪》卷一三《三司》，第 299 页下栏。

6　《长编》卷三六，淳化五年六月己巳，第 790 页。

7　《长编》卷三六，淳化五年六月乙亥，第 790 页。

8　《宋史》卷二六七《陈恕传》，第 9200 页。

9　《宋史》卷二六七《陈恕传》，第 9200 页。淳化五年十二月罢左右计复三部，据《玉海》卷一八六《淳化总计使》："（淳化）五年十二月辛丑，三司复各置使，罢十道左右计……"（第 3403 页）

10　《长编》卷二六三，熙宁八年闰四月癸巳，第 6418 页。

（三）一使通掌的"回归"（淳化五年至咸平六年）

淳化五年十二月，太宗"罢十道左右计使，复置三部使"，[1]三司一度回到了淳化四年前三部分设长官，各自统领之局面，同时恢复了六员判官分掌三部之制。[2]但此时三司长官地位不再平齐。咸平二年八月，户部判官孙何曾建议将三司之务还诸户部，提出"今莫若谨择户部尚书一人，专掌盐铁使事，俾金部郎中、员外分判之；又择本行侍郎二人，分掌度支、户部使事，各以本曹郎中、员外分判之"，[3]据其所言，担任盐铁使官员之本官应高于度支、户部二使。考虑到陈恕以总计使转任盐铁使，且自淳化五年至咸平三年（1000）长期任职，在三位长官中资历最深，个人才具又备受太宗、真宗信赖，"当时言称职者，亦以恕为首"，[4]君主甚至直接与陈恕谋议决策，不经其余二司，地位类同执政。[5]由此观之，三司虽为三长官分掌，但已非各行其是，而是盐铁使总领三部，统筹协调。

设三长官分判三司，不但能相互制约，更使得三司长官专掌事任，提高行政效率，如陈恕所言："封域浸广，财谷繁多，三司之中，簿牒填委，朝廷设法，督责尤严，官员吏人，救过不暇。若为三部各设主司，择才非难，办事亦易，事办过鲜，不挠上心。"[6]但也承认这只是"一时之良策"，其中存在明显弊端。最突出的问题是，三司"纷纭异同"，"迭执偏见"，各从本部门角度出发，难以形成一致意见。咸平初侍御史知杂事牛勉，因"三司各设官局，多不均济"，建议三司"合为一使，分设其贰，则事务不烦而办"；[7]孙何咸平三年上

1　《宋史》卷一六二《职官志二》，第 3807 页。

2　太宗淳化五年十二月废左右计使，"改创三司官属"时，还曾于三部设都监"签书本部诸案公事，立在判官之下，推官之上"。早在太平兴国年间，太宗即曾在三部孔目院设都监，"列在推官之下"（孙逢吉：《职官分纪》卷一三《孔目院都监》，第 305 页下栏）。太平兴国年间所设三部孔目院都监之职掌，史料记载不明，或为总管孔目官等吏人。而此时的三部都监需以"签书公事"形式对三部诸案事务处置负责，其在行政处置中的地位也有所提升，较推官为高。因此三部都监职掌难以详考，兹不赘言。

3　《长编》卷四五，咸平二年八月辛亥，第 958～959 页。

4　《长编》卷四〇，至道二年闰七月，第 850 页。

5　如神宗认为"陈恕堪执政，以其晓财利，令依参政恩例，且主计可也"（《长编》卷二六四，熙宁八年五月癸酉，第 6464 页）。

6　《长编》卷四〇，至道二年闰七月，第 849 页。

7　《宋史》卷二七七《牛冕传》，第 9440 页。

书，称三司"三建使额，分其利权，胥吏千余，官僚兼倍，各为刑狱，迭下符移，案牍堆积，务以决遣为事，行之于外，滋章颇甚"；[1] 仁宗皇祐年间，三司长官田况回顾三司长官分领之制，亦言"国朝又尝各置使领，事多乖违，无所从禀，故复合而为一"。[2] 而上述问题的成因，一方面在于三司信息沟通不畅，易生奸弊，如至道二年太宗一度"欲并三司为一，命官总判"，即因"纲目既众，簿书愈多，奸幸弥作"；[3] 另一方面，三司官员各自置历，分别课绩，增强了其行政中的自利倾向，难以有效配合，甚至互相掣肘，导致"三司各置使局，不相总统，彼此自求充济，以促办为务，至于出纳移用，均会有无，则专各封执，动相违戾"。[4]

针对上述问题，咸平六年六月，真宗"并盐铁、度支、户部为一使，命刑部侍郎、权知开封府寇准为兵部侍郎、充三司使"。[5] 但此次改制内容不止于设长官统领三司，而是对三司长官、判官职掌与分工全盘统筹调整。

首先，三部各设副使，[6] 以刑部员外郎卞衮领盐铁，工部员外郎查道领度支，祠部员外郎林特领户部。如前所述，三部副使除分别处置本部政务，当三司进奏或指挥政务时，还需于奏状及牒、帖文书中连署。宋廷置长官统领三司，三部分设副使签署文书，意味着在行政决策层面，形成了单一长官统一领导，三部副使集体负责之格局。这就要求三司官员处置政务时，要进行更充分的内部协商，加强谋议、指挥的一致性，有利于解决进奏时"哗言"日多、效率低下以及出令时"文符互出，莫知适从"等问题。

其次，咸平六年改制，进一步明确了三司使、三部副使以及三司判官各自职掌划分。咸平四年，宋真宗要求三司判官商议政务，必须先拟定方案，方

1　《长编》卷四七，咸平三年六月，第1020页。

2　田况：《皇祐会计录序》，吕祖谦编《宋文鉴》卷八七，第1232页。

3　《长编》卷四〇，至道二年闰七月，第849页。

4　《长编》卷五五，咸平六年六月，第1205页。

5　《长编》卷五五，咸平六年六月丁亥，第1205页。

6　三部副使，太宗朝及真宗初，屡次置而复罢，据《宋史》卷一六二《职官志二》："三部副使各一人，通签逐部之事。旧以员外郎以上充。端拱初，省。淳化三年复置，又省。至道初，又置。真宗即位，副使迁官，遂罢之。咸平六年复置。"（第3808页）

得报各司长官定夺；[1] 咸平六年诏更规定三司长官不需签署文牒，只需署案检，[2] 在保证三司长官裁决权的前提下，明确其与三部副使、判官的分工，纾解其负担。经此一系列调整，对于"非奏事及有所更张"之庶务，三司长官不必亲自拟定处置方案，也无须逐一签发文书。总之，咸平六年改制后，三司政务得以统一指挥，三司长官行政压力也不致过大。

最后，在增强三司长官统筹能力并减轻其负担的情况下，宋廷试图调整三部判官分工模式。咸平六年八月丙子，因"度支、户部二案公事繁简不均"，宋廷令"三司使酌其闲剧，命判官六员分掌之"。[3] 户部、度支二司已设判官六员，三司判官总员额当更多。[4] 此外，三司长官可根据诸案事务繁简闲剧变化，调整判官在诸案间的分工，这有利于增强三部行政的灵活性、时效性，更好地协助长官处置政务。治平四年（1067）闰三月，因"禁中雨水之后，有所缮治"，诏命同提举诸司库务张师颜与三司户部修造判官张彻同领其事。[5] 此处的"户部修造判官"，即三部判官中负责户部修造案事务者。总之，通过此次改革，三司长官得以统筹政务，而分设三部副使与三司判官的合理分工，则保证了行政效率。此后，三司官员的设置与组织架构基本稳定。需要说明的是，此次改革之所以成功，还与咸平年间三司编敕完成有关，[6] 这使得三司官员有法可循，减少了行政中的不确定因素，有助于政务分层分类，提升效率。

总之，回顾宋初三朝三司长官、三部诸案官员设置演化过程，主要调整均发生在太宗朝，至真宗朝基本定型。这一方面是因为宋太宗力图避免三司官员权力过大，难以制约，致力于建立关防核查机制。更重要的原因还在于，随着财务文账申省制度形成，高度集中的国家财计体系逐渐确立，三司行政负担加剧。[7] 在此期间，三司既需保持行政效率，以免文书积压稽缓，又需统筹考量处置方案，不致决策失当，因此官员、机构设置分合不定，正如吕中所言

1　《长编》卷四八，咸平四年五月戊子，第 1061 页。

2　《长编》卷五五，咸平六年六月丁亥，第 1205 页。

3　《长编》卷五五，咸平六年八月丙子，第 1211 页。

4　至北宋中期，三部共二十一案，每部各由"判官三员分领"（《宋会要辑稿》食货五六之九，第 7287 页），三司判官员额已增至九人。

5　《宋会要辑稿》职官三〇之二，第 3791 页。

6　《宋会要辑稿》刑法一之二，第 8212~8213 页；《长编》卷四三，咸平元年十二月丙午，第 922 页。

7　参本书第三章第一节。

"分则出纳移用，政令互出，动相违戾。合则钱粮繁剧，非一人所能总"。[1] 宋初三朝三司建置的屡次调整，反映了宋廷在前述目标间寻求平衡的努力。

小　结

北宋三司行政运作中，一般由分掌三部诸案的判官研判政务，并在吏人辅助下，依托账簿案牍及相应法条诏敕，拟定处置方案，最终由三司长官裁断，既可出令指挥，也可进奏取旨，其职责集中体现为文书签押。为提升决策合理性，三司长官与判官不但需搜集各方意见、充分沟通、协同商量，还需相互监督、彼此审核，以免独断之弊。此外，长官与判官依托人事课绩体系，实现对三司其他官吏的监督，力图维持内部信息渠道顺畅，决策得以有效落实。

宋初三朝，三司长官及判官的基本职掌变化不大，但官员设置方式与组织架构屡经调整。就长官而言，除淳化四年、五年间短暂实行的"左右计—总计使"体制，三司长官设置长期在"一长统领三部"与"三长分掌三司"两种模式间摇摆，这固然与宋太宗意图增强君主独裁、维持官僚系统权力制衡密切相关，同时反映了三司行政中"全面性"与"专门化"之间的张力，前者有利于全面统筹，后者有利于提高效率。至于三部诸案的调整，主要体现在判官员额配置、职能分工以及推官职掌方面，意在维持合理分工机制，避免负担过重。至宋真宗咸平六年改制，宋廷以一长官通掌三司，同时分设三部副使，调整三部判官设置，使得三司内部协作更为顺畅。由此，朝廷对于三司行政效率、合理性与权力制衡等方面的要求，在实践中基本得以实现。此后直至元丰五年改制被宋廷裁撤前，其组织架构基本保持稳定。[2]

1　吕中：《类编皇朝大事记讲义》卷四《太宗皇帝》，张其凡、白晓霞整理，上海人民出版社，2014，第90页。

2　北宋中期，为进一步加强三司行政能力，还曾对三部官员设置进行过个别调整。其一，康定元年及嘉祐二年于三部设三司勾当公事（《宋会要辑稿》职官五之四三，第3142页），专掌个别案分事务；其二，治平元年，宋廷曾接受司马光建议，设置权发遣三司判官（《长编》卷二〇三，治平元年十二月丁巳，第4928页），以解决"三司纪纲不振"，三司判官多不安其位，无法"协心营职"之问题（《长编》卷一四一，庆历三年五月戊寅，第3374页），提高三司判官素质。但上述调整并未改变三部基本组织架构与分工模式。

第三节　北宋前期三司官员的选任与迁转

中晚唐至北宋，帝制中国的财政收支结构与运作方式发生了巨大变化。募兵制造成的财政开支压力，两税法"以贫富为宗"原则带来的对资产评定与定税的重视，以及国家对茶、盐、酒等榷利收入的倚赖，都对宋王朝的财政管理提出了新的要求。因此，财政官员的专业素质及其与理财成效之间的关系，是学界颇为关注的话题。郝若贝对此问题进行了深入研究：他统计了北宋财政官员的任职履历，发现大多具有财政管理经验，并认为在 10~11 世纪，宋朝已然发展出功能完备且由专业财计官僚组成的一套财政管理机构，而任职于三司、转运司等财政机构的官僚，通过专业化的财政服务，使国家得以有效管理新兴的工商业收入，制定合理的经济政策，促成了宋代的经济转型。[1] 上述观点对北美学界影响深远，此后关于宋代财政体系与经济政策的分析，往往以此为前提展开。[2]

然而，郝若贝的这一论断，却与"当事人"的观察颇相凿枘。嘉祐年间，曾任判三司勾院的司马光奏论财计，分析国用不足缘由，指出"财用之所以匮乏者，由朝廷不择专晓钱谷之人为之故也"。在他看来，三司官员之所以不能"专晓钱谷"，专业性不足，原因在于选任时唯择文辞之士，迁转又唯论"资序"，官员难以久任、专任，对财计业务并不熟悉，自然难以胜任。司马光进一步指出，祖宗朝三司使多"久从事于其职"，其僚属亦未数易，"是以先帝屡行大礼，东封西祀，广修宫观，而财用有余者，用人专而任之久故也"。三司官员专业性不强的问题并非赵宋开国以来一直存在，而是仁宗朝方才凸显。至

1　Robert M. Hartwell, "Financial Expertise, Examination, and the Regional Economics Policy in Northern Sung China," *The Journal of Asian Studies*, Vol. 30, No.2 (Feb, 1971), pp.281~314.

2　相关阐发，参史乐民（Paul J. Smith）《茶马贸易与青苗法：1068~1085 年新法期间的国家权力和经济实干主义》，韩明士（Robert P. Hymes）、谢康伦（Conrad Schirokauer）编《为世界排序——宋代的国家与社会》，刘云军译，九州出版社，2022，第91~96页；万志英（Richard von Glahn）《剑桥中国经济史：古代到19世纪》，崔传刚译，中国人民大学出版社，2018，第196页。

于解决问题的办法，则是振举祖宗旧制，提升财政官员的专业程度，"随材用人而久任之"。[1]司马光虽自称不胜钱谷剧务，[2]但毕竟卸三司职务不久，对于北宋理财中枢的组织架构、运行状况有切实体会，所言多经验之谈。事实上，同时期其他臣僚如张方平、蔡襄、王安石等，亦曾论及司马光所言问题。梅原郁、板桥真一等学者根据前述宋人言论，细致梳理了三司长贰、转运使、发运使的仕宦经历，分析了其迁转路径与资序要求，进一步证实了司马光的论点。[3]

如何理解上述论点的参差？司马光指出的仁宗朝"理财者不晓钱谷"现象既然属实，关于其成因的解释也颇具说服力，这提示我们，郝若贝对于宋代财政官员专业技能的评价可能存在偏差：这部分是由于其统计取样时未细致区分财政官僚任职时段，难以体现北宋不同时期的变化，更重要的是，任职经历与财政管理实际效果间未必存在因果联系——即使曾担任财政差遣，假如不能久任、专任，也未必精于财政专业技能。[4]此外，二者论点的差异还进一步引发以下问题：宋廷任命的三司官员既多具财政差遣履历，这至少说明宋廷对其财政管理能力仍有所要求，但倘若宋廷仍重视财臣的财政管理经验，为何难以久任、专任相关差遣以历练真正的财政专家，实现司马光期待的"随材用人而久任之"？其制度与人事方面的制约因素为何？司马光所述祖宗朝以来三司任职者身份、任期与任职条件的变化何以发生，彼此又有何关联？欲对此加以解释，我们有必要梳理北宋前期，特别是太祖朝至仁宗朝，三司官员选任、迁转中各方考量因素的演变过程。

学界有关北宋三司官员的研究积累颇多，议题主要聚焦在两方面。其一，

1　《司马光集》卷二三《论财利疏》，第614~616页。

2　《司马光集》卷一七《乞虢州三状·第三状》（嘉祐四年上）："今窃知已降敕命，除臣判三司度支勾院。窃缘臣禀赋愚钝，素无才干，省府职任，俱为繁剧，去此就彼，皆非所宜。若贪荣冒居，必致旷败。"（第517页）

3　梅原郁『宋代官僚制度研究』京都：同朋舍、1985、281~283頁；板橋眞一「北宋前期の資格論と財政官僚」『東洋史研究』第40卷第2号、1991、95~102頁。

4　板橋真一已指出，郝若贝关注宋代官僚"财政技能"时，未曾措意其履历中的"资序"因素，参「北宋前期の資格論と財政官僚」『東洋史研究』第40卷第2号、1991、87頁。

考察三司长官的身份，分析君主人事安排思路及其同中枢政治格局的关联。[1]
此类研究，大多对三司长官的出身、生平事迹、仕宦经历及其与君主、宰执的
关系进行了细致分析，但研究对象一般局限于长官，考察时段大多较为集中，
解释路径也侧重政治权力结构，对于三司不同层次官员人事管理中的制度因素
阐述较少。其二，考察三司官员任职履历与迁转路径的变化，梳理三司官员迁
转中的资序要求。[2] 这一研究思路基本循司马光前述议论展开，勾勒出不同时
段三司官员人事管理方式的变化，但对于长时段演化的因由多缺乏细致解释；
对于君主、臣僚对三司官员职掌有何预期，如何考量三司官员资格、迁转方
式，也较少深入考察。

　　本节以前述研究为基础，但不再究心于仕宦迁转路径与生平事迹的具体
细节，更侧重分析北宋太祖至仁宗朝，君主、臣僚对于计司职位的预期，以
及对任职条件的要求，进而考察三司官员选任标准、迁转路径演进中的延续
性与差异性，并分析其影响因素与相互关系。本节重点观照人事安排背后统
治思路的演化，在此基础上，尝试解释宰执、侍从等高官何以需要三司职官
为迁转"资序"，这种"资序"的历练作用又是如何异化的。考虑到三司使
作为计相，对于财政运作影响最大，其选任最为朝廷看重，相关材料亦最为
丰富，本节的考察对象仍以三司使为主，兼及三部副使、判官、判子司等三
司主要官员。

1　对于宋太祖、太宗、真宗朝三司使选任与中枢政局、财政政策的关系，学者已有所讨论，参见城光威
　　「宋初の三司について―宋初政権の一側面」『集刊東洋学』第 86 期、21~41 頁；范学辉《三司使与宋
　　初政治》，姜锡东等主编《宋史研究论丛》第 6 辑，第 19~50 页；崔玉谦《北宋天禧元年三司使马元
　　方离任始末考论——兼论内藏库与计司之间的矛盾冲突》，姜锡东主编《宋史研究论丛》第 21 辑，第
　　229~247 页；孙朋朋《北宋前期三司权力与地位演变及其政治意涵》。此外，学者还曾结合宋初三司机
　　构的调整，讨论三司长官身份的变化，参黄亚娟《北宋三司使研究》、谢婷《北宋前期三司组织机构和
　　长官出身研究》。相关论点详下文。
2　参周藤吉之「北宋の三司の性格」『宋代史研究』、82~110 頁；板橋眞一「北宋前期の資格論と財政官
　　僚」『東洋史研究』第 40 巻第 2 号、1991、83~105 頁；宮崎聖明「北宋の三司使・戸部尚書の人事と
　　経歴」『宋代官僚制度の研究』、25~68 頁。

一　宋太祖至真宗朝三司官员选任的演化

学界对于宋初三朝三司长官的身份，已有细致梳理。[1] 本小节将考察宋初三朝三司长官、僚属人事安排思路的异同与演化过程，进而分析其对三司内部权力结构演化的影响。

（一）太祖朝、太宗初期的三司使选任

据司马光所言，北宋祖宗朝三司长官多由"诸卫将军、诸司使"担任。这种现象，在赵宋开国至宋太宗端拱二年以前，表现得尤为突出，如张美、李崇矩、赵玭、楚昭辅、王仁赡、陈从信、郝正、魏丕、张逊等皆是。但上述情况并非贯穿太祖、太宗两朝，且关注本官类型与出身的变化，仍不足以揭示该时期三司使的选任特点。

范学辉细致分析宋太祖选择历任三司长官的意图，认为在"集中掌控财权"这一目标下，其用人思路经历了三个阶段的变化：一是开国后任张美、李崇矩，主要为确保后周至赵宋政局的稳定过渡；二是乾德二年（964）任赵玭，主要为制约宰相赵普，在发觉其不胜任后一度废除三司长官；三是开宝年间以楚昭辅、王仁赡为三司长官，主要因其为藩邸亲吏出身，便于控制。[2] 见城光威则认为，宋初三司使多用武臣，表明君主意图改变晚唐五代多以宰相判三司情形，限制相权，集中君权；此后，太祖、太宗均曾以藩邸故旧充任三司长官，同样意在加强君主独裁。[3] 谢婷则注意到，五代宋初担任三司长官的"诸卫将军、诸司使"，多为君主亲信元从或贵戚，属于"内职"；至于判三司的宰相，也多曾担任诸司使等内职；其进一步指出，三司长官由外朝官向"内职"的转化主要出现在后唐明宗朝，并认为天成元年三司使立额与明宗近臣

---

[1] 谢婷将宋初三司使出身演化过程分为建隆元年至太平兴国七年、太平兴国七年至端拱元年、端拱二年至太宗末年、真宗朝四个阶段，指出任职者经过自武臣、内臣向进士出身文臣的变化，并认为其转折点在端拱二年，但并未深入分析影响三司长官选任的具体因素，参《北宋前期三司组织机构和长官出身研究》，第30~43页。

[2] 范学辉：《三司使与宋初政治》，姜锡东等主编《宋史研究论丛》第6辑，第24~50页。

[3] 見城光威「宋初の三司について—宋初政権の一側面」『集刊東洋学』第86期、25~27頁。

张延朗出任三司使，乃是三司长官"内职化"在制度层面的演进节点。[1] 此外，黄亚娟也指出宋廷委任三司长官，存在"唯亲是用"现象。[2] 上述研究，揭示出宋初三司长官选任的重要特点，但太祖、太宗朝三司使选任思路的异同与变化过程，仍有待阐发。

　　宋太祖、太宗前期对于三司使的人事安排，其实经历了相似的演化路径：二帝即位之初，均曾留用此前君主任命的三司使，而在罢去前朝旧任三司使后，又都以藩邸元从为三司长官。如宋太祖即位仍任用后周三司使张美，后又以潜邸楚昭辅、王仁赡掌三司。而宋太宗罢王仁赡后不久，太平兴国八年（983）正月即以宋琪为三司使。其人曾为开封府推官，"太宗为府尹，初甚加礼遇"，后虽一度责降，但很快擢掌三司，当年又入参政。[3] 此后太宗分设三司长官，担任度支使者为原开封府衙吏陈从信。[4] 而雍熙四年至端拱元年，短短一年多，宋太宗对三司长官进行了多次人事调整，其中盐铁使张平、郭贽，担任度支、盐铁使的张逊，虽出身及本官类型不同（郭贽举乾德进士，太平兴国间知制诰、参知政事；张逊为藩镇军将；张平则为内职），但均曾供职于太宗藩邸。[5] 这种新君即位先沿用前朝三司长官，随后改用元从亲旧的做法，当系继承后周世宗而来，他起初沿用三司使李穀，[6] 后改用潜邸旧臣张美。[7] 但潜邸旧臣任三司使，在端拱二年后即不多见，仅淳化年间偶有出现。

　　在相似性的背后，太祖、太宗的三司使选任思路仍存在诸多差异。其一，

1　谢婷：《北宋前期三司组织机构和长官出身研究》，第 30~37 页。

2　黄亚娟：《北宋三司使研究》，第 29 页。

3　《宋史》卷二六四《宋琪传》，第 9121 页。

4　《宋史》卷二七六《陈从信传》，第 9403~9404 页。

5　据谢婷统计，自宋太祖开国至宋太宗太平兴国七年王仁赡被罢，三司使中约三成出身内职，而自太平兴国八年至端拱元年，这一比例提高至六成以上（《北宋前期三司组织机构和长官出身研究》，第 43 页）。但若以任职时间论，建隆元年至太平兴国七年共计二十二年，其中开宝七年（974）六月至九年二月，宋廷近两年时间未曾任命三司使，而楚昭辅、王仁赡两位内职，担任三司使长达十年，时长约占该时期三司使总任期的一半。需要说明的是，本书关于三司使任期的统计，以及关于前后任官情况的梳理，均依据黄亚娟《北宋三司使研究》附录"北宋三司使表"，第 44~57 页；并参考宫崎圣明「北宋の三司使・户部尚书の人事と経歴」附表 1-4 太祖・太宗・真宗・仁宗朝の三司使の経歴、47~59 页。下文不再具引。

6　《旧五代史》卷一一四《周书・世宗纪》，第 1519 页。

7　《旧五代史》卷一一五《周书・世宗纪》，第 1531 页；关于张美的仕宦经历及其与周世宗的密切关系，参《宋史》卷二五九《张美传》，第 8997 页。

宋太祖、太宗均试图节制三司使权力，但相比之下，太祖维持单一三司长官，主要依靠僚属对其加以制约，甚至一度不任三司使，由君主直接统辖三部判官；[1] 而宋太宗在太平兴国八年后即分设三司长官，[2] 多参用元从旧臣、进士及第官员、理财臣僚等不同群体，如太平兴国八年至雍熙元年（984），即以王明、陈从信分任盐铁、度支使，后者为太宗藩邸旧僚，前者在太祖朝屡任随军转运使，太平兴国年间任三司副使，资历极深。雍熙四年至端拱元年，三司使虽多任潜邸旧僚，但仍有如魏丕（周世宗藩邸，以内职迁转）、李惟清（开宝间三史出身）等出身各异且不具藩邸经历者参差其间。

其二，宋太祖朝新任三司长官，如李崇矩、赵玭、王仁赡等，在出任三司使前几乎全未有财政差遣经历，仅楚昭辅曾勾校左藏库金帛，"帝以其能心计"，但其仍难以应付漕运计度。[3] 相比之下，宋太宗朝所任三司使，大多在理财方面颇有治绩，表现出很强的吏干。如代替王仁赡同判三司的王明、侯陟，均曾在太祖朝及太宗初期长期担任外路转运使、三司判官、三司副使等财政差遣，且分别参与过征南汉、南唐、北汉等战争的军资调度，在钱谷繁务中经过历练，王明更被太祖称为"儒臣有武干者"。[4] 此后任职者，不论潜邸臣僚、科举文士抑或军职，大多在仕宦中表现出理财之具：如陈从信"恭谨强力，心计精敏"，"太宗在晋邸，令典财用"，[5] 曾为楚昭辅参谋，解决京师漕运难题；张逊则曾主持设立京师榷易署，与商人贸易舶来货品，"岁可获钱五十万缗，以济经费"。[6] 此外，许仲宣曾随太祖攻并州、南唐，负责军资筹措转输；李惟清曾任荆湖南北路、京东路转运使、度支判官、副使，并曾详定荆湖路配民盐钱事。[7]

其三，宋太祖任用的三司长官，大多未曾参加科举（仅短暂出任权点检

1　范学辉认为，乾德五年宋太祖罢赵玭后，至开宝四年，近五年未任三司使，主要是为了减少宰相赵普掣肘，参《三司使与宋初政治》，姜锡东等主编《宋史研究论丛》第6辑，第40~41页。

2　淳化四年五月至十月，曾一度以魏羽一人判三司；十月置总计使及左、右计使，至五年十二月复设三部使。关于太宗朝三司机构调整的梳理，参谢婷《北宋前期三司组织机构和长官出身研究》"附表1"，第27~28页。

3　《宋史》卷二五七《楚昭辅传》，第8959页。

4　《长编》卷一三，开宝五年，第293页。

5　《宋史》卷二七六《陈从信传》，第9403页。

6　《宋史》卷二六八《张逊传》，第9223页。

7　《宋史》卷二六七《李惟清传》，第9216页。

三司的张澹为后晋进士），据谢婷统计，太祖朝具有科举背景的三司使占任职
总人次比例不过 16.7%；而太宗罢免王仁赡后，曾从事举业者在三司使中占比
增加至七成以上。[1] 其中科举出身者五位（占任职总人次的 36%），另如王明曾
参加进士科考试，落第后方受奏辟为幕职。此外，如魏丕虽系武职，然"颇涉
学问"，自称"本以儒进"欲得台省之职，宋太宗亦面谕"知卿本儒生"。[2] 相
比太祖朝，宋太宗朝的三司长官人选确实发生了很大变化，"崇文"的倾向已
然出现。但需要说明的是，这些重视文治的臣僚，并非都出于侧重文辞之才的
进士科，而多系经史诸科背景（侯陟明经科，李惟清三史科）。事实上，太宗
朝前期，仅郭贽以本朝及第进士担任三司长官（雍熙四年任盐铁使），这种情
况直到端拱二年后才完全改变。

综上，北宋太祖、太宗两朝，三司机构分合不常，内部管理模式多有变
化，长官人选在先帝旧臣、藩邸亲从、科举文士等不同群体之间摇摆；副使、
判官等僚佐则多具有较丰富的财政差遣经验，既能辅助三司长官行政，又对其
加以监督制约。上述人事安排，与赵宋开国后面临的内外政治形势密切相关。
一方面，宋太祖、太宗即位后均面临合法性问题，沿用前朝旧臣，有利于稳定
政局；而当皇位巩固后，其三司计臣人事安排，往往出于三司内部关防、制约
宰相、加强君主独裁等考虑。另一方面，赵宋开国后，为应付京师开支以及战
争带来的庞大军资用度，三司使必须高效计度各州军钱物调运，压力颇大。开
宝五年（972），三司使楚昭辅即因京师军储不足、江淮漕运不济，遭到太祖
严责"设尔安用！苟有所阙，必罪尔以谢众"，[3] 可见计运储、足国用，乃是君
主对三司计度财政的主要要求。因此，宋廷需充分考量三司官员的理财能力与
经验，以便合理安排钱物筹措与调运任务，应对王朝疆域扩大以及战争开支带
来的复杂财政事务。

（二）端拱二年后宋太宗任进士出身者为三司使

宋廷选任三司使的思路，在宋太宗统治中后期，特别是端拱二年后进一

---

1 谢婷：《北宋前期三司组织机构和长官出身研究》，第 43 页。
2 《宋史》卷二七〇《魏丕传》，第 9277 页。
3 《长编》卷一三，开宝五年七月甲申，第 287 页。

步发生变化，并延续至真宗朝。其一，就出身而论，端拱二年以降新除三司长官，绝大多数为进士出身的朝臣担任，极少任用武臣及君主亲旧，内职的色彩有所淡化。[1] 在朝服、告身、官员相见仪等身份性仪制标准方面，三司使多比照外朝文官，甚至基本趋同，成为"品官"的一部分。[2] 与此同时，三司使以亲从身份参掌机务的角色也逐渐消解。淳化年间，盐铁使李惟清与太宗论边费难省，太宗言其不了解内情："此乃机事，卿所未知也。"[3] 上述变化长期持续，此后北宋三司官员，除个别特例，基本为进士出身，绝少内职。

其二，该时期三司使虽为进士出身，习于"文学"之士，但也曾"久任"且"专任"财政差遣。三司使任期往往较长，平均在两年半以上，如陈恕两任计相，时间甚至超过八年。至于出任三司使之前的仕宦经历，则多累任三司判官、副使及漕司、发运司等财政差遣，钱谷经验非常丰富。如陈恕任盐铁使前，曾于太平兴国年间判三司勾院，后任度支推官、户部副使、河北东路营田制置使；[4] 樊知古任盐铁使前，曾任江南东路、京西、荆湖、河北转运使，参与过征南唐战争的军资调度，"权宜调敛，知古悉奏为常额"，[5] 均属此类。另如陈若拙在太宗、真宗两朝曾担任盐铁判官、西川转运使、京东转运使等职，还曾在与党项战争中部送刍粮至塞外，深得君主嘉奖；咸平五年（1002）六月卸任京东转运使，"时三司使缺，若拙自谓得之"，不料真宗竟命出知潭州，陈氏大失所望，不愿就任，理由是"常任三司判官及转运使，今守湖外，反类责降"。[6] 陈若拙虽因此被贬黜，但其自认为有资格得授三司使，说明多次历任财政差遣，被认为是充任三司长官的必要条件。

上述任职方式的形成，固然受雍熙北伐失败后宋太宗崇尚文治政策导向

1　谢婷：《北宋前期三司组织机构和长官出身研究》，第38~43页。

2　陈文龙：《北宋前期的官品与品官》，未刊稿，第8~9页。但在朝会中，三司使仍与枢密使一道，列于内职班位，参任石《北宋朝会仪制研究——以文臣身份等级为中心》，博士学位论文，北京大学，2016，第16页。

3　《宋史》卷二六七《李惟清传》，第9217页。

4　《宋史》卷二六七《陈恕传》，第9199页。

5　《宋史》卷二七六《樊知古传》，第9394页。

6　《长编》卷五二，咸平五年六月丁卯，第1135页。

的影响，[1]但具体到三司使人事安排，还与君主对计司职掌的要求有关。太宗后期至真宗初，宋廷财政政策有所变化，不仅限于一般意义上的计度钱粮与籍账审核，更强调君主主导下对组织机构与典章制度的整顿更张。淳化至咸平年间，宋廷曾对负责财务文账收发审核的诸多子司建置加以调整，其目的固然是合理高效地勘验簿书、关防钱物出入，但相关制度设计亦蕴含寻求"致治"这一更长远的目标，如参知政事张洎赞扬宋太宗减省三司账簿，裁撤子司等举措："明王为政，虽步骤不同，及其缉熙庶绩，莫先于简。国家乘五代之后，百度陵迟。三司掌邦计，故多创司分以谨关防，果能删繁就简，深合古道也。"[2]至于太宗后期与真宗咸平年间，宋廷屡次针对榷利定额、田赋整顿、蠲免逋欠、裁省浮费乃至茶盐法及入中改革下诏，更是意欲整顿五代弊政，在"民不加赋"的前提下供足军国之需，彰显赵宋善政，建立经久之制，如真宗所言"先帝以财赋国之大本，莫不求诸中道而为其永制"。[3]而这些制度调整，宋廷往往诏令三司"经度"，"条析"方案奏闻。端拱年间，宋太宗曾与三史出身的户部使李惟清论及读《汉书·贾谊传》心得，言当用"言大事，知大体"之人；[4]淳化二年，又谓三司长官："夫货财所以济用度，或取之不以其道，违朕惠养庶民之意，岂能召和气乎！当共务均节，无致厚敛于下。"[5]言下之意，计司当改革财制，取财以道，均节用度，养庶民，收人心。可见淳化以后，宋廷对三司使的素质要求更为全面，需通晓古今治体之变，擘画长远方略，而非仅限于审核计度出纳、奉法行事以足国用。

此时的三司官员，对于自身职掌也有相应认识。如咸平三年户部判官孙何进奏，称"三司掌钱刀，笼天下货财"，并认为三司长官应如李悝、耿寿昌、刘晏、第五琦等，"虽名聚敛之臣，颇负经通之略，皆民不加赋，兵有羡粮"，[6]具备制度经略之才。倘若三司使仅汲汲于簿书钩考、钱谷出纳，则会被认为不

1　参刘静贞《皇帝和他们的权力：北宋前期》，台北：稻乡出版社，1996，第64~67页；邓小南《祖宗之法——北宋前期政治述略（修订版）》，三联书店，2014，第174~185页。

2　《长编》卷四〇，至道二年闰七月辛未，第849页。

3　《长编》卷四三，咸平元年十一月戊午，第921页。

4　《长编》卷二九，端拱元年正月己酉，第650页。

5　《长编》卷三二，淳化二年七月己亥，第718页。

6　《长编》卷四七，咸平三年六月丙寅，第1020页。

够称职。如咸平初年曾任度支、盐铁使的张雍，处事"龊龊小心"，"在三司置簿籍，有'案前急'，'马前急'，'急中急'之目"，专置文历事目以登记政务处置程限，就"簿书期会"而言可谓得力，却不能擘画理财之方，"颇为时论所诮"，连真宗也认为其难以胜任"三司事重，宜有裁制"的局面，以王嗣宗代之。[1]此外，杨亿在为责降罢任的三司使刘师道代拟的"谢表"中，亦称在位期间"无心计以可称，唯诏条之是守"，此语拟刘师道谦辞，正说明当时朝廷对三司使的期待，重点在于"心计"谋划，而非恪守"诏条"。[2]

在宋朝君主看来，武臣内职学养不足，无法胜任擘画财制之职。如咸平元年（998）短暂担任户部使的上官正，"少举三传"，后一直担任内职，曾参与平定李顺之乱，[3]但宋太宗评价其"终是武人，不知书，率意粗暴，因知人之材力兼备者，亦云鲜矣"。[4]相比之下，贡举出身的文学之士被认为知书且明于治道，更合乎设法立制的需要。该时期三司使的实际施政情况，也确能证明此点。如被太宗称誉为"真盐铁"的陈恕，任职三司期间多次参与三司机构调整、茶法改革，创设诸多制度，乃至真宗朝寇准入为三司使，仍"检寻晋公（陈恕）前后沿革创立事件，类为方册"，三司所出榜示，"别用新板题扁，躬至其第，请晋公判押。晋公亦不让，一一与押字……自是计使无不循其旧贯"，可见陈恕所定法度合宜，深得人心，可谓经久之制。[5]至于真宗咸平三年任职的盐铁使王嗣宗，除了主持三司减省馈运支费、郊祀杂物工料开支，更担任"纂录"之职，建议将三司条奏"事有可纪者，望令判使一员，撰录送史馆"，以资修史参考。[6]此外，太宗朝以后，三司使作为内职，常受命与外朝文臣共同参与诸多仪式活动，加之该时期进士出身官员增多，并进入包括三司在内的官僚机构，三司长官若非进士出身，无文学，往往难孚众望。如三史科出身的李惟清以"倜傥自任，有钩距。临事峻刻，所至称强干"，长期担任三司长官，

1 《长编》卷四六，咸平四年五月戊子，第1060页。

2 杨亿：《武夷新集》卷一四《代三司刘密学谢表》，《宋集珍本丛刊》第2册，线装书局，2004年影印本，第330页下栏。

3 《宋史》卷三〇八《上官正传》，第10137页。

4 钱若水修，范学辉校注《宋太宗皇帝实录校注》卷七七，至道二年四月庚寅，第688页。

5 魏泰：《东轩笔录》卷二，李裕民点校，中华书局，1983，第18页。

6 《宋史》卷二八七《王嗣宗传》，第9648页。

颇为得力，"然以俗吏进，无人望"，[1]可见非进士出身，不具文学之才者，已不足以服人。

　　需要强调的是，除了擘画政策、制作典章，宋廷丝毫没有放低对三司使期会簿书、监管出纳等日常业务的要求。宋太宗本人不时向大臣表示对钱物用度的关心，甚至亲自过问污染布帛、多余木料的用度去向，[2]试图表现出"爱人啬费"的姿态。[3]在宋太宗看来，"财赋之通塞，系于制置之臧否"，财计利害与制度建设密切相关。至道元年五月，太宗曾与侍从语及三司职掌："朕岂不知以崇高自恣耶，但为救世养民，所以钱谷细务，亦自与用心区分。朕若更不用心，则如何整顿也……朕今收拾天下遗利，以赡军国，以济穷困，若豪户猾民，望吾毫发之惠，不可得也。"言下之意，三司应当配合君主，用心钱谷细务，这不但为供应军国用度，更是治民养民的基础。此前不久，宋太宗召见了负责簿书勘会的三司孔目官李溥等诸多吏人，"问以计司钱谷之务"，命其条陈三司利害，并对宰相吕端转述其训诫盐铁使陈恕之言："朕尝谓陈恕等，若文章稽古，此辈固不可望卿，至于钱谷利病，此辈自幼即枕藉寝处其中，必周知根本。卿等但假以颜色，引令剖析，宜有所资益。恕等刚强，终不肯降意询问。"[4]此言意在表达对财政管理的重视，钱谷利害往往蕴于琐细吏职中，而这正是进士出身、着意文学的三司长官不甚究心者，必须加以叮嘱，甚至命其不耻下问于吏人。值得注意的是，宋太宗仍将李溥提交的方案交陈恕等参酌详定，可见即使对文章之士处理钱谷庶务有所疑虑，但仍倚重其经度典章、谋划财制。

　　至道元年的一则史事，颇能说明宋廷对三司使职掌的期待。太宗对宰相批评三司，称其敛民甚多，但制度建设成效不佳，无法改变唐五代以来"经制隳坏"之局面，并随即召见盐铁使陈恕，就财制擘画之事，"责以职事旷弛"。面对太宗的责难，陈恕奏称："今土宇至广，庶务至繁，国用军须，所费浩瀚，

1　《宋史》卷二六七《李惟清传》，第 9217 页。
2　宋太宗躬亲钱谷细务，其目的主要是在官僚系统中扩展自身的影响力，加强独断。相关表现及意图分析，参刘静贞《皇帝和他们的权力：北宋前期》，第 47~49 页。
3　《长编》卷四三，咸平元年十一月戊午，第 921 页。
4　《长编》卷三七，至道元年五月，第 813~814 页。

国家诸州每有灾沴，必尽蠲其租。臣等时举利权，朝廷虑以侵民，皆梐而不行，纵使耿寿昌、桑弘羊复生，亦所不逮。臣等材力驽下，惟尽心簿领，终不足上裨圣理。"极尽自责之言的同时，指出财政浩繁情况下，君主的统治意图与三司长官职掌目标存在错位：前者意欲惠民以收人心，后者则需要应付国用军需，不得不"举利权"，故措置多为朝廷所阻。在透露出无奈后，陈恕自称"臣等材力驽下，惟尽心簿领，终不足上裨圣理"，只能应对账簿庶务，难以实现君主意图更张财政制度以致治世的目标。面对陈恕诉苦似的"自我批评"，宋太宗的回应颇有深意，先称"卿等清而不通，专守绳墨，终不能为国家度长絜大，剖烦析滞"，随即责备道："只如京城仓库主吏当改职，簿领有一处节目未备，即十年、五年不与断决，以至贫无资给，转死沟壑。此卿等之过也。"言下之意，其即令账簿庶务亦未能"尽心"，耽误吏人改职，并称这类细务疏漏将"伤和气"，同样碍于治世的实现。此言一出，陈恕只得"顿首称罪"。[1]据此奏对可知，君主对于三司使提出了多方面要求：一方面，其固然应当"尽心簿领"，勉力于钱谷庶务；另一方面，任三司使者不但需"清"，更要"通"，如此才能合理擘画财制，经制国用以合"圣理"。由此观之，宋太宗久任科举出身者掌三司，主要基于对当时财政管理任务的理解，以及对科举文学之士才具与局限的认识。这些官员知书而通晓治道，能够应付典章制作、擘画政策等任务，但如司马光所言"文辞之士，习钱谷者固有之矣，然不能专也。于是乎有以簿书为烦而不省，以钱谷为鄙而不问者矣"，[2]故需长期久任，既为考验其设法立制的成效，更为历练这些文学之士理繁治剧的才具，使之专精于钱谷之职，如淳化二年、三年间担任度支、盐铁使的魏羽，本为进士出身，"涉猎史传""出入计司凡十八年"，长期负责钱谷事务，殚精竭虑，"历剧职十年，始逾四十，须鬓尽白"，表现出"强力有吏干""小心谨事"等特点，宋太宗称其有心计、明吏道。[3]

三司长官专任与久任，使得文学之士历练钱谷，朝廷得以考验吏干，但这并未造成长官专权难制的局面。究其原因，当与宋太宗对三部判官、判勾

---

1 《长编》卷三七，至道元年五月丁卯，第 815 页。

2 《司马光集》卷二三《论财利疏》，第 615 页。

3 《宋史》卷二六七《魏羽传》，第 9205 页。

院等僚属的选任方式密切关联。这一时期，三司僚属选任的主要目标有二：其一，辅助长官，同时对其监督关防；其二，为未来三司长官储备具有钱谷经验的吏干之才。先论关防长官。乾德四年宋太祖下诏"条约"三司判官，职掌之一便是监督长官政务处置，"应三司使或有行遣未当，本判官并须执咨。如事理显明，不肯依据，即许面取进止。或事有已经敷扬，称奉旨施行者，若未通便，亦许指陈"，当长官行遣不当，应直接面陈指出问题，甚至可以面奏取旨；本司判官若有顾虑，"避事不言"，则他司判官应予以奏闻。[1] 宋太宗即位后，继承了以僚属制长官的措置思路，在沿用太祖藩邸旧僚王仁赡为三司使的情况下，新设三司副使一职，先后由太宗潜邸元从贾琰（很快去世）、范旻、李符等担任。此外，还安排太平兴国二年（977）进士陈恕、潜邸僚属宋琪等担任三部判官、判三司勾院等职，主要意图即安插亲信以监管伺察王仁赡。[2] 王氏对这一意图并非全无察觉，并兴走私秦陇大木案，将范旻等太宗潜邸僚属治罪，"坐贬黜者十余人，皆上南府时勋旧戚里用事吏"，但仍于太平兴国七年的一次奏对中，为判三司勾院陈恕等攻击，最终罢职，而同判勾院的宋琪则因奏对辩论时"反附仁赡"，[3] 以"辨事忤旨"罪名被贬。[4] 此后，宋太宗分置三使，使长官难以专权，但仍重视三司僚属的关防作用。如端拱年间，户部判官袁廓奏对，"强项好争，数与判使等较曲直于上前，声气俱厉"，[5] 与长官争执不已；淳化间，盐铁使李惟清女婿盗用官钱数十万，吏畏之不敢劾，判三司都磨勘司刘式"发举其事，惟清坐黜"。[6] 早在太平兴国八年，宋太宗就向宰相抱怨"三司官吏奏事朕前，纷纭异同，互有所说，此固不为私事，但迭执偏见，不肯从长商度，朕每以理开谕。若帝王躁暴，岂能优容"，[7] 但这种三司长官与僚属相互关防甚至彼此争执的局面，正是其人事安排造成的结果。

1　《长编》卷七，乾德四年正月丙戌，第 165~166 页。

2　关于宋太宗以潜邸旧僚担任三司副使、判官的具体意图，参见城光威「宋初の三司について—宋初政権の一側面」『集刊東洋学』第 86 期、26~27 頁。

3　《长编》卷二三，太平兴国七年二月辛未，第 513 页。

4　《宋史》卷二六四《宋琪传》，第 9121 页。

5　《宋史》卷二七六《袁廓传》，第 9393 页。

6　刘敞：《公是集》卷五一《先祖磨勘府君家传》，《宋集珍本丛刊》第 9 册，线装书局，2004 年影印本，第 757 页上栏。

7　《长编》卷二四，太平兴国八年三月癸亥，第 540 页。

次论为计相储才。如前所述，宋太宗对于三司长官的财政管理经验与能力颇为看重，而这往往依托于对三司僚属、漕司官职等财政差遣的历练与考察。淳化元年（990），知制诰田锡为盐铁使李若拙起草的命官制书，虽不免格套之言，但颇能体现君主对三司僚属吏干的重视，以及对其职任的期待：

> 朕以管榷之利，军国是资，必求经济之谋，委以重繁之务。以尔具官李若拙，素有文学，蔼然声光，加以通明，善于操割。珥笔轩墀之下，直史是咨；运筹征赋之能，干时攸属。勉俘铜盐之职，更观盘错之才。[1]

由制词可知，宋太宗要求三司官员胜任"经济之谋""重繁之务"，在选任时不仅考虑其是否具备"文学"声望，同时强调是否"通明"，能否应付剧务。李若拙此前曾任河东漕司，又曾掌水陆发运司，得太宗嘉奖，[2]已体现出"运筹征赋"之能，故可担任盐铁判官，并期待在"俘铜盐之职"时进一步历练理财才能。为保证任职者素质，对于三司僚属的选任，宋太宗虽曾命翰林学士等参与举荐，但仍相当依靠对官员历任治绩、才具的躬亲观察与了解。如太平兴国二年进士张郁，在三司户部推官任上"上言邦计泉货登耗之利"，得到太宗赏识，遂迅速迁转为盐铁判官；[3]另如雷有终以荫补出身，受命三司盐铁判官，并最终升任度支副使，主要因在雍熙北伐中任蔚州飞狐路随军转运使，有转运军资之劳；[4]而李惟清出任度支判官，乃因其任荆湖漕司时奏减官卖盐价，得太宗首肯；[5]此外，如索湘任盐铁判官，此前曾以度支巡官按行民田水灾，并在太宗谋划东封时"同知泰山路转运事"，又为河北转运使，"经度供馈，以能干闻"；[6]

1　田锡：《咸平集》卷二九《起居舍人李若拙可盐铁判官》，《宋集珍本丛刊》第 1 册，线装书局，2004 年影印本，第 422 页下栏。

2　《宋史》卷三〇七《李若拙传》，第 10133~10134 页。

3　严儒：《大宋故尚书户部郎中兼侍御史知杂事赐紫金鱼袋公（郁）墓志铭并序》（天禧四年闰十二月），罗振玉辑《芒洛冢墓遗文四编》卷六，《石刻史料新编》第 1 辑第 19 册，台北：新文丰出版公司，1977 年影印本，第 14297 页上栏。

4　《宋史》卷二七八《雷有终传》，第 9456 页。

5　《宋史》卷二六七《李惟清传》，第 9216 页。

6　《宋史》卷二七七《索湘传》，第 9420 页。

陈若拙为盐铁判官，则因"部送刍粮至塞外，优诏奖之"，[1] 如此事例甚多，兹不赘举。

除了重视三司僚属选任，以实现关防、储才之目标，宋太宗更以严苛的御臣之术黜陟三司官员。南方入宋士人，在京师官场维系着密切的关系网，占据了三司多个职位，长期任职的三司长官樊知古、陈恕、魏羽，多年执掌三司勾院、磨勘司的刘式，均来自江南，而于宋朝进士及第。[2] 此外，太宗朝贡举及第者，往往依托同年关系互结奥援。对于南方士人、科举同年等出身背景相似、关系较密切的三司臣僚，太宗严伺其交游，防微杜渐。端拱元年，盐铁副使陈象舆、度支副使董俨即因交结枢密副使赵昌言、知制诰胡旦遭到责降；[3] 淳化元年，户部使樊知古因"职事不治"遭太宗诏责，遂求助时任参知政事陈恕，请求告知"太宗言及计司事有乖违者"，此事很快为太宗获悉，"怒恕泄禁中语，且嫉知古轻俭"，将二人罢职。[4] 此外，宋太宗事必躬亲、严伺苛察的施政风格，也约束着臣僚的言行。淳化年间，知天雄军郭载诬告市籴朝臣段献可买物粗恶，太宗命三司覆验，属实，遂将其削官，但此后判三司勾院冯拯奏明郭载乃诬告，面对太宗诘问，度支使魏羽答曰"献可等所市不至粗恶，亦无欠数。臣与侃亲旧，是以未敢白"，其明知真相，但因忌讳亲嫌，遂未敢言。[5] 可见魏羽力图在太宗面前表现慎守无私，无所亲嫌，以免引起猜忌，而宋太宗则通过三司僚属，以多种渠道掌握三司理政内情。至于陈恕任盐铁使，素以"峭直守公"著称，在太宗面前言行表现得非常谨慎乃至局促，"性靡阿顺，每便殿奏事，上或未察，必形诮让。恕敛版踧缩，退至殿壁，负墙而立，若无所容"，[6] 唯恐忤逆圣意。即使如此，宋太宗对于这一久任且得力的臣僚，仍不时敲打，乃至当面责备。据前所述，太宗对吕端、寇准抱怨钱谷之事"烦朕

---

1 《宋史》卷二六一《陈若拙传》，第 9040 页。

2 关于江南士人在太宗朝"久居计司"现象及其原因分析，参张卫忠《江南士人与北宋前期政治》，博士学位论文，北京大学，2013，第 115~122 页。

3 《长编》卷二九，端拱元年三月，第 651 页。关于此事人事纠葛的具体研究，参何冠环《宋初朋党与太平兴国三年进士》，中华书局，1994，第 25~27 页。

4 《宋史》卷二七六《樊知古传》，第 9396 页。

5 《宋史》卷二七六《郭载传》，第 9397 页。

6 《长编》卷四〇，至道二年七月，第 850 页。

思虑"，并言及陈恕"刚强，终不肯降意询问"，细揣其意，并非对陈恕不满，而是通过向宰执暗示对三司使职掌的"疑虑"，以加强臣僚间的关防。值得一提的是，太宗后期仍偶尔重施故技，参任亲旧，如淳化三年（992）任户部使的魏庠，系"介旧恩以进"；[1]淳化五年任户部使的王延德本为开封府元从牙校，"太宗尹京，署为亲校，专主庖膳，尤被倚信"。[2]由此观之，太宗朝逐渐形成的"事为之防，曲为之制"的理政原则，[3]不但体现于三司的机构、职官设置，更渗入人事安排与升降黜陟中。

要之，宋太宗端拱二年以降，多以科举进士出身者担任三司使，他们虽为文学之士，但在执掌计司前，多于三司判官、副使、转运使、发运使等财政差遣间迁转，并曾主持、参加战争军资调度、京师上供转输或制度更张等事务，不但于钱谷之事历练甚久，更有机会表现吏才，博取能名。而君主亦将三司判官、判勾院等僚属视为计臣储才所在，多根据其实际治绩，量其才具，亲自拔擢，令掌国计。对于这些长于文学、明于典故而又久司钱谷、专领国计的"计相"，君主一方面依托其学养经制典章，设法立制；另一方面强调钱谷簿领的重要性，使其专注于烦琐剧务。此外，君主通过分设多使、僚属制衡、参用不同背景官员等方式，辅以亲自伺察控御，避免三司使权力坐大或与他官联系过深，难以掌控。

（三）太宗后期至真宗初三司内部权力结构的变化

宋真宗咸平六年，三司组织架构经历了重大调整，宋廷"并盐铁、度支、户部为一使"，以三司使寇准统领三司，并分设三部副使为佐贰，维持多年的三部"各置使局"、不相统属之局面至此告终。[4]

就出身与任职履历而言，相比咸平初年，三司长官的任职条件变化不大，几乎全为进士出身之朝官，在任三司使前，大多曾历三部判官、判三司子司、

1　王安石：《王安石文集》卷九二《户部郎中赠谏议大夫曾公墓志铭》，刘成国点校，中华书局，2021，第1585页。

2　《宋史》卷三〇九《王延德传》，第10153页。

3　关于"事为之防，曲为之制"内涵的阐发及宋廷"防弊之政"的措置，参邓小南《祖宗之法——北宋前期政治述略（修订版）》，第259~284页。

4　《长编》卷五五，咸平六年六月丁亥，第1205页。

诸路转运使、发运使等职，在财政差遣间多次迁转。[1] 然而，在这一时期，三司使的迁转路径发生了较大改变。太宗后期及真宗初年，三部长官罢任后多为知州，亦有充转运使、御史中丞等职者，甚少跻身政府。但自咸平六年宋廷新设三司使统掌三司，其往往迁转执政进而拜相。真宗一朝，出任参知政事、枢密院长官及宰相者，分别约占 15 位三司长官的 7%、20%、13%。其中寇准以前任参知政事为三司使，罢任后直接拜相；丁谓自三司使出任执政，随即拜相。[2] 同一时期，中书门下、枢密院 24 位宰执中，出自三司长官者约占 13%，担任宰执时间共计约 6 年，占真宗一朝统治时间的 24%。乍看之下，真宗时出任三司使者大部分并未出任宰执，但若以咸平六年为断限，则此后三司长官出任宰执者占比提升至三成以上，任职时间也更长。未出任执政者中，刘师道系获罪左迁，[3] 马元方因财政政策与真宗不合遭弃用，[4] 至于林特、李士衡，则因与丁谓关系密切，陷入真宗朝后期的政治风波，影响了仕途。由此观之，咸平六年后任三司使者，多晋身执政并随即拜相。相比太宗朝仅宋琪一人由三司使充执政进而拜相，真宗朝三司长官的迁转情况显然发生了变化。此外，该时期三司长官任期仍普遍较长，而在晋身执政并出任宰相的三司长官中，陈恕自太宗淳化四年十月任总计使，至真宗咸平三年冬罢盐铁使，任职时间约 7 年（于真宗朝在任 3 年多）；丁谓自景德二年五月至大中祥符五年九月在任，时长亦达 7 年；仅寇准任期较短，于咸平六年六月至景德元年八月在任，约 1 年 3 个月。其平均任职时间达 5 年，超过北宋三司长官平均任期。[5]

由此，真宗咸平六年改制后，三司长官不但延续了此前专任、久任的局面，且一人独掌三司，更能晋身执政乃至出任宰相，直接参掌大政，权力大为扩展。但自太宗统治后期，三部判官、判勾院等僚属对长官的关防作用却受到更多制约。雍熙以降，三司判官退出了垂拱殿常朝，"止随百官五日起

1　这一时期三司长官的仕宦履历，参宫崎圣明『宋代官僚制度の研究』、50~53 页。

2　宫崎圣明曾统计北宋历朝三司长官升任宰执的比例，本书采取其结果，参『宋代官僚制度の研究』、36 页。

3　《宋史》卷三〇四《刘师道传》，第 10065 页。

4　崔玉谦：《北宋天禧元年三司使马元方任始末考论——兼论内藏库与计司之间的矛盾冲突》，姜锡东主编《宋史研究论丛》第 21 辑，第 240~247 页。

5　据黄亚娟统计，北宋三司使平均任期约 1 年 3 个月，《北宋三司使研究》，第 22~25 页。

居"，[1]上殿奏事"止使、副使同之"，直到大中祥符九年，方允许判官"有大事亦令上殿"。[2]淳化三年，宋廷下诏规定三司判官见本使仪范，要求"判官见本使，各谨礼度，无失恭虔"，明确尊卑等次，又规定"每日内朝谒见，非咨事不得辄至本使庐中，朝罢各赴本司视事，即不得于诸处辄行私谒"，并命御史台纠弹，[3]限制了三司判官获取信息的渠道。淳化五年，进一步规定三司判官见判使"并同南省郎中、员外郎见尚书丞郎之仪"，并命其"凡有公事并须取禀判使商量，不得专辄闻奏"。[4]上述措施，固然有利于整齐三司内部权力秩序，提高决策效率，但也使得判官直达君主的沟通渠道受到极大制约，长官权位愈发尊崇，如大中祥符年间，判户部勾院梁固曾揭举三司使马元方"临事粗率"，职掌旷废，但其必须"请对条奏"，[5]已无法如太平兴国七年陈恕等人一般参加常朝，在君主面前奏劾长官。

三司判官与君主沟通渠道受阻，还导致君主难以通过奏对详悉其才具。此外，太宗朝科举取士数量急剧增长，班簿中的朝官也增加了一倍多，[6]太宗实在难以遍识朝臣。随着大规模军事活动与物资调度逐渐减少，君主更难通过钱谷剧务考验臣僚之才。正是在这一时期，宋太宗多次抱怨三司判官"不职"，难得其才。淳化五年三月，太宗"以三司判官多不守本职，拜疏言事悉非济要，召总计使陈恕令晓谕，各扬其职"；[7]同年十一月，太宗阅朝官班簿，感叹"比于其中求一材中转运使、三司判官者，了不可得"。[8]在此情况下，太宗遂屡命宰执、三司长官举荐三司僚属。淳化三年，"三部判官高象先而下选授者十五人，皆从三司使之举"，次年又诏令宰执"各于京朝官内举廉勤强干、明于钱谷、堪任三司判官者各一人"。[9]从淳化以降担任三司僚属者的身份看，确多有宰执、三司使举荐亲旧者，如淳化初度支判官宋沆系"宰相吕蒙正之妻

1 《宋会要辑稿》仪制二之一，第2317页。

2 《宋会要辑稿》仪制六之七，第2404页。

3 《宋大诏令集》卷一六〇《三司判官见本使仪范诏》（淳化三年五月丙辰），第607页。

4 孙逢吉：《职官分纪》卷一三《三司·判官》，第301页下栏。

5 《宋史》卷二九六《梁固传》，第9866页。

6 张其凡：《宋初政治探研》，暨南大学出版社，1995，第144页。

7 《宋会要辑稿》职官三之五〇，第3067页。

8 《长编》卷三六，淳化五年十一月丁卯，第801页。

9 《长编》卷三四，淳化四年八月戊寅，第752页。

族，蒙正所擢用"，[1] 户部判官边肃则为盐铁使魏羽所荐，[2] 户部判官马元方为盐铁使陈恕所荐。[3] 要之，自太宗后期，三司判官、判勾院等僚属在政务决策与奏对中的角色逐渐边缘化，而其来源多为进士出身且缺乏财政差遣历练之臣僚，在理财经验方面不及长官；加之君主难以遍识群臣，又缺乏钱谷计度任务考验历练，遂不得不更多依靠宰执、三司使等高官举荐。如此一来，三司僚属需倚靠长官保举方得迁转，对其监督与制约难免有所削弱，而君主也难以躬亲精选钱谷干才。

　　上述变化，未必直接有碍财政管理，在宋太宗事为之防、躬亲细务的情况下，也确未出现三司使权力扩张问题，但毕竟影响了三司内部权力结构的平衡，潜藏着三司长官权重难制的隐患。咸平、景德年间，宋廷茶盐榷法屡经改革，并集中立法编敕，确立钱物征调额，编修《会计录》，以期形成财政管理"经久之制"，进而加强中央对财政收支的整体掌控与监督。由于宋真宗缺乏如其父一般乾纲独断的能力与锱铢必较的精力，[4] 密迩君主的三司长官借助专属的常朝奏对之权，在决策与立法过程中常居于主导地位。[5] 与此同时，为统筹财务管理，三司长官与沿边诸路转运司、内藏库以及京师库务之间联系愈发密切，[6] 难以彼此监督，如出身三司小吏，担任东南发运使十余年的李溥"奸赃狼籍，丁谓党之，无敢言者"，直到天禧元年（1017）才被新任发运使黄震揭发。[7] 至于大中祥符年间东封西祀、宫观营造等礼仪活动带来的大规模钱物筹措、调拨需求，更进一步增强了君主对丁谓、林特、刘承规等内外财政臣僚的信任与倚赖程度，[8] 巩固了其在朝廷决策中的地位。丁谓、林特等兼任宫观

1　《长编》卷三二，淳化二年九月丁丑，第 720 页。

2　《宋史》卷三〇一《边肃传》，第 9983 页。

3　《长编》卷四四，咸平二年五月丁酉："以殿中丞鄄城马元方权户部判官，从户部使陈恕所奏也。"（第 944 页）按，陈恕此时当为盐铁使。

4　关于宋太宗独裁统治风格及其心态分析，以及宋真宗与宋太宗统治方式的区别，参刘静贞《皇帝和他们的权力：北宋前期》，第 61~71、100 页。

5　参本书第三章第一节相关讨论。

6　板橋眞一「北宋前期の資格論と財政官僚」『東洋史研究』第 40 卷第 2 号、1991、94~95 頁。

7　《长编》卷九〇，天禧元年八月丙戌，第 2076~2077 页。

8　蓝克利：《礼仪、空间与财政——11 世纪中国的主权重组》，顾良译，《法国汉学》第 3 辑，第 147~151 页。

使职，丁谓本人拜相，更增强了其主导大政的作用。当真宗去世，"神道设教"诸般活动中止，丁谓也在政治斗争中遭遇重挫。乾兴元年（1022）七月，宋廷明确下诏，宣布处置"丁谓党"，牵连者除了曾任三司使的林特，还包括江淮发运使苏维甫、权户部判官黄宗旦、权盐铁判官孙元方和周嘉正、户部判官上官佖等。[1]正如板桥真一等所论，"丁谓党"以丁谓为核心，其主要成员则多为中央、发运司的财政官僚；[2]而"丁谓党"之形成，同三司长官的久任、专任，以及三司判官、诸子司官员在财政决策中角色的边缘化，很难说毫无关系。

二　养资假途：宋仁宗朝三司官员的选任与迁转模式

宋仁宗即位后，朝廷选任三司官员的方式发生了较大变化，三司官员以资序除授，缺乏钱谷才具，不久任、不专任等情形也在此时期出现，宋廷甚至称三司职官为"养资假途"之阶。[3]本小节将尝试解释这些现象如何发生，彼此有何关联，又何以影响财计职掌。

（一）三司使的迁转与任期

宋仁宗天圣、明道年间出任三司使者共十人，其中刘后垂帘时期任命者共计八人，蔡齐、范讽系明道二年（1033）仁宗亲政后除授。相比真宗咸平以降三司长官的任期与迁转情况，这一时期出现以下值得注意的现象。其一，就迁转路径看，三司长官仍多任执政，但不拜相：十人中有六位升任执政，而未任执政者中，程琳系权发遣资序且任职时间极短，胡则、范讽则因获罪被罢，当属特例，可见三司使仍为晋身政府之阶。这一情形似乎延续了真宗咸平六年以降三司长官的迁转路径，但这些升任执政的三司长官均未得拜相，而是外任知州，相比真宗朝三司长官晋身政府后往往随即拜相，存在显著差别。其二，就任期看，三司长官多不久任，平均任期仅一年，低于北宋平均数，且除李谘、晏殊外再无任职达一年以上者，与真宗咸平六年之后三司官员平均任期三

---

1 《长编》卷九九，乾兴元年七月壬申，第 2292 页。

2 板橋眞一「北宋前期の資格論と財政官僚」『東洋史研究』第 40 卷第 2 号、1991、95 頁。

3 《长编》卷二〇三，治平元年十二月丁巳，第 4928 页。

年以上差异较大。[1]

由此观之，刘太后垂帘时期，三司长官继承了真宗咸平六年之后的迁转模式，但也发生了相当变化。上述变化何以产生，彼此有何联系呢？[2] 笔者认为，这与仁宗即位之初国家财政、人事政策的调整密切相关。在垂帘听政的刘太后主持下，宋廷中止了真宗朝为"神道设教"举行的诸多礼仪活动与宫观工程，并着手减省财政开支。此外，财政臣僚的理财措置，如进纳羡余之类行为，也被视为聚敛，不再得到鼓励。时有京西漕臣刘绰，"自京西还，言在庾有出剩粮千余斛，乞付三司"，这一做法本循真宗朝李士衡、李溥等转运使、发运使进羡余故例，此时却遭到刘太后训斥："卿识王曾、张知白、吕夷简、鲁宗道乎？此四人岂因献羡余进哉！"[3] 其以四位缺乏理财经验的宰执为例，意在阐明态度：朝廷财政管理目标与财臣激励机制已然变化，敛财上供以充朝廷用度，不再被认为是正当的"政绩"。[4]

朝廷财政政策的调整，影响了三司的人事安排。这一时期，随着丁谓、林特等出身三司的财政官僚被清除出中央决策层，朝廷人事结构经历了较大调整。仁宗继位留任的宰相冯拯、王曾、张知白虽曾任判三司勾院、户部判官、判开拆司之类三司僚属，但任职时间较早，且与丁谓无甚瓜葛；[5] 至于天圣、明道年间新任宰相张士逊、吕夷简，则全无三司任职经历。[6] 这一局面的出现，除了鉴于丁谓等财臣具体的敛财之举，惩前毖后，也源于君臣长期以来对三司官员"聚敛"的刻板印象。乾德四年，三司建议赏赐场院主吏羡余，宋太祖专门下诏，引述《论语》批评道："出纳之吝，谓之有司。傥规致于羡余，必深

---

1 对于真宗朝三司长官仕宦经历、迁转过程与任职时间的梳理，参宫崎圣明『宋代官僚制度の研究』、第52-54 页表 3，本书的统计均以此表信息为基础。

2 板桥真一、宫崎圣明将三司使非久任与晋身执政视为其"资序化"的表现，并推测该局面的出现，与仁宗初期防止财政官员"结党"，避免三司使权力坐大有关，但未充分论证此论点，且不足以解释三司使何以成为入执政之阶而不拜相。

3 《宋史》卷二四二《章献明肃刘皇后传》，第 8615 页。

4 关于宋廷对待漕司进奉"羡余"态度的变化，参高聪明《从"羡余"看北宋中央与地方财政关系》，《中国史研究》1997 年第 4 期，第 98~105 页。

5 《宋史》卷二八五《冯拯传》，第 9608 页；《宋史》卷三一〇《王曾传》，第 10182 页；同卷《张知白传》，第 10187~10188 页。

6 《宋史》卷三一一《张士逊传》，第 10216 页；同卷《吕夷简传》，第 10206~10207 页。

务于掊克"。[1] 咸平六年蠲放逋债，减除率敛，臣僚担忧"三司必以恩泽太滥，亏损国计为言"，真宗亦谓"吝于出纳，固有司职也，要当使斯人实受上赐"；[2] 不久，天雷暴震，真宗对天象示警自解云"今河北、关西，戍兵未息，民甚劳苦，而三司、转运使赋敛益繁"。[3] 上述言论，或可视作君主为彰显恩德或推卸责任，故而归咎三司，但真宗朝以降，不少臣僚同样在奏议中将三司视作聚敛之机构，如咸平年间，杨亿于知处州任上进奏状，请求减少龙泉县三酒坊课额，即言"百姓亦尝诣阙披陈，诏下三司相度"，但三司"惟聚敛是图，陆沉无报，疮痍益甚，冤痛弥深"，为保权利收入，无视百姓之困；[4] 天圣元年，国子博士张愿进奏，请求整顿地方官司增租摊逃现象，以免民户积欠过多乃至逃移，特别强调"国家富有万方，三司是聚敛之臣，必虑不能蠲免，乞下三司定夺"，[5] 可见三司使为"聚敛之臣"，多扭曲朝廷恤民善意，唯务敛财增收，几乎已为时人成见。天圣、明道年间，宋廷在清算"丁谓党"，节用国帑的政策主导下，不再以三司官升任宰相，当意在于最高决策层中淡化"聚敛之臣"的影响力。[6]

然而，钱谷事繁，若全未历其职者，往往莫知所以。二府决策钱谷大政，仍需曾任财政差遣，具备理财经验的三司臣僚参与其间。如天圣元年宋廷裁减冗费，即由权三司使李谘、盐铁判官俞献卿动议，三司诸官协同他官商议谋划。[7] 至于宋廷设置司议改边防军储入中法，虽由参知政事吕夷简、鲁宗道总领，但因牵涉茶盐榷法，需比较历年榷利登耗，二人并无三司任职履历，

---

1 《长编》卷七，乾德四年四月，第 170 页。

2 《长编》卷五五，咸平六年十二月癸未，第 1221 页。

3 《长编》卷五五，咸平六年十二月甲申，第 1221 页。

4 杨亿：《武夷新集》卷一五《论龙泉县三处酒坊乞减额状》，第 341 页下栏。

5 《宋会要辑稿》食货一之二一，第 5951 页。

6 这种对于财臣"聚敛"的疑虑，并非始于北宋。唐玄宗朝以降，伴随着财政制度的诸项改革，练习钱谷的"财计专家"与科举出身的"通才型"士大夫之间，围绕理财之策是否合乎治道，是否意在"聚敛"，展开了长期辩论乃至斗争（参卢建荣《聚敛的迷思——唐代财经技术官僚雏形的出现与文化政治》，台北：五南图书出版股份有限公司，2009）。但随着五代宋初对文士钱谷吏干要求的提升，以及 11 世纪前期起士大夫政治主体意识的增强［邓小南：《祖宗之法——北宋前期政治述略（修订版）》，第 143~147、425~426 页］，士大夫如何训练理财能力，应对与军国大政密切相关的财政事务，同时又避免"聚敛"之嫌，是这一时期君臣需要面对的问题。

7 《长编》卷一〇〇，天圣元年正月壬午，第 2311 页。

缺乏经验，实际谋议仍由权三司使李谘牵头，范雍、蔡齐等此后出任三司使者均参与其中。[1] 在时任宰相财政管理经验不足的情况下，将三司长官补充入二府决策层实属必要。正如南宋臣僚总结的："祖宗时特重财计之臣，凡除执政，必先除三司，使更历钱谷之事。"[2] 宋廷以三司使入政府，是为保障中书财政管理与决策能力，也为增重三司长官身份。值得注意的是，这部分三司长官虽晋身执政，却均未能出任宰相，这应当是为避免"聚敛之臣"再次职掌大政。事实上，与丁谓等聚敛财臣存在联系者，即使财政管理经验丰富，亦难晋升执政。如寇瑊曾历任三司盐铁判官、河北转运使、度支副使，曾主持修治澶渊堤防，行河北三说法，仁宗亦称其"有吏干"，但任三司后未能执政，或同其"与丁谓厚善"并因此左迁有关；[3] 而曾任江淮制置发运使、度支副使、河北都转运使的胡则，因与丁谓有旧而"骤进用"，后"坐丁谓党"，为御史奏劾，罢三司使知陈州。[4]

　　总之，天圣、明道年间三司使的迁转模式，相较真宗朝既有继承亦有变化。这是两方面因素共同作用的结果：一方面，为避免财臣权力扩张，影响国家大政，需避免其任期过长或执掌相位，务行聚敛；另一方面，朝廷需维持三司长官进入执政的渠道，以保证宰执群体的财政决策能力。由此观之，朝廷对财臣权力的制约，以及对执政理财能力的要求，仍是影响这一时期三司使迁转的主要因素。而在一长独领三司，三部副使、判官角色相对边缘化的情况下，对于三司使权力的制约，主要依靠避免长官久任、专任实现。

　　天圣、明道年间形成的三司使不久任即入政府这一迁转模式，此后仍长期持续。据宫崎圣明统计，在宋仁宗、英宗二朝，六成以上的三司使曾升入执政，[5] 所谓"国朝除用执政，多从三司使、翰林学士、知开封府、御史中丞进拜，俗呼为'四入头'"，[6] 三司使已被认为是晋身执政的必要条件。而这些三司长官任期普遍较短，平均仅一年左右。即使在宋夏战争爆发，军需调度紧张

1　《长编》卷一〇四，天圣四年三月甲辰，第 2403~2404 页。

2　此系嘉泰三年三月二十三日臣僚进奏，《宋会要辑稿》职官六之二三，第 3166 页。

3　《宋史》卷三〇一《寇瑊传》，第 9989 页。

4　《宋史》卷二九九《胡则传》，第 9942 页。

5　宫崎聖明『宋代官僚制度の研究』、36 页。

6　洪迈：《容斋续笔》卷三《执政四入头》，孔凡礼点校，中华书局，2005，第 253 页。

期，三司使亦难久莅其职。宝元元年（1038）至庆历元年（1041），短短三年间，宋廷竟四易三司使，其中郑戬、叶清臣任期均仅半年。宋廷不久任三司使，主要是鉴于真宗朝后期"丁谓党"等财臣权力坐大实施的更张之策，但如此一来，三司使遂成为进入政府的快速通道，使得任职者多谋晋升而不安于位，如庆历年间苏舜钦所言："三司者，国之计府，当慎选才者主之……今但取高科及久在翰林者居其任，他本不晓财利，又知朝廷之意，用之以为资级，但应副人情，不复留心金谷。多者逾岁，少者数月，已入两府。"[1] 此外，朝廷往往"因人命官"而非"为官择人"，以三司使为宠臣速迁执政之阶，如宋仁宗亲政之初，任蔡齐为权三司使，即出于"欲擢政府，先除正使"[2] 的考虑。蔡惇在《官制旧典》中，曾记载伯祖蔡齐宦业："祖宗旧制：选除执政、侍从必先选历钱谷。蔡文忠公（蔡齐）由进士第一，亦尝自三司度支副使，权拜起居舍人知制诰，乃至翰林学士、权御史中丞。章献明肃皇后遗诏，令杨太后继垂帘同听，是时仁宗年二十四，文忠公力诤之，方亲决万机，即欲权参大政，尚书除权三司使，数月乃拜枢密副使。"[3] 蔡齐身为状元，历任两制，又曾担任三司副使，不论从"文学"身份还是财臣履历看，都合乎出任三司使的资格。但仁宗之所以命蔡齐掌三司，并非借重他的经验、才具，主要源于其襄助顺利亲政，故特加宠遇，意图借助三司使这一快速晋身阶梯拔擢其入执政。果然，蔡齐担任三司使仅半年，即升为枢密副使，一年多后又为参知政事。

三司使作为总国计之长，事繁权重，"因人命官"速迁执政，偶或为之则可，却难以作为常态化用人之制。如司马光所言"凡有司官莫不欲久于其任，而食货为甚。何则？二十七年耕，然后有九年之食。今居官者不满三岁，安得有二十七年之效乎"，[4] 相比其他行政事务，财政管理具有自身特点，需要稳定的政策，且往往经历较长时间方见收效。三司使任期过短，使其无从熟悉相关职掌进而积累经验，无暇整顿本司典章与吏治，最终导致合理的财政政策难以

1　苏舜钦：《苏舜钦集》卷一〇《上范公参政书·诸目三》，沈文倬校点，上海古籍出版社，1981，第121~122页。

2　林駉编《新笺决科古今源流至论》后集卷二"三司"，第12叶a。

3　林駉编《新笺决科古今源流至论》后集卷二"三司"，第12叶a。

4　《司马光集》卷二三《论财利疏》，第615~616页。

形成，朝廷也难以验明三司使治迹。庆历年间，苏舜钦上书参知政事范仲淹，极论钱谷之弊，并言三司使当为此负责："主计者十余年来相习其弊，不务经久疏通之术，日偷月削，相蒙不知。闲则懈怠于事，急则侵暴于民……不计时之丰凶，地之出产，民之有无，一切迫之以刑，朝令暮办，虽是至多之物，其价重增数倍；大家居蓄，以困下户，使弱者流转，强者为贼，寻其根本，尽在三司也。"在他看来，三司使并未用心规划经久理财之术，财政计度与决策缺乏合理性，或因循苟且，或急刻暴敛，"不惟国之货利用度日蹙，亦使生民愁苦，四海离怨"。而根据苏舜钦提出的改革建议"自下拔取有才通晓钱谷者，分立三部，各建使名，令自辟属官，更相求胜，明下诏旨，必使久任，每岁终则考其耗登而升黜之"，[1] 可见造成三司使失职的原因非常复杂：一使独掌三司，本已缺乏竞争压力；加之长官不得久任，无法熟悉并举荐僚属，朝廷也无从检验其长期政绩，更加剧了财计"残弊溃乱"的局面。

对于三司长官久任的必要性，宋仁宗其实早有充分认识，其于景祐二年（1035）下诏："盖念幅员至广，货利惟繁，必牢笼之得宜，乃度用之无失。非久其职，将瘝厥官，期底定之有同，繄服劳之靡懈，庶使详研计簿，狃贯事程，宽物力以阜民，谨岁成而济治。"[2] 强调三司使必须"久其职"，才能熟悉财务账簿与法规依据，从而充实国计，养民致治，并要求"自今三司使副在职未久，毋得非次更易"，须久历其职，方得晋身二府，试图使三司使获得充分的历练，以便朝廷了解其实际业绩、才具，拔擢人才。该诏令一度有所成效，当年五月上任的三司使程琳，"在三司阅四年，遂得政（参知政事）"，其间确实积累了颇多财计经验，在江淮漕运、田赋沿纳归并以及禁中需索等财政制度改革中，围绕合理性、可行性，提出了专业且极具针对性的意见。[3] 此外，宋廷屡使三司长官迁而复任，这在一定程度上平衡了任期与职位迁转间的矛盾，使其得以积累理财经验，张方平、叶清臣、王尧臣、王拱辰等均属此类，洪迈论"执政四入头"，也承认存在"固有尽历四职而不用"的情况，并举张文定公

1　苏舜钦：《苏舜钦集》卷一〇《上范公参政书·谏目三》，第 121~122 页。

2　《宋大诏令集》卷一六一《三司使副未久不得迁易诏》（景祐元年二月庚申），第 611~612 页。

3　《长编》卷一一四，景祐元年五月乙丑，第 2675 页。

（张方平）与王宣徽（王拱辰）为例。[1] 然而，此类尝试很难长期践行。正如宋仁宗在皇祐二年（1050）诏中所言，三司长贰"名秩颇崇，政务尤剧"，因此"凡所更践，莫匪俊良。故有不时而迁，遂成数易之弊"，[2] 他清楚地意识到，天圣、明道年间以来三司使迁转过速，根源在于此职成为政府要津，已难作历练选材之所，更践此职的"俊良"急于晋升，又不耐久处繁剧，"有以簿书为烦而不省，以钱谷为鄙而不问者"，[3] 故而朝廷屡举久任之法，却往往不了了之，因循旧例。如此一来，在三司使不得久任的情况下，如何合理选择任职者以保障基本理财能力，从而维持国计正常运转，便显得愈发重要。

（二）三司使的选任条件

宋仁宗朝三司使的选任条件，相较真宗朝后期，同样体现出延续性与差异性的并存。一方面，除晏殊、夏竦系前执政任三司使，其余迁转至三司使者，大多曾累任转运使、发运使或三司判官、副使，基本延续了真宗朝局面；另一方面，该时期三司长官迁转历职较为灵活，[4] 未必多任财政差遣，且大部分曾授馆职或出任知制诰、翰林学士，仅薛奎、寇瑊、胡则无之，可见词臣、馆职等"文学之士"而非一般意义上的进士出身臣僚，成为三司长官的主体，相较真宗后期林特、马元方、李士衡等专任财政差遣者颇有差别。《宋史·职官志》所载三司使任职条件"以两省五品以上及知制诰、杂学士、学士充"，[5] 应当也是在这一时期形成的。

据板桥真一所论，宋廷此时少以专任财计者任三司使，目的之一在于防止财臣之间形成密切联系，以致权力扩张难制。[6] 此外，由于财政差遣多被视为"聚敛"，宋廷更需考虑三司使用人带来的政策导向作用。宋仁宗嘉祐七年，朝廷拟命李参为三司使，当政事堂行将议定之际，参知政事孙抃指出："方今民困弊久矣，宜得敦厚而有学术之人使主邦计，庶几可以宽民保众。苟急于趣

1　洪迈：《容斋续笔》卷三《执政四入头》，第 253 页。

2　《宋大诏令集》卷一六一《三司使副未久不得迁易诏》（景祐元年二月庚申），第 611 页。

3　《司马光集》卷二三《论财利疏》，第 615 页。

4　宫崎圣明『宋代官僚制度の研究』、35 页。

5　《宋史》卷一六二《职官志二》，第 3807 页。

6　板桥眞一「北宋前期の资格论と财政官僚」『東洋史研究』第 40 卷第 2 号、1991、96~97 页。

办应猝之才，则诛敛掊克，无所不至，如此民何所措手足乎？"[1]李参恩荫出身，"无学术"，但曾历任淮南、京西、陕西、河北、河东都转运使、盐铁副使，身负钱谷之责多年，且于陕西行"青苗钱"以实军储，改钱币入中之法以平籴估，省国计，极具吏干，"刚果严深，喜发摘奸伏，不假贷，事至即决，虽簿书纤悉不遗，时称能吏"。然而，正因李参的出身与专任财政差遣的经历，孙抃指其为"趣办应猝之才"，担心若用为三司长官，各处臣僚将以为朝廷政策倾向聚敛，"外台将承风刻剥天下，天下之民困矣"。[2]其余宰执亦未反对孙抃的说法，命官之议遂格。

三司使既多由文学之臣担任，而文辞之才与钱谷之职并不匹配，所学非所用。如王安石所论："士之所宜学者，天下国家之用也。今悉使置之不教，而教之以课试之文章，使其耗精疲神，穷日之力以从事于此。及其任之以官也，则又悉使置之，而责之以天下国家之事。"[3]对于这一问题，赵宋君主亦有觉察。熙宁年间，韩维判开封府，吴充任三司使，宋神宗称："维、充以文学进，及任烦剧，而皆称职，可谓得人矣。"[4]言外之意，以进士科出身者，往往难以胜任刑名钱谷等剧务。在此情况下，通过差遣中历练理财能力，几乎是财臣积累"专业"经验的唯一途径。特别是承平时期，君主不得不通过三司官员的出身与仕宦经历，如任职次数、年劳、政绩情况，以了解其有无理财经验，考察其是否具备计臣才具，而这些因素，即体现在所谓"资序"之中。[5]庆历年间，曾任两浙、淮南转运使、盐铁判官、判户部勾院的王琪奏对便殿，仁宗当面鼓励："卿雅有心计，若三司缺使，当无以易卿。"虽然王琪最终因出使契丹获罪，[6]未能升任三司长官，但由仁宗言论可知，"心计"是君主任用三司长官的重要考虑因素，而考察臣僚是否具备"心计"，则主要通过其仕宦履历。

1　苏颂：《苏魏公文集》卷六三《朝请大夫太子少傅致仕赠太子太保孙公行状》，王同策等点校，中华书局，2004，第969页。
2　《宋史》卷三三〇《李参传》，第10619页。
3　王安石：《王安石文集》卷三九《上仁宗皇帝言事书》，第647页。
4　《宋史》卷三一五《韩维传》，第10307页。
5　板橋眞一「北宋前期の資格論と財政官僚」『東洋史研究』第40卷第2号、1991、91~92頁。
6　《宋史》卷三一二《王琪传》，第10246页。

　　宋仁宗亲政后，三司长官的仕宦履历较诸天圣、明道年间并无太大变化，出掌三司者大多曾多次任职三司、漕司、发运司等财政管理机构。[1] 通过宣言任命合理性的命官制书，可以管窥朝廷对三司使任职资格的要求与职位预期。词臣阐述任官三司使的合理性，依据主要是仕宦资序，具体体现为出身情况、文学才能与任职经历。其中列举任职经历，显然是认为"仕途"与"宦业"之间，履历与行政经验、能力之间存在密切联系。而从"宦业"的内容可以看出，朝廷任命三司长官时，要求其具备多方面的素质：除了理财与"治剧"，还特别强调进士出身、文学之选。如庆历年间，宋祁为三司使王尧臣所作制书，称其"历阶词禁，俾代予言。俾为文章，近古风烈……宜旌干盅之能，往谐主计之剧"；[2] 又如皇祐年间，蔡襄为田况所作制词"文业华敏，屡中科选。经谊精博，早奉策对。践历谏署，规箴有直亮之节；延登词禁，策训有深厚之体"，因而能够"孚予仁心，而图可久之利"；[3] 此外如王珪作杨察三司使制书"绸缪禁林之直，密勿秘殿之言"，[4] 郑獬作三司使制书"翰林之职，高文大册，为当世宗工"，均为此类。[5] 强调三司使具备文学之才，既为消除士大夫们对于计臣务行聚敛的疑虑，更表明时人将文学之职表现出的器局、才具同钱谷吏干相联系，认为文学之选通晓治体，有助于总领国计、涵养民生。如张方平除三司使，举翰林侍读学士宋祁自代，即言其"器蕴闳深，业履端厚"，"久登近列，绰有远猷"，故能兼备"平准之权，通利之术"，"俾之治财，必济轻重"。[6]

　　在三司使选任、迁转过程中，宋廷对于历任资序的看重，充分体现在皇祐年间张尧佐任三司使引发的台谏争论中。皇祐元年（1049）九月，仁宗任命温成皇后伯父张尧佐为三司使，除命甫下，监察御史陈旭（升之）随即进奏，称

---

1 关于这一时期三司长官履历的梳理，参宫崎圣明『宋代官僚制度の研究』、56~59 頁。

2 宋祁：《景文集》卷三一《王尧臣可三司使制》，《景印文渊阁四库全书》第 1088 册，台北：台湾商务印书馆，1986，第 264 页下栏。

3 蔡襄：《蔡襄集》卷一〇《翰林学士兼龙图阁学士给事中权三司使田况可礼部侍郎充三司使制》，第 231 页。

4 王珪：《华阳集》卷三四《翰林学士知开封府杨察可权三司使制》，《景印文渊阁四库全书》第 1093 册，第 236 页下栏 ~237 页上栏。

5 郑獬：《郧溪集》卷二《三司使制》，《宋集珍本丛刊》第 15 册，线装书局，2004 年影印本，第 16 页下栏。

6 张方平：《乐全先生文集》卷三〇《除三司使举官自代》，第 574 页下栏。

张氏"以后宫亲，非才也，不宜使制国用"，仁宗不为所动。[1]次年五月，谏官包拯、陈旭、吴奎等再次进奏，列举各处灾害，并言"天道福善祸淫，与众同欲则依，从己之欲则违"，张尧佐除命不得人心，招致灾沴。至于这一任命的不妥之处，则在于"今亿兆之众，谓三司使张尧佐凡庸之人，徒缘宠私，骤阶显列，是非倒置，职业都忘"，此时台谏官弹劾张尧佐的理由，除了指出其外戚身份，恩宠过甚，更强调张氏理财才具不足，"职业"不精，用之将导致"诸路不胜其诛求，内帑亦烦于借助。法制刑弊，商旅阻行"，故而"上违天意"，"下咈人情"，[2]但仁宗仍未因此动摇张尧佐的地位。直到当年八月，侍御史知杂事何郯进奏，终于说服仁宗，罢张尧佐三司使，改任宣徽南院使，其奏议曰：

> 伏见三司使、礼部侍郎张尧佐，庆历三年冬，从开州来，是时犹作南宫散郎。自顷至今，不五六年间，遂历尽要近，乃尹京邑，乃司计籍。缘尧佐虽由进士登第，历官无他过，然骤被宠用，人情皆以止缘后宫之亲，不复以才能许之。况三司使位望任使，为二府之亚，跬步便至。今尧佐充三司使已逾年，若大缯诒事，众议谓陛下以酬劳为名，必当进用尧佐在两府。果如众议，命行之日，言事之臣必以死争。[3]

据何郯所论，张尧佐不宜任三司使，原因有二：其一，张氏虽"由进士登第，历官无他过"，但擢用过速这一事实，本身会予人口实，认为其"止缘后宫之亲，不复以才能许之"；其二，三司使系直通二府执政的阶梯，所谓"二府之亚，跬步便至"，臣僚担心张尧佐将以外戚入政府，破坏祖宗旧例，这是最触动仁宗的问题。在随后下达的诏书中，仁宗禁止台谏不经中书论奏张尧佐，同时阐明态度，消解臣僚疑虑："言亲连宫掖，不可用为执政之臣……兼已指挥自今后妃之家，毋得除两府职任。"[4]

1　《长编》卷一六七，皇祐元年九月乙未，第4013~4014页。
2　包拯撰，杨国宜校注《包拯集校注》卷三《弹张尧佐》，黄山书社，1999，第155页。
3　《长编》卷一六九，皇祐二年八月己未，第4053~4054页。
4　《长编》卷一六九，皇祐二年闰十一月己巳，第4070页。

　　台谏反对张尧佐任三司使，根本原因在于其"以戚里进"，"为世所鄙"，[1]
但落实到具体职任方面，奏陈君主的理由集中在两点：一是理财经验与能力不
足以胜任；二是外戚将借三司使之阶晋身执政。关于第一点，主要体现在任职
资历与实际表现方面。但张尧佐进士出身，曾历任州县，在知犀浦县任上曾
主持当地田赋整顿，减少争讼，体现出理繁治剧的才能，此后又历任开封府、
三司判官、副使，判流内铨、知开封府，其间并无失职黜责，包拯等论其才
能"凡庸"、业务能力不济，均为凿空立说，仁宗不加理会。台官何郯不得不
承认，张尧佐出身与仕宦履历、表现符合担任三司使的条件，从历官资序看，
其才具未必存在明显问题。至于第二点，即张尧佐以外戚历三司而入二府，则
更为要害，也是促使仁宗让步的主要因素，可见三司使为执政之阶，已成为君
臣共识。值得注意的是，何郯在阐述其担忧时，特别强调"尧佐充三司使已逾
年，若大飨讫事，众议谓陛下以酬劳为名，必当进用尧佐在两府"，仁宗有意
命张尧佐为三司使，也需以政绩"酬劳"为名义，换言之，即使君主有心以三
司使为臣僚执政之阶，也当使其在任上得以年劳、政绩"养资"方可"假途"，
绝非仅凭职位本身可坐至执政。由此观之，一方面，在仁宗朝，三司使虽然成
为臣僚履二府之阶，但君主可任命其亲信、宠遇之臣历三司使而入执政；另一
方面，在张尧佐任三司之争中，君主与台谏虽主张对立，但对于三司使任职、
迁转的"资序"要求及其合理性仍保有共识，这也是双方展开对话的基础。任
职"资序"固然难以充分拣选理财之才，但至少原则上得以维持任职者基本的
行政经验，即使以戚里宠遇得进的张尧佐，也是"持身谨畏，颇通吏治，晓法
律"，[2]历任有钱谷之效者。

　　要之，三司使"名秩颇崇，政务尤剧"，[3]既为国计中枢，又为执政之阶，
臣僚多借此晋身二府，君主亦以此宠遇近臣，因此往往难耐繁剧，不得久任。
在此情况下，财臣任职履历体现的经验与能力，是朝廷维系三司使财政管理能
力的重要手段；其于三司使任上积累的经验，也有助于避免擢入政府后对钱谷
之事懵然无知。但从仁宗朝三司使总领国计的实际效果看，似乎并不尽如人

1　《宋史》卷四六三《张尧佐传》，第13558页。
2　《宋史》卷四六三《张尧佐传》，第13558页。
3　《宋大诏令集》卷一六一《三司使副未久不得迁易诏》（景祐元年二月庚申），第611页。

意。如臣僚所论，三司使不得其才，除因难以久任，主要原因即在于选任过重资序，而非考验实际吏干，导致无从"自下拔取有才通晓钱谷者"。那么，原本作为计臣储才之阶的三司僚属等财政差遣，此时为何难以起到历练吏干与拔擢钱谷之才的效果？

（三）三司僚属的选任与迁转

天圣年间，三司副使、判官等僚属已然成为职官迁转资序。[1]而三司僚属之所以难以如太宗朝一般发挥历练储才的作用，主要由于这一资序的"清要"性质，[2]以及由此产生的迁转过速、理财经验不足、权势滥荐等问题。

作为"清要"资序，任三司判官者在仕途中拥有诸多优势，如磨勘改官无举主人数之限，[3]但最吸引人之处，还是在于其职任迁转的速度与前景。元祐二年（1087），文彦博曾回顾北宋前期官员迁转资序，官员任知州军"有绩效，或有举荐，名实相副者"，可特擢为"转运使副、判官或提点刑狱、省府推、判官"，实现"出常调"，此后历任漕司、提点刑狱，并根据所任漕司路分"轻重远近之差"逐次迁转，或归任三司、开封府判官，当转至河北、河东、陕西上三路及成都府路转运使、江淮发运使时，则可擢为三司副使，此职一旦任满，即除待制，进入侍从行列。[4]在此过程中，三司判官既是迁转"快车道"的起点，也是官员积累资序的重要阶梯，任此职者，大多谋求快速晋升，加之三司判官员额有限（六人），为免阻碍他人迁转，在任者也很难长期居位，故《神宗正史·职官志》称三司判官本为"监司出入资，无久任者"。[5]

事实上，三司判官充满吸引力的迁转前景，已为当时士大夫习知，如常年居乡不仕的处士徐积，在代人致信某蒋姓三司判官时，即恭维道："天下泉

1　明道元年，宋廷诏令知大名、真定、京兆、凤翔、河中、江陵、江宁等府，以及兖、郓、青、陈等州，"自今并理三司判官、转运使副资序"（《长编》卷一一一，明道元年七月庚午，第2583页）。

2　《宋会要辑稿》职官一一之一四，据庆历四年十一月审官院所言："三司判官、开封府推判官、天章阁待制及官职尝任提点刑狱，各系清要资序。"（第3317页）

3　《宋会要辑稿》职官一一之一四，第3317页。

4　文彦博著，申利校注《文彦博集校注》卷二九《奏除改旧制》，中华书局，2016，第789~790页；据《宋史》卷一六二《职官志二》，三司判官"以朝官以上曾历诸路转运使、提点刑狱充"（第3808页），但据文彦博所述，这一任职条件，一般针对转运使、提点刑狱归任三司判官者，而非第一任三司判官。

5　《宋会要辑稿》食货五六之一一，第7288页。

货，军国大计，此非三司之任乎？……今闻朝廷用阁下，宜矣。此固吾君吾相，且将大任阁下之阶也。"[1] 将出任三司判官视为朝廷"大用"其人的信号。而对于三司僚属不耐久任的现状，任职者也多有感触。庆历年间，担任度支判官的刘立之喟叹："先君仕太宗朝，居一官终身。虽其时士大夫乐职恬势亦皆然，故所兴造，功效声实常溢其望。今士大夫亟迁官，无宿业，此风俗之敝也。吾岂敢忘先君之守？"[2] 立之之父，系太宗朝久判三司勾院、磨勘司的刘式。据其所言，太宗朝三司僚属安于职守尚为常态，但至仁宗中期，"风俗"败坏，坚持"宿业"，不求速迁，反成为难得的品质。司马光嘉祐间判三司勾院，发现三司"居官者出入迁徙，有如邮舍，或未能尽识吏人之面，知职业之所主，已舍去矣"，根本无从熟悉业务，寻常"怠惰之人"只求满任成资，故"因循苟且，惟思便身，不顾公家"，即使有"恪勤之人，夙夜尽心，以治其职"，也因任期过短，"人情稍通，纲纪粗立，则舍之而去；后来者意见各殊，则向之所为，一皆废坏"，[3] 很快人去政息，因此缺乏更张财制、谋划长期政策的动力。

三司判官"清要"资序的迁转前景，不但造成官员不耐久任，还影响了朝廷的选官方式。如张方平所言，"财者……理道之最急者也。故朝廷用三司使，至于副介僚属，非士之选不处焉。夫尊主其要，卑治其目，故其僚属尤须择人"，[4] 照理，三司僚属作为财计要剧之职，又为计相历练之阶，本应精择熟悉财计、富有吏干之人，朝廷原则上也强调吏事之能，[5] 但在实际选任中，几乎很难"为官择人"，拔擢钱谷长才。

如前所述，出任三司判官的条件，为知州军"有绩效"或"有举荐，名实相副者"。关于前者，在三司判官命官制书中，多阐明其知州治绩可称，如

1　徐积：《节孝先生文集》卷三〇《代人上省判蒋工部书》，《宋集珍本丛刊》第16册，线装书局，2004年影印本，第691页下栏。

2　刘敞：《公是集》卷五一《先考益州府君行状》，第770页下栏~771页上栏。

3　《司马光集》卷二三《论财利疏》，第615页。

4　张方平：《乐全先生文集》卷二五《论诸恩例除省府官事奏》，第525页上栏。

5　王安石在嘉祐年间上疏宰相富弼，推辞三司判官任命，即言"三司判官，尤朝廷所选择，出则被使漕运。而金谷之事，某生平所不习，此所以蒙恩反侧而不敢冒也"（王安石：《王安石文集》卷七四《上富相公书》，第1285页），可见熟习钱谷，仍是三司判官除授的重要理由。

"剖符名部，去辄见思"[1]"以名字典郡，风采奉使，敏以为政"[2] 之类。相比太宗朝、真宗朝，此时除授三司判官条件已然放宽，不再强调历任财政差遣，只需在知州任上表现"实绩"，证明吏干即可，这不免影响三司僚属的理财经验。但更大的问题还在于举荐。如前所述，自太宗后期，君主虽仍有权亲除三司判官，[3] 但因朝官数量膨胀，加之资序要求放宽，君主无从遍识，遂更多依靠二府、三司使等大臣举荐，命官制书中，亦可见"丞相言尔通敏无滞，可用为判官。惟朕既能选三司使而无废职，今丞相又能择其属官""今三司使某言尔之才，明白强力，长于治剧，可用为属官……贤者必能推其类而进之，安可不听大司农之言哉"[4] 之类文字，彰显了宰执、计相举荐三司判官的正当性。这虽有利于发现人才，但也增重了宰执等臣僚在三司僚属选任中的话语权，其往往借机提携故旧，收取人心。庆历三年，谏官蔡齐弹劾宰相吕夷简，即言吕氏"不选材贤充三司使副，发运、转运使非其人，但务收取人情，用为资历"，导致帑藏空虚，民财殚竭；[5] 而三司使举荐僚属，也多出于己意而非公心，"三司诸部有所奏辟，辄先白判使，相踵以为俗。其后判官署奏状而已，或不自知所举为谁"，举官成为三司使一言堂，"既而奏上，多非其人"。[6]

宰执、计相等权要的荐举既成为市恩之具，遂为奔竞之徒、亲旧之家大开侥幸之门。胡宿进奏，称三司判官为取才之要，"比来夤缘用人，忽略此职，一概置亲厚之吏，或假借横势之家"，导致三司、开封府、漕司难得其人。[7] 根据宋廷规定，大臣举荐三司判官，本应"名实相副"，但这一要求很难按验落实，往往流于形式。如庆历年间，三司使张方平曾举吕昌龄为三司判官，举状称其"材用精敏，干略通济。周知财利之事，明于轻重之体"，并举具体事例

1 宋庠：《宋元宪集》卷二三《刑部员外郎直集贤院柳植可三司盐铁判官制》，《景印文渊阁四库全书》第1087册，第580页上栏。
2 刘敞：《公是集》卷三〇《度支郎中李硕可三司户部判官》，第581页上栏。
3 如景祐三年，庞籍以侍御史还朝，执政奏拟户部判官，仁宗表示反对，"庞某止可三司判官邪"，遂除刑部员外郎、兼侍御史知杂事。《司马光集》卷七六《太子太保庞公墓志铭》，第1543页。
4 郑獬：《郧溪集》卷二《三司判官制》，第17页下栏。
5 《长编》卷一四〇，庆历三年四月壬戌，第3368页。
6 刘敞：《公是集》卷五一《先考益州府君行状》，第769页下栏。
7 胡宿：《文恭集》卷八《乞慎选省府推判官提点刑狱奏》，《景印文渊阁四库全书》第1088册，第677页下栏。

为证，"三司度支粮料案行诸路粮草，总三边入中，其间甚有细微利害，臣尝以问昌龄，昌龄晓知之"。[1]表面上看，张方平的保举完全基于吕昌龄钱谷之才，有理有据，但事实上，吕昌龄得以获得举状，跻身三司判官，与其交结首相陈执中有关。庆历八年，殿中侍御史何郯弹劾陈执中，一大罪名即为用人徇私，所举事例即为"吕昌龄曲事执中宠嬖之兄弟，至为三司判官"。[2]此外，君主也没有放弃恩从己出的机会，将三司僚属之职作为给予臣僚子弟的恩泽，"大臣去位，或老而致仕，辄陈乞子弟入省府以为例"。上述诸般问题，造成"三部判官及诸子司，由门阀恩泽而进，其居太半"的局面，[3]占据了三司僚属有限的员额，挤压了寒俊与才能之士的晋升空间。

至于进士高第、制科或馆职文学之选，迁转至三司判官更为便捷。对其而言，三司僚属资序不过是通向宰执、侍从高位的资序之阶。据蔡惇《官制旧典》："祖宗用人必严资格，三人赐第，制科入等，自不待次而举，犹试以民事。故三人皆擢通判，制科除签判一任还，试馆职，或擢言路。因其帖职，遂除省、府，擢判官，循至三司副使；言官历台谏，循至侍御史知杂事，乃不次任用所致。"[4]可见对于不次任用的进士高第及制科入仕者，只需得通判资序便可试馆职，获帖职后即可除授三司判官。此外，君主为拔擢自身赏识的文学之臣入两制，还有意命其为三司判官，以合乎资序要求。如吕公著至和年间"任馆阁礼官，已有贤名"，深得仁宗赏识，"欲置之禁从"，但吕氏历任"未尝经钱谷"，为补此资序，宋廷先除其为户部判官，任职数月即"进修起居注，旋召试知制诰"。[5]这些文学高选既无理财经验，任三司僚属也纯为"养资"速迁，很难究心钱谷事务。

综上，不论君主优待进士高第、文学之士，抑或门阀权势举荐、请托亲旧，其落脚点都是"因人命官"而非"为官择人"，原因正在于三司僚属特别

1　张方平：《乐全先生文集》卷三〇《举吕昌龄充三司判官状》，第 576 页下栏。
2　《长编》卷一六五，庆历八年八月，第 3966 页。
3　张方平：《乐全先生文集》卷二五《论诸恩例除省府官事奏》，第 525 页上栏。
4　林駉编《古今源流至论》前集卷七"资格"，《景印文渊阁四库全书》第 942 册，第 103 页上栏。按，元延祐四年圆沙书院刻本《新笺决科古今源流至论》前集卷七条目、文字与文渊阁四库本差异甚大，无此段文字。关于文渊阁本的版本源流，待考。
5　林駉编《新笺决科古今源流至论》后集卷二"三司"，第 12 叶 a。

是判官，乃是官员"出常调"的关键资序，此后既可于三司判官、外路漕司叠相出入，积累资序，更有可能成为通往待从的快速阶梯。不论朝廷拔擢才学之士，抑或权要提携奔竞之徒，若能历此资序，均极有助于仕宦显达。因此，除授此职，更多考虑的是由谁获此"清要"资序以便快速迁转，而非钱谷吏干。而出任三司僚属者，"凡诸门阀之士，惟处京都为便，既入省府，即以为家；寒素之人别无进望，容身待阙，俄复外除。故三司者，贵游处之即为家，寒素处之即为传舍。而又诸清要官以为扬历养资之地"，身份背景虽有差异，然一旦居于此职，或唯求进取，或明知难得久任，唯求苟且，多不专注财计业务本身，既无法在任上充分积累财计经验，亦难得谋划理财长策，最终影响财政管理成效，"功利不举，职此之由"。[1]

小　结

自宋太祖至仁宗朝，三司官员选任与迁转方式屡经变化，折射出赵宋君主对于"总国计"之职的重视，以及不同时期对于计臣人事安排的具体考量。大体说来，宋太祖朝及太宗初期选任三司官员，主要考虑的是如何实现政权的稳定过渡，巩固皇权，其即位初留用原三司使，待统治稳定后，即以藩邸僚佐或亲从旧部取而代之，这些人的身份多为内职武臣。与此同时，两位君主对三司僚佐的选任也颇为着意，多任命富有财计经验，仕宦履历、出身背景与三司使完全不同者，并赋予其关防长官之职，意图通过人事安排中的"交错参用"，实现三司内部的权力制衡。

太宗端拱年间以降，宋廷逐渐确立了"崇文"导向，财政政策也不仅限于足军食、供国用，更重视更张财政典制，革除五代弊法，以求养民致治。在此背景下，三司长官与僚属均多以进士出身、清通明理的官员担任。为确保这些进士出身的文学之士具备理财素养，宋太宗选任三司官员时，特别强调其所任财政差遣的履历与实际治迹，并通过面奏问对，观其言行，察其能否；三司官任期一般较长，且多于财政差遣间迁转。长期的理财历练与经验积累，使得

1　张方平：《乐全先生文集》卷二五《论诸恩例除省府官事奏》，第525页上栏。

太宗后期至真宗初年，三司长官中出现了如陈恕、魏羽等理财能臣。但在此时期，三司内部的权力制衡机制逐渐动摇：三司使在咸平六年后，得以一人通掌三司，并能升入政府乃至拜相，权力逐渐扩展；而三司判官则失去了常朝面奏的机会，对于长官的关防作用亦大为削弱。随着景德、大中祥符年间一系列典制建设、礼仪活动的展开，真宗愈发倚仗丁谓、林特等财政官员的计度擘画，计臣们也借助举荐僚属之权，彼此勾连，乃至形成了主要由三司官员、发运使等财臣构成的"丁谓党"。

仁宗即位后，对"丁谓党"进行了清算，并试图削弱财臣"聚敛"对国家大政的影响，三司使不再拜相，任职者也非久任、专任财政差遣。与此同时，为保证高层决策群体具备理财素质，三司使、副使、判官等三司职位，仍是晋身执政、侍从的重要资序，堪称"清要"。但因三司官员额有限，加之处迁转要津，前景可观，任职者反而不安于位，很难究心钱谷事务，即使属意财计者，为免阻碍他人仕途，亦不能久处其位。如此一来，三司官员不久任、不专任遂成常态，故而其既不能充分历练钱谷，也无动力擘画理财长策。加之三司判官资序要求放宽至知州，不再要求财政差遣，君主难以遍识符合条件的臣僚，不得不更多依赖宰执、三司使等大臣保举，其遂得以此"清要"资序市恩，因人命官而非为官择人，导致权贵亲旧、奔竞之徒多居其位，钱谷干吏更是无从拔擢，司马光所谓三司官员"不专晓钱谷"局面，遂由此形成。

总的来看，北宋三司长官经历了从亲从内职向外朝文臣的转变，而在此过程中产生了两方面问题：其一，如何在君主对臣僚熟悉度不高的情况下，通过仕宦经历，历练缺乏财计专业素养的文学之臣，使之成为兼具文学、吏干，又充满政治主体意识的"新型士大夫"，并从中拔擢钱谷之才；其二，如何制约财臣权力，特别是避免其与相权过度联结，这既出于君主集权的需要，也同士大夫视理财为"聚敛"之疑虑有关。上述问题背后包含着一组矛盾：欲擢钱谷之才，则需历经财政差遣，并尽可能久任、专任以察其效；但三司职位令人瞩目的快速迁转前景，加之财臣权重难制的顾虑，又使得财臣难以常居其职，甚至不安于位。应当说，随着政治形势由开国时期的动荡逐渐转向承平，财计调度与制度建设由大规模兴作、改易转向守成，朝廷如何在日常行政中发现并拔擢富于吏干的文士，本属官僚选任的常见难题；而三司官员"总领国计"的重要职权，作为内臣在决策中的特殊地位，加之士大夫对其"聚敛"的疑虑，则增加了这一难题的复杂性。在这种情况下，将三司使副、判官作为迁转资序，以仕宦履历、年劳等因素蕴于其间，尽可能"任人以法"，乃是平衡上述矛盾、纾解难题的合理路径。诚然，"以资任官"导致了一系列问题，特别是在国计困难、理财体制亟待改革的北宋中期，三司官员不耐久任，不精钱谷之弊，士大夫已多加指摘。司马光、张方平等臣僚虽注意到仁宗朝中后期计臣难得其才的窘况，却无法否认以"资序"任官的合理性。如司马光提出的改革方案，以资浅者为权发遣三司判官事，并命其于任上迁转资序，不离其职，实际是对以资命官原则的完善，即将资序与实际差遣剥离，使得三司官员久任、专任其职，同时资序得以迁转。[1]值得一提的是，王安石在嘉祐年间上仁宗皇帝万言书中，严厉批评了以资序任官、唯求通才的现象，主张朝廷应从"教、养、取、任"环节入手，作育、拔擢认同并能执行朝廷治道之臣，如此方得"任使当其才"。[2]这种彻底打破既有资序体系，构建全新选官标准的主张，在熙宁年间得到部分实践，但招致了诸多非议，且因侥幸之徒唯求奔竞，奉承朝廷新法旨意，造成诸多乱象，直接影响了新法推行的成效。[3]

1　《司马光集》卷二三《论财利疏》，第 616 页。

2　王安石：《王安石文集》卷三九《上仁宗皇帝言事书》，第 644~647 页。

3　关于王安石的任官思路、目标及其同司马光的区别，以及在新法中的实践，参包弼德（Peter K. Bol）《政府、社会与国家：论司马光与王安石的政治理念》，韩明士、谢康伦编《为世界排序——宋代的国家与社会》，第 185~186、195~196 页。关于仁宗至神宗朝宋廷任用财政官僚思路的变化，参宫崎聖明『宋代官僚制度の研究』、38~43 页；熊本崇「薛向略伝——北宋财务官僚の軌跡」『集刊東洋学』第 51 期、1984、77~87 页。

第二章　三司与朝廷的职权关系

　　北宋三司"财权"的具体内涵与表现形式是什么？其与君主、宰执的决策权如何划分、怎样配合，"三司主财"是否意味着宰执"不知"财？上述问题，触及北宋中枢权力结构演化的核心，学界却莫衷一是。本章将从政务分层与决策机制角度，考察三司与朝廷的互动关系，思考其在国家财政管理中的实际地位。首先考察三司参与决策的两种方式，特别重视决策过程中，三司与君主、中书门下的权力划分与裁决权归属。其次分析三司自主处置政务的权限，并从财务数据整合分析、法条编修检讨等方面，讨论行政能力如何影响其与中书门下的互动模式。此外，熙丰新政时期，王安石"以理财为先务"，宋神宗行"大有为"之政，均对财政管理机构大加改革，并在元丰改制中罢废三司。那么，三司在熙丰理财新政中究竟发挥了怎样的作用，其与新兴理财机构及新法钱物管理关系如何，又同此前中央财权结构的演化有何关联？本章将以"朝廷钱物"的来源与管理为中心，考察熙丰新法时期，中书门下与君主在扩大"财权"过程中如何利用三司制度管理新法财赋，新旧财政管理体制又如何配合、衔接，进而思考王安石、宋神宗的不同"理财"思路对制度演化的影响。

第一节　北宋财政决策体制中三司、中书门下的职权关系

对于北宋三司与中书门下宰执[1]的关系，学者往往聚讼难已：或以为君主设立三司，意在分化相权以加强自身集权，故三司财权重于宰执；[2]或以为中书门下财权不弱于三司，及至北宋中叶，财权已集中于中书门下宰执。[3]上述研究，丰富了我们对三司、宰执复杂关系的认识，但仍存深化余地。具体说来，相关研究主要在财权分化－集中、强－弱等思路下展开，观照君相权力关系以及君主集权的实践形式、程度，但具体讨论往往纠结于所谓"中书主民""三司主财"职掌分工，对于"权力"的实际内涵缺乏界定，至于所谓"强弱""大小"，标准亦难统一，故难以有效比较，反陷入二元对立，影响了讨论的深入。

相比之下，脱离上述分析框架，切实考察各行政主体的职权关系、互动机制，以及作为国家最高权力中心的君主，其旨意如何影响三司政务运作，或更有助于理解北宋国家机器中三司、宰执的具体角色；更进一步，对于我们理

1　北宋朝廷决策层，主要包括掌握最高裁决权的君主以及二府宰执。本书关注的财政管理事务，主要与中书门下宰相相关，考察的主要对象也在于此。但某些情况下，枢密院长官也参与财政决策，为免疏漏，全文通以"宰执"称之。

2　如漆侠、邓广铭、钱穆、张家驹等均持相似论点，认为三司、枢密院分化宰相事权，反映了宋初设官互为牵制、加强君主专制集权的特点。参李子涯（漆侠）《赵匡胤和赵宋专制主义中央集权制度的发展》，《历史教学》1954年12月号，第16页，收入氏著《求实集》；邓广铭《论赵匡胤》，《新建设》1957年第5期，收入氏著《邓广铭学术论著自选集》，第68页；钱穆《论宋代相权》，宋史座谈会编集《宋史研究集》，"国立"编译馆"中华丛书"编审委员会，1958，第456~457页；张家驹《赵匡胤论》，《历史研究》1958年第6期，第42页。

3　王瑞来《论宋代相权》，《历史研究》1985年第2期，第111页。此外，如张其凡、傅礼白亦从不同角度得出相似观点（张其凡：《三司·台谏·中书事权——宋初中书事权再探》，《暨南学报》1987年第3期，第48~49页；傅礼白：《北宋三司使的性质与相权问题》，《山东大学学报》1991年第1期，第79页）。

解中国帝制后期中枢权力结构的演变也十分重要。[1]欲达此目的，需深入分析制度参与者的"经验之谈"以及政务运行的具体场景。本节首先考察北宋君臣言论，力图理解政务处理中，三司作为"有司"之意涵；其次着眼于政务流程，考察三司如何不经宰相直接奉行君主诏旨，思考其作为"内职"[2]参与决策之特点。在此基础上，本节拟就三司同宰执职权关系的特点及演化过程略做讨论。

一　作为"有司"的三司

中国古代典籍所见"有司"，就其广义言之，系国家设官分职之统称。在此义项下，宋代一切官司及其所属人员，包括中书门下、枢密院、三司在内，均属"有司"范畴。但在宋人话语中，狭义的"有司"往往排除宰执在外，甚至相互对立。如北宋之三司，即被时人视作与朝廷宰执相对之"有司"。

太宗至道二年七月，太常博士、直史馆陈靖曾建议遣使劝农垦田，新立田制，以开天下旷土地利，并"条上兴创功利"，拟出了具体实施方案。太宗对此颇感兴趣，不但召见陈靖，还特与宰相吕端商议可行性，吕端称："靖所立田制，多改旧法，又大费资用，望以其状付有司详议。"此事宰相吕端不亲自详议，而交付有司，可见宰相被排除于所言"有司"之外，并与之相对。此后，宋太宗从吕端言，命"盐铁使陈恕等，于逐部择判官一人通知农田利害者，与

1　黄纯艳注意到立法、决策过程中三司与君主、宰执关系的复杂面相，并尝试对不同层面权力加以区分，指出宰相政治地位高于三司，同时对三司人事任免也有权干预，但在财政方面，宰相不具备制度化立法权。黄氏的研究，突破了财权大小比较的简单思路，对笔者启发颇大（《宋代财政史》，第54~65页）。此外，宫崎圣明曾着眼于茶盐等榷利筹策，分析北宋真宗、仁宗二朝期，面对军粮筹措与转输问题，中书门下如何建立起对三司的统摄关系（氏著「北宋の中書と三司の統接関係について」『史朋』34號，2002、1~11頁；『宋代官僚制度の研究』、36~97頁）。

2　北宋所谓"内职"，是一套区别于宰相为首有司百官的官僚序列。后唐明宗长兴元年命张延朗为三司使，制曰"兼移内职，可示新规"（《旧五代史》卷四一《唐书·明宗纪》，第567页），可知三司使创设初即属内职序列；至北宋前期，"枢密、宣徽、三司使副、学士、诸司而下"，仍谓之"内职"（《宋史》卷一六一《职官志一》，第3769页）。各类礼仪性场合，内职序列往往与宰相所领百官有所区别，如天圣元年长宁节"枢密使率三司使副、学士、内职，宰臣率百官，各就相国寺"（《宋会要辑稿》礼五七之一七，第1990页）。

靖同议其事"。[1] 当时三司正由三使分掌，故吕端所言之"有司"，即指盐铁、度支、户部三司。[2] 除了宰相以三司为"有司"，三司长官也将自身机构定位为"有司"。就在陈靖进奏一个月后，太宗有感于三司子司繁多，出纳程序复杂，吏人易于作弊，曾命时任盐铁使的陈恕设法减省机构。陈恕准诏上奏，陈述各子司不可废之理由，当论及提点司时，谓"提点司是中旨特置，提振三司废怠之事，固非有司敢得拟议也"，[3] 是亦目三司为"有司"。北宋臣僚乃至三司长官谓三司为与宰执相对之"有司"，尚有数例，且分见于各时期，兹不备举。

不但臣僚如此，北宋君主亦以"有司"称三司，并与朝廷宰执对举。咸平六年十二月，因改元肆赦，宰执议蠲放欠负，有臣僚认为"蠲放逋债，减除率敛，其数颇多，三司必以恩泽太滥、亏损国计为言"，真宗对此评论："非理害民之事，朝廷决不可行。吝于出纳，固有司职也，要当使斯人实受上赐。"[4] 此处真宗所谓"有司"即为三司。综上所述，至少在北宋，君臣对于将三司定性为与宰执相对之"有司"，并无异议。

北宋前期君臣以三司为"有司"，反映了其对三司在国家决策体制中角色的何种认识，这需要对时人语境中的"有司"内涵加以辨析。在熙宁元年（1068）所上《论责任有司札子》中，郑獬曾细致描述当时君主、二府、有司在日常行政中的一般分工状况，认为"群有司之事则取决二府，二府之事则取决陛下"，[5] 换言之，"有司"对于日常政务之处置，并无独立裁决权，必须每事上报二府决断，自身仅得奉命执行。此外，郑獬认为理想的行政分工应当是"天子者，宜以安危大计责二府，以庶事废置责群有司……于群有司之事不得取决二府，据理以行。行之而害于事，则有司受责"，[6] 二府、有司除了职权差异，其职能分工层次亦有差别：有司掌"庶事废置"，二府负责"安危大计"，

---

1 《长编》卷四〇，至道二年七月庚申，第846页。
2 《宋会要辑稿》载此事，径作"应须下三司议"，亦可作为"三司"即"有司"之证明（《宋会要辑稿》职官四二之一，第4071页）。
3 《长编》卷四〇，至道二年闰七月辛未，第850页。
4 《长编》卷五五，咸平六年十二月癸未，第1221页。
5 郑獬：《郧溪集》卷一三《论责任有司札子》，第119页上栏。《历代名臣奏议》称其作于熙宁元年，时郑獬为翰林学士（黄淮、杨士奇编《历代名臣奏议》卷一三六《用人》，上海古籍出版社，1989，第1783页下栏）。
6 郑獬：《郧溪集》卷一三《论责任有司札子》，第119页下栏。

后者对前者监督责成。要之，宰执与有司的分野，既体现为决策、执行的职权差别，也表现为职能分工的层次差异。

综上，从职权关系角度看，二府宰执掌决策大政，三司则为具体执行机构，后者需奉行前者指挥，并为其决策提供参考。但三司行政指令不只出于宰执，亦多来自君主。因此，三司是否必须奉行宰执指挥，是否存在不经宰执转达或审核，直接奉行君主诏旨的制度化渠道，乃是理解其与宰执职权关系的重要切入点。根据北宋君臣前述说法，三司作为"有司"，当以奉行宰执指挥为务，但若回归政务实际决策、执行机制，则情况并非如此简单。

二　三司直接取旨奉行

在北宋中枢权力格局中，君主既是决策的推动者，也是最终裁断者。就财政决策而言，如黄纯艳所论，北宋君主在财政立法、政策调整、赋税倚阁蠲免等方面具有裁决权。[1] 倘三司如二府宰执一般，与君主间存在直接信息交流、谋议及取旨出令渠道，那么其对财政决策的直接影响甚至可能超越宰执。

景德三年二月，真宗诏修太祖、太宗两朝国史，命"中书、枢密院、三司检两朝宣敕圣旨文字进内"。[2] 这提示我们，三司与二府在承受君主诏令时居于独特地位。二府系与君主共同决策之中枢机构，敕、宣由其下发，修史时自应检索相关文字；三司并非君主诏令发出机构，却需检索"宣敕圣旨文字"，说明有相当数量的圣旨不经宰执直接发往三司。接下来，笔者拟分析三司取旨的主要途径及特点，并将其同二府宰执及其他官司加以比较，以考察三司在财政决策体系中的地位。

（一）三司取旨奉行的途径

三司取旨的方式可分为两类，其一为进奏取旨，三司可向君主表达自身立场与意见，对于推动决策具有较强主动性；其二为承受内廷所下旨意并加

1　黄纯艳：《宋代财政史》，第 55 页。

2　《长编》卷六二，景德三年二月辛巳，第 1387 页。

以处置，三司作用相对被动。二者并非截然对立，而是密切衔接：三司主动进奏，需经君主批复方可行遣政务，而三司被动承受旨意，亦可就相关问题进奏决策。

就进奏取旨而言，除了通常的章疏，三司与君主互动较多者为参加御前会议，面奏取旨。北宋的御前会议暨各类"听政"活动，是国家最高决策场合，其间君主与奏事大臣直接议政，传达自身意见，并就部分政务做出裁决。其中垂拱（长春）殿[1]听政基本每一到二日即可举行一次，频率最高。[2]而三司与二府地位相似，是少数可每次参加垂拱殿听政的官司，史载"国朝之制，垂拱殿受朝，先宰臣升殿奏事，次枢密使，次三司，次开封府，次审刑院，次群臣，以次升殿。大两省以上领务京师，若有公事，许时请对。自余授使出入事功者欲面奏事，先听进止"，[3]其奏对班次得到制度保证。甚至节假日常朝奏对班次有所调整，三司也能保持其进奏频率，如大中祥符三年，阁门请求减少朔望日垂拱殿常朝奏对官员数量，建议"除三司、开封府、审刑院外，自余升殿奏事官，非有急切，并须次日"，朝廷"从之"。[4]甚至当政局非常时期，诸司奏对往往暂时中止，但三司仍能保持其在面奏中的特殊地位。[5]

相比之下，其余财务官司人员，如转运司长官、京师诸司库务监官等，唯辞见、请对、轮对时，方能获得面奏机会。其与君主交流政务渠道相当有限，甚至多需依赖三司进奏，以便君主了解本司相关情况。大中祥符八年（1015）七月，提举库务官蓝继宗进奏："准诏，每到库务点检不便事件，合行条约改更，并与三司同议以闻，自后皆依诏施行。切缘有至不便事，及三司元规画不当，失于拘检官物者，更难与三司议，望许臣等上殿敷奏。若常程不便

1　按，明道元年（1032）改长春殿为垂拱殿，本书均以垂拱殿名之。
2　太宗朝即已确立每日垂拱殿常朝之制，真宗、仁宗两朝，其举行时间在"每日"与"只日"间屡有反复。
3　《宋会要辑稿》仪制一之一，第 2297 页。
4　《长编》卷七三，大中祥符三年二月己亥，第 1656 页。
5　如乾兴元年二月，仁宗即位之初，在丁谓等臣僚主持下，确立了刘太后垂帘听政体制下的面奏制度：除军国大事可临时召对臣僚，若为日常政务，仅五日一御承明殿，与二府大臣面议政事，此前垂拱殿日朝听政不再举行（《长编》卷九九，乾兴元年七月甲午，第 2295 页）。如此一来，部分原本具有稳定面奏权的官司，无法维持高频次奏对。但至次年（天圣元年）五月，因政务处理的需要，即诏"承明殿垂帘日，许三司、开封府、御史台与属官一员同奏事"（《长编》卷一〇〇，天圣元年五月，第 2322 页），恢复了三司的面奏权。

事，即与三司同议。"[1] 这一建议为朝廷采纳。由此可看出，提举诸司库务就制度调整提议，除非事由特殊或三司谋划不妥，否则均需与三司同议后进奏，自身难以独立上殿面奏。

除频率较高，三司每次面奏所获得的时间也相对充分。据王化雨研究，宋廷对每日视朝的总班次和总班数有所限制，但一般不限定各班奏事的时间。这一做法本身基于对信息通进灵活性、合理性的考虑，但也导致班次靠前者用时过多，以致班次靠后者常常无充足奏事时间，或被隔至次日。[2] 作为每日仅次于二府进奏的三司官员，虽然无法影响二府大臣进奏时间，但相比于其他臣僚，其自身进奏时间还是较有保障且相对充裕的。嘉祐三年（1058）十二月，负责排定常朝班次的阁门，曾进奏建议调整部分臣僚的奏对次序："近例，上殿班除三司、开封府、台谏官遇进辰牌不隔外，其余并次日上殿。或更有三司、开封府并官高者臣僚，亦于辰牌隔下臣僚后引，于理未便。欲乞今后未进辰牌，依旧例引外，其辰牌隔下者，如至三次，得旨许令特上者，即于自来不隔班之后引。"[3] 所谓"进辰牌"，指君主垂拱殿视朝在辰时结束，阁门需于此时加以提醒，排班在此之后的官员，即需隔入次日进奏。而在嘉祐三年之前，三司即不受"进辰牌"制度的约束，即使二府奏对时间颇长，三司也能保证当日面奏的班次。此番阁门奏议为朝廷接受后，三司面奏的班次更被调整至前日被隔下官员之前，其面奏的优先权与奏对时间的充分性得到进一步保证。

进奏取旨之外，三司尚通过内廷所下内批、内降及传宣奉行君主旨意。所谓内批，指经君主亲览批下，或由尚书内省代为批出，降二府诸司行遣的文书指令。[4] 据宋廷淳化元年诏，臣僚"所上书疏及面奏事"，[5] 在君主批准后，需"政事送中书，机事送枢密院，财货送三司"，经其审阅覆奏方可颁行。[6] 对于

1　《宋会要辑稿》职官二七之四三，第 3732 页。

2　王化雨：《宋代视朝活动探研：以时间和班次为中心》，姜锡东主编《宋史研究论丛》第 14 辑，河北大学出版社，2013，第 4 页。

3　《宋会要辑稿》仪制六之一三，第 2408 页。

4　邓小南：《掩映之间：宋代尚书内省管窥》，氏著《朗润学史丛稿》，中华书局，2010，第 234~235 页；原载《汉学研究》第 27 卷第 2 期，2009 年 6 月。

5　《宋会要辑稿》仪制七之一九，第 2429 页。

6　《长编》卷三一，淳化元年十二月，第 708 页。

批下奏状，宋廷要求二府、三司疾速行遣，不得稽滞。淳化四年，宋廷命奏状转发机构——银台司登记发付批状事宜与处置完毕回报时间，并于中书、枢密院、三司"各置急慢公事板簿"，[1]据此监督二府、三司对批下奏状的处置程限。由此可知，君主经银台司下达批状的主要对象即为二府、三司。换言之，三司系诸司中仅有的可与二府一道直承君主批状的机构，这凸显了其在诸司中的独特地位。

三司不经二府直接据批状指挥政务，其合法性需体现于下达文书指令中。内廷批下臣僚通进章奏或面奏札子，其中一般均言"奉圣旨，依所奏施行"云云。如庆历四年欧阳修任河北都转运按察使时，曾收到三司牒文，要求放散河北两地供输衙前人户之衙前役。欧阳修进奏表示异议，并转录三司牒文，其中先引臣僚奏状，"乞朝廷指挥，内有界河北两地供输衙前两地人户，全放归农，只令输纳税赋"，随后称"奉圣旨，依所奏施行"，说明三司行牒都转运司，乃是奉君主批状指挥。

至于所谓内降、传宣，则指君主不经外朝草诏程序，直接经由宦官向二府诸司下达指示。如苏舜钦于康定元年监在京楼店务，曾在十一月二十一日进奏，称"臣昨于十月二十三日内侍省牒，奉圣旨，下务支借小宅一所与司天监杨可久"；大约一个月后（十一月十八日），复"准三司牒传宣旨，指射舍屋三十间以来，与医官副使柳尧卿居止者"。[2]二者均为"内降"指挥支借宅第舍屋于特定人员，前者经内侍省直牒楼店务，后者则系先降于三司，再由三司行帖指挥店宅务，其牒文分别写明"奉圣旨""传宣旨"；至于其区别，可能一者仅凭文书，一者为文书、口传结合。

（二）三司取旨奉行的特点

进奏取旨与承受君主内批、内降，是北宋各机构奉行旨意的一般形式。但三司进奏取旨，反映出其同君主关系的"直达"性，这一特点与宰执相似，

1　《宋会要辑稿》职官二之三七，第3008页。

2　苏舜钦：《苏舜钦集》卷一六《论宣借宅事》，第135~136页；苏舜钦：《上仁宗论无功不当赐第》，赵汝愚编《宋朝诸臣奏议》卷一〇〇，北京大学中国中古史研究中心校点整理，上海古籍出版社，1999，第1077页。按，《苏舜钦集》中"牒传宣旨"，校勘所据诸本同，《诸臣奏议》作"帖传圣旨"。

而与其他"有司"不同。"直达"性首先体现在取旨层面。因垂拱殿奏对频率稳定且时间相对充足，三司官员可借由进奏取旨的机会，在宰执及其他官司不在场的情况下，直接同君主交流互动，进而影响决策结果并取旨出令。三司通过御前会议有效影响君主决策的典型案例，当属大中祥符元年（1008）三司使丁谓与真宗论封禅开支事。当时，真宗与宰臣王旦等反复讨论封禅与否，顾虑支费问题，遂"以经费问权三司使丁谓"，因丁谓称"大计"有余，真宗遂决定封禅，并诏丁谓"计度泰山路粮草"。[1]真宗立意封禅，与当时的实际政局和政治文化背景密不可分，显非丁谓一语所能左右，但其最终下定决心，或与丁谓进奏财计不无关系。

　　关于丁谓说服真宗的具体细节，《丁晋公谈录》中有极为生动的记载，能大体反映三司长官奏对中与君主互动的情形。[2]真宗的疑虑主要集中于钱粮调拨与支给的困难，二人的讨论则涉及随驾军队粮草供给、沿途官民"蒸糊"进献以及军队钱物支赐等方面。如军队钱物支赐，真宗担心沿途州军难以预备数量多达"五、七万贯"之钱物，而随行运输难度很大。对此，丁谓提出便钱支付之法，置"随驾便钱司"，支给兵士便钱头子而非现钱，可由其家人在驻地请领，真宗得以释然。至于百姓"蒸糊"进献、回赐方式，则为真宗及宰执思虑未及，而丁谓已就进献内容数量登记、不同人员进献地点，以及回赐钱物来源、数量等问题拟定详细应对方案。据《谈录》，真宗"甚喜"丁谓奏对，并立刻将方案告知宰执，"遂定东封"。此后实际操作过程中，上述方案也收到实效，"圣驾往回，略无阙误"。[3]这虽不免是对丁谓功业之溢美，但总的来说，丁谓在封禅之议尚未完全形成之际，即已全面考虑可能遇到的财计问题，提出具体切实的解决方案，并在面奏时向真宗充分阐述，这对于"封禅"政策最终形成，应当确有助力。

1　《长编》卷六八，大中祥符元年四月，第1531页。

2　《丁晋公谈录》为潘慎修之子潘汝士所录，据杨倩描等考证，潘汝士的仕宦时间，主要在真宗朝中后期，恰为丁谓权势鼎盛之际（杨倩描、徐立群：《〈丁晋公谈录〉点校说明》，潘汝士：《丁晋公谈录》，杨倩描、徐立群点校，中华书局，2012，第4页），其所录丁谓上述事迹，具体细节虽未必皆实，对于丁谓才具的描述亦不免夸张，但曾巩在《议边防给赐士卒只支头子》中曾引述丁谓这一奏对，所述与《谈录》基本一致（《元丰类稿》卷三二），可见此事确有所本，并非虚构。另外，此次君臣议事场景，虽未可断言为前述垂拱殿视朝，但丁谓奏对于"两地大臣"，与垂拱殿奏对次序一致，故可能性很大。

3　潘汝士：《丁晋公谈录》，第14~15页。

"直达"性同样体现在奉行层面。如前所述，各部门进奏取旨，必须"下中书、枢密院、三司，以其事申覆，然后颁行"；[1] 而二府、三司"奏事得旨"，只需"即日覆奏"即可直接行遣，不需经由其他官司。[2] 所谓"覆奏"，主要为确认君主命令，较少涉及决策内容调整。[3] 在天圣元年十月前，对于内廷批下部分臣僚"改更事件"奏状，三司甚至"不复奏禀，直下诸路"。[4] 至于内降、传宣，起初二府、三司均不需覆奏，[5] 随着宦官外戚等请托增多，以内降除官及传宣取索官物日趋频繁，宋廷方才于天禧四年（1020）十二月规定二府"自今内臣传旨处分公事，并须覆奏"，[6] 至明道二年四月进一步诏命三司、开封府于上殿时覆奏取旨。[7]

三司取旨行下，不需经由宰执覆奏，充分体现在熙宁七年（1074）三司使曾布与吕惠卿"根究市易事"中。由于曾布怀疑提举市易务吕嘉问命吏人藏匿更改案牍文账，故进奏请求"出榜以厚赏募告者"，经神宗批准并用御宝，曾布遂"榜嘉问所居"。王安石自吕惠卿处得知此事，并为其怂恿，有心袒护吕嘉问，故"欲夜收张榜"，虽终因榜上有御宝而罢，但仍指责曾布"承内降当申中书覆奏取旨，乃擅出榜"，欲加以治罪，曾布则坚称"三司奏请御批，例不覆奏"，自身无罪。[8] 由此观之，有司承受内降，必须申宰执覆奏取旨，但三司不在其列，无须经中书覆奏即可执行。

综上所述，三司作为"有司"，理应奉行二府指挥，但在中央财政决策中，其角色同诸司差异颇大而与二府相仿，具体表现为取旨奉行过程中同君主关系的"直达"性：一方面，三司参与垂拱殿听政频率较高，班次仅次二府，可获得较为充分的机会，向君主直接阐明自身意见，影响其决策并奉行诏旨；另一方面，就执行而言，三司与二府只需即时覆奏便可行遣政务，不

1　《宋会要辑稿》仪制七之一九，第 2429 页。

2　《长编》卷六五，景德四年闰五月癸巳，第 1461 页。

3　丁义珏：《北宋覆奏制度述论》，《中华文史论丛》2013 年第 4 期，第 129 页。

4　《宋会要辑稿》仪制七之二一，第 2432 页。

5　关于北宋前期覆奏制度范围的扩大与运作机制的形成，参丁义珏《北宋覆奏制度述论》，《中华文史论丛》2013 年第 4 期，第 119~128 页。

6　《长编》卷九六，天禧四年十二月乙酉，第 2228 页。

7　《宋会要辑稿》仪制六之八，第 2405 页。

8　《长编》卷二五一，熙宁七年三月乙丑，第 6140 页。

必关报他司，体现出取旨与奉行的密切衔接。相比之下，如开封府、审刑院等机构，虽能定期参与垂拱殿听政，相较一般官司具有稳定的面奏取旨渠道，但取旨后必须下二府覆奏方得施行，这与三司有所不同。[1] 北宋三司取旨奉行，可不经宰执"直达"君主，此点与晚唐五代由君主派遣并直接对其负责的各类"内职"颇为相似。接下来需要思考的是，在北宋财政决策中，三司兼具"有司""内职"二重角色的现象何以形成，又何以在北宋长期维持，其间有无变化？

三　三司、宰执职权关系的形成与演进

北宋财政决策中，三司既作为"有司"听命宰执，又可不经宰执直接取旨奉行，具有"内职"特点。三司"有司""内职"二重性的生成，或源自五代藩镇使职机构。[2] 唐后期，财政三使一度由宰相兼领，成为宰相统属下的财政使职机构。[3] 但五代中央财政使职，不论建昌宫使、租庸使抑或三司使，就统属关系而言，均不隶属当时权力萎缩的宰相，宰相也较少身兼财政使职；就决策、执行流程而言，此类财政使职，多直接听命于君主及崇政使、枢密使等中枢"内职"。如后晋天福六年，晋昌军节度使安审琦上奏，请射万年、临泾两县庄宅务田；朝廷同意后，枢密院于八月二十五日下"宣头"付三司，命其行牒指挥产业过割之事，在"宣头"日期上，还有直接代表君主旨意的"御

1　北宋开封府对于刑狱"小事则专决，大事则禀奏"（《宋史》卷一六六《职官志六》，第 3941 页），具有直接取旨权，与三司颇为相似。而其形成，则与唐中后期京兆府刑狱多"具状申奏"，君主权力介入增多有关（金珍：《付京兆府杖杀——唐后期杖杀的活用与京兆府的角色》，中国政法大学法律古籍整理研究所编《中国古代法律文献研究》第 13 辑，社会科学文献出版社，2019，第 202 页）。至于审刑院，则系淳化二年宋太宗为加强对大理寺、刑部断狱之监管而设（《长编》卷三二，淳化二年八月己卯，第 719 页）。相比之下，三司系直接继承前代制度而来，其与君主的直属关系，反映出五代宋初藩镇立国过程中，藩镇体制的长期影响，不完全是宋廷基于统治需要进行的创制。要之，部分有司与君主直接沟通、参与决策，在北宋长期维持，均与维持多元信息搜集渠道、出令途径之意图有关，但其各自生成过程差异颇大。
2　关于五代中央理财机构设置沿革、职掌演进及其与北宋三司关系，参陈明光《五代财政中枢管理体制演变考论》，《中华文史论丛》2010 年第 3 期，第 101~136 页；以及本书第一章第一节相关论述。
3　吴丽娱：《论唐代财政三司的形成发展及其与中央集权制的关系》，《中华文史论丛》1986 年第 1 期，第 188~199 页。

□之印"一颗。这一"宣头"在两天后即得到三司户部执行。[1] 值得一提的是，五代中央计司的"有司"性质并未消失，对于两税折纳、税额增加之类大事，不得直接施行，需进奏后奉行中书门下指令。[2]

相比五代君主多以崇政使、枢密使等内臣使职为中枢决策主要辅助者，北宋初期，宰相在政务决策中的重要性有所提升。[3] 但三司直达君主的"内职"机构色彩仍长期维持，并直接体现在长官身份等方面：北宋建隆至淳化年间，多以与君主关系亲近的"故旧僚属"充任三司长官，[4] 宋初朝仪班会中，三司系统官员也多列于内职班位。[5] 由此观之，北宋三司兼具"内职""有司"二重性质，应当是继承五代中央计司之"遗产"。

在元丰五年被废前，三司在中枢决策中的二重性质至少在制度层面始终维持，但具体运作方式并非一成不变。一方面，三司进奏取旨的形式、内容有所调整。在宋太祖、太宗二朝，君主往往事无巨细躬亲独断，三司奏对内容也非常广泛，上至税则调整、钱物调度，下至户婚财产分割，相当琐细庞杂，如太祖曾就废材使用之事切责三司使，[6] 太宗则对污损布料再利用直接向三司官员下达指示。[7] 面对各类政务，三司是否奏对取旨，君主是否过问并下达诏令，主要取决于互动双方情况尤其是君主的主观意图，并无一定标准。但随着庶务

1　《广慈禅院庄地碑》，陆耀遹：《金石续编》卷一三，《石刻史料新编》第 1 辑第 5 册，第 3287~3288 页。五代三司奉"宣"执行政务事例，如天福七年十二月，后晋朝廷"宣旨下三司，应有往来盐货，悉税之，过税每斤七文，住税每斤十文"。又同书同卷载："周显德三年十月，宣三司指挥诸道州府，今后夏税以六月一日起征，秋税至十月一日起征，永为定制。"（《旧五代史》卷一四六《食货志》，第 1951、1947 页）

2　如后唐庄宗同光三年（925）下令两税折科调整，需租庸司进奏，中书门下决议，《册府元龟》卷四《邦计部·赋税》，第 5538~5539 页。

3　张其凡：《宋初政治探研》，第 44 页。关于五代宋初三司直属君主，与宰相分庭抗礼的论说，另参见城光威「宋初の三司について－宋初政権の一側面」『集刊東洋学』第 86 期、26 页。

4　关于太祖朝三司长官人选的身份与背后政治考量的系统论述，参范学辉《三司使与宋初政治》，姜锡东等主编《宋史研究论丛》第 6 辑，第 19~50 页。关于太祖朝至真宗朝三司长官身份变化的量化分析，以及君主"故旧僚属"占比较高的论断，参谢婷《北宋前期三司组织机构和长官出身研究》，第 30~32 页；张小平《陈恕年谱》，第 8 页。

5　任石：《北宋朝会仪制研究——以文臣身份等级为中心》，第 79~80 页。

6　周密：《齐东野语》卷一《梓人抢材》，第 13 页。

7　《长编》卷三四，淳化四年二月戊子，第 746 页。

日多，君主负担过重，必须对三司进奏内容加以分类，以实现政务分流。[1]淳化四年，宋廷下诏"诸司非言要切事不得上殿"；[2]大中祥符三年二月，规定进一步具体化，三司"不得将有条事件再具札子，上殿取旨。若实有不便，乞行改正者，具状以闻"。[3]如此一来，三司面奏取旨的政务范围大为缩小，对于"有条"政务，即使条法不便需要调整，亦需通过文书进奏，其形式与诸"有司"并无差别。

另一方面，三司取旨奉行中的"直达"特点也发生变化。自太宗后期，君主多命二府宰执参与乃至主导财政决策，以使谋议更为审慎，所下政令更为合理。[4]至道元年，太宗命三司"起请擘画钱谷刑政利害文字"不得直接取旨行下，需由中书、枢密院审核，进呈取旨方可施行，[5]此后又令中书参校三司钱谷利害。[6]宰执参与三司决策，也成为诸多臣僚的主张。康定元年，右正言孙沔建议，三司奏钱谷政务"如系制度大事，即下两制、尚书省集议，委中书门下更加省察，然后施行"，以示朝廷决策"谨重之意"；[7]除了"钱谷利害"之大政，张方平甚至主张君主内降指挥三司的诸般"细务"，亦需先"传宣中书、枢密院"，二府再札下三司执行。其目的亦在于加强政令的合理性与权威性，使得"令出惟行""上下得体"，从而维持君主"权纲"。[8]

根据上述史事，自太宗后期，三司取旨奉行中的"直达"性有所削弱，二府宰执更多介入财政决策过程，对三司处置方案加以斟酌审核，并协助君主做出裁断。如此一来，三司本可直接取旨施行的政务，必须经由宰执裁断并奉行其指挥，三司"内职"色彩逐渐淡化，而"有司"性质渐趋突出。这一变化，在仁宗朝已相当明显，如宫崎圣明所论，在茶盐榷利改法决策中，二府往

1　其具体过程，参周佳《北宋中央日常政务运行研究》，中华书局，2015，第119~124页。

2　《宋会要辑稿》仪制六之三，第2402页。

3　《宋会要辑稿》仪制六之五，第2403页。

4　周佳：《北宋中央日常政务运行研究》，第119~124页。

5　《宋会要辑稿》职官二之四二，第3011页。

6　《长编》卷三七，至道元年五月己未，第814页。

7　孙沔：《乞诏令先定议而后行奏》，赵汝愚编《宋朝诸臣奏议》卷二二《君道门》，第208页。

8　《长编》卷一六〇，庆历七年二月丙辰，第3863页。

往主导决策，组织集议。[1] 当时的三司长官，对此也有所议论。皇祐二年，时任三司长官田况向仁宗上《会计录》，[2] 在序文中强调国计不充虽三司"计臣"之责，但"必欲酌祖宗之旧，参制浮冗，以裕斯民，则系乎岩廊之论，非有司之事也"，[3] 言下之意，制度废置、调整之决断，并非三司职权，需依靠"岩廊"宰执方可完成。此外，治平四年闰三月，曾长期担任三司长官的张方平向新即位的神宗奏论国计时，对三司与二府的关系做出如下阐述："至于议有系于军国之体，事有关于安危之机，其根本在于中书、枢密院，非有司可得而预也。今夫赋敛必降敕，支给必降宣，是祖宗规条，二府共司邦计之出入也。"[4] 此处的"敕"与"宣"，分别为中书门下、枢密院下达行政指令之文书，而所谓"赋敛"与"支给"必降敕、宣，亦即收支两方面制度决策与"军国之体""安危之机"密切相关，需由二府出令，三司奉行。作为三司长官，田况与张方平的论述，既指出三司作为"有司"与宰执的分工层次差异，更强调了二者职权的差别。

三司"有司"色彩的增强，主要基于宋廷决策合理化需要，但与此同时，三司在奏对与取旨中的"直达"性仍得到制度保证，其在决策中的"内职"特点并未消失。嘉祐元年（1056），仁宗一度"不豫"，难以长时间听政，遂下诏"惟二府得奏事"，至当年七月，"始引对近臣"，命三司、开封府、台谏官、审刑院"复上殿奏事，仍日引一班"，[5] 三司仍是除二府外最早恢复面奏权的官司。事实上，北宋中期许多财政决策，均依托三司面奏取旨完成，如庆历初三司使张方平追述祖宗故事，建议仁宗以手诏形式停罢正在进行的河北榷盐之议，[6] 皇祐间三司使田况建议仁宗收回撤毁金明池御座舰之成命，[7] 均属此类。这一特点之所以能长期维持，应与北宋前期君主权力运作方

1　宫崎聖明「北宋の中書と三司の統接関係について」『史朋』34 號、2002、11 頁。

2　《皇祐会计录》进上时间，参王应麟《玉海》卷一八五《食货》，第 3391 页。

3　田况：《皇祐会计录序》，吕祖谦编《宋文鉴》卷八七，第 1233 页。

4　《长编》卷二〇九，治平四年闰三月丙午，第 5090~5091 页。参张方平《乐全先生文集》卷二四《论国计事》，第 515 页。

5　《宋会要辑稿》仪制六之一二，第 2407 页。

6　王巩：《文定张公乐全先生行状》，《张方平集》，"附录"，第 792 页。苏轼：《苏轼文集》卷一七《张文定公墓志》，孔凡礼点校，中华书局，1986，第 448 页，其自述所作墓志，本诸王巩《行状》。

7　田况：《皇祐会计录序》，吕祖谦编《宋文鉴》卷八七，第 1232 页。

式相关。如前所述，宋真宗、仁宗朝，君主独断政务范围有所缩小，分流了相当部分政务处置权，但这不意味着裁决权的削弱，其在决策出令过程中仍力图保持主导地位。而这种主导性，很大程度上表现为君主对政令下达渠道与对象的选择权。从这个意义上看，君主保持三司兼具"有司""内职"特性，即能根据不同事由与目的，或将政务直下三司或二府商议、执行，或下二府商议后转达三司处理，从而实现对决策进程与结果的掌控。此外，在政务决策过程中，三司与二府的关系颇为微妙：虽然三司多根据二府指示参议政务，君主也将三司奏议下二府定夺，但对三司与二府宰执直接沟通政务往往加以限制。如熙宁十年（1077）七月，侍御史知杂事蔡确攻讦权三司使沈括，称其与宰臣吴充私下沟通改役法事，"以白札子诣吴充陈说免役事，谓可变法令，轻役依旧轮差"，终使沈括罢职。[1]"于执政处阴献其说"被作为问罪依据，说明在政务决策执行过程中，君主面对不同行政主体，力图维持以自身为中心的单线联系。

余　论

在国家财政管理中，北宋三司兼具奉行宰执指令之"有司"与直达君主之"内职"的双重特点。就宰执与三司关系而言，在职能层次分工方面，前者负责军国大政，后者处理财计庶务；在职权关系分工方面，前者居于决策主导地位，后者多需奉行指挥。从这个意义上看，三司显然不能归入中枢最高决策层的行列。但就与君主关系而言，三司同二府宰执一样，在财政决策中可不经由他司直接进奏君主，取旨行下，这种"直达"性与其他官司差异颇大。

三司之所以具有"有司""内职"二重性质，当因其由直属君主的五代财政使职机构演进而来。此类计司与中书门下、枢密院并无从属关系，在政务处置中直接对君主负责。随着决策过程合理化，北宋君主倾向于在自身同三司间实现政务分流，并将二府宰执更多纳入决策进程，命其参与商度三司

1　《长编》卷二八三，熙宁十年七月丁巳，第6934页。

奏议并下达指令，指挥三司执行。随着宰执在决策中主导性的增强，三司的"内职"色彩有所削弱而"有司"性质更为明显。但与此同时，北宋君主仍力图依托多元进奏与出令途径，以维系其在信息搜集与决策中的主导地位。三司面奏取旨中的"直达"特点长期维持，其"有司""内职"二重性也未消失。

　　因三司可直达君主，取旨奉行，在北宋财政决策中，其与宰执往往针对同一事务分别下达指令。如庆历四年九月，参知政事贾昌朝奏请，各州折变科率供军物资，"虽有宣敕及三司移文而于民不便者，亦以闻"。[1] 可见州军所奉折科之命，一为朝廷宣敕，一为三司公文。通常情况下，两项指令构成补充关系。如欧阳修于庆历四年任河北都转运按察使时，就放散河北两地供输衙前人户之衙前役一事，曾先后收到中书札子与三司牒文：前者针对知保州刘涣奏议，命指挥都转运司勘会具体情况，研究实施方案；后者则为仁宗直接批状三司，令其行牒都转运司，将界河以北两地供输人户差役全免，放散归农。[2]

　　三司兼具"有司""内职"二重特点，也导致财政决策中其与宰执协调、沟通不尽顺畅。至和二年知谏院范镇所言"中书主民，枢密院主兵，三司主财，各不相知……中书视民之困，而不知使枢密减兵、三司宽财以救民困者，制国用之职不在中书"，[3]正反映了三司与宰执的职能分工与职权关系尚未理顺。一方面，二府居于决策地位，且负责财政收支增减等军国大计，但其并未配置专门理财机构、人员，难以充分掌握、利用决策必需的财政信息；另一方面，主"国计"之三司，虽具备财政信息搜集、分析能力，但其并不统属于宰执，不但较少主动协助决策，更可不经宰执直接取旨行下。换言之，作为决策者，宰相相较三司，其理财权、能存在错位，这在相当程度上影响了财政决策的合理性。熙宁年间王安石设立中书检正

1　《长编》卷一五二，庆历四年九月壬申，第3701页。
2　欧阳修：《欧阳修全集》卷一一八《河北奉使奏草卷下·乞不免两地供输人役》，第1807页。
3　《长编》卷一七九，至和二年四月丙辰，第4332~4333页。

官，提升中书行政能力，并主导三司编敕与文账审核，[1] 某种意义上即为理顺三司、中书间的权能关系。对于这些问题，笔者将于下节详述。

第二节　权能错位：北宋财政管理中三司、中书门下的分工与互动

作为北宋前期的"计省"，[2] 三司在财政管理中扮演何种角色，其"财权"包括哪些内容，权限如何，怎样运作，是学界颇为关注的话题。与此同时，人们受朝廷"不预"国计，贡赋"一归三司"[3]，中书主民、三司主财，"各不相知"[4] 等说法影响，往往将居于中枢决策层的中书门下宰执，作为理解三司财权的参照系。如前所述，在早期研究中，学者基于皇权、相权斗争这一视角，多执着于辨明三司、中书的从属关系，进而比较其各自财权大小及独立性。但由于缺乏对"财权"内涵的界定，相关讨论始终无法达成共识。[5]

研究路径的调整，始于宫崎圣明《北宋中书与三司的统摄关系》一文，[6] 其在反思中日学界关于三司、宰相关系两大成说（"三司独立"说、"三司下级机关"说）基础上，通过考察财政政策的决定过程（特别聚焦于茶法），分析了北宋不同时期中书、三司统摄关系的实态。[7] 宫崎氏认为，宋太祖、太宗两朝，三司与中书均直属于"独裁君主"，二者各自独立；但在真宗、仁宗二朝，随着边军粮草的迫切需要以及茶法的屡次调整，宰相参与到"茶盐酒税"等财计

1　关于熙宁整顿三司的具体讨论，参古丽巍《变革下的日常——北宋熙宁时期的理政之道》，《文史》2016年第3辑，第216~223页。

2　《宋史》卷一六二《职官志二》，第3807页。

3　《宋史》卷一六二《职官志二》，第3807页。

4　此系至和二年知谏院范镇进奏所言，参范镇《乞中书枢密院通知兵民财利札子》，赵汝愚编《宋朝诸臣奏议》卷四六《百官门》，第493页。

5　相关学术史，参本章第一节论述。

6　宫崎聖明「北宋の中書と三司の統接関係について」『宋代官僚制度の研究』、69~99頁。

7　宫崎聖明「北宋の中書と三司の統接関係について」『宋代官僚制度の研究』、71~79頁。

决策中，并自天圣年间以降逐渐获得了决策主导权。[1]宫崎氏的研究，将抽象的"权力"落实于具体化的决策过程，并注意到不同时期二者关系的差异性，极大推进了学界对三司、宰相关系的认识。此后，学者更着眼于政令形成过程，在认同北宋财政决策权集中于君主的前提下，就三司、宰相对收支大数的占有，[2]以及各自取旨渠道等问题进行了考察，进一步揭示了北宋财政管理中两大主体关系的具体面相。

宫崎圣明虽不再执着于比较财权强弱，但仍立足于考察二者"统摄关系"及决策主导权之变化。换言之，上述研究，多将三司与中书门下视作财政管理中相互对立的实体，从职权"争夺"角度讨论二者如何依据君主旨意或制度规定获得对财政事务更多的"决定权"。在此思路下，学者较少关注中书、三司职权的划分方式及其得以运作的"能力"，尤其是建立在二者密切互动基础上的财政信息获取与分析能力。事实上，围绕财政管理的职权分工与能力维系，中书、三司经历了持续的协调与博弈，其各自职能、权限与彼此配合方式也有所变化；在此过程中，二者的职权与其行政能力或存凿枘之处，影响财政管理的实际效果。这就促使我们思考以下问题：在北宋君主直接统辖下，三司财政管理的基本依据为何，这些依据如何规范其与中书的互动、分工模式？在此分工模式基础上，中书、三司在官僚体制中所处的位置，又塑造了二者怎样的权能关系？这种权能关系在何种情况下得以维持，又是否能适应北宋财政管理的需要？

一　"有条事件"与三司自主处置权的形成

三司日常财政管理，多为"常程计度""簿书期会"等所谓"日生烦务"。[3]此类文账案牍审核工作，内容庞杂而头绪纷繁，且专业要求较高。三司倘每事进奏，不但将使君主、宰执负担过重，本司事务也将大量积压。制定相应标准，划分三司与朝廷的职掌分工，并赋予三司一定自主处置权，从而完善财政

1　宫崎聖明「北宋の中書と三司の統接関係について」『宋代官僚制度の研究』、98 頁。

2　如黄纯艳《宋代财政史》，第 62~63 页。

3　《长编》卷二〇九，治平四年闰三月丙午，第 5090、5091 页。

分层管理机制，势在必行。因此，考察三司财政管理自主权之依据，分析其在依据形成过程中发挥何种作用，乃是理解三司、中书分工方式及各自权限的基础。

（一）"明有条贯"：三司自主处置权限的形成

北宋太祖与太宗，相较此后的君主，往往倾向于"独断"政务，如宋太宗"躬亲机务，纶旨稍频"，甚至形成"有司指挥，多以札子取圣旨"[1]之局面。就钱谷之务而言，有司多以丛脞琐事进奏取旨，由君主直接做出具体指示。[2]自太宗后期起，中书宰执在财政决策中的角色逐渐重要。至道元年正月，太宗规定三司"起请擘画钱谷刑政利害文字"，需由中书、枢密院"检详前后条贯，同共进呈"君主；[3]当年五月，复命中书参校三司孔目官李溥条列三司钱谷利害七十一事，"其四十四事可行，遂著于籍"。[4]可见在太宗安排下，宰执逐渐参与对三司所拟财政政策、制度方案的审核，以备君主顾问。但总的来说，面对纷繁庞杂的钱谷事务，宋廷尚缺少必要的层次划分与分流机制，各管理主体的参与方式、处置权限，主要取决于君主旨意。[5]

随着进奏取旨的政务数量增多，君主、宰执负担日重，需将部分庶务交予行政职能部门处理。[6]大中祥符三年二月十二日诏："三司、提举库务、提点仓场、管勾国信官应自来承准宣敕条贯，并仰遵守，不得将有条事件再具札子，上殿取旨。若实有不便，乞行改正者，具状以闻。"[7]对于"有条事件"，三司不得再以札子面奏取旨，纵使其间存"不便"之处，亦只得以奏状进呈。此

1　田锡：《咸平集》卷一《上太宗条奏事宜》，第 265 页下栏 ~266 页上栏。此奏系太平兴国七年十二月上。

2　如淳化四年，"有司言油衣帟幕破损数万段，欲毁弃之"，太宗"令煮浣，染以杂色，刺为旗帜数千"；同年夏四月，"有司调退材给东窑务为薪，上（太宗）遣使阅视，择其可为什物者，作长床数百，分赐宰相、枢密、三司使"（《长编》卷三四，淳化四年二月、四月，第 746、748 页）。

3　《宋会要辑稿》职官二之四二，第 3011 页。

4　《长编》卷三七，至道元年五月己未，第 814 页。

5　周佳：《北宋中央日常政务运行研究》，第 60~65 页。另参刘静贞《皇帝和他们的权力：北宋前期》，第 61~71 页。

6　周佳：《北宋中央日常政务运行研究》，第 119~124 页。

7　《宋会要辑稿》仪制六之五，第 2403 页。

举主要为纾解朝廷决策压力，提高政务处理效率，在当时并非特例。如为避免开封府、审刑院等机构凡事奏报朝廷，以致积滞，宋廷亦依据事件情由对其政务加以分流。

对直属中书的行政职能部门而言，政务分流未必意味着有权自主行遣，以审刑院为例，据景德四年七月诏："自今官吏犯赃，及情理惨酷有害于民、刑名疑误者，审刑院依旧升殿奏裁，自余拟定用刑，封进付中书门下施行。"[1]若刑名拟定允当，审刑院无须进奏，但需实封报中书施行，以便"令宰相更为约束"。[2]相比之下，三司不隶中书，其对于"有条事件"，具有更多的自主处置权。嘉祐元年正月，知谏院范镇针对仁宗"下行有司事"，曾作如下论述：

> 臣伏见三司、开封府居常以明有条贯事作情理轻重，上殿进呈，及进入取旨。又诸司事有丛脞微细者，并皆奏闻。乃是陛下以天子之尊，下行三司使及开封知府与诸司事。皆有司不能任责，以至上烦圣虑；非惟上烦圣虑，又失为政之要，而亏损国体。伏乞指挥，今后三司、开封府公事，内有情理轻者，听便宜行遣。[3]

奏议所云"上殿进呈"与"进入取旨"，指三司面奏与申奏状两类不同的进奏取旨方式。其反映的政务分流原则，与大中祥符三年诏关于"有条事件"的规定具有一致性。根据范镇论述，当时三司与开封府之政务，倘若"明有条贯"，且无"情理轻重"等适用性问题，则可"便宜行遣"，全权处置，无须进奏取旨，自然也不必关报中书"约束"。

北宋所谓"条贯"或"条"，多指在具体诏敕基础上修订、整合而成，并载于令、式、编敕、条例等"法典"的行政法条（如林特等大中祥符年间编

---

1 《长编》卷六六，景德四年七月戊辰，第1470页。
2 《长编》卷六六，景德四年七月戊辰李焘注，第1470页。
3 范镇：《上仁宗论不宜下行有司事》，赵汝愚《宋朝诸臣奏议》卷八《君道门》，第66页。

定的"茶法条贯"),¹ 而"有条事件""明有条贯"之事,即指三司可检得相应法规,照章处置之政务。天禧五年至天圣元年,三司曾置发遣祠部司,审核祠部发放度牒。天禧五年二月,朝廷接受三司建议,规定发遣祠部司审批开封府界度僧奏请流程,² 并申明其据以对勘的材料有二:其一为祠部"照证帐按(案)",即祠部据以批度的文账底本,当度牒发放完毕,发遣司收到收据后,需对"照证帐按"加以勾销;其二为批度遵行的"宣敕条贯",³ 即给付度牒所依据之法规,发遣司据此勘验度僧数量无误,遂用印发放度牒。此外,在三司所下牒、帖指令中,需明确引述所据"条贯",如欧阳修庆历五年为河北都转运使,曾引述三司牒中依据条贯做出的便籴粮草时限要求:"当司近准三司牒:为便籴斛斗,仰依《编敕》,至三月终住便,更不展限者。"⁴

综上,在三司财政管理中,倘若"明有条贯",则可"便宜行遣",君主、宰执不参与决策、施行各环节。换言之,三司的政务自主处置权限,取决于条贯之有无及其适用性。需要说明的是,条贯的本质,是对具体诏敕加以抽象升华,使其适用性、解释力及稳定性得以提升,以便尽可能涵盖千差万别、变化

---

1 王文涛:《宋例与宋代法律体系研究》,博士学位论文,华东政法大学,2015,第47、122页。关于北宋行政法规名目、性质及其形成、演进,法制史学者已有深入研究,参戴建国《唐宋变革时期的法律与社会》,上海古籍出版社,2010,第69~72、167~177页。大体说来,在五代及北宋前期,承自唐代的令、格、式等法典形式仍旧存在,且朝廷仍有后续校勘、内容修订、增补等活动(参戴建国《唐宋变革时期的法律与社会》,第197、198页;楼劲《魏晋南北朝隋唐立法与法律体系:敕例、法典与唐法系源流》下册,中国社会科学出版社,2014,第622~626页)。但更多的政务已非上述令格式法律体系所能涵盖,尤其如枢密院、三司等源于使职之机构,其职掌本非令文规定,故日常行政更多依赖以"例"为中心编定的法规体系:其一为"编敕",即选编、删定较重要敕例,按统一体例编定为综合性法典,"'编敕'的实质就是'编例'";其二为"条例",或曰"条式",即对各类"例"随时随事加以编定,形成一种灵活性较强、在某个具体制度领域内发挥指导作用的法规(楼劲:《魏晋南北朝隋唐立法与法律体系:敕例、法典与唐法系源流》下册,第597、605页)。而载录于上述令、式、"编敕"、"条例"中的法条,亦即对具体诏敕抽象而成之"条贯"。

2 《宋会要辑稿》职官一三之一九,第3380页。相关史事,参本书第一章第二节论述。

3 关于此处"宣敕条贯"的具体含义,嘉祐年间韩琦《进嘉祐编敕表》中有所述及:"应中书、枢密院圣旨札子、批状,合行编录者,悉改为'宣'、'敕'。"(韩琦:《安阳集》卷二七,第510页上栏)此外,熙宁详定一司编敕时也曾规定,凡皇祐四年编敕后所降一切"圣旨札子、批状","中书颁降者悉名曰'敕',枢密院颁降者悉名曰'宣'"(《长编》卷二八六,熙宁十年十二月壬午,第6995页)。可见所谓"宣""敕",分别为法典编修中对二府下达具体指挥之统称;而"宣敕条贯",即指编敕之中,在既有宣、敕基础上编定之行政法条。

4 欧阳修:《欧阳修全集》卷一一七《河北奉使奏草卷上·乞展便籴斛斗限》,第1800页。

多样的具体事务。[1]张方平在受命编修《庆历编敕》时，认为编敕者当"依律门类，而备其起请之因、参详之意，本末悉具，乃名'编敕'。治宁岁久，事目滋广，天圣之后，文簿猥烦，乃许编修官删润而加损益，或数事并一条，比附有所不尽，天下承用，多失法意"。[2]面对浩繁庞杂的诏敕，辨析其本末缘起、适用情形，进而对其删修损益，使之成为便于诸司检索参用、含义明晰的"条贯"，乃是对编敕官员的最大考验。[3]由此观之，条贯规定的适用性与解释力，往往取决于其编修主体与编修方式。而据司马光所述"钱谷之不充，条例之不当，此三司之事也"，[4]可见调整、维持财政管理条贯之恰当，本系三司职掌。因此，我们有必要对三司财政管理所据"条贯"的生成过程以及三司在其中扮演的角色加以考察。

（二）"条贯"编修中三司的主导地位

如前所述，三司财政管理所据条贯的形成，往往依托于"编敕"、令、式等法典编修活动。笔者将以"编敕"为中心，[5]从参与主体与编修方式入手，梳理三司在其中的作用。[6]

---

1 如北宋前期重要的条贯载体——"编敕"，其形成过程，绝非简单的诏敕汇总，而需由特定人员经删定、详定、文字润色等步骤，整合不同时期诏敕，删去重复、不合理内容，对其基本规定加以抽象归纳，方可将具体诏敕转化为普适性法条（戴建国：《宋代刑法史研究》，上海人民出版社，2008，第17~22页）。如周密曾引王禹偁《建隆遗事》所载轶事，"太祖时，以寝殿梁损，须大木换易。三司奏闻，恐他木不堪，乞以模枋一条截用。模枋者，以人立木之两傍，但可手模，不可得见，其大可知。上批曰：'截你爷头，截你娘头，别寻进来。'于是止"，且嘉祐中所修《三司编敕》中亦有基于太祖此诏的法条："内一项云：'敢以大截小，长截短，并以违制论。'即此敕也。"（《齐东野语》卷一《梓人抡材》，第13页）可见诏敕被纳入编敕时，需对其内容、文字大加修订，使之更具普适性、稳定性。
2 王巩：《文定张公乐全先生行状》，《张方平集》，"附录"，第792页。
3 就三司而言，条贯适用性的暧昧，除不利于其高效合理处置政务，还造成了看似矛盾实则密切关联的另一结果：如前引范镇所言，条贯"情理轻重"是三司解释其自主处置抑或进奏取旨的重要理由，乃至成为其推卸责任的"借口"。
4 《司马光集》卷四〇《体用疏》，第900页。
5 北宋之"编敕"，并非单纯的行政法典，而是包含了刑法与行政法规（参戴建国《唐宋变革时期的法律与社会》，第60页），是北宋前期行政中适用性最强的法典。考虑到作为刑法条目的"编敕"与本书关系不大，笔者暂不讨论。
6 除"编敕"外，嘉祐元年定编《禄令》，亦"命近臣，就三司编定之"（《长编》卷一八四，嘉祐元年九月甲辰，第4448页）；熙宁元年，针对"皇亲月料，嫁娶、生日、郊礼给赐"，亦由三司"看详"，"检定则例，编附《录令》"（《宋会要辑稿》礼六二之四二，第2136页），此不赘述。

北宋三司财政管理所据"编敕",首先为针对本司的"一司敕"。三司主持本司编敕,始于真宗朝咸平年间。咸平元年十二月,负责详定编敕的给事中柴成务,在关于《咸平编敕》体例的奏议中表示"条贯禁法当与三司参酌者,委本部编次之",[1]主张三司与其他机构不同,不但应独立编敕,且应由本部门官员参酌编定。次年,真宗据此建议诏命三部长官及判官,编订《三司删定编敕》。[2]此时的三司,正处于三部分设长官时期,"各置使局,不相总统",[3]各部分别承受诏敕,故编敕需盐铁、度支、户部三使及本部判官协同斟酌删定。就体例而言,该编敕依三部二十四案分门,以便官吏检索。

景德二年,三司一司敕内容得到进一步调整。当年九、十月间,权三司使丁谓、[4]三司盐铁副使林特先后进呈《三司新编敕》十五卷本、三十卷本,真宗下令依奏施行。[5]此次《三司新编敕》之编定,经过了"编录"与"详勘"两个环节:"编录"宣敕的主要负责人为林特、判三司勾院陈尧咨、判度支勾院孙冕等三司官员,法司官仅审刑院详议官李渭一人参与;[6]至于"详勘"的参与者,则主要为法司官,分别是审刑院详议官周畟、大理寺详断官彭愈、开封府兵曹参军孙元方。[7]总的来看,在景德二年的这次编敕活动中,三司官员在"编录"即选取删定法条之环节居于主导地位,法司官员主要在编录后发挥审核补充作用。

除"一司敕"外,三司负责财政管理,还需依托针对钱谷事务的各类专门编敕。以田土产权、税赋管理事宜为例,其基本法典之一即为《景德农田

---

1 《宋会要辑稿》刑法一之二,第8212页;《长编》卷四三,咸平元年十二月丙午,第922页。

2 《宋会要辑稿》刑法一之二,第8213页。关于此次三司编敕过程,参本书第一章第二节相关论述。

3 《长编》卷五五,咸平六年六月丁亥,第1205页。

4 此处需要对丁谓与此次编敕的关系略作交代。丁谓代刘师道权三司使,时在景德二年五月乙卯(《长编》卷六〇,第1339页),此时已在真宗命官编录宣敕后。故景德二年编敕,本非安排丁谓主持,其所以曾由丁谓奏进,可能因其为三司长官之故。

5 《宋会要辑稿》刑法一之三,第8213页;《长编》卷六一,景德二年九月癸亥,第1367页。王应麟:《玉海》卷六六《诏令·景德三司新编敕》,第1256页下栏。三司于一月内两次编定《三司新编敕》进奏,笔者怀疑,后者系对前者"详勘"、删定之产物,因编敕初步编定完成进奏后,需屡经删定,方得颁行,故编定进奏时间与删定后进奏、雕印颁行时间多不一致。此后的《景德农田敕》以及《大中祥符编敕》《景祐编敕》《庆历编敕》等亦是如此(王应麟:《玉海》卷六六《诏令》,第1256页下栏、1258页下栏)。

6 《宋会要辑稿》刑法一之三,第8213页。

7 真宗之所以命法司官详勘,除为加强"编敕"法条本身的合理性、严密性,可能与参加编敕的三司官员陈尧咨等获罪被贬有关。

敕》。景德二年，真宗命权三司使丁谓"取户税条目及臣民所陈农田利害，编为书"，丁谓于当年十月庚辰即编定进奏，后又与户部副使崔端、度支员外郎崔旷、盐铁判官乐黄目和张若谷、户部判官王曾取《条贯户税敕文》及四方所陈农田利害事同删定，至景德三年正月七日正式雕印颁行。此次编敕，完全由三司官员编定，并无他司官员参与。其中度支员外郎崔旷虽不在三司任职，但因前任度支判官的身份，"尝同编集，故亦预焉"。[1] 景德二年、三年间编修、颁行《景德农田敕》，与当时鼓励农事的政策背景有关，如景德三年二月，即命州郡长官以劝农使入衔，"少卿监、刺史、阁门使已上知州者，并兼管内劝农使"，[2] 故需为相关官员管理人户、田赋事务提供相应法规依据。《景德农田敕》内容较为允当，施行时间颇长。天禧四年，以诸路提点刑狱兼劝农使，掌管各州田赋事务，朝廷各赐《农田敕》一部，俾其职掌有所依据。[3] 至元丰八年（1085）司马光向新即位不久的哲宗及高太后进奏时，仍称"《景德农田敕》至今称为精当"。[4]

值得注意的是，这一时期其他机构所据编敕，均非本司主持，而是由朝廷差两制、侍从及法司官负责。相比之下，三司官员往往直接参与乃至主导本司编敕，进而影响条贯规定内容，显得颇为独特。根据留存至今的《景德农田敕》佚文，其条法包括对各州军两税计征、收纳以及蠲免的具体规定，[5] 由于三

---

1 《宋会要辑稿》刑法一之三，第 8213 页。《长编》卷六一，景德二年十月庚辰，第 1369 页。

2 《长编》卷六二，景德三年二月丙子，第 1386 页。

3 《长编》卷九五，天禧四年正月丙子，第 2179 页。

4 《司马光集》卷四八《乞省览农民封事札子》，第 1029 页。

5 如天圣三年（1025）七月，京西路劝农使建议置两税簿印，以革除税租簿制作过程之弊。三司赞同此建议，即引《农田敕》条目为据："应逐县夏秋税版簿，并先桩本县已额管纳户口、税物、都数，次开说见纳、见逃数及逐村甲名税数，官典勘对，送本州请印讫，更令本州官勘对，朱峕勘同官典姓名，书字结罪，勒勾院点勘。如无差伪，使州印讫，付本县收掌勾销。"（《宋会要辑稿》食货六九之一七、一八，第 8056 页）夏秋税簿由州县攒造，乃是其确定两税摊派之版籍载体，也是征收两税之依据。根据上述引文，《农田敕》对夏秋税簿制作过程中县司登记各项目，州司审核用印、点勘保明结罪等各环节，均提出了具体规范要求。此外，景祐三年（1036）欧阳修在《送王圣纪赴扶风主簿序》中，也称各地官吏在征纳秋税时，受三司约束，禁止因水旱放免税租，乃至加紧征收，"吏无远近，皆望风恶民言水旱，一以《农田敕》限，甚者笞而绝之"（欧阳修：《欧阳修全集》卷六六，第 966 页）。可见征税时之程限，亦据《农田敕》规定。另如大中祥符元年三月辛巳诏，"河北缘边州军逃户归复者，依《农田敕》蠲放，仍免三年徭役"（《长编》卷六八，大中祥符元年三月辛巳，第 1530 页），可见对于逃户复归后的田赋蠲免规定，以《农田敕》为据。

司具有制度化的独立取旨渠道，[1]关于人户、田赋管理之诏敕，往往直接下三司施行并保存于此，其余诸司并无存档。因此，由三司主导条贯编修，当与钱谷规定的专业性以及三司在决策体系中的独特地位密切相关。[2]

综上，至大中祥符三年，北宋中央财政管理中三司、君主、中书宰执间的政务分流机制基本形成。对于"明有条贯"之事，三司可自行处置，无须奏报朝廷。而三司所据钱谷管理相关条贯，多由三司官员主导编定，中书宰执并不参与其中，很难通过"条贯"编修直接规定三司权限或调整财政管理制度。然而，三司、中书围绕"有条事件"的分工，因前者掌握了"条贯"编定与解释的主导权，形成了潜在的问题：一旦财政管理内容变化，"条贯"适用性不足，三司可能推卸责任，而宰执却难以依托"条贯"编修、调整做出有效应对。

二 "无条"政务处置中三司、中书的分工与互动

由于条贯的涵盖面与适用性有限，三司在财政管理中仍需面对大量无条可据之事，必须报请朝廷决策并奉行指挥。[3]在此过程中，朝廷往往"诏三司详定"，或"下三司议可否"，三司得以参与钱谷决策，以备朝廷顾问。[4]大中

1　参本章第一节相关论述。

2　需要说明的是，在仁宗朝，君主更多命两制等官员组成编敕所，专门从事临时性编敕活动。如天圣、嘉祐年间所修《三司编敕》均由该机构修成，三司官员较少参与其中。其中缘由，尚待详考。笔者推测，编敕困难的减少或为原因之一。一方面，景德年间的三司编敕，或为日后的三司一司敕编修提供了相对固定的"模板"，编敕不必重定门类，降低了难度。另一方面，随着编敕组织与程序的制度化，朝廷也逐渐对各官司处理相关散敕的技术手段做出规定，以便集中编敕时检索使用。如天圣七年四月，诏令审刑院、大理寺、刑部、三司："自今参详起请，改定条贯，当降敕行下者，并依编敕体式，简当删定，于奏议后面别项写定，于降敕之际止写后语颁下。"（《宋会要辑稿》刑法一之四，第8215页）要求上述机构进奏，若请求改定既行条贯，则需按"编敕"格式删定法条，附于奏议之后；当诏敕下达时，则仅将奏议所附删定"编敕"之语行下，以便奉行官司在现行"编敕"基础上查找、增删。总之，三司主导编修的《景德三司新编敕》《景德农田敕》，对于日后财政管理所据编敕，具有基础性意义。

3　据《长编》卷四七，咸平三年十一月："枢密直学士冯拯言中书户房直发札子四道，不由发敕院点检。诏三司、开封府、御史台、进奏院等处，凡受宣敕札子，须见发敕院官封方得承禀。"（第1033页）可见三司不仅需奉行朝廷诏敕，也需听命中书门下"省札"。

4　周佳：《北宋中央日常政务运行研究》，第252~262页。

祥符年间，李溥曾任三司使，其所行茶法在参知政事丁谓支持下得以维持；而当丁谓罢参知政事后，真宗命宰相王旦申明"恤民之意"的同时，令三司会同翰林学士、御史商议修改茶法，再交中书门下定夺。[1] 由此观之，三司参议方式、场合及其意见是否得到采纳，当由中书门下与君主决定，三司本身并无主导权。[2]

　　然而，行政职能部门对于决策结果发挥何种作用，受到多方面因素影响，并不完全取决于决策流程中主导权之有无。一般来说，职能部门因业务需要，掌握较多具体信息，其数量与质量直接影响中枢决策部门研判。具体到北宋前期财政管理领域，除了法条诏敕，三司得以影响朝廷决策的重要依据即为各类财政数据。因此，若将视角集中于财政数据的掌握与处理，我们或能对三司、宰执在决策中的互动关系及具体角色有更为清晰的认识。

（一）作为朝廷决策依据的三司财政数据

　　北宋三司"总天下钱谷"的基础，在于对财政数据的汇总、分析与利用。据司马光所言，三司依财政收支"大数"，可"量入为出""分画移用"，计划财政收支调拨，亦可"详度利害，变通法度"，调整财政制度。[3] 三司得以如此广泛地搜集、处理各方财政数据，与其内部架构、职能配置密切相关。其下辖勾院、磨勘司等财务审核类子司，统属大量吏人，在机构、人员设置方面，有能力对各类申报信息加以整理与分析。[4] 但更重要的原因在于三司在国家财政管理体系中所处的地位。三司作为全国财政信息流通之枢纽，京师官司与在外州军的钱物收支账簿，经整合后多需主动申报三司，所谓"举四海之大，而一毫之用必会于三司"，[5] 故其接触财政数据来源最广、类型最多，掌握数据内容也最为全面。

1　《长编》卷八八，大中祥符九年十月丁酉，第 2025 页。

2　据康定元年孙沔进奏："今后中外臣僚，有所见闻陈请者……言天下钱谷，即下三司……小事半月，中事一月，仰所属众官将前后敕条详定奏上。如系制度大事，即下两制、尚书省集议，委中书门下更加省察，然后施行。"（孙沔：《乞诏令先定议而后行奏》，赵汝愚编《宋朝诸臣奏议》卷二二《君道门》，第 208 页）此后，三司参与朝廷决策，应进一步制度化。

3　《司马光集》卷五一《论钱谷宜归一札子》，第 1066 页。系年参《长编》卷三六八，元祐元年闰二月甲午，第 8871 页。司马光上札子在此前。

4　周藤吉之「北宋における三司の興廃」氏著『宋代史研究』、48~59 頁。另参本书第一章第二节。

5　苏辙：《苏辙集》卷二一《上神宗皇帝书》，中华书局，1990，第 371 页。

相比之下，作为中枢最高决策层的中书宰执，往往被认为"不当侵有司之职"，[1] 其不必要也不应该亲自负责钱谷计度出纳之事，更无须如三司一般直接掌握全国详细财计数据。如前述大中祥符九年茶法改革，真宗起初欲委托宰相王旦："茶盐之利，要使国用赡足，民心和悦。卿等宜熟思之。"王旦则回复称："此属邦计，欲选官与三司再行定夺，臣等参详可否奏裁。"[2] 可见在财政决策中，一般由三司官员拟定具体方案，宰执再行定夺，最终由君主裁断，而三司掌握的钱谷信息，对于引导朝廷合理决策，具有关键性意义。

三司全面掌握财政数据及其他各类信息，意味着其得以对财赋收支名目、数量进行整体统计，从而把握其现状与变化。在仁宗朝宋廷举行的数次减省浮费活动中，裁减支费之项目、数量，虽由他官与三司集议拟定，但决策依据为三司统计财务支给数据。庆历二年（1042）裁减浮费时，张方平认为，朝廷若欲理解财政收支实况，建立"经久称善"的财政政策，需以三司条列对比支费数量、名目为依据，"令三司将天圣中一年天下赋入之数及中外支费之籍，与昨一年比，并条上，则国家之大计可较而知矣"。[3] 此外，皇祐二年九月，包拯奏请宋仁宗亲自精择"内外总计之臣"，考课其政绩，请求"圣慈申命有司，以今之一岁出入，较近年用度，耗登之数则断可知矣"。[4] 可见朝廷对历年收支变化详情的了解亦来自三司。

更重要的是，三司可以通过各方申报的收支信息，全面掌握财政数据间的内在联系，进而分析财政管理中的实际问题，并提出合理对策。仁宗统治中期，由于西、北边防形势缓急不定，需长期大量驻军，军粮需求增加，入中规模扩大，茶盐作为折博物愈发重要，相应的榷法也随着折博价涨落以及课利增亏屡次变更。皇祐三年，因边境形势缓和，为解决康定元年以来"三说法"造成的虚估问题，知定州韩琦及河北都转运司又建议恢复景祐三年曾实行的"见钱法"，朝廷遂将此下三司议。三司进奏，赞同恢复"见钱法"，其依据如下：

1　《宋会要辑稿》职官一之一一七，第 2947 页。

2　《长编》卷八八，大中祥符九年十月丁酉，第 2025 页。

3　《长编》卷一三五，庆历二年四月戊寅，第 3234 页。

4　包拯撰，杨国宜校注《包拯集校注》卷三《请选内外计臣奏一》，第 162 页。

自改法至今，凡得谷二百八十八万余石，刍五十六万余围，而费缗钱一百五十五万有奇，茶、盐、香、药又为缗钱一千二百九十五万有奇。茶、盐、香、药，民用有限，榷货务岁课不过五百万缗，今散于民间者既多，所在积而不售，故券直亦从而贱。茶直十万，旧售钱六万五千，今止二千。至香一斤，旧售钱三千八百，今止五百，公私两失其利。[1]

可见三司在全面评估粮草入中数量，花费现钱、征榷物钞引折价及钞引出卖价，进而分析其价格升降原理、后续影响的基础上得出结论，并证明钞引价格如此下跌，不但官府需补贴入中者，且入中者难以得利，将减少入中数量，影响边境粮储。

更为典型的事例，则为嘉祐茶法通商之决策过程。嘉祐三年，因著作佐郎何鬲、三班奉职王嘉麟上书，奏请东南茶罢官榷，“罢给茶本钱，纵园户贸易，而官收税租钱与所在征算归榷货务，以偿边籴之费”，于是东南茶通商之议再起。当年九月癸酉，朝廷命翰林学士韩绛、龙图阁直学士知谏院陈旭（升之）及知杂御史吕景初，“即三司置局议之”。[2] 此次茶法改革，决策过程持续近半年，至次年二月，朝廷方下诏弛禁通商，并征收商税，园户只据原课额之半缴纳茶租。而促成朝廷做出这一决策的，则是置局集议一个月后的三司进奏：

茶课缗钱岁当二百四十四万八千，嘉祐二年才及一百二十八万，又募人入钱，皆有虚数，实为八十六万，而三十九万有奇是为本钱，才得子钱四十六万九千而已，其辇运靡费丧失与官吏、兵夫廪给杂费又不与焉。至于园户输纳，侵扰日甚，小民趋利犯法，刑辟益蕃。

可见详定茶法过程中，三司官员不但仔细统计了包括课额、实收数、买茶

1 《长编》卷一七〇，皇祐三年二月己亥，第 4080 页。

2 《长编》卷一八八，嘉祐三年九月癸酉，第 4527 页。

本钱数、利润数等具体数据，更充分考虑到虚估、官吏兵夫杂费等因素对数据之影响，以及榷法之下园户、民众"趋利犯法，刑辟益蕃"的社会后果，得出当前所行榷茶法"获利至小，为弊甚大"之结论。在此基础上，三司请求朝廷仿至和茶法通商"宜约至和之后一岁之数，以所得息钱均赋茶民，恣其买卖，所在收算"，并建议"请遣官询察利害以闻"。面对三司提供的详尽数据分析以及直观的课利增亏对比，朝廷颇为所动，很快"遣司封员外郎王靖等分行六路，及还，皆言如三司议便"，嘉祐通商法方得以拟定出台。[1]

综上，三司全面获取、深入分析各处申报的财政数据及其他各类信息，不但使其得以及时把握全国各领域财政收支整体情况，比较不同时期、不同地域财政状况的变化、差异，更使其原则上有条件勘验相关财政信息的真实性、合理性，进而分析财政状况变化背后的具体缘由。虽然受制于行政能力、吏治等原因，三司往往不能完全实现上述目标，州军所申文账，在北宋中叶"至有到省三二十年不发其封者"，[2]但作为全国财政信息中枢节点，三司对财政数据的汇总与分析，仍为朝廷财政决策的主要基础。

（二）中书处理财政数据的局限

中书宰执财政决策，往往依托三司提供的各类财政数据，本身较少直接从事具体信息搜集工作，这是决策、职能部门分工中的一般状况。但中书依托三司顾问，并不意味着其完全放弃对具体财政问题的管控。如祝总斌所言，中国历史上宰相的职权，主要体现在"议政"与"监督百官执行"两方面。[3]具体到财政管理领域，一方面，中书宰执必须有能力对财政数据加以研判，辨别其蕴含的有效信息，发现关键问题，方能推进决策，合理裁断；另一方面，其需具备勘核相关数据真实性、有效性之能力，进而实现对相关人员的监督责成。但北宋前期，中书宰执在以上两方面均存在明显的局限。

首先，中书宰执自身往往难以从财政数据中辨析有效信息，也无法充分

1　《长编》卷一八九，嘉祐四年二月己巳，第4549页。

2　苏辙：《苏辙集》卷四〇《论户部乞收诸路帐状》，第706页。

3　祝总斌：《两汉魏晋南北朝宰相制度研究》，中国社会科学出版社，1990，第5页。

认识数据背后蕴含的关键问题。庆历六年（1046），权三司使张方平"大校国计"，就财政收支数据及相关制度进行了条列说明，"条例盈虚之由、出纳之数，请究其本原，节以制度。章数上，可谓精悉矣"。中书门下议其奏疏，却难以对所列条目提出建设性意见，"翻阅经时，数议而不能有所措置也"。[1] 另如元丰三年（1080），判三班院曾巩曾比较景德、皇祐、治平年间诸部《会计录》数据，向朝廷论述收支大数变化，但其同时说明，朝廷必须命"有司按寻载籍而讲求其故"，方得以明了"岁之数入、官之多门、郊之费用、财之多端"的具体制度缘由，并据以减省用度。[2] 由此观之，仅知晓"出纳之数"本身，并不足以充分理解财政利弊，必须依赖三司分析，"究其本原，节以制度"，方可发现"盈虚之由"，进而制定对策。[3]

其次，中书宰执缺乏必要的数据勘核与追责能力。对于三司勘验、统计、整理之数据，朝廷并非无条件予以采纳，往往通过各类旁证，试图对数据加以按验甄别，从而提高决策合理性。[4] 但临时性的遣官按察，主要针对已得到朝廷关注的重大财政问题，并非常态，所遣官员即使有心尽责，对于专业性较强的财政数据，往往难知始末，不得要领，无法起到关防效果。以工程营建为例，宋廷为求防弊，在建筑修造前，多临时遣他官会同三司审批计度，以期相互关防。然而三司官员对于数据编制统计的流程、细节远较他司官员熟悉，其中各类营私自利的"潜规则"，若非厕身三司、亲历其事之官吏，往往难得其详。至和二年，因"京师土木修造处多"，朝廷欲行减罢，遂遣翰林学士欧阳修与三司"同共相度减定"。在与三司共同计度裁定修造用料过程中，因工作

1　王巩：《文定张公乐全先生行状》，《张方平集》，"附录"，第 792 页。行状此言固有称誉张方平吏事才能之用意，但也从侧面体现出政务处理中宰执对三司的依赖。

2　曾巩：《上神宗乞明法度以养天下之财》，赵汝愚编《宋朝诸臣奏议》卷一○三《财赋门》，第 1106 页。

3　相比之下，三司所报不实数据，往往会影响君主、宰执对财政问题的认识，甚至可能导致误判。如熙宁七年二月，王安石与神宗论及京师教阅保甲支费，三司使薛向夸大教阅开支，将储藏给赐钱物的祗候库支出总数，全当作教阅费数告知判军器监曾孝宽，后者并不了解祗候库支给制度及保甲教阅支费详情，遂直以薛向所言之数进言朝廷，幸而被神宗发现破绽（《长编》卷二五○，熙宁七年二月辛未，第 6083 页）。

4　如前述嘉祐三年议茶法改革，三司虽提供了详尽数据与细致解释，朝廷仍遣使东南六路，进行了长达数月的实地考察，方确定三司"议便"。此外，他司参议人员也会对经由三司审核之数据加以复查，并提出质疑。

仔细，欧阳修发现负责修造官吏多有"广耗国财，务为己利"之弊。如诸处神御殿，用料本坚固精实，极难损毁，"当盖造之初，务极崇奉，栋宇坚固，莫不精严，虽数百年未必损动"，结果官吏不据实数，多报所需物料，"只因两柱损，遂换一十三柱"，且朝廷虽屡次差官检核，但结果多有出入，以致难得其实，无法取信，"只凭最后之言，遂致广张功料"。至于其他数百处军营、库务工程，情况大同小异，"使厚地不生他物，惟产木材，亦不能供此广费"。欧阳修不禁感慨，自己获得机会，"准敕"与三司协同减定修造物料，方得窥见隐情，"于三司略见大概"，其他类似损耗钱物工料之弊尚"不可悉数"。[1]由此可知，钱物支用部门编制开支预算，往往"大张其数"以牟利，或贪没多余钱物，或以为羡余邀赏，朝廷很难察觉。

此外，宰执本应通过课绩与黜陟等手段，保证财政数据真实与相关制度落实。但在实践中，全体库藏管理官员，包括"监临物务京朝官及知州军监、通判兼监物务者"，其"任内所收课利，委三司磨勘增亏"；[2]知州军任内增添户口，亦"仰三司比较诣实数目"，[3]再报中书门下所属审官院考校。至皇祐年间，三司使叶清臣针对转运使副制订六等考课法，[4]"上供不足者皆行责降，其岁漕逾额则升擢之"。[5]由此观之，在对财政管理相关的官员展开课绩时，三司亦发挥主导作用，中书宰执需依托三司提供的信息，方可行黜陟之权。

综上，三司虽需奉行朝廷指挥，但其作为全国财务账簿申报之节点，配置有专门的财务审核机构、人员，得以掌握最为全面、系统的财政数据，并依托其整合分析能力，对决策进程乃至结果产生重要影响。相比之下，宰执虽可获得部分财政收支数据，但在研判过程中往往难以发现关键问题，在决策施行后亦难及时获得反馈，无法有效追责，因此不得不高度依赖三司搜集的信息与分析意见。

---

1 欧阳修：《欧阳修全集》卷一〇八《论罢修奉先寺等状》，第 1640 页。

2 《宋会要辑稿》职官五九之三，第 4635 页。

3 《宋会要辑稿》食货四九之九，第 7098 页。

4 《长编》卷一六六，皇祐元年二月戊辰，第 3984 页。

5 《宋会要辑稿》食货三九之一九，第 6862 页。

三　三司、中书权能关系的"错位"与应对

如前所述，真宗朝宋廷曾大力整顿财政管理体系，并通过编敕"立法"规定了三司自主处置事务的范围、方式，三司、中书宰执分工明确，前者行遣"有条事件"，不必奏报；后者负责无条贯事务决策，并在必要时顾问三司，参酌详议。值得注意的是，"立法"过程中，法条编修权多由三司官员而非中书宰执直接掌握；而在决策过程中，中书宰执虽有权发起动议并协助完成裁断，但往往难以自主搜集、研判钱谷数据，决策结果也多取决于三司提供的分析意见。

造成这一局面的因素很多。直接原因之一在于财政数据形成过程与性质的复杂。数据统计口径多样，申报汇总流程烦琐，牵涉部门广泛庞杂，相互关联性强，必须通过细致核算、多方对比、深入分析方能恰当理解其中蕴含的信息，处理难度颇大。但更深层的原因或在于财政管理中三司、宰执的权能结构。

（一）权能"错位"的制度成因与影响

庆历七年（1047），三司使张方平曾阐述三司面对财政困局的无奈处境：

> 景祐年中，天下预买绸绢一百九十万匹，去年至买三百万匹，诸路转运司率多诉者，有司未如之何。议者徒知茶盐诸课利之法弊，而不知弊之所由，臣详求其故，法实不弊，势使然尔。……臣以不才，谬当大计，职忧所切，心如焚灼。权诸利害，至于根本，则关配动静，臂指伸缩，乃系二府，非有司所预。谨具大略，乞下中书、枢密院审加图议，裁于圣断，变而通之。[1]

上述议论，针对的是整个财政管理体制的弊端，但也提示了三司、宰执权能关

---

1 《长编》卷一六一，庆历七年，第3896页。

系中可能存在问题：一方面，他司仅知有弊，却"不知弊之所由"，决策层难以对局势做出合理判断，必须由三司"详求其故"，分析财政问题产生之原因；另一方面，此时的财计问题，早已不限于钱谷之务，随着养兵增加，边军入中引起榷法等制度调整，不但突破既有条贯，且关涉军国根本大计，"非有司所预"，三司无能为力，必须由二府乃至君主定夺。总之，此时的三司，徒有理解财计弊政之"能"，而无更张决策之"权"；中书宰执虽有大政决策之"权"，却无分析钱谷问题之"能"。权能"错位"暴露出的弊端，导致三司长官面对食货"急务"却"未如之何"。

中书宰执决策而以三司顾问谋议，二者权能各有侧重，本系中枢决策层与行政部门分工的正常结果。但在北宋中期，中书、三司之所以会出现权能"错位"，盖因二者信息沟通方式未能配合其在财政决策体制中的角色变化，以致"能力"难以同"权力"相适应。

一方面，如宫崎圣明所言，自天圣年间，中书门下在财政决策中的角色逐渐重要，甚至形成对三司的统摄，[1]中书宰执屡屡受诏，会同三司处理河北粮草市籴计度、[2]蠲减州县差徭赋敛[3]等要务。此外，朝廷决策机制也有所调整，天圣元年十月，君主接受中书门下建议，臣僚"陈述利便，每送三司"，三司不得直接施行，必须奏裁；[4]而在庆历七年二月，朝廷更接受张方平建议，中使不得直接传宣三司，必须先"传宣中书、枢密院"，再由其"札下逐处有司"。[5]此类措施，固非专门针对财计，但使得三司取旨处置之权受到限制，宰执在财政决策中的主导性则得以提升。

另一方面，面对亟待决策的各类财政问题，中书门下宰执缺乏相应的研判与核查能力。北宋前期，中书门下并未如三司一般设置诸多负责文账整理、审核的机构与官吏，其组织架构与人员设置难以有效搜集、处理财政信

1　宫崎聖明「北宋の中書と三司の統接関係について」『宋代官僚制度の研究』、98 頁。

2　《宋会要辑稿》食货三九之九，第 6856 页。

3　《宋会要辑稿》食货七〇之一六三，第 8198 页。

4　《宋会要辑稿》仪制七之二一，第 2432 页。

5　《长编》卷一六〇，庆历七年二月，第 3863 页。

息。[1]事实上，作为中枢决策者，宰执的首要职责，被认为是协助君主精择人才，委以任使，以图"致治"，所谓"辅相之本，在于进贤退愚，使中外之任，各当其能，上下之材，咸适其分"，[2]至于钱谷财计，则非宰执所应躬亲。咸平四年，真宗欲命宰相吕蒙正设法缓解边费带来的压力，"中书事无不总，赖卿等宿望，副朕意焉"，吕蒙正则认为，"备边经费，计臣之责"，解决此问题，必须责成计司，遂"下诏申警三司"。[3]

由于中书门下本身缺乏足够的财政信息获取渠道与处理能力，其在决策过程中必须依赖三司对相关数据的搜集、分析，方能充分理解其内涵，进而做出合理研判。但因三司直辖于君主，中书与其并无直接统属关系，调取所需财政信息多有不便。此点突出体现在对府库"见在"钱物数目的掌握上。大中祥符八年，因丁谓建言，朝廷特诏"在京仓草场，如宣旨并三司使取索都管见在数目，即得实封供报"，明确规定君主与三司长官有权向仓场库务了解见在钱物情况，但必须"亲书取索，实封收掌"；同时，诏令还规定其他官员，包括三司副使以下不得预闻见在钱物总数，[4]取索数目时仓场库务亦不得供报。[5]如此一来，中书宰执难以了解各仓场库务钱物"见在"数，其对财政情况的把握缺乏时效性。就反映国家财政形势的钱谷收支大数而言，虽然自淳化元年朝廷即诏命三司"每岁具见管金银、钱帛、军储等簿以闻"，[6]但君主每年获悉的全国钱谷数据，仅为当年"都数"，[7]不见具体细节，也缺乏数据比较，难以了解财政变动情况。此外，每年一报的频率过于低下，直到熙宁十年六月，朝廷方诏令三司"月具在京所支金银、钱帛总数及闻"。[8]

1　北宋前期，中书门下设五房堂后官，其编制经历了十五人、六人、八人的变化，此外统辖吏人，主要职掌文书收发行遣，奉行指令。参陈克双《熙丰时期的中书检正官——兼谈北宋前期的宰属》，硕士学位论文，北京大学，2007，第12~14页。

2　此系崇政殿说书赵师民上疏，《长编》卷一四六，庆历四年正月丙辰，第3544~3545页。

3　《长编》卷四八，咸平四年三月丁酉，第1055页。

4　《宋会要辑稿》职官二七之四三，第3732页。

5　《宋会要辑稿》职官二六之二五，第3701页。

6　《宋史》卷一七九《食货志下一》，第4348页。

7　治平二年，司马光奏请英宗专注钱谷之制："仍每岁年终，命三司撮计在京、府界及十八路钱帛粮草见在都数闻奏，以之比较去年终见在都数。"（《长编》卷二〇四，治平二年三月己丑，第4955页）

8　《长编》卷二八三，熙宁十年六月壬申，第6939页。

　　值得一提的是，君主与宰执间的沟通障碍，更加剧了此种权能"错位"。君主为决策需要，有权命三司供报年度或月度财政收支数据，如景德二年五月，真宗曾命三司"每岁较天下税簿登耗以闻"。[1] 然而，君主往往仅在私密性较强的交流空间中，才与近侍、宰辅交流此类全局性财政信息，[2] 宰执自身与三司间既无统属关系，又缺少长期稳定的信息获取途径，因此很难全面了解实时财政状况。由此观之，时人所谓宰相不领国计与"天下财用出入，宰相乃不预闻"[3] 实密切关联。某种意义上，三司财政信息本身准确、真实与否，其实难以证实，其对于朝廷宰执的"说服力"，主要建立在信息不对称的基础上。

　　北宋真宗朝至仁宗初，由于条贯编修完善，国势相对平稳，宰执、三司间的权能"错位"问题尚不致严重影响财政管理。自庆历以降，"边事一耸，调率百端，民力愈穷，农功愈削"，[4] 为应付西、北边防军费，北宋财政开支大为增加，[5] 军储筹措与转输成为当务之急。就三司而言，此时大量财赋划归内库，三司仅掌"一般经费"，"财源日短"，[6] 腾挪余地有限。因此，在财政困难的局面下，时人往往希望三司计臣在决策层面发挥更大作用，承担理财重任。王安石任三司度支判官，曾对其长官做如下期待："三司副使，方今之大吏，朝廷所以尊宠之甚备。盖今理财之法有不善者，其势皆得以议于上而改为之，非特当守成法，吝出入，以从有司之事而已。"[7] 据此，三司官员不当局限于"有司"之体，奉行有条成法，而应积极参与中枢决策，"议于上而改为之"，引导朝廷更张弊法。但事实上，三司纾解国计之困的方式，主要是借贷内藏以为弥缝，较少主动寻求与中书协济谋议，从而提出可行的制度更张

1　《长编》卷六〇，景德二年五月己未，第 1340 页。

2　如天禧元年九月，当翰林学士"独对内东门"时，真宗将"三司使马元方所上岁出入财用数"交其阅览，原因在于"时仍岁旱蝗，上忧不给"，故咨询李迪"问何以济"（《长编》卷九〇，天禧元年九月癸卯，第 2078 页）。

3　朱熹：《三朝名臣言行录》卷一〇《丞相康国韩献肃公》引韩绛《行状》，朱熹撰，朱杰人、严佐之、刘永翔主编《朱子全书》第 12 册，上海古籍出版社、安徽教育出版社，2002，第 690 页。

4　《长编》卷一五〇，庆历四年六月辛卯朔，第 3622 页。

5　关于仁宗朝国家财政压力的增大，参汪圣铎《两宋财政史》，第 23~27 页；具体收支情况列表，参《两宋财政史·续表一》，第 680~682 页。

6　程民生：《论北宋财政的特点与积贫的假象》，《中国史研究》1984 年第 3 期，第 30~31 页。

7　王安石：《王安石文集》卷八二《度支副使厅壁题名记》，第 1431 页。

方案。[1]究其原因，除了三司官员长期困于钱谷庶务，[2]"簿书期会，犹不暇给"，[3]三司与朝廷分工、互动中存在的权能"错位"，恐怕更为关键。

与此同时，中书宰执因缺乏专门僚属配合，政务处置能力有限，加之长期为细务所困，"百司庶务，多禀决于中书"，[4]难以对各类财政问题做出及时、有效应对。庆历四年，仁宗下宰辅手诏问利害之事，其中有"民力困敝，财赋未强"一条，二府宰执商议后，只能提出诸如"选举良吏""严著勉农之令"之类笼统建议，至于具体解决方案，则"须朝廷集议，从长改革"，[5]自身难有良策。如时任谏官余靖所言，仁宗虽欲革因循之弊，"屡降手诏，令两府大臣条举当今可行急务"，二府宰执亦"时进谋画"，但所行"烦为条目，徒取众人之忿怒"，难以更张除弊，[6]只得奏请集议，将两制侍从及其他职能部门纳入决策群体，减少自身责任。由于参与决策人员增加，意见纷纭，各类政策方案变动不常。以盐法为例，淮浙盐在真宗朝仅在天禧年间改官卖法为局部通商法，但在仁宗朝却经历了三次开放通商与三次加强禁榷的调整；解盐与西北入中直接相关，调整更为频繁，经历了天圣通商—景祐元年榷盐—康定元年复通商—庆历二年全面禁榷—庆历八年范祥钞法—嘉祐三年见钱法六次调整。财政决策过程迁延岁月，如前述历次盐法调整，从动议到落实往往经历数月乃至一年。[7]中书宰执对于食货这类"天下之急务"，竟不以为忧，"以为非己之职"，[8]

1　梅原郁曾列表梳理北宋内藏出借银帛钱数，并结合张方平等人论述，认为宋仁宗景祐以降，内藏出借三司钱帛数量大为增加，嘉祐时期出借缗钱即达每年二三百万贯，参氏著「宋代の内藏と左藏—君主獨裁制の財庫」『東方学報』第 42 册、1971、136~140 页。另如冀小斌认为，北宋三司"国用不足"某种意义上乃是假象，其支出依托内藏补助足以维持，臣僚之所以夸大资金不足的严重性，主要为达到政治上避免君主奢靡、使其有为等目的，参氏著《北宋积贫新解——试论"国用不足"与王安石新法之争》，周质平、Willard J. Peterson 主编《国史浮海开新录——余英时教授荣退论文集》。

2　值得一提的是，此时承担日常行政的诸司判官亦多非久任，迁转极为频繁，很难熟悉国家财政制度，可能影响了行政效率。如司马光所言："（三司）居官者出入迁徙，有如邮舍，或未能尽识吏人之面，知职业之所主，已舍去矣。"（《司马光集》卷二三《论财利疏》，第 615 页）

3　《长编》卷一三五，庆历二年四月戊寅，第 3233 页。

4　彭百川：《太平治迹统类》卷三〇《官制沿革下》，《景印文渊阁四库全书》第 408 册，第 770 页。

5　《长编》卷一五〇，庆历四年六月辛卯，第 3623 页。

6　《长编》卷一四七，庆历四年三月丁亥，第 3568 页。

7　关于仁宗朝盐法演进具体过程的梳理、分析，参郭正忠《宋代盐业经济史》，人民出版社，1990，第 723~763、903~933 页。

8　《司马光集》卷二三《论财利疏》，第 623 页。

诸司臣僚则建议多而落实少。总之，此时财政制度积弊甚多，改革相当迫切，但权能"错位"之下，三司、中书宰执只得因循旧制，难以展开及时有效的制度更张。

（二）"同制国用"：宋人对"权能错位"问题的应对之策

如前所述，在北宋中期，财政决策与军国大计密切相关，非三司可独立应付，必须仰赖中书宰执决断。而如何理顺三司、宰相权能关系，调整中枢财政决策体制，提高决策效率及合理性，逐渐引起官员们的关注，并将其视为解决财政困难、纾解民力的前提。

时人方案主要有二。其一，振举三司"总计"之职，加强其参谋顾问能力。庆历二年，知谏院张方平主张"于两省已上官，选差才敏之士三两员"，以便协助庶务繁忙的三司长贰谋划财制损益之方，"据国用岁计之数，量入以为出，平货物之轻重，通天下之有无，较其利害之原，以革因循之弊"；三司方案拟定后，则报二府详议定夺，"旋具事节，先到中书、枢密院开陈商量，必久远可行者，奏上取裁"。[1] 此外，还有部分臣僚建议宰执加强监管，以人事黜陟等手段，对三司政务处理加以"责成"。[2] 此类主张，力图保持并提升三司行政能力，巩固其国计中枢之地位，宰执则以三司谋划方案为基础斟酌裁断，加强决策合理性。

其二，主张直接增强中书理财能力，使之通知钱谷之数，参掌国计，更为有效地决策大政。如至和二年知谏院范镇所言，"中书主民，枢密主兵，三司主财，各不相知……请使中书、枢密通知兵民财利大计，与三司量其出入，制为国用"，力图形成"冢宰制国用"之格局。[3] 此外，嘉祐七年，司马光亦主张设总计使，由"宰相领之"，以应对"食货"这一"天下之急务"。[4] 此类观点，在仁宗中后期应颇为流行，时任三司长官田况、蔡襄等均有类似

1　《长编》卷一三五，庆历二年四月戊寅，第3233页。

2　郑獬：《郧溪集》卷一三《论责任有司札子》，第119页。

3　范镇：《乞中书枢密院通知兵民财利札子》，赵汝愚编《宋朝诸臣奏议》卷四六《百官门》，第493、494页。

4　《司马光集》卷二三《论财利疏》，第623页。

论述。皇祐间三司使田况进《会计录》时，称当时财政收支极为困难，"厚敛疾费如此，不可以持久"，自己作为三司长官虽尽力而为，却仍难改善局面，"材策暗短，久当大计，虽内自竭尽，而绩无最尤"，若要根本改变财政状况，应"酌祖宗之旧，参制浮冗"，[1]而这非三司所能独当，宰执必须更多承担计财之任："欲有所扫除变更，兴起法度，使百姓得完其蓄积而县官亦以有余，在上与执政所为，而主计者不能独任也。"[2]其所上《皇祐会计录》六篇，也是希望仁宗"颁示二府，冀人主知其故，而与执政图之"。[3]另如治平元年三司使蔡襄进奏，建议宰执、三司对财政收支信息"通而为一"，以便宰执决策充分利用三司计度数据，如"招置增添兵数，枢密院、中书共议之，先令三司计度衣粮如何足用。管军每乞招添，边臣每乞增置，必须诘问其所少之因，必不得已，方可其奏"。[4]

以上两类主张，均强调中枢财政决策窒碍的症结在于三司、宰相间的权能错位，并承认三司作为决策流程中边缘性的"有司"，无权裁断政务。因此，为解决北宋中叶的财政问题，必须加强三司与宰相的配合，以便及时合理完成决策，更张制度。二者的区别在于，前者强调三司作为理财中枢的角色，希望其可以减少庶务，主动参详谋议，更好地发挥顾问之职；后者则意图提升宰相的财政研判能力，将其塑造为新的理财中枢，进而集财权事权于一体，总领全国财计。仁宗后期至英宗朝，后一主张逐渐成为主流，为台谏官乃至三司官员们倡导，但主要仍停留于建议，未形成具体方案，更未付诸施行。

解决这一问题的契机，出现在熙宁时期。在王安石主导下，朝廷对中央原本的日常政务处理机制进行了一系列调整，与财政相关之措置主要有三。[5]其一，熙宁三年，于中书门下五房设检正官，在原有决策机制并无根本变化的前提下，通过设置"宰属"，增强中书与三司等负责具体财政事务"有司"的联系，并提升其对财政信息的分析能力。而中书检正官之意见，往往对最终决

1　田况：《皇祐会计录序》，吕祖谦编《宋文鉴》卷八七，第 1233 页。
2　王安石：《王安石文集》卷九一《太子太傅致仕田公墓志铭》，第 1571 页。
3　范纯仁：《范忠宣公文集》卷一六《太子太保宣简田公神道碑铭》，《宋集珍本丛刊》第 15 册，第 491 页。
4　蔡襄：《蔡襄集》卷二二《论兵十事奏》，第 386 页。
5　关于熙宁间宰相主导下对三司职掌整顿的具体论述，参古丽巍《变革下的日常——北宋熙宁时期的理政之道》，《文史》2016 年第 3 辑，第 224~233 页。

策结果产生直接影响。[1] 如熙宁八年十月，三司奏请废杂卖场，即因"中书户房以为不便"，遂再下三司议，杂卖场终得以重置。[2] 其二，熙宁三年起，由宰臣王安石"提举编修三司令式并敕文、诸司库务岁计条例"，[3] 编定三司行政法规，清中书细务，避免庶务申报积压，同时强化宰执对三司理财内容的掌控。其三，熙宁五年起，由检正中书五房公事曾布主持，以整顿三司文账、遣官监临等手段，加强对三司日常政务的监督。[4] 王安石的上述措施，固为配合新法推行，但某种意义上也是对此前臣僚改革思路的延续：在不改变中央财政决策基本机制的前提下，理顺二者的权责关系，从而加强宰执对财政的干预、监管，提升决策效率与合理性。[5] 上述调整造成两方面结果：一方面，宰相王安石不但居于决策核心地位，更依托"宰属"主导了财政条法的制定与文账审核，三司虽仍非宰相直属，但需依据相关决策与法令履行财政管理之职；另一方面，在理财权限扩大的同时，宰相通过"清中书细务"[6] 厘清决策范围，并得检正官协助，从而提升了行政能力，得以落实"制国用"目标。至于检正中书户房公事毕仲衍编定、用于中书宰执备查的《中书备对》，其全面登载全国各

---

1 中书检正官得以发挥此作用，与其作为"宰属"之职掌及临时性差遣密切相关，所涉问题颇为复杂，需专门讨论，此不赘述，仅就检正户房公事相关事例略言之。首先，检正官处于中书门下信息通进渠道中，得以接触并汇总三司诸般政务。在熙宁九年（1076）四月解盐通商之议中，中书门下进奏称："户房申：'据三司状，为解盐通商事，省司令客人张㪯等供析，乞将南京、河阳等处且令官卖，自再行法日至将来及一年，以解池出支官卖盐席比较勘会。'"可见三司拟定的措施方案或搜集的财务信息，需先状报检正中书户房公事，由检正官申宰相，故其得以辅助中书门下，有效分析三司意见，充分发挥财务决策权（《长编》卷二七四，熙宁九年四月癸丑，第 6717 页）。此外，检正中书户房公事不时受命，与三司协商决策政务。如元丰二年五月，"命检正中书户房公事毕仲衍同三司讲究曲法利害以闻"（《长编》卷二九八，元丰二年五月癸未，第 7247 页）；元丰三年五月，诏中书户房、三司并提举帐司官，"先取京西路帐措置立法以闻"（《长编》卷三〇四，元丰三年五月丙戌，第 7412 页）。

2 《长编》卷二六九，熙宁八年十月辛亥，第 6607 页。

3 《宋会要辑稿》刑法一之八，第 8219 页。

4 《长编》卷二三八，熙宁五年九月辛未，第 5802 页。

5 需要注意的是，前述臣僚关于宰相制国用之主张，多是在既有财政决策体制下，设法协调宰相与三司的互动关系、分工模式，提高财政决策效率与合理性。对于王安石设置制置三司条例司之类独立于三司，打破既有决策体制的"立法"机构，以致三司对其决策"皆不预闻"（参《司马光集》卷四〇《体用疏》，第 900 页），臣僚往往难以认同，如司马光即反问吕惠卿："三司使掌天下财，不才而黜可也，不可使两府侵其事，今为制置三司条例司，何也？"（参《苏轼文集》卷一六《司马温公行状》，第 485~486 页）其中涉及当时臣僚对三司、宰相理财权限、方式的不同理解，需另文讨论。

6 关于"清中书细务"以提高行政效能的具体讨论，参古丽巍《变革下的日常——北宋熙宁时期的理政之道》，《文史》2016 年第 3 辑，第 216~223 页。

地户口、税额、役钱额、商税额等财政数据，[1]更体现出中书对于财政管理所需信息获取能力的增强。总之，通过熙宁年间中央决策与财政管理体系的调整，宰相与三司的分工格局发生了变化：中书门下已然成为全国财政立法与决策的中枢，三司则逐渐成为受其指挥并负责具体事务管理的行政机构。中央财政管理中的权能关系，至此也得以初步整合，[2]成为元丰官制改革后构建三省、六部诸司与寺监关系的基础。[3]

余　论

在北宋前期财政管理体制中，三司与朝廷的分工大体表现在两个层面，对于"有条事件"，三司可自行处理，无须申报中书宰执；而在"无条"政务决策流程中，宰相居于主导地位，三司主要负责参详谋议，实为一顾问机构。从这一角度看，三司作为"有司"，与其他行政职能部门差别不大。

1　关于户房检正官对财政经济数据的汇总、梳理以及《中书备对》的性质，参李伟国《〈中书备对〉及其作者毕仲衍》，载氏著《宋代财政和文献考论》，上海古籍出版社，2007，第 223~224 页。关于《中书备对》所载经济数据的价值，参马玉臣《〈中书备对〉有关问题》，毕仲衍撰，马玉臣辑校《〈中书备对〉辑佚校注》，河南大学出版社，2007，第 48~55 页。

2　值得注意的是，南宋人在回溯有关史事时，往往将熙宁年间的制度措置，视为对祖宗良法美政的破坏，如章如愚称三司之职，"自熙宁变更法度之时已坏矣"（章如愚：《群书考索》后集卷四《官制门·祖宗旧制》，第 463 页上栏）。元丰改制后及至南宋，士人对"祖宗"朝三司制度的评价，与北宋前期士大夫颇有不同，往往更多赞赏。笔者认为，这与其基于对所处年代财政管理体制弊端的认识，并由此观照理解"旧制"密切相关。

3　此前，学者对熙宁年间三司本身的调整措意不足，多将重置军器监、以司农寺主持新法、设封桩钱物等措施，视为削弱三司财权，并将其看作元丰五年官制改革罢废三司的准备阶段（关于熙宁三司的调整、元丰五年罢废三司的具体过程以及两件史事间的关系，参汪圣铎《宋朝理财体制由三司到户部的变迁》，《宋辽金史论丛》第 2 辑，第 139~147 页）。事实上，熙宁年间的制度调整，既有面向新财源的创制，也有为提高中枢效能，针对既有体制的更张（古丽巍：《变革下的日常——北宋熙宁时期的理政之道》，《文史》2016 年第 3 辑，第 233 页）；而元丰年间中央机构的改革，则与宋神宗个人设想密切相关，其制度设计与具体措置，未必熙宁年间已有成算。此外，元丰改制对于中央财政管理机构的废置整合，更侧重职掌内容与流程的分解及相互防关，而非在集中财政管理权基础上理顺各机构间的权能关系，其基本思路与熙宁年间的调整颇有差异。三司职掌被拆入六部诸司及各寺监，而此前由三司指令、监督、参与财政管理的诸司仓场库务却依然存在，各机构间的业务联系亟待理顺，其同中枢决策层间的权能关系也发生新的变化。关于其调整过程及影响，仍待进一步研究。

但是，三司主导编定《三司编敕》《景德农田敕》等"条贯"，规定了本司财政管理的自主权限及处置方式。此外，三司得以依托其强大的财务数据搜集与分析能力，相对宰执占有信息优势，进而影响决策进程乃至结果。相比之下，北宋前期中书宰执并未配置相应的财务管理班子，在决策研判过程中，面对纷繁且专业性较强的财务数据，不得不依赖三司的分析。在决策与职能部门的正常分工模式下，二者存在明显的权能错位。

随着北宋仁宗中叶国家财政开支增加，"无条"事件增多，加之三司自身行政效率低下，难以充分研判，为免担责，遂将各类烦务进奏取旨，宰执决策压力陡然增大。此时中书理财能力不足，与三司又缺乏统摄关系，信息沟通不畅，使得权能"错位"这一因分工差异产生的正常现象，演变为北宋中枢财政决策中亟待解决的一大问题。自仁宗中叶至英宗朝，士大夫多主张加强中书宰相理财能力，使之权能合一，总领国计，但均未落实。直到熙宁新法推行之际，王安石一方面加强中书门下的信息获取与分析能力，同时采取宰属参与编敕、整顿文账等一系列措置，加强宰相对三司财政事务的管控与监督，初步理顺了宰相与三司的权能关系。

总的来说，为应对国家政务内容与财政形势的变化，中枢决策层需全面搜集研判所需信息，并尽量集中财权与事权，但很难兼顾效率、决策合理性与权力制衡。唐中后期形成宰相兼领财政三使之局面，某种意义上，正是为了应付新兴财政事务，以作为"皇权工具"的使职协调财政分工。[1]但随着五代宋初中枢权力格局演进，该体制几经曲折以至断裂，最终形成了三司与中书门下的分工格局，并出现了明显的权能错位。及至元丰五年官制改革，罢废三司，其财政管理职能，分入户部、比部、工部等六部诸司及寺监，虽在表面上"回归"唐前期旧制，宰相直接统领财政管理机构，但因账簿文书申报分散，财政管理的整合与统一仍未实现。如司马光所云，负责全国财政管理的户部，"既不能知天下钱谷出纳见在之数，无由量入为出，五曹及内百司各自建白理财之法，申奏施行，户部不得一一关预，无由尽公共利害"。[2]这种"利权不一"的

1　吴丽娱：《论唐代财政三司的形成发展及其与中央集权制的关系》，《中华文史论丛》1986 年第 1 期，第 198 页。

2　《司马光集》卷五一《论钱谷宜归一札子》，第 1067 页。

局面，成为赵宋王朝财政管理此后长期面临的问题，至南宋初，宰相仍难知"财谷出入之原"。[1]王朝统治者只能通过机构、职官的增设与重组，调整各部门间的权能关系，不断寻找平衡点，尽可能弥补缺乏"强有力中枢"之弊，[2]勉力维持财政管理体系的运行。

第三节　宋神宗朝"朝廷钱物"的封桩与征调

北宋中后期及南宋，中央财政利权不一，并非完全归属中央"计司"（三司、户部），存在政出多门、调拨不便之弊，多为时人诟病。靖康元年（1126），户部进奏称："比年以来，有御前钱物、朝廷钱物、诸局所钱物、户部钱物，其讲画衰敛、取索支用，各不相照，以致暗相侵夺，公私受弊。丰耗不能相补，出入无以检察。"[3]在北宋末计臣看来，朝廷钱物是与户部钱物、御前钱物及徽宗所创诸局所钱物并列的钱物类型，且彼此管理独立，互不相关，以致难以审核监督。现代学者批评宋代财政，亦认为宋廷此类制衡计司财权的举措，乃是造成计司"积贫"的制度原因。[4]但若抛开对制度运作实效的判断，切实理解"朝廷钱物"之于宋代财政的意义，我们还需回应以下问题：这一制度何以在熙宁、元丰时期形成？其征调管理机制如何，在财政运作中发挥了何种作用？其功能有无变化，与执政者的财政政策及实践又有何关联？

对于宋代朝廷钱物的来源、征调、库藏与财政功能，学界已有深入研究，并基本达成以下共识：（1）朝廷钱物形成于王安石主持的熙宁新政时期，来源多为常平、免役等各类新法创收钱，在北宋后期窠名又有所增多；（2）朝廷钱物属于宰相掌管并支配的财政资源，中央计司（三司、户部）与君主均难以直接干预；（3）朝廷钱物大量上供京师，并封桩储存于专门的年号库藏，如元丰

1　《宋会要辑稿》职官六之二〇，第3165页。
2　汪圣铎《宋朝理财体制由三司到户部的变迁》，《宋辽金史论丛》第2辑，第147~148页。
3　《宋会要辑稿》食货五六之三九，第7304~7305页。
4　参程民生《论北宋财政的特点与积贫的假象》，《中国史研究》1984年第3期，第35~36页。

库、元祐库、大观库等，主要作为财政储备，应付大规模军国用度。[1]但相关问题远非题无剩义。学者的上述认识，主要基于以下两则史料，其一为蔡惇所编、成书于绍兴年间[2]的《祖宗官制旧典》：

> 国朝沿五代、后唐之制，置三司使以总国计，应四方贡赋之入，朝廷未尝预焉，一归三司。总盐铁、度支、户部，位亚执政，目为计相。凡国家工役之费，其所用皆蠹耗之大者，必命三司使总之，乃可节以制度也。至王安石为相，自著《周礼义》以符合新法，故持冢宰掌邦计之说，谓宰相当主财计，遂以三司分权。凡赋税常贡征榷之利，方归三司。摘山煮海、坑冶、榷货、户绝没纳之财，悉归朝廷。其立法与常平、免役、坊场、河渡、禁军阙额、地利之资，皆号朝廷封桩。又有岁科上供之数，尽运入京师，别创库以贮之，三司不预焉。于是，祖宗处国计之良法尽坏矣。[3]

其二则为蔡條所编、同样成书于南宋前期的《国史后补》：

> 元丰库、大观库者，皆谓之朝廷库务。国家沿袭唐五代之制，财用尽付三司，有自来矣。及熙宁初议改法，因取财利之柄浸归宰相。及元丰官制行，既无三司，而为户部。户部岁入之额凡四百余万缗，是独昔日三司之一事而已。三司昔时所应入者，则或在朝廷。既在朝廷，此所以立元丰库也。况又当崇观之间，鲁公前后措置所入元丰库，若香药、

1　关于朝廷钱物制度形成、财赋来源、库藏管理及用途的专题研究，参包伟民《宋代的朝廷钱物及其贮存的诸库务》，《杭州大学学报》1989年第4期，收入氏著《传统国家与社会：960~1279年》，商务印书馆，2009，第123~141页；汪圣铎《两宋财政史》，第623~628页；黄纯艳《论北宋朝廷财赋》，《厦大史学》第3辑，厦门大学出版社，2010，第152~168页，相关论点亦见氏著《宋代财政史》，第54~81页；刘世梁《宋代朝廷封桩钱物研究》，硕士学位论文，河北大学，2017。目前，学界争议主要在于对年号库藏性质特别是其与内藏库关系的理解，相关综述及辨析，参崔玉谦《北宋神宗、哲宗、徽宗三朝诸皇帝年号财库设置考论》，姜锡东主编《宋史研究论丛》第24辑，科学出版社，2019，第313~316页。

2　王应麟：《玉海》卷一一九《官制》："《绍兴祖宗官制旧典》三卷，绍兴间蔡元道纂。"（第2203页）

3　徐自明撰，王瑞来校补《宋宰辅编年录校补》卷七《神宗皇帝》引，中华书局，1986，第426~427页。

犀象、粗细物货、珠玉金帛，不知纪极矣。元丰库之制，虽天子不可得
而用，倘有所用，必有司具数上之朝廷，宰执聚议，同上奏陈，降圣旨
意下库，始可支拨。况宰执议论或有所不同者。盖目前行之甚严如此也。
大观库者，其制同元丰。然大观库独贮天下坑冶，所以终始未尝动，又
不若元丰库时有支用也。[1]

蔡惇、蔡絛对于制度本末的梳理条理清晰，彼此互为印证，阐述了朝廷封桩
钱物的成因、管理特点以及库藏情况，直接影响了学者的前述认识。照理，
蔡惇、蔡絛的父辈曾在神、哲、徽三朝中枢担任要职，[2]二人既出身北宋后期
显宦高门，且亲见相关制度改革，对于典故颇为熟稔，所言应较可靠。但对
二蔡的叙述，我们仍需注意以下问题。其一，对于典制沿革的追述，往往带
有较强的目的性：蔡惇记述"旧典"，本为批评熙宁、元丰以降官制"流品
混淆"，进而"存祖宗制官之意"；[3]至于蔡絛所述史事，更是意图"为其父自
解"。[4]二者虽立场有别，但都将朝廷钱物视为熙宁宰相力图总揽财权，掌"财
利之柄"的产物，三司不得参与其间，并将"始作俑者"归于王安石。其
二，两段文字均从已然定型的制度出发，梗概其沿革，但对制度演化与运作
的细节未多加措意，这难免干扰我们对朝廷钱物具体内容及其征调、库藏方
式的理解，譬如元丰库初创时，钱物主要来自常平、免役、坊场钱，但学者
列举北宋朝廷钱物具体窠名，大多包括市易钱、禁军缺额钱、监牧租地钱
等，[5]可见不同窠名朝廷钱物的封桩、征调管理方式存在差异，具体制度演化
也非同步展开。

　　总之，蔡惇、蔡絛虽为当时人，但其关于朝廷钱物封桩过程、管理方式

1　章如愚：《群书考索》后集卷六四《财赋门》引《国史后补》，第 838 页下栏。
2　蔡惇父蔡延庆曾于元丰二年知开封府，拜翰林学士，并于元祐间任工部侍郎，相关考证，参张志勇
　　《蔡惇〈祖宗官制旧典〉辑佚与研究》，硕士学位论文，河北大学，2013，第 4~5 页。蔡絛之父则为神、
　　哲、徽三朝屡任两制、宰执的蔡京。
3　王应麟：《玉海》卷一一九《官制》，第 2203 页。相关论述参张志勇《蔡惇〈祖宗官制旧典〉辑佚与研
　　究》，第 6 页。
4　陈振孙：《直斋书录解题》卷五，徐小蛮、顾美华点校，上海古籍出版社，2015，第 152 页。
5　参包伟民《宋代的朝廷钱物及其贮存的诸库务》，《传统国家与社会：960~1279 年》，第 124~132 页；汪
　　圣铎《两宋财政史》，第 624~625 页；黄纯艳《宋代财政史》，第 75~78 页。

之论说，仍属"后见之明"，未必能视为制度尚未定型的熙宁、元丰时期的事实。学者根据其叙述总结朝廷钱物的基本特点，并将其成因归结为王安石的"理财"意图，难免忽略了熙宁、元丰时期国家财政中朝廷钱物更为丰富的功能与面相。基于此，本书主要关注制度运作的具体过程，在熙丰时期中央财政体系演进的整体观照下，理解该时期朝廷钱物管理方式及征调、封桩库藏的变化，分析元丰库钱物来源及管理模式如何形成，进而思考熙丰"理财"旗号下，宋神宗、王安石的制度措置思路及其策略异同。

一　熙宁元丰时期朝廷钱物的封桩

北宋官司封桩钱物备用，并非始于熙宁新法，其管理主体也不仅限于朝廷，还包括安抚司、转运司等多个机构，故宋人常以"诸司诸色封桩钱物"称之，但大规模设置封桩钱物，确实始于神宗朝。[1] 那么，神宗朝形成的朝廷钱物，是否均需封桩？据陈傅良所言，"朝廷初无封桩、起发之制"，[2] 至熙宁以降，宋廷"以常平宽剩、禁军阙额之类令封桩，迄今为额"，[3] 可见宋廷以具体财赋窠名规定钱物封桩与否，而非统一处置。接下来需要辨析的是，熙宁、元丰时期，制度规定封桩的朝廷钱物包括哪些类型？其封桩与否取决于何种因素？封桩后是否全系朝廷管理而"三司不预"？

北宋后期及南宋，朝廷编制有"擅支朝廷封桩钱物法"，[4] 可见此时"朝廷封桩钱物"是内涵明确的法律概念。事实上，"朝廷封桩钱物"在元丰年间已见于计臣言论。元丰元年（1078）十二月，三司进奏：

1　王曾瑜：《宋朝系省、封桩与无额上供钱物述略》，《中国经济史研究》2018年第6期，第10~11页。

2　陈傅良：《陈傅良先生文集》卷一九《赴桂阳军拟奏事札子（第二）》，浙江大学出版社，1999，第267页。

3　陈傅良：《陈傅良先生文集》卷二〇《吏部员外郎初对札子（第二）》，第284页。

4　如建中靖国元年（1101）三月十九日诏："诸路划刷今年大礼合用金银钱帛等，或擅行支用，依擅支朝廷封桩钱物法加一等，不以去官、赦降原减。"（《宋会要辑稿》礼二五之一八，第1214页）建炎二年（1128）八月十六日，宋廷要求诸州严格管理纲运送纳，"如所在州军辄敢移用，依擅支朝廷封桩法加等科罪"（《宋会要辑稿》食货四七之一四，第7061页）。

准送下判都水监宋昌言等奏，乞支钱二十万缗，分与开封府、河北路诸埽市梢草，今未有钱物可给，欲支市易务下界末盐钱十万缗，从三司拨付本监，依朝廷钱物例封桩，仍逐年依数兑换，非朝旨及埽岸危急不得支用，从三司点检拘辖。[1]

三司拨付都水监钱物，即"依朝廷钱物例封桩"，可见该项钱物在元丰元年已存在，且主要用于储备，需朝廷诏旨方得支用，其收支则由三司负责审核。换言之，朝廷虽对封桩钱物具有支配权，但其日常点检审核仍需依赖三司。个中缘由，或因此类封桩钱物来自三司拨付自市易务下界的末盐钱，其账簿仍系于三司。

值得一提的是，在元丰三年中书户房检正官毕仲衍编定的《中书备对》中，亦列有"朝廷诸色封桩钱物"条目，更证明其为君主认可的正式制度。根据毕仲衍所列，朝廷诸色封桩钱物共计三百三十二万八千三百八十一贯石束，其具体寨名及数量如下：

郓州市易务本钱一十万贯许市易司支拨，应副江淮收籴斛斗。候将来变转了当，却依旧封桩。

义勇、保甲代兵士弓手省到钱粮，钱四十四万三百五十八贯九百文，粮四十一万七千八十七石二斗，草三十七万四千七百三十七束，料三万九千六十四石五斗。开封府界熙宁五年七月以后上番至九年终，将兵级请受并弓手佣钱，内除保甲计请外，约前下项钱一十六万七千一百三十八贯八百文，粮八万二百二十石六斗，草三十七万四千七百三十七束，料三万九千六十四石五斗。河北东路自上番至熙宁十年八月终，省到未曾除路出巡检县食钱等，今约到下项钱八万一千五百六贯六百文，粮一十万四千一百六十二石三斗。西路自熙宁九年十月上番至当年终，省到内有未完事节，今约到下项钱四万一千三百三十二贯二百文，米豆六万六千五百二十六

石三斗。河东自熙宁九年十月一日以后上番至元丰元年六月终，省
到内有未完事节，今约计下项钱一十五万三百八十一贯三百文，米
一十六万六千一百七十八石。

　　河东卖铜铅场元丰元年十一月三司供到系当年六月终，除支外下项
见在钱六千一百二十六贯三百文。

　　河东铸铜钱息元丰元年十一月三司供到系当年六月终，除支外下项
见在钱一万二千三百九贯八百文系折二钱。

　　河中府籴到糯稻元丰元年八月三司状称系熙宁十年收到，计价钱下
项钱四百四十六贯五百文。

　　市易务下界封桩朝廷钱五十万贯系废监、卖铜锡，发运司罢籴斛斗，
祠部等，沙苑监卖羊，出卖解盐，义勇保甲代兵士弓手省到等钱。因三
司奏南郊阙钱乞借，起发到。如阙见钱，取指挥支借，却逐旋拨还。

　　澶州故衣杂物钱元丰元年六月内三司供到钱八百七十七贯三百文。

　　在京市易务下界末盐钱准备支还河北粮草价钱，元丰二年二月终，
支外见在钱一百四十万七千三百七十七贯三百文。[1]

上述"朝廷钱物"根据封桩情况可分为两部分：一部分为外路各处封桩钱物，
如义勇保甲代兵士弓手省到钱粮、郓州市易务本钱、河东卖铜铅场钱、铸铜钱
息等；另一部分则于市易务下界封桩，包括为应付三司南郊开支自各处起发入
京的五十万贯钱，以及预备拨还河北粮草价钱的在京市易务下界末盐。需要说
明的是，熙宁以前，三司征调钱物往往存于榷货务，如治平四年二月，三司命
发运司将上供年额内五十万石粮以低于和籴价出卖，"变市金银绢输榷货务封
桩，分给三路以备军须"。[2] 至熙宁五年三月宋廷行市易法，七月榷货务并入市
易务，为市易务下界，各处征调入京之钱物仍多存于此。换言之，存钱物于市

1　解缙等：《永乐大典》卷六五二四"桩"字韵"封桩"事目引《中兴（书）备对》，中华书局，1986，
　　第2599页。此条佚文系中国历史研究院古代史研究所王申发现，各条目具体考证及财政意义，参氏
　　著《新见〈中书备对〉佚文考释》，未刊稿。该条目未见于毕仲衍自编目录（参毕仲衍撰，马玉臣辑校
　　《〈中书备对〉辑佚校注》，第20~23页），其所属门类存疑。
2　《长编》卷二〇九，治平四年二月丁卯，第5082页。

易务下界，实延续自榷货务库藏。接下来，笔者将分析朝廷封桩钱物的主要窠名构成，以揭示其财赋来源。

其一为义勇、保甲代兵士弓手省到钱粮。宋廷于熙宁三年定《畿县保甲条制》，意图以义勇、保甲番上承担治安与防卫职能，进而减省募兵，实现募兵民兵参用，如此可节省军费，有裨财用。[1]自熙宁九年（1076）起，又行义勇、保甲分批于附近乡村上番之制，宋廷令"河北路巡检、县尉已用义勇、保甲、土蕃，其元管马步军并于马军额除之，所减巡检兵级及弓手义勇、保甲各数支费，委监司一员拘收封桩，季具数上兵部，岁终以闻，中书点检准备移用，其兵额令枢密院详酌裁定"。[2]可知节约募兵请给、支赐及弓手雇钱，由任一监司封桩，每季申报兵部，年末进奏，由中书门下掌管备用。自元丰元年二月，宋廷将此制度推行至开封府界及沿边诸路，并诏令"义勇、保甲上番所省诸军请给，唯粮米听留本色外，余并封桩。仍以诸路义勇、保甲隶提点刑狱司，开封府界隶提点司"，指定府界及诸路提点刑狱司掌管义勇保甲番上节省钱物；当年十二月，兵部命各处提点刑狱司细核本路一年减省军士请受、赏给、弓手雇钱、郊赏折支的具体数量，并据此立额，每年根据各处四季申报数据比较增减，强化了兵部及提点司对封桩钱物的管理。[3]至元丰五年三月，宋廷下诏申明："诸路保甲封桩钱物，非有朝旨而辄支用者，论如支封桩钱法。"[4]再次强调此类封桩钱物本属朝廷直接掌握，并明确了对擅支钱物的惩罚。这一朝廷封桩钱物的管理模式，至此基本定型。

其二为废牧监钱以及出卖铜铅场钱。宋廷于熙宁行保马法后，逐渐裁撤各地牧监。至熙宁八年三月，宋廷下诏，除保留沙苑监隶群牧司外，其余牧监尽数罢废，同时罢去河南、河北两牧监，并将牧监马匹出卖，地土招民户租佃，如此不但节省了三司对于牧监的成本投入，还能收获租金课利，是为"废监钱物"。宋廷起初规定，"以牧地租给市易务茶本钱外，余寄常平籍出息，以

1　《长编》卷二一八，熙宁三年十二月乙丑，第 5297~5300 页。

2　《长编》卷二七六，熙宁九年六月癸巳，第 6747 页。

3　《宋会要辑稿》兵二之一五，第 8629~8630 页。

4　《宋会要辑稿》兵二之二二，第 8634 页。

给售马之直", [1] 可见除牧监地租用于市易务茶本,其余废监钱均由提举常平管理,营运收息。但在当年九月,宋廷据中书进奏,命已废牧监"其废监钱物等,除给都提举市易司充茶本外,令三司岁具合应副熙河路年计钱数,申中书取旨支拨"; [2] 次年五月,又诏令"应废监系省钱,诸路提刑司、府界提点司并封桩,中书拘辖", [3] 经过一系列调整,原本由提举常平系统营运取息的废监钱物,转为由各路及开封府界提点刑狱司封桩,中书门下拘管;其移供熙河钱数,则由三司计度,并报中书门下取旨支用。至此,废监钱物已由市易、常平本钱,完全变为诸路提刑储备,中书门下直接支配的"朝廷封桩钱物"。除牧监外,熙宁时期,诸路还将大量铸钱监场出卖,不但可直接由此获利,还能减省该监铸钱所需的铜、铅、锡采购本钱。熙宁九年十一月,宋廷诏令三司,将"诸路卖铜铅锡钱,相度兑路发地远者,变易物货,并于市易务下界封桩"; [4] 元丰元年九月,又命三司"应系省及上供年额钱所买铜、铅、锡,其所费本钱,令三司移用外,余并依条封桩", [5] 要求三司将所属系省场务出卖钱及铸钱原料采购本钱封桩,前者更需起发上京,储存于市易务下界。这部分钱物原本归三司管理,因此数据系"三司供到"。至于河东路卖铜铅场钱及铸铜钱息钱,未列入三司南郊借助钱物,可能因该路铜铁钱并用,且所铸为折二钱,不用于给赐。 [6]

其三为三司掌管的榷盐收入。如封桩于在京市易务下界(榷货务)的"出卖解盐钱",熙宁六年(1073)三月,宋廷应制置解盐司请求,诏令"解盐司钱非朝旨擅支借,以擅用封桩钱法论", [7] 元丰元年十二月,宋廷诏"三司给勾帖,以提举出卖解盐司岁用盐万席,于解州池场般请,其钱封桩,岁终具数以闻", [8] 可见此解盐榷利封桩钱物,虽系三司管理,但收支情

---

1 《长编》卷二六二,熙宁八年四月己丑,第6412页。

2 《宋会要辑稿》食货三七之二三,第6818页。

3 《长编》卷二八三,熙宁十年六月己亥,第6927页。

4 《长编》卷二七九,熙宁九年十一月丁丑,第6825页。

5 《长编》卷二九二,元丰元年九月丁亥,第7135页。

6 汪圣铎:《两宋货币史》,社会科学文献出版社,2003,第547~549页。

7 《宋会要辑稿》食货二四之二三,第6524页。

8 《宋会要辑稿》食货二四之一七,第6520页。

况需报知朝廷，且必经朝廷旨意方得用度。另如同样储存于市易务下界的末盐钱，该钱用途系"准备支还河北粮草价钱"。《中书备对》有载："末盐六百七十九万五千四百四十贯二百六十文，收到钱除有应副淮浙买盐支用钱外，并系赴军资库送纳。钞钱祖额二百四十万四千三十四贯五百文，其钞额钱准敕封桩，准备支还河北粮草价钱。"[1] 可知宋廷将市易务下界卖末盐钞钱封桩，用于河北粮草籴本。此钱额二百四十万四千三十四贯五百文，至元丰二年二月底已支出近一百万贯，所剩见在钱尚有一百四十万七千三百七十七贯三百文。

除上述钱物外，"朝廷封桩钱物"还包括郓州市易务本钱、河中府籴到糯稻钱、澶州故衣杂物钱。关于郓州市易务，熙宁八年时，宋廷规定以"司农寺支坊场钱三十万缗"充其本钱，[2] 照理，市易钱物仅息钱可供朝廷封桩移用，本钱用于经营生息，但此十万贯市易本钱专用作江淮斛斗籴本，应付上供，故列为封桩项目。至于河中府籴到糯稻钱、澶州故衣杂物钱，具体情况已难详考，但二者数据均由三司在元丰元年六月、八月供报，总数较少，不过一千三百二十三贯八百文。大体说来，元丰初所谓的"朝廷封桩诸色钱物"，往往来自三司出卖官产、裁减支费。这些因制度调整变现、节余并得以积累的系省钱物，并未返还三司或漕司作为经费，而多由各路提点刑狱司封桩，并由中书直接"拘辖"，非经朝廷取旨不得支用，中书门下甚至专遣堂后官置备簿书，以便掌管封桩数量，[3] 但其具体收支数据，大多仍来自三司供报。

值得注意的是，作为北宋后期"朝廷钱物"重要组成部分的常平、免役、坊场、市易息钱等新法钱物，[4] 以及封桩缺额禁军等钱，在《中书备对》中均未被列入"朝廷封桩钱物"。新法所获钱物之所以未被列入，当因制度设计时此类钱物多具有供给吏禄、营运收息等专项功能，而非用于"封桩"备用。以供吏禄而论，熙宁四年（1071），宋廷针对买扑三司坊场钱，规定"每千纳税钱五十，仍别封桩以禄吏"。[5] 至新政全面展开的熙宁六年，各项新法收

1　《宋会要辑稿》食货二三之九、十引《中书备对》，第 6492 页。

2　《宋会要辑稿》食货三七之二三，第 6818 页。

3　《宋会要辑稿》职官四之一九，第 3104 页。

4　包伟民：《宋代的朝廷钱物及其贮存的诸库务》，《传统国家与社会：960~1279 年》，第 124~128 页。

5　《长编》卷二一九，熙宁四年正月甲寅，第 5331 页。

入钱物更是承担了大部分的吏禄开支："时内自政府百司，外及监司、诸州胥吏，皆赋以禄，谓之仓法。京师岁增吏禄四十一万三千四百余缗，监司诸州六十八万九千八百余缗，然皆取足于坊场、河渡、市例、免行、役剩、息钱等，而于县官岁入财用，初无少损，且民不加赋，而吏禄以给焉。"[1] 在此时期，王安石多次阐述其依托新法钱物行仓法之意图，主张此类财赋窠名断不可废。如熙宁五年五月，神宗论朝廷缺钱，不足以增吏禄，王安石即称若诸路尽收坊场税钱，则"可足吏禄有余"；[2] 当年十一月，神宗疑市易之法琐细扰民，王安石除引述《周礼·泉府》说服神宗"周公制法如此，不以烦碎为耻者"，更解释市易息钱用途以明利害："今诸司吏禄极有不足，乃令乞觅为生，不乞觅即不能自存，乞觅又犯刑法。若除放息钱，何如以所收息钱增此辈禄。"[3] 足见在制度设计层面，此类新法钱物均属"专款专用"，其用度主要服务于新政改革目标。

　　但在熙宁八年后，情况有所变化，宋廷时常要求各处提举常平及市易务，将节余新法钱物封桩，以备朝廷支用。宋神宗多次诏令各处存储一定数量的新法钱物。特别是原本带有备荒功能的常平钱物，早在熙宁七年九月，神宗因诸路灾伤，告谕辅臣："天下常平仓，若以一半散钱取息，一半减价给粜，使二者如权衡相依，不得偏重，如此民必受赐。"力图恢复常平备荒功能，改变"有司务行新法，惟欲散钱"之局面。[4] 王安石熙宁八年短暂复相后，在向神宗进呈各处"借常平物与转运司修城堑"情况时，亦主张"宜爱惜常平物，以待非常，不宜遽如此费出"，[5] 建议将常平等钱储存备用，得到神宗首肯。至于其他新法钱物，熙宁八年九月，宋廷诏"买扑坊场等钱并别桩管，许酬新法以前牙前及依条支赏，并依常平法给散外，不得他用"，[6] 次年十一月，更要求"自今宽剩役钱并买扑坊场等钱，更不给役人，岁终详具羡数申司农寺，余

1 《长编》卷二四八，熙宁六年十二月壬申，第6052页。
2 《长编》卷二三三，熙宁五年五月乙巳，第5666~5667页。
3 《长编》卷二四〇，熙宁五年十一月丁巳，第5828页。
4 《长编》卷二五六，熙宁七年九月壬子，第6256页。
5 《长编》卷二六二，熙宁八年四月戊寅，第6402页。
6 《长编》卷二六八，熙宁八年九月癸酉，第6569页。

应系常平司物当留一半"。[1] 由此观之，对于司农寺掌握的各项新法钱物，宋廷多要求封桩备用。至于市易钱物，其见在息钱"先封桩听朝廷移用"，[2] 熙宁九年十一月，都提举市易司进奏："今见在本钱除官员将物货变转外，只有四百一十六万余贯，深虑朝廷非泛取拨。"[3] 可见朝廷此前甚至调用并封桩市易本钱。要之，自熙宁八年开始，特别是熙宁九年十月王安石第二次罢相后，不论司农寺所属坊场、河渡、常平等钱物抑或市易息钱，均按比例或全部拨予朝廷封桩，其供给新法用度的财政功能有所削弱，但名义上，此类钱物仍非全属"朝廷封桩"，因此在《中书备对》中尚未单列门类。

至于封桩缺额禁军钱未纳入"朝廷封桩钱物"，当因其并非直接归属"朝廷"。王安石军制改革计划，除了义勇、保甲番上代募兵，还包括不再招兵填补禁军缺额，以期逐渐裁军省费，并于熙宁三年底公布《畿县保甲条例》，在开封府试行此措施。[4] 熙宁十年正月该制度推行全国，次月宋廷下诏将裁撤禁军编制节省的钱物储存，形成所谓"封桩缺额禁军钱"。[5] 学者多从蔡惇之说，将这项窠名列入朝廷钱物，[6] 或认为其与保甲减省钱物性质相同。[7] 事实上，二者虽同王安石以减少募兵为核心的军制改革方案关系密切，但管理方式存在较大差别。宋廷规定："中外禁军已有定额，三司及诸路计置请受，岁有常数，其间偶有阙额，未招拣人充填者，其请受并令封桩，毋得移用，于次年春季具数申枢密院。"[8] 元丰元年，更命提点刑狱司取代转运司拘收，枢密承旨"同注籍"掌管，"辄支用者，如擅支封桩钱帛法"，[9] 可见其与义勇保甲减省钱物不同，并非中书门下支配，而是由三司及各路宪司核算请受减省数据并申报枢密院，由

1　《长编》卷二七九，熙宁九年十一月庚子，第 6839 页。

2　《长编》卷二八二，熙宁十年五月甲子，第 6907 页。

3　《宋会要辑稿》食货三七之二五，第 6819 页。

4　关于熙宁义勇、保甲番上的研究成果甚多，兹不赘引。最新讨论，参雷家圣《理想兵制的困境——宋神宗时期"保甲法"再探讨》，《河南大学学报》2021 年第 6 期，第 60~61 页。

5　《长编》卷二八〇，熙宁十年二月甲申，第 6860 页。

6　包伟民：《宋代的朝廷钱物及其贮存的诸库务》，《传统国家与社会：960~1279 年》，第 128 页；汪圣铎：《两宋财政史》，第 624 页。

7　范学辉：《论北宋的封桩缺额禁军钱制度》，《史学月刊》2001 年第 3 期，第 49 页。

8　《长编》卷二八〇，熙宁十年二月甲申，第 6860 页。

9　《宋会要辑稿》食货六四之七〇，第 7769 页。

其直接掌管。直到元祐七年（1092）四月宰相吕大防筹措在京禁军特支钱物，仍称"待用右曹钱、禁军封桩钱、上供钱等似不费力"，[1]可见其不属户部右曹，非宰相所掌，故而中书户房检正官所编《中书备对》"朝廷封桩钱物"条无此项目。[2]

　　综上，熙宁、元丰时期，所谓"朝廷钱物"的内涵侧重于支配而非管理，即此类钱物非经朝廷取旨，诸司不得支用；至于钱物的日常收支管理、账簿审核，则往往仍由三司负责，并将相关信息定期告知朝廷，其出纳绝非"三司不预"。此外，"朝廷钱物"未必尽数封桩，如常平、坊场等新法所获钱，在新法推行过程中大多被安排了特定用途，需"专款专用"；至于封桩备用的朝廷钱物，则多来自原三司钱物省费节用、出卖官产所得。自熙宁八年后，宋廷针对各处常平、市易新法钱物屡下诏令，其财政作用逐渐转向朝廷封桩备用，但直至《中书备对》进上的元丰三年，此类新法所得朝廷钱物至少在制度层面上仍未纳入"封桩"范畴。

二　朝廷封桩钱物的征调与库藏

　　如前所述，熙宁时期形成的诸多"朝廷钱物"，未必皆要求封桩于特定库藏，更非多用于征调移用。此类"朝廷钱物"，特别是来自理财新法收入的定额上供，主要始于元丰以后由宋神宗主导的财政管理制度调整，且同元丰库的建立密切相关。

　　元丰三年，宋神宗诏建元丰库，据李焘所述，其始末大体如下："自熙宁以前，诸道榷酤场率以酬衙前之陪备官费者，至熙宁行役法，乃收酒场，听民

1　《长编》卷四七二，元祐七年四月，第11274页。

2　按，封桩缺额禁军钱制度，此后废置不常，但至大观三年复置后长期维持。政和八年，宋廷为封桩缺额禁军钱上供立法，称"勘会枢密院所管诸路禁军阙额钱物，并降指挥变易轻货上京，于左藏库送纳"（《宋会要辑稿》食货六四之七三，第7771页），可见其所纳库藏，亦为户部左曹所领左藏库，而非元丰库等所谓"朝廷库务"。至绍兴三十年，户部侍郎兼权枢密都承旨端礼进奏，"诸路州军阙额请给封桩，每季起纳纳左藏库，具数申枢密院注籍，每上、下半年轮都、副承旨点检"（《宋会要辑稿》食货六四之七六、七七，第7773页），可见枢密管理阙额禁军钱之制持续至南宋。关于此类钱物的管理，参范学辉《论北宋的封桩缺额禁军钱制度》，《史学月刊》2001年第3期，第50页。

增直以售，取其价以给衙前，时则有坊场钱。至元丰初，法行既久，储积赢美，司农请岁发坊场百万缗输中都。三年，遂于寺南作元丰库贮之，几百楹。凡钱帛之隶诸司，非度支所主，输之，数益广，又以待非常之用焉。"[1]元丰库的修建过程较为复杂，学者已有细致考述。[2]概言之，元丰四年（1081），因当时官制改革影响，"司农寺见主钱谷，自当移治户部等处"，宋廷曾一度中止修造元丰库，"其上件库屋，可更不消修置。所有诸处起发到钱帛，宜止于内藏或左藏库收寄"，[3]至次年元丰库方才建成。那么，元丰库所藏朝廷钱物的来源为何？其征调封桩的过程又是怎样的呢？

首先征调起发的是坊场钱。元丰元年十二月，宋廷诏令"自今岁起发坊场钱，更不寄纳市易务，径赴内藏库寄帐封桩"，如前所述，司农寺在京师并无独立库藏，故其起发钱物多寄存市易务下界（榷货务），此时内藏库取代市易务，成为司农坊场钱物的储藏地。至元丰二年十二月，宋廷更命"诸路应发坊场钱百万缗，令司农寺分定逐路年额立限"，确定坊场钱征调立额，以保证京师每年的坊场钱上供收入。这部分坊场钱，后均归入元丰库。其次起发的是常平钱。元丰五年三月，宋廷诏"司农寺趣诸路提举司起发常平并坊场积剩钱五百万缗输元丰库"，[4]立下五百万贯的常平定额。至于免役钱则起发最晚，元祐元年（1086）十二月，宋廷命诸路元丰七年（1084）以前坊场免役剩钱，"除三路全留外，诸路许留一半。余召人入便随宜置场和买，可轻变物货……其物货逐旋计纲起发，于元丰库送纳"，[5]与坊场、常平定额起发现钱不同，免役钱系各路按比例折变轻货起发，原因待考。值得一提的是，市易钱物虽于元丰七年归户部右曹掌管，确为朝廷钱物，但其库藏与司农所属钱物有别。元祐元年六月宋廷一度罢市易务，元祐三年（1088）宋廷下诏"变卖市易司、元丰

1 《长编》卷三三〇，元丰五年十月壬申，第7959页。
2 崔玉谦：《北宋神宗、哲宗、徽宗三朝诸皇帝年号财库设置考论》，姜锡东主编《宋史研究论丛》第24辑，第316~320页。
3 《宋会要辑稿》食货五二之一四，第7176页。
4 《宋会要辑稿》食货五二之一四，第7176页。
5 《宋会要辑稿》食货一三之三〇，第6260页。

库物"，¹可见二者并列，市易钱物并未被纳入元丰库。²由此观之，宋神宗更倾向于调发司农寺所属钱物入元丰库。

那么，为何宋神宗要优先调动司农所属钱物以实元丰库藏呢？事实上，宋廷根据钱物类型与具体用途，调用新法钱物的次第素来有所差别。熙丰新法收入管理，主要归属于司农系统，包括坊场、常平、免役等钱；³但如市易本、息钱等收入，则归于市易司。倘为储备边储籴本、茶盐本钱，宋廷多先借支于司农，如熙宁七年，宋廷诏令成都府路转运司应付当路茶本，并申明"如不足，即借兑提举司坊场剩钱；又不足，即借常平钱，令司农寺拘辖拨还"，提举茶场司在漕司给钱不足的情况下，可向司农系统兑借钱物，借支顺序为先坊场钱，次常平钱。⁴又如元丰二年，权发遣司农寺都丞吴雍进奏，建议趁淮浙两年丰收，粮价低贱，借用各路积剩免役、坊场钱为籴本，在沿河州县镇籴买粮谷，以备粮价高时上供。宋廷命司农议定方案，"请如雍议，先以常平所留之半，并散下不尽钱充籴本，次以坊场、免役余钱，坊场留半，免役钱留二分"，得到宋廷批准。⁵可见在籴买粮谷等场合，宋廷除支用各州用于备荒赈济的留半常平钱物，亦先借用坊场、免役钱为籴本，并确定了各自借支比例。

相比之下，宋廷对市易钱物调用较少，一般用于便州军粮籴本。这固然因为司农寺各项钱物征收较早且多为纯粹收入，处于储备状态，而市易本钱则用于经营，多放贷在外且有欠负，难以即时调用。除此之外，该现象的形成，还与财政管理因素有关。

朝廷率先征调司农所属常平、坊场等钱，除因其征收较早、积蓄较多，更由于其核算与监管较为严密，且管理机构建制、人事独立，较少计司挪用之虞。一方面，司农寺在熙宁年间模仿三司建立起一套较合理的财务审核制度。

---

1 《宋会要辑稿》食货三七之三三，第6824页。
2 至北宋晚期，特别是徽宗朝以后，钱物征调范围进一步扩大，如和买绢、圣节银、抵当库赎金等都被纳入其中，成为徽宗构建盛世的钱物储备，这一思路与宋神宗一脉相承。此处不赘。
3 绍圣二年，臣僚总结元丰年间所言"常平等者"钱物，"谓常平、免役、坊场、农田水利、保甲、义仓、抵当也"，参杨仲良《皇宋通鉴长编纪事本末》（以下简称《长编纪事本末》）卷一一〇《哲宗皇帝·青苗》，江苏古籍出版社，1988，第3590页。
4 《长编》卷二五七，熙宁七年十月辛巳，第6277页。
5 《宋会要辑稿》职官二六之一二，第3694页。

熙宁四年，宋廷令三司编修敕令、岁计式，[1]次年又于三司置帐司钩考账簿，至七年二月诏三司帐司会计钱物出入奏闻。相关工作，至熙宁七年、八年间才初步完成（钩考账簿持续至元丰三年）。就在此时，宋廷亦基于三司上述措置，开始完善司农寺财务管理制度。熙宁七年六月，参知政事吕惠卿受命提举编修司农条例，除了搜集各路提举司官意见，整编完善相关法条，其更于上任当月建议"诸路州县见行常平、苗役、丁产、保甲、农田、水利等事，全借簿书钩考登耗虚实，则其制造不可以无法。欲令提举司，各据本路见有簿如何制造关防，具简径式样供申"，[2]试图通过整顿各路提举司所掌账簿体式，使司农寺得以有效获取并分析相关信息。次年，宋廷又根据司农寺建议，"令（司农寺）属官分路依三司判官点检签书，置籍揭贴。常见州县收支见在之数，其钩考赏罚约束依三司帐司法"，[3]即仿照三司较为系统的账簿审核机制，合理化司农吏员分工及工作流程，进而掌握州县司农所属钱物的收支情况。由此，司农寺主要仿照三司，完善相关法条、账簿与钩考流程。

　　另一方面，自元丰元年，司农寺机构建制逐渐独立，与三司系统彻底剥离，管理也愈发专门化。府界及诸路提举常平官员，起初往往由漕司官员兼任，但在元丰元年闰正月，宋廷规定诸路提举常平及漕司官员不再互兼；当年十月，宋廷又根据判司农寺蔡确建议，规定川广等路即使提举司官在假，亦不得由漕司官兼摄。此类措置的共同目的，都是防止漕司移用常平钱物，保证司农财利，避免出现此前"河北东路提举司申转运司所移用钱二十余万缗，江东提举司申转运司所移用钱谷十二余万贯、硕"之类情况。[4]当年十二月，宋廷更规定司农寺系统官吏请给，除"本寺官请受及吏人衣粮食盐依旧三司支给"，

1 熙宁三年八月，命提举在京诸司库务王珪、李寿朋"同三司使、副使提举编修三司令式"（《长编》卷二一四，熙宁三年八月乙酉，第5226页）；当年九月，命崇文院校书唐坰"编修三司令式及诸司库务条例"（《长编》卷二一五，熙宁三年九月乙巳，第5242页）；十一月，命三司将"岁计物须至下外州军科买者，著为定式"（《长编》卷二一七，熙宁三年十一月乙未，第5275~5276页）；十二月，命宰相王安石"提举编修三司令式并敕及诸司库务岁计条例"，以三司官员及部分朝官充详定、删定官（《长编》卷二一八，熙宁三年十二月庚辰，第5308页）；次年，更命吕嘉问权发遣户部判官，编修删定"南郊式"（《长编》卷二二七，熙宁四年十月丁丑，第5533~5534页）。

2 《长编》卷二五四，熙宁七年六月癸亥，第6226~6227页。

3 《长编》卷二六三，熙宁八年闰四月癸巳，第6418页。

4 《长编》卷二九三，元丰元年十月庚申，第7154页。

其余开支不经三司，由本司所管各类钱物直接承担。[1]综上，经过熙宁七年至元丰元年的一系列调整，司农寺已完全独立于三司，且针对所属钱物及官吏，建立起类似三司的严密审核与课绩机制。

相较而言，市易司虽然也掌握市易本、息钱等部分利权，但其财务管理的严密性与独立性远不及司农系统。熙宁六年，宋廷加强了朝廷对地方市易务的直接管理，命其隶属都提举市易司，建立起贯通央地的市易钱物调拨体系。但市易务初隶三司，其下界榷货务钱物为三司所属，上界市易本钱亦多三司应付。因此，除中书门下外，三司亦参与市易务收支审核、课绩，其长官亦多由中书检正官、三司官员兼任。熙宁七年市易务案，即由三司长官曾布负责"根究"，"比较治平二年、熙宁六年收支钱物数进呈"，但与吕惠卿主导的中书户房会计结果不同，并成为曾布罢职的直接理由。[2]直到元丰八年，臣僚建议"在京市易帐状旧申三司钩考，官制行，分属户部左曹。元丰七年，内、外市易右曹总其政令，改隶太府，其帐当归右曹"，得到宋廷批准，可见市易钱物仍与其他"朝廷钱物"不同，其账簿原归三司，元丰官制改革后属户部左曹掌管，至元丰七年才转由户部右曹掌管。[3]由此观之，朝廷虽得支配移用市易钱物，但其管理并未脱离三司，自身未形成独立的财务会计与审核体系。

除了司农寺严密的财务管理体系，宋神宗对于司农所属钱物，还具有制度化的财务数据获取渠道。早在熙宁三年，神宗下御批，要求司农寺"自今岁终，可具常平、广惠仓钱谷见在，夏秋青苗钱敛散、纳欠、倚阁、粜籴、本息、赈贷、水利兴修所役兵民，淤溉田亩及开辟生荒所增税赋，差役更改数以闻"，其具体项目包括"天下常平、广惠仓见在钱斛若干数目，夏、秋青苗钱散过若干数目，合收若干斛斗、已纳若干、未纳若干、倚阁若干、粜到诸色斛斗若干、斗直若干、出籴过若干、都收息钱若干、赈贷过若干，天下水利兴修过若干处，所役过若干人功、若干兵功、若干民功，淤溉到田若干顷亩，增到税赋若干数目，农田开辟到若干生荒地土，增到若干税赋，天下差役更改过若

1　《长编》卷二九五，元丰元年十二月己未，第7187页。

2　《长编》卷二五二，熙宁七年四月庚寅，第6173页。

3　《宋会要辑稿》食货五六之二四，第7296页。

干事件，宽减得若干民力"，[1] 这些信息逐年得到申报，彼此相互按核，神宗可据以充分了解常平钱物的具体收支情况，详细核查其用途的真实性、合理性。熙宁八年，神宗诏司农寺"具开封府界、诸路役钱见纳合用宽剩数，画一以闻"，[2] 试图进一步掌握司农所属役钱的收、支、见在信息，进而全面研判新法钱物的开支、增减情况及具体原因，以备决策调整。值得一提的是，《中书备对》中，常平、坊场、役钱具体罗列各路收、支、见在、应在四柱账，而其余税赋一般仅列额数或见在数，这或许也说明宋神宗对于司农所属钱物情况掌握最为全面、详尽，也可以解释其何以率先调动这部分钱物入元丰库封桩。

综上，熙丰新法钱物收支敛散，主要由司农寺、提举市易司及其下辖机构负责管理，司农寺在财务管理方面形成了独立且严密的体系，而市易钱物则长期系账三司，缺乏独立审核与会计。此外，宋神宗要求司农定期进奏钱物文账，对其收支状况掌握得较为充分，利于监管并据此研判财政政策。因此，当神宗着力调用新法钱物，在京师建立相应库藏时，即以司农所属坊场等钱为首选。

三　宋神宗、王安石"理财"思路及实践之差异

据前文论述，不同窠名新法钱物的管理、征调及利用方式，其演化并非同步，对朝廷理财发挥的功能在不同时期也未必一致，不可一概而论。在熙宁七年以前王安石主导推行新法过程中，宋廷多以新法钱物供吏禄、兴水利，主要服务于王安石主导的新政设施，且其收支出纳多依托既有的三司财计体系。但熙宁七年、八年间，特别是王安石罢相后，神宗屡次下诏，将大量新法钱物封桩并征调入京，设立专门库藏，以供其"大有为"之政，尤其是开边需要。[3] 由此观之，宋人将朝廷直接封桩并征调"朝廷钱物"，归因于王安石的制度设计，多属事后追述，未必准确；在熙丰新法推行的不同阶段，宋廷对于"朝廷

1　《长编》卷二一四，熙宁三年八月甲申，第 5224~5225 页。

2　《长编》卷二六九，熙宁八年十月壬寅，第 6601 页。

3　关于宋神宗"大有为"之政理念及实践，参古丽巍《何以"有为"？——论北宋神宗朝"大有为"之政》，邓小南主编《宋史研究诸层面》，第 504~535 页；关于宋神宗"复汉唐旧疆"的开边方略，参黄纯艳《"汉唐旧疆"话语下的宋神宗开边》，《历史研究》2016 年第 1 期，第 24~39 页。

钱物"的用途与管理政策有所差别。那么这种差异，又是如何形成的呢？[1]

吕中在《大事记讲义》中，关于宋神宗、王安石的理财政策目标及关联，曾有以下论述：

> 安石以常赋归三司而厚储蓄于司农，安石何见哉？我神宗亦有私藏之地也。盖自太祖积藏之金帛，以为复幽、蓟之谋，此其志至子孙不忘也。上自初即位，种谔取地而无功，韩绛用兵而失利，上亦愤西戎之桀傲，而虑财用之不继，安石知其意，故置条例司讲求财利，厚蓄邦计而为用兵之地，所以新法之行，人言不能入，盖安石有以入上心，故曰："安石之兴利，亦得以开边用也。"[2]

此段议论，将王安石设置条例司、行新法，解释为故意迎合神宗"厚蓄邦计而为用兵之地"的意图，固然有失偏颇，但称"安石以常赋归三司而厚储蓄于司农"而"神宗亦有私藏之地"，敏锐地捕捉到了神宗主导的元丰库钱物与王安石主政时期司农钱物的差异。吕中又称神宗是在治平四年种谔绥州之役失利，以及熙宁四年韩绛开边，进筑啰兀城失败后，方才"愤西戎之桀傲，而虑财用之不继"，注意到神宗理财、开边政策的关联及其重心转化过程，这提示我们，在"理财"这看似统一的方略背后，王安石与宋神宗的具体主张可能存在潜在差异，并影响了熙宁、元丰时期的财政政策与制度运作。

具言之，在二者的改革方略中，对"理财"意义的理解并不一致。所谓"以理财为先务"之共识，也非君臣际会时的自然契合，而是在奏对议论与施

---

1 关于熙丰新法为增加财政收入，汲取民户财赋，增重农民负担的"聚敛"色彩以及开军费之用途，蒙文通《北宋变法论稿》（氏著《古史甄微》，巴蜀书社，1999，第428~452页）、王曾瑜《王安石变法简论》（原刊《中国社会科学》1980年第3期，第148~150页；载氏著《锱铢编》，河北大学出版社，2006，第1~39页）、梁庚尧《市易法述》（原刊《台湾大学历史系学报》第10、11期合刊，1983，第141~242页；载氏著《宋代社会经济史论集》上册，台北：允晨文化，1996，第104~239页）均有论及，并分析了理财"原意"与实践的落差。但上述讨论对于理财新法背后王安石与宋神宗策略的差异，以及熙宁、元丰不同时期理财目标、方式的演化，未深入辨析。相比之下，葛金芳注意到熙宁新法与元丰新政的差异，并对其蜕变机制加以分析，认为二者区别在于"富民"与"富国"，参氏著《王安石变法新论》，《湖北大学学报》1990年第5期，第87~93页。

2 吕中：《类编皇朝大事记讲义》卷一四《神宗皇帝·财用》，第272页。

政实践中逐渐磨合而成。[1] 对宋神宗而言，甫一即位，即面临财用问题带来的沉重压力。三司使韩绛奏称经费窘乏，请求简约山陵制度，节省朝廷开支；[2] 而担任三司长官多年，老于财计的翰林学士张方平，在进奏时也强调供军的困难以及食货之政的重要性，"天之生民，以衣食为命，圣人因而均节之"，一切礼仪刑法均与此相关，并提出应变通制度以足国计，[3] 神宗在了解张方平上述主张后，甚至一度欲任其为执政。[4] 由此观之，自即位以后，财用不足便是宋神宗最为担忧与关切的问题。此外，"理财"与宋神宗的开边事业密切关联。治平四年六月，陕西转运使薛向奏疏《御边五利》，其中第五条即为"惜经费以固其本"，这一主张也得到枢密使文彦博的赞赏，称"此乃方今至切之务，最要讲求"。[5] 对神宗而言，"财用"是开边供军的基础，后者才是核心目标，甚至在施政中具有更高的优先级。就在薛向上疏后不久，由其推荐的知青涧城种谔便获得神宗青睐，开始招徕横山番部，并占领西夏绥州城，直到次年二月，因军资转输不济，开边受挫，神宗不得不将重心转回财政改革。[6] 但他对于开边的目标并未动摇，在熙宁元年三月与文彦博等的交流中，神宗称"当今理财最为急务，养兵备边，府库不可不丰，大臣共宜留意节用"，[7] 可见其之所以视理财为急务，乃因充实府库是养兵开边的基础。

但对王安石来说，"变风俗，立法度"进而致君尧舜，乃是其新政宗旨之所在，[8] 至于足财用、制夷狄，本非核心主张。事实上，直到熙宁元年八月延和殿奏对，王安石向宋神宗提出理财方略前，在其公开表述的施政措置中，财用

1　关于"以理财为先务"政策确立的过程与波折，参朱义群《熙宁初年"以理财为先务"初探》，未刊稿，第 2~11 页。

2　《长编》卷二〇九，治平四年正月庚申，第 5074~5075 页。

3　《长编》卷二〇九，治平四年闰三月丙午，第 5089 页。

4　《长编纪事本末》卷五七《神宗皇帝·宰相不押班》，第 1843~1844 页。

5　《长编纪事本末》卷八三《神宗皇帝·种谔城绥州》，第 2895~2896 页。

6　关于宋神宗、王安石制夏策略的区别，参李华瑞《宋夏关系史》，中国人民大学出版社，2010，第 53~56 页；关于经略绥州的具体军事行动，参雷家圣《北宋时期绥州的战略地位与宋夏关系》，《中国边疆史地研究》2020 年第 4 期，第 122~125 页。

7　《宋史全文》卷一一，熙宁元年三月癸酉，中华书局，2016，第 638 页。

8　关于王安石"变风俗，立法度"之意图，以及理财新法富国强兵及社会改革的目标，参邓广铭《北宋政治改革家王安石》，《邓广铭全集》第 1 卷，河北教育出版社，2005，第 82~92 页；漆侠《论王安石变法》（原刊《人民日报》1963 年 5 月 16 日）、《再论王安石变法》（原刊《河北大学学报》1986 年第 3 期），收入《漆侠全集》第 2 卷，河北大学出版社，2009，第 261~263、269~272 页。

问题既不居于中心地位，也非优先事项。学者早已指出，王安石嘉祐三年十月上书仁宗皇帝，虽洋洋万言，但谦称"臣于财利，固未尝学"，[1] 理财内容在其中也不特别重要；[2] 而当其熙宁元年四月得到神宗召用，在面奏中仍主张君主应以"讲学为先""择术为始"，强调神宗"当以尧、舜为法"，[3] 对于财用，只是在此后上疏，论本朝因循"累世末俗之弊"时，言"其于理财，大抵无法，故虽俭约而民不富，虽忧勤而国不强"寥寥数语，[4] 内容泛泛，并未提出整顿"理财法度"的具体思路。甚至直到熙宁二年受命出任参知政事，设制置三司条例司以行理财新法，王安石依旧主张先立风俗、法度，教养人才。譬如所行"重禄法"，以新法钱物供吏禄，其目标即为教养吏人，"州县吏若得禄……自此善士或肯为吏，善士肯为吏，则吏士可复如古，合而为一。吏与士、兵与农合为一，此王政之先务也"。[5] 总之，在宋神宗与王安石的各自政治蓝图中，理财的意义与措置次第有所不同。当熙宁四年神宗忧心陕西边费时，王安石一面称天下事如弈棋，"以下子先后当否为胜负"，不应未理财而先于敌国"举事"，同时强调"自古未有政事修而财用不足、远人不服者"。[6] 在王安石看来，理财并非核心目标，而主要是达致"先王之政"[7] 的路径。所理之财，主要为养士吏、行教化、抑兼并，而非专为府库充实或供军开边。相较王安石的理想主义，宋神宗理财的主要目的更侧重"富国强兵"，服务于"复汉唐旧疆"之雄图，[8] 甚至尝试在财用未备情况下着手开边事业。

王安石与宋神宗的另一重要差别，体现在"理财"的具体落实方式上。

---

1 王安石：《王安石文集》卷三九《上仁宗皇帝言事书》，第 651 页。

2 邓广铭先生指出，该奏疏表述的理财原则性主张，形式上虽不占据重要地位，但提出"因天下之力以生天下之财"的主张，与此后的新法关系密切，参邓广铭《北宋政治改革家王安石》，《邓广铭全集》第 1 卷，第 47~48 页。

3 《长编纪事本末》卷五九《神宗皇帝·王安石事迹上》，第 1908~1909 页。

4 王安石：《王安石文集》卷四一《本朝百年无事札子》，第 697~698 页。

5 《长编》卷二三七，熙宁五年八月甲申，第 5764 页。

6 《长编》卷二二〇，熙宁四年二月辛未，第 5352 页。

7 关于王安石致"先王之政"目标的内涵及其实践，以及理财与"先王之政"的关系，参张元《从王安石的先王观念看他与宋神宗的关系》，原刊《国际宋史研讨会论文集》，1987，收入《宋史研究集》第 23 辑，台北："国立"编译馆，1994，第 273~289 页；另外，张呈忠认为，王安石"法先王"之"先王"，往往指的是《管子》《韩非子》中的"法家的先王"，参氏著《从〈管子·轻重〉到〈周官·泉府〉——论王安石理财思想的形成》，《管子学刊》2017 年第 3 期，第 21 页。

8 黄纯艳：《"汉唐旧疆"话语下的宋神宗开边》，《历史研究》2016 年第 1 期，第 24~35 页。

王安石侧重在"讲学"基础上"以义理财",利用《管子》《周礼》学说,通过轻重之法,以钱物的开阖敛散通物流,抑兼并,足国用。[1]这一号称"民不加赋而国用饶"的理财主张,在延和殿奏对时引起了宋神宗的浓厚兴趣,此后"以理财为先务"路线的确立以及各类理财新法的展开,也主要遵循这一思路,并得到神宗大力支持。但这并不意味着宋神宗"理财"的措置思路与王安石完全一致。如前所述,宋神宗初政即面临国用不足的难题,其应对方式基本因循仁宗、英宗两朝,立足"节用""省费"。神宗即位不久,即于资善堂下执政手诏:"国家多难,四年之中,连遭大丧,公私困竭。宜令王陶减节冗费。"后又命潜邸旧臣王陶前往河南府"计置节省山陵浮费",[2]并采纳知谏院赵抃论宫掖、宗室、官滥、兵冗、土木五费之议。[3]次年三月,命二府大臣"留意节用";[4]六月,更命司马光、滕甫置裁减局,"同看详裁减国用制度",不久又命三司主其事,其具体做法,即以庆历二年裁减制度后的支费钱物数为准,同熙宁元年支费详加比较,并将其间差异"开析以闻",[5]作为朝廷省费节用的依据。从制度调整实践看,熙宁初期,宋神宗除了命三司"裁定宗室月料、嫁娶、生日、郊礼给赐",[6]更要求部分州军裁减住营兵数,并将裁军所得钱物"立为定额,庶以省财用"。[7]

但宋神宗锐意"节用",主要意图并非体恤民生,减少税赋。他将节省钱物立额储藏,乃是为达成"养兵备边,府库不可不丰"[8]之目标,而"节用"的主要抓手,则是比较不同时期财赋收支的变化,明确钱物积剩的具体情况。有效落实这一做法的前提在于,作为信息载体的财务文账能得到朝廷切实审核,

---

1 参俞菁慧、雷博《北宋熙宁青苗借贷及其经义论辩——以王安石〈周礼〉学为线索》,《历史研究》2016年第 2 期,第 20~39 页;张呈忠《从〈管子·轻重〉到〈周官·泉府〉——论王安石理财思想的形成》,《管子学刊》2017 年第 3 期,第 16~21 页。

2 《长编》卷二〇九,治平四年正月庚申、癸酉,第 5074~5075、5076 页。

3 彭百川:《太平治迹统类》卷一二《神宗圣政》,《景印文渊阁四库全书》第 408 册,第 344 页下。

4 彭百川:《太平治迹统类》卷二八《用度损益·神宗》,《景印文渊阁四库全书》第 408 册,第 729~730 页。

5 《长编纪事本末》卷六六《神宗皇帝·议减兵数杂类》,第 2142 页。

6 《长编纪事本末》卷六七《神宗皇帝·裁定宗室授官》,第 2177 页。

7 《宋会要辑稿》兵五之六,第 8702 页。

8 《长编纪事本末》卷八三《神宗皇帝·种谔城绥州》,第 2895 页。

从而保证钱物收支的合法、真实、准确。事实上，熙宁二年宋神宗虽接受了王安石"以义理财"之主张，但伺察收支以图节用的思路仍贯彻于新法钱物管理中。如前所述，熙宁年间，宋廷曾多次编定三司、司农寺、诸司库务令式条例，组织官员设立专司，整顿文账，钩考钱物出入。此类措置的主要意图，即将各项钱物收支纳入有法可循的监管范畴，加强对钱物去向、数据真实性的审核，明确其是否合理合规。宋神宗曾对王安石言："（薛）向先进呈明堂赏给，云恐诸军以修令式疑有裁减，所以先进呈，欲宣布令诸军知。"[1]可见法条编修的主要目的在于节用省费。而宋廷于三司置会计司，以宰相韩绛提举，编修"一州一路会计式"，[2]其目的亦在于朝廷"考校盈虚"，把握"国计大纲"，"比较增亏"。[3]除了依托制度调整提升朝廷的财务监管能力，宋神宗还通过多方面渠道对钱物收支的具体情况加以伺察，他时常询问吏额、军员减省以及边费开支情况，对省费本末了然于心。熙宁七年，宋神宗对宰执言："天下财用，朝廷若少留意，则所省不可胜计。昨者销并军营，令会计减军员十将以下三千余人，除二节特支及廪从廪给外，一岁省钱四十五万缗，米四十万石，绸绢二十万匹，布三万端，草二百万束。"面对宰相，君主竟能详细核算裁撤军员的省费数量。[4]在对宰相的御批中，神宗还曾详细罗列各路保甲减省钱物数量。宋神宗如此在意审查减省钱物的准确数据，意图乃是希望将这部分"节余"钱物调度封桩，以备兴功业之用，而其在宰执面前刻意核算钱粮细数，应当是彰显自身明察善驭的帝王权术。

对于宋神宗上述做法，王安石并非完全赞同，多持保留意见。如熙宁五年十一月论行户利害，核算免行钱数量，王安石即称神宗"检察太苛"，以致臣僚因循不敢经制；[5]熙宁六年神宗拟遣薛向出使，仔细核查王韶开边用度情况，亦遭王安石劝阻，建议仅由三司直接供报。[6]但从实际情况看，神宗苛察财用收支、力图聚敛钱物的做法，贯穿了整个统治时期。至元丰年间，宋神宗

---

1 《长编》卷二二五，熙宁四年七月丁未，第5491页。
2 《长编》卷二六五，熙宁八年六月癸丑，第6514页。
3 《长编》卷二五七，熙宁七年十月庚辰，第6276页。
4 《长编》卷二五四，熙宁七年六月乙酉，第6212页。
5 《长编》卷二四○，熙宁五年十一月丁巳，第5828页。
6 《长编》卷二四八，熙宁六年十一月庚子，第6037页。

主导对西夏军事行动，更是直接调用已受到严密监管的新法钱物，将其转运或变易为军资。除了前述征调钱物封桩以立元丰库，元丰三年宋廷从权发遣司农寺都丞吴雍言，"差官考存留耆壮雇直，并支酬牙前钱物，计置聚之京师，或转移沿边，变易金谷"，并命提举常平每季"具数以闻"，[1]次年，更命"司农寺主簿李元辅往蜀中经制见在司农钱谷，变运出关，至陕西缘边要郡桩管"，[2]此类事例甚多，兹不赘述。总之，此时的理财新法，已完全服务于宋神宗"富国强兵"之政策，其"聚敛"性质也非常明显。

小　结

北宋熙宁、元丰年间所行新政，首先着眼于财政制度改革，而在实际操作中，长期贯穿着两类"理财"策略。其一为裁减浮费，减省财用，对这部分"节余"钱物立账封桩，专项管理。如所谓"朝廷封桩钱物"，即是宋廷通过出卖三司所属铜铅场务、牧监，以义勇、保甲代兵士、弓手以及改革茶盐榷法等措施，实现节用目的，并将所省钱物储存于市易务下界等处，系账三司而由朝廷支配，另如"封桩缺额禁军钱"，亦属此列。其二则是以新法创收。在施行青苗、募役、市易、免行等新法过程中，宋廷在司农寺、市易务系统积聚了大量财赋，相应的财务管理制度也逐渐独立化、严密化。这部分钱物，虽由朝廷支配，但根据制度设计，多为"专款专用"，主要支给青苗借贷、吏人重禄，并未封桩，因此未列入"朝廷封桩钱物"范畴。

策略差异的背后，是宋神宗与王安石在"以理财为先务"共识下的深刻分歧。熙丰新法的制度设计与推行，虽一度由王安石主导，神宗亦大力支持其以"开阖敛散""轻重相权"为核心的理财方略，但君臣二人在理财目标、思路与实际措置方面，始终存在参差。熙宁诸新法，本应体现王安石"以义理财"之理念，其目标在于"抑兼并""养吏士""练民兵"，最终达致"先王之政"；但在实践中，宋神宗始终坚持以"富国强兵""复汉唐旧疆"为最终目

1　《长编》卷三〇六，元丰三年七月己丑，第7448页。
2　《长编》卷三一一，元丰四年正月己酉，第7539页。

标，理财虽为急务，终不过为开边提供必要的军资储备，因此，其对于省费节用及结余钱物的支用情况特别在意，并在熙宁年间针对财务管理制度大加调整，以加强对钱物出纳的审核监管。至王安石罢相前后，特别是熙宁八年以降，宋神宗多次下诏，将新法所获朝廷钱物"封桩"；元丰年间，更要求将此类封桩钱物征调入京，并在京师建元丰专库以备储存，进而在此后的军事活动中大量支用，以为开边军资。新法所得钱物用途与管理方式的变化，不但使王安石"以义理财"的理想最终未能落实，更成为北宋后期特别是徽宗朝以"应奉"为核心的国家聚敛体制的先声。南宋初臣僚总结这段史事，为洗脱宋神宗及其父辈责任，将设元丰库存朝廷封桩钱物乃至破坏"祖宗处国计之良法"之污名，尽归诸王安石，这与制度的实际演化过程相去甚远。

第三章　三司的财政计度与出纳审核

　　三司"理财"的主要内容是什么？作为国计中枢，其日常运行机制是怎样的？这一前人语焉不详的问题，实为理解三司财政管理体系运作与演化逻辑的关键。张方平将北宋三司主要职掌归纳为"常程计度""簿书期会"；宋人论三司之职，亦多称其"平轻重通有无""吝于出纳"。这提示我们，三司日常行政主要围绕两方面展开：所谓"计度国用"，即拟订系省钱物收、支、移用计划；至于"簿书期会"，则为审核财务文账、凭由，监督钱物出纳。本章首先考察宋初国计体系的基本模式，分析三司在其间怎样发挥作用，进而讨论其如何在实践中调整运作机制以适应财政形势变化。其次，考察三司如何依托财务文书，掌控系省钱物收支，包括怎样利用不同类型账簿、财务凭据，以不同方式审核京师、州郡钱物出纳，并论及申省文账整理、审核过程中的弊端因由与改革思路。最后，以州县官俸料钱管理为例，进一步思考实物财政条件下，传统国家行政机构面对职权"集中"理念与实际行政效能间的落差时，遭遇何种困境，又采取怎样的因应措施。

第一节　常程计度：北宋前期三司国计体系的运作与演进

对于秦汉以降历代王朝而言，中央政府如何集中"国计"之权，进而统筹全国财赋征发与调度，[1] 达到国家财政管理"大一统"，往往是建国伊始便念兹在兹的目标，赵宋王朝亦不例外。开国后不久，宋廷为弭"方镇太重"之患，采取了多方面策略，"制其钱谷"即为其一。[2] 对于宋廷"制其钱谷"的主要意图与具体措施，学界已有清晰梳理。[3] 然而，如果超越北宋为巩固中央集权而强化财赋掌控这一传统视角，立足 8~10 世纪国家财政制度发展的整体因革，或可对北宋国家财政统筹计度体系的运作机制与演进过程作更具综合性的考察。

唐宋国家财政仍以实物为主，货币只作为价值尺度在核算中发挥作用，[4] 但在此时期，国家财政收支结构与管理体系却发生了巨大变化。一方面，基于资

1　有学者将中央政府对钱物收支、调度的统筹计划定义为"财政预算"，如杨倩描《从"系省钱物"的演变看宋代国家正常预算的基本模式》(《河北学刊》1988 年第 4 期)，将三司对系省钱物的收支、调度计划称为"正常预算"。现代财政学中的"国家预算"与传统国家计度国用性质有所不同，因此，本书仍以宋人使用的"国计""计度"等概念表示钱物收支、调度统筹计划。

2　《长编》卷二，建隆二年七月戊辰，第 49 页。

3　对宋初财政集权过程及特点的全面论述，参见汪圣铎《两宋财政史》，第 2~5 页；彭向前《唐末五代宋初中央财权集中的历史轨迹》；黄纯艳《宋代财政史》，第 259~260 页。近年，陈明光等学者多将唐后期、五代至宋初国家财政管理体制的演化视为整体过程，梳理其间脉络，参见孙彩红、陈明光《唐宋财赋"上供、留使、留州"制度的异同》，《安徽师范大学学报》2004 年第 6 期；陈明光《"检田定税"与"税输办集"——五代时期中央与地方的财权关系论稿之一》，《中国社会经济史研究》2009 年第 3 期；陈明光《从唐朝后期的"省司钱物"到五代的"系省钱物"——五代财政管理体制演变探微》，武汉大学中国三至九世纪研究所编《魏晋南北朝隋唐史资料》第 30 辑，第 63~79 页；闫建飞《宋初"制其钱谷"之背景及措施》，《史学月刊》2021 年第 11 期。

4　北宋经历了从实物财政向货币财政的过渡，其过程持续甚久，直到熙宁以后才进展较快。参见宫泽知之《北宋的财政与货币经济》，刘俊文主编《日本中青年学者论中国史·宋元明清卷》，上海古籍出版社，1995，第 76~86、96~105 页。此外，全汉昇对北宋岁收中货币数量、比例的提升有所论述，参见《唐宋政府岁入与货币经济的关系》，《中国经济史研究》，台北：稻乡出版社，1991，第 226~230 页。

产的两税取代以丁口为准的租庸调成为国家正赋，同时朝廷募集的职业禁军成为国家武装力量的主体，"养兵"成为中央财政开支中的重要内容；[1] 另一方面，中央财政管理体制也发生了结构性变化，唐后期自成体系的盐铁转运、度支、户部三使，自后唐以降，已整合为收支一体化运作、统一管理各类财利的三司。[2] 北宋延续了这一演进脉络，中央对两税财利的统筹调度成为足兵食、供国用的必要前提，集计度、审核、监督、制税等于一体的三司国计体系于焉形成。据司马光所言，三司可直接计度指挥全国各处钱物收支，其效"如臂使指"。[3] 但在疆土广袤的古代中国，中央计司为应对财政收支结构变化带来的繁复管理任务，需要不断因应时势做出调整；所谓三司指挥州郡百司"如臂使指"，与其说是实际效果，毋宁说是理想目标。这就促使我们思考，在当时的信息传递与行政条件下，三司怎样落实财政统筹规划，其核心关切、基本目标与实践中的掣肘因素为何？这一切又如何影响北宋前期中央财政计度体系的演化路径？相比前后各王朝，其运作与演化又呈现出何种时代特点？[4]

对此，本节首先考察北宋前期三司国计体系的运作机制与信息基础，进而讨论这一体系的演化过程，并分析制度原则与现实落差之间如何协调，又怎样通过更务实的方式得以维持。在此基础上，本节拟将这一体系与前后诸王朝财政制度进行比较，冀以思考实物财政下，"大一统"国家财政体系中征调分离格局为何会长期持续。

一 宋初三司的国计模式与信息基础

据治平四年翰林学士张方平奏议，三司日常"计财之任"，包括"常程

1　关于唐宋之际国家财政收支结构的变化，参包伟民《宋代地方财政史研究》，上海古籍出版社，2001，第 3 页。

2　参本书第一章第一节相关论述。

3　《司马光集》卷五一《论钱谷宜归一札子》，第 1066 页。

4　杨倩描《从"系省钱物"的演变看宋代国家正常预算的基本模式》（《河北学刊》1988 年第 4 期，第 83~88 页）曾论及真宗朝上供钱物立额对国家预算体制的影响，认为在三司、州郡预算之间，形成了转运司预算层级，但其并未分析北宋国计体系演变的制度成因，以及上供立额后三司计度模式的演化路径，亦未考察国计体系同国家税制的关系。

计度"与"簿书期会"两方面。[1] 前者指三司对国家财赋收支调度的统筹计划，即所谓"国计"；后者则指三司对诸司、州郡申省文账的汇总审核。本节主要讨论三司国计的基本模式，并分析财务文账信息在国计中的基础性作用。[2]

宋太祖朝，宋廷对州郡钱物的调度移用，伴随着统一战争逐渐展开。乾德年间，宋廷命各州除经费、储存外，剩余钱帛"悉送都下"，本处不得占留。[3] 但此类诏令只要求各处钱帛尽数上供，并未形成以京师、州郡钱物收支核算为基础的统筹计划。

随着中央对州郡财赋管控力度的加强，由三司主导的财赋征调体系在太宗朝后期逐渐形成，陈傅良曾引述相关敕文，将其运作模式简述如下：

> 唯至道四年二月十四日敕：川陕（峡）钱帛令本路转运司计度，只留一年支备，其剩数计纲起发上京，不得占留，盖平蜀后事也。自余诸州常切约度，在州以三年准备为率外，县镇二年，偏僻县镇一年。河北、陕西缘边诸州不在此限。江、浙、荆湖、淮南西六路自来便钱州，月帐内将见钱除半支遣外，并具单状申奏。
>
> 诸州应系钱物合供文帐，并于逐色都数下，具言元管年代，合系本州支用申省，候到省日，或有不系本州支用及数目浩大，本处约度年多支用不尽时，下转运司及本州相度，移易支遣。三司据在京要用金银钱帛诸般

---

1 《长编》卷二〇九，治平四年闰三月丙午，第 5090、5091 页。张方平在仁宗朝长期担任三司长官，故其对三司职掌的归纳，应具有相当准确性。

2 关于"常程计度"，杨倩描《从"系省钱物"的演变看宋代国家正常预算的基本模式》（《河北学刊》1988 年第 4 期，第 86 页）曾加以考察；至于"簿书期会"，方宝璋《宋代财经监督研究》（第 27~44、158~205 页）、小林隆道「北宋前半期における财政文书管理 -- 三司火灾による文书烧失とその復旧過程の考察から」（『宋代中国の地方統治と情报伝達』東京：汲古書院、2013、406~407 頁）曾梳理三司财务文账类型、处理方式，并分析北宋历次整顿文账活动背后的考量因素。但学界对三司计度与文账审核之关系多未加措意。

3 乾德上供二诏分见《长编》卷五，乾德二年，第 139 页；卷六，乾德三年三月，第 152 页。关于二诏真实性及针对区域，王育济曾详加考辨，参见《"乾德二诏令"求是》，《文史哲》1991 年第 4 期。此外，"钱帛不得占留"并不意味着外州全无留财，参见孙彩红、陈明光《唐宋财赋"上供、留使、留州"制度的异同》，《安徽师范大学学报》2004 年第 6 期，第 669 页；黄纯艳《总量分配到税权分配：王安石变法的财权分配体制变革》，《北京大学学报》2020 年第 5 期，第 85 页。

物色，即除式样遍下诸州府，具金银钱帛粮草收、支、见在三项单数，其
见在项内开坐约支年月，省司即据少剩数目下诸路转运司移易支遣，及牒
本州般送上京。如有约度不足去处，许以收至诸色课利计置封桩。[1]

至道无四年，文中纪年显误。此敕既以陕西为"缘边"，又言平蜀事，当晚于
李继迁攻宋及王小波起义被平定，应在至道二年前后颁布。据至道二年十二月
诏"应诸道州、府、军、监今后合要支用财谷等，各须预先计度，准备支遣；
诸处起发上供金银、钱帛、斛斗纲运，并须赴京送纳，缘路诸州不得辄有截
留"，[2] 其中强调各州计划钱物用度、严禁擅自截留或挪用上供钱物，正与上述
敕文相照应。敕文内容主要有二：首先申明除陕西、河北边防要地外，全国诸
州均需计度支用、储备，将结余上供；其次，就三司统筹钱物调度的基本模式
做出规定，即逐年全面核算京师及州郡各类钱物的收支、见在数，并在掌握全
国各处财政状况基础上，直牒州郡起发上供，以应京师用度。[3] 这一体系的运
作特点，主要体现在以下几个方面。

1　马端临：《文献通考》卷二三《国用考》，上海师范大学古籍研究所、华东师范大学古籍研究所点校，
　　中华书局，2011，第 694~695 页。《文献通考》中"献"部分所引"止斋陈氏曰"之来源，学者多有考
　　证。孙诒让、蒙文通认为其来自陈氏所著有关太祖朝史事之《建隆编》，主要依据则为对《直斋书录解
　　题》等目录所著录《建隆编》体例、内容的分析。周梦江观点有所不同，认为其来自陈氏散佚之奏札。
　　聂文华通过对《群书考索》中所引《建隆编》文字的具体比对，认为《文献通考》所引全部二十七
　　条"止斋陈氏曰"当来自《建隆编》无疑（相关讨论，参看文华《〈文献通考〉所引"止斋陈氏曰"即
　　〈建隆编〉佚文考》，《中国典籍与文化》2015 年第 3 期，第 139~140 页）。按《建隆编》又名《开基事
　　要》，其体例、内容与大旨，陈氏自序已具体说明。此书为庆历初经筵时上，意图通过"表见立国之初
　　意"，使人主"识取士养民治军理财之方"，内容主要为重要人事任免与制度设置。该书体例，分别以
　　将相进退与政事因革为上下二栏，以年月为纲；主要材料，则系撮略李焘《续资治通鉴长编》（陈氏称
　　《续通鉴》），并旁采史事加以考订，且附累朝制度沿革于下。关于陈氏此段论述的目的，当如马端临按
　　语所述："乾德三年有诸州金帛悉送阙下之诏，今复有此诏，疑若异同，而止斋遂以《实录》不载前诏
　　为疑。"根据前述《建隆编》体例，以及陈氏所云"李焘《续通鉴》、熊克《九朝要略》，皆于乾德三年
　　三月平蜀后书：诏诸州计度经费外，凡金帛悉送阙下，于是外权削而利归公上矣"，可知此段论述系对
　　《长编》所载乾德三年三月上供诏的考辨，论点主要为祖宗不曾虚外郡以供京师。

2　《宋会要辑稿》食货四二之二，第 6939 页。

3　杨倩描：《从"系省钱物"的演变看宋代国家正常预算的基本模式》，《河北学刊》1988 年第 4 期，第
　　85~86 页。杨氏进而认为该"预算"模式的主要特点为"统收统支"。所谓"统收统支"，系现代财政
　　概念，其特点是地方财政将收入上缴中央统一分配，支出则由中央统一编制预算并核销。北宋前期州
　　郡需向三司申报约度支用情况，确属独立计度层级，以"统收统支"形容北宋初央地财政关系，有一
　　定合理性，但这忽视了北宋前期州郡只需上缴两税正赋的实际情况，因而未尽妥帖。

其一，此体系以满足京师用度为主要目标，同时兼顾各路开支，主要通过三司"移易"州郡钱物实现。北宋前期，国家财政收支、核算多以实物而非货币完成，一时一地所产，未必是当时当地所需，因此，三司需根据京师及各路州郡所需用度，拟订具体的钱物调度与变转交易计划。[1]需注意的是，北宋前中期财政征调，供应军需占比很大。据宫泽知之分析，北宋每年不同类型供军物资，占其实物岁入的85%左右，因此，"北宋岁入各项实物是以军事经费为目标极有计划地收集起来的"。其制度根源则在于，唐中叶以降募兵制取代府兵制后，军人走向职业化，兵卒不再自备军资，转由国家实施有计划的补给分配制度，北宋强有力中央政府的建立，更为全国性军费调度提供了可能。[2]考虑到北宋前期禁军驻扎最多之处正是首都开封，[3]三司国计体系自当以应对京师供军用度为主要任务。

其二，此体系大体分为三司、州郡二级，三司居于主导地位，统筹全局，州郡则计划自身钱物开支，形成郡计。在此基础上，三司集中审核州郡开支计划是否合理合规。各州在"元管"钱物申省文账中，需说明本州用途、支用数量，三司审核时，若发现此钱物"不系本州支用"，或计度支用不尽，即命转运司与该州协调，将此钱物另行调用。[4]此外，三司根据州郡计度结余，安排上供钱物数额。州郡需将钱物收支、见在情况造账申省，并在账册见在项下开列当年支出计划，三司据此掌握各处钱物剩余数目，以备统筹调拨。因此，州郡作为计度层级，其开支计划需经三司审核定夺，本身不具有自主权。至于转运司，则主要根据三司安排，负责组织本路钱物转输，并协调路内各州用度，[5]

1　马端临：《文献通考》卷二三《国用考》，第691页。

2　宫泽知之：《北宋的财政与货币经济》，刘俊文主编《日本中青年学者论中国史·宋元明清卷》，第84~86页。

3　据王曾瑜统计，仁宗朝时全国有1900多个禁军指挥，华北有1732个，开封府即达684个（《宋朝军制初探》，中华书局，2011，第66页）。考虑到宋夏战争爆发后，大量禁军移屯西北，北宋前期京师驻军比例当更高。

4　淳化四年改三司为总计司时，命"每州军岁计金银、钱、缯帛、刍粟等费，逐路关报总计司，总计司置簿，左右计使通计置裁给"（《宋史》卷一七九《食货志下一》，第4348页）。三司对州郡钱物开支，亦当有"计置裁给"之责，负责裁定其支出用途、数量是否合理合规。

5　关于转运司足上供、足郡县支费等职能，包伟民已有详述，参见《宋代地方财政史研究》，第26~35页。

非独立计度层级。

其三，此体系以两税正赋为主要财赋来源，征榷课利则纳入州郡计度，允许于当地"计置封桩"。至道末，三司计账以"上供"与"榷利所获"并举，[1]可知计度上供主要针对两税，不包括征榷课利，后者主要存留于州郡，由漕司备用调剂。[2]宋初三司继承唐五代之制，往往以"检田定税"为基础筹措上供钱物，州郡钱物调拨同两税计征直接关联，可谓"征调一体"。[3]至道元年，宋廷要求各州制作税租账并申报三司，以便掌握两税收入，[4]其"实催"税数项下，即需开列税赋所出的田土数量。[5]值得一提的是，两税虽部分以钱立额，但实际收入多为实物，用途各有不同，[6]三司着眼点在于钱物的"使用价值"，[7]需将京师所需金银钱帛的具体品类、数量通告州郡，并据当地物产情况加以摊派。因此，三司往往根据各处田亩数与亩税额，直接要求各州折纳两税以筹措上供钱物，所谓"其折变及移输比壤者，视当时所须焉"，[8]如建隆四年（963）七月，宋廷重申后周广顺二年征纳牛皮筋角诏，命三司将皮、角定为三等，据亩起征，但三司因"见管筋、角不阙供使"，库存充足，遂奏请不再据亩征纳，

1　《长编》卷九七，天禧五年，第 2258~2259 页。

2　高聪明：《从"羡余"看北宋中央与地方财政关系》，《中国史研究》1997 年第 4 期，第 101 页；黄纯艳：《总量分配到税权分配：王安石变法的财权分配体制改革》，《北京大学学报》2020 年第 5 期，第 86 页。

3　陈明光：《"检田定税"与"税输办集"——五代时期中央与地方的财权关系论稿之一》，《中国社会经济史研究》2009 年第 3 期，第 15~19 页。另据陈明光所论，五代以降上供有广狭二义，除了狭义的两税上供，也泛指地方钱物调拨（《从唐朝后期的"省司钱物"到五代的"系省钱物"——五代财政管理体制演变探微》，武汉大学中国三至九世纪研究所编《魏晋南北朝隋唐史资料》第 30 辑，第 73 页），此处当为狭义。

4　三司据以掌控州郡两税的税租账，其制作、申报制度创立于至道元年，参见戴建国《宋代籍帐制度探析——以户口统计为中心》，《历史研究》2007 年第 3 期，第 48 页。这或为次年三司国计体系成立之基础。

5　《庆元条法事类》卷四八《赋役门》，杨一凡、田涛主编《中国珍稀法律典籍续编》第 1 册，黑龙江人民出版社，2002，第 645 页。

6　田赋所入财赋，包括"谷、帛、金铁、物产"四大类，其下名目繁多；如至道末租税收入，除各类谷物、布帛、铜铁，还有大量麻皮、箭杆、翎毛等造作物料。其具体名物类型、数量，参马端临《文献通考》卷四《田赋考》，第 96~97 页。

7　宫泽知之认为，北宋计司为应对军需用度，看重钱物使用价值，而其汇总钱物收支大数时，因使用价值无法转换，故采用"贯石匹两"这类"复合单位"。参见氏著《北宋的财政与货币经济》，刘俊文主编《日本中青年学者论中国史·宋元明清卷》，第 76~86 页。

8　马端临：《文献通考》卷四《田赋考》，第 97 页。

改为折纳现钱。[1]

综上，北宋前期国计活动分三司、州郡两级逐年进行，其财赋主要来源为两税，配合以榷利收入之调剂。三司作为国计核心，直接审核郡计，并通过调度结余、调整州郡两税计征方式等手段，移易钱物以应对京师及外路支用，如张方平所言，三司"据国用岁计之数，量入以为出，平货物之轻重，通天下之有无"，"据岁计之所入，约中外之所费，移用之法则权其轻重，率敛之物则通其有无"。[2] 这一以央地钱物收支分别核算为基础，针对两税收入分成的国计体系，当由唐中后期"留州—送使—上供"两税三分模式演化而来。但经过五代宋初以财政集权为导向的一系列制度调整，央地财权关系发生了根本性变化：州郡失去财政自主支配权，留州钱物不得如唐后期一般"方圆支用"，[3] 三司则掌握对京师及各州钱物的计度权、审核权及两税制税权。但上述权力的具体落实，尚有赖于对相应财务信息的搜集、汇总与分析。

元祐元年，司马光在奏论中指出，元丰官制改革前，三司"总天下钱谷"，以"分画移用，取彼有余，济彼不足"为国计目标，而实现该目标的前提，乃是天下钱谷"皆总于三司，一文一勺以上悉申帐籍"，三司得以"知其大数，量入为出，详度利害，变通法度，分画移用"。[4] 换言之，三司必须依托诸州申省文账，才能直接掌握州郡财政收支状况，进而合理统筹国计。[5] 州郡申省文账既如此关键，那么对其基本内容、功能及作用的考察，就显得十分必要。

宋代州郡申省文账名目庞杂，其类型大体可分为三：一是全面登载州郡各类钱物收支、见在数量的收、支、见在钱物账；二是以具体钱物类型为纲，分述收支情况的钱帛、粮草账等；三是以具体税赋项目为纲，登载征收任务及

---

1 《宋会要辑稿》食货七〇之二，第 8100 页。

2 张方平：《乐全先生文集》卷二三《请校会邦计事》《再奏请札子》，第 509 页。

3 孙彩红、陈明光：《唐宋财赋"上供、留使、留州"制度的异同》，《安徽师范大学学报》2004 年第 6 期，第 670 页。

4 《司马光集》卷五一《论钱谷宜归一札子》，第 1066 页。系年参见《长编》卷三六八，元祐元年闰二月甲午，第 8871 页。司马光上札子当在此前。

5 戴建国认为，宋代籍账体系中，籍（簿）、账性质存在区别，前者为州县制作并存留本司，以供赋役征发使用，后者则需申报中央。二者不仅功能有别，内容也有所差异，参见《宋代籍帐制度探析——以户口统计为中心》，《历史研究》2007 年第 3 期，第 37~38 页。

完成情况的两税管额账、纳毕账等。[1] 至于申省文账的具体面貌，今日已无从详考，仅能通过南宋《庆元条法事类》所引庆元《仓库式》略加推测。相比北宋前期州郡文账直接申省，南宋州郡文账往往先上报所属转运司，经其审核汇总后再造"计帐"申中央计司。但据金荣济研究，这一制度变化，始于元丰三年账法改革，并维持至南宋。[2] 换言之，在账法改革前，州郡文账当直接申报三司，而非经由漕司中转。据此，北宋前期州郡申省文账体式、内容当与南宋庆元《仓库式》所载州郡申转运司账体式相仿，由此或可一窥北宋前期州郡申省文账的概貌。

在至道二年确立的国计模式中，州郡收、支、见在钱物账是三司调度钱物的直接依据，最为重要。据天圣七年（1029）编定的《仓库令》"诸仓库受纳、出给、见在杂物帐，年终各申所属，所属类其名帐，递送三司"，[3] 可知至道二年国计敕文，此时已被正式纳入令文。熙宁八年，司农寺奏请模仿三司建立州郡常平钱物文账申报制度，以便"常见州县收、支、见在之数"，[4] 可见该制度一直维持至北宋中期。以体式、内容而论，庆元《仓库式》所载诸州年终申省的"收、支、见在钱物状"，与天圣《仓库令》中"类其名帐，递送三司"的申省文账最为相似，前者当延续后者而来：该文账分列收、支、见在三项，每项开具钱、金、帛、乳香、盐等名目，详载收支方式、事由与具体数量，并逐一说明其较诸此前财政年度增减情况。因此，州郡年终所申收支、见在钱物文账，不但反映了本财政年度钱物收支的完整情况，更体现了收支变化趋势及原因，可作为下一财政年度计度之基础。[5]

1　元祐元年，苏辙在劝阻朝廷废止元丰三年账法时，曾列举北宋前期申省、元丰三年后改申转运司之文账名目。参见《苏辙集》卷四〇《论户部乞收诸路帐状》，第706页。本书据苏辙所言及《庆元条法事类》卷三七《库务门》引《仓库式》（第581~594页）所载文账体式归纳分类。

2　金荣济《北宋新法和元丰帐法》，姜锡东、李华瑞主编《宋史研究论丛》第7辑，河北大学出版社，2006，第163页。

3　天一阁博物馆、中国社会科学院历史研究所天圣令整理课题组校证《天一阁藏明钞本天圣令校证（附唐令复原研究）》，"清本"宋16条，中华书局，2006，第395页。

4　《长编》卷二六三，熙宁八年闰四月癸巳，第6418页。

5　对比至道二年所言敕州郡申省文账，"收、支、见在状"包含"递年"收支的增亏比较，但未注明"见在"钱物的支出计划。之所以产生这一差异，可能因前者系肇设之制，三司无法据文账直接了解前一年度钱物收支情况，故需说明见在钱物支出安排以便审核计度；而后者既说明本财政年度钱物收支较去年增减情形，正可作为计度下一财政年度钱物收支的参考依据，因此不必专门列出。

　　但仅凭钱物收、支、见在账，三司尚不足以确保所掌握州郡财政收支数据的真实准确，还需以诸州申钱帛、粮草、杂物等账为旁证。此类文账详载收支信息，可据以核验钱物出纳情况。此外，各州于每年正月、四月申报的两税管额账，其中载有田亩、税额的具体变动，三司可以据此调整各州两税计征方式以筹措钱物；而在两税征收完毕后，各州申报的纳毕账，则是三司审核两税实际完纳情况的依据。

　　综上，宋初三司主导国计运作，直接统筹郡计，并依托州郡两税"征调一体"，移易调度钱物以供应京师及外路用度。而州郡申省文账是该体系赖以运作的信息载体，三司之计度权，需依托其财务文账审核权方得实现。三司在拟定具体国计方案前，需对照勘验多种文账，以全面掌握州郡税赋收支、储存情况，并保证同一文账内部及文账之间信息统一，以此合理安排全国的钱物筹措调度。但央地各项钱物收支名目纷繁、内容庞杂，如何合理审核文账与移易计度，对于三司的行政能力无疑是巨大考验。

二　文账审核与三司国计中的权能落差

　　宋太宗朝形成的三司国计体系，实现了对州郡财计的统一管理，但局势的变化又带来新的问题。太宗统治末期，西北边防形势恶化，不仅军费开支增多，而且京师禁军大量移屯边疆，使得物资统筹计度更为复杂，三司国计体系遂显左支右绌。至真宗初年，三司移易两税往往失当，"每下牒诸州，多失通济，或折科物色，非其所产，或移割税赋，不便于民"。[1]这一局面的形成，除因供军开支增大外，更与三司文账审核流程复杂及其在国计体系实际运作中的权能落差密切相关。[2]

　　三司总筹国计，全国各处账册"内自府库，外至州县，岁会月计，以上于三司"。为确保申省文账信息真实准确，三司下设勾院、都磨勘等司对其加

1　《长编》卷四五，咸平二年七月壬辰，第956页。
2　本节主要考察三司文账的审核模式，关于财务文账的具体类型及其同财政管理的关系，将于下节详论。

以审核。[1] 其中三部勾院"掌勾稽天下所申三部金谷百物出纳帐籍，以察其差殊而关防之"，都磨勘司"掌覆勾三部帐籍，以验出入之数"，[2] 二者分居审核流程的前后环节，共同勘验申省文账中钱物数据有无出入，避免系省钱物损失。如至道二年盐铁使陈恕所言："其勾院、磨勘两司，出于旧制，关防之要，莫加于此。"[3] 二司设置较早，在财务文账审核中作用也最为关键。[4]

北宋三司审核申省文账的具体机制，因史料阙如，只能略加推测。熙宁五年十一月，详定帐籍所整顿三司文账，曾对皇祐二年勘同法改革前，三司审核文账及收附凭据之流程加以回顾。[5] 大体说来，申省文账及其收附文书，首先发往三部诸案，以朱笔标明所涉事宜，编排次序，待人吏书字、官员签押，即交勾院审核；勾院据诸案编排次序，开拆收附文书，由官吏书押用印后交开拆司；开拆司再于逐道收附上标明日期并用印，将相关情况记入本司文历，最后发回三部相应案分，供其销账。[6]

在上述流程中，勾院主要承担文账初审职能，而三司判官分掌的三部案分，作为审核结果的确认与记录者，需"点检签书，置籍揭贴，常见州县收、支、见在之数"。[7] 考虑到文账收附凭据需供给多个案分进行勘验，除业务直接相关的首案先行"收领使用"外，其他案分亦需会问所载信息。但开拆司将收附发付首案后，其余案分及子司往往不知文账去向，以致无从会问，难以依条勘验、批凿，难免出现钱物失陷。总的来看，州郡申省文账连同其收附文书，在三司内部需经多个子司、案分处理，经历标目、登记、拆封、正式勘凿等不同环节，流程繁复，且机构间缺乏及时有效的协调，以致处理效率低下，极易

---

1 《宋会要辑稿》职官五之二六，第 3134 页；《宋会要辑稿》职官一五之四七引《两朝国史志》，第 3434 页。

2 《宋史》卷一六二《职官志二》，第 3809 页。

3 《长编》卷四〇，至道二年闰七月辛未，第 849 页。

4 宋初三司中的磨勘司、勾院之建置变动颇多，至大中祥符九年方才基本稳定，形成三部分设勾院、各自置官之格局。关于其基本职掌及调整经过，周藤吉之「北宋における三司の興廃」（『宋代史研究』48~64 頁）、杨倩描《唐宋时期的三司体制述论》（《河北师院学报》1990 年第 4 期，第 114 页）均有梳理。

5 所谓"收附"，又称"帐头连到收附"，其以附件形式与文账一并申省，并可"应帐使用"，当是与文账内容密切相关之财务凭据。

6 《宋会要辑稿》职官五之二七、二八，第 3135 页。

7 《长编》卷二六三，熙宁八年闰四月癸巳，第 6418 页。

造成积压，这是三司据申省文账以定国计时面临的一大难题。

至道、咸平年间，北宋与党项、契丹爆发冲突，军队数量大幅扩充。后虽缔和，但军备有增无减，据嘉祐七年枢密院所奏，"开宝之籍总三十七万八千，而禁军马步十九万三千；至道之籍总六十六万六千，而禁军马步三十五万八千；天禧之籍总九十一万二千，而禁军马步四十三万二千"，[1] 可见增幅之大。其中，大量禁军被部署于河北、河东、陕西三边，[2] 不但军费开支大增，也导致宋初以供应京师为中心的国家计度体系发生改变。为及时应对沿边粮草措置，宋廷更多采用籴买手段，屡次调整茶盐法，将榷货作为籴本引入其中。[3] 但由于文账审核流程繁复，三部诸案及各子司负担本已很重，而军费数量增加，边境物资需求迫切，加之调度方向与筹措方式发生变化，导致财政管理难度进一步加大，[4] 对三司无异于雪上加霜。至咸平四年，三司已然"案牍凝滞"，所属吏人难以及时勘核文账，造成州郡钱物积压，漕司"吝于起发"，而三司却无法根究其详之局面。对于钱物的具体去向，甚至连三司长官亦无法充分掌握，"魏羽在咸平则言淳化以来收支数目攒簇不就，名为主计而不知钱出纳。王随在景德则言咸平以来未见钱物着落"。与此同时，各州郡却因循为弊，甚至常年不向中央上申文账，以致三司难以对郡计进行勘会、勾销。[5] 总的来看，在实际政务运作中，三司往往无从全面勘验文账数据、审核钱物出纳，遑论据此准确核算各州郡上供数额，做出合理调度；而各路转运司趁机私自积留钱物，各州也多不按规定向三司申报钱物文账。信息传递不畅，内容不实，审核不力，长此以往，北宋国计体系的运作将难以为继。

为保证文账审核的效率与准确性，宋廷主要采取两类应对措施。其一，另设专员及机构，减轻三司文账审核负担，譬如为改变京师库务"出纳或致因

1　马端临：《文献通考》卷一五二《兵考》，第 4558 页。

2　程民生：《宋代兵力部署考察》，《史学集刊》2009 年第 5 期，第 66~67 页。

3　陈傅良总结榷茶财政意义，除了"官卖以实州县"，便是"沿边入中粮草，算请以省馈运"及"榷务入纳金银钱帛，算请以赡京师"（马端临：《文献通考》卷一八《征榷考》，第 506 页）。关于太宗、真宗朝初期东南茶、盐法的调整，参见郭正忠《宋代盐业经济史》，第 723~733 页；黄纯艳《宋代茶法研究》，云南大学出版社，2002，第 17~28 页。

4　如河北"馈边刍粮"，原本三司"止移文责成外计，未尝有所规画"，此时需亲自"计度"（《长编》卷五二，咸平五年七月壬子，第 1143 页）。

5　马端临：《文献通考》卷二三《国用考》，第 693 页。

循，三司簿领繁多，不能案视"之局面，于咸平、景德年间设置提举在京仓草场所、提举在京诸司库务，除协助三司监督仓库出纳外，还需勘核文账，甚至亲赴仓库，对三司计度结果进行复审，在保障财务审核效率的同时提高其准确性。[1] 其二，临时遣官集中整顿三司积压文账，去除其中不甚紧要者。至道初，为解决三司账簿积压、"钩取无法"等问题，太宗权设帐司，命边肃主持会计财用之数，集中审查三司所存旧账，事毕即罢。[2] 但文账积压问题不久复现。咸平年间，三司不但无法及时处置文牒，甚至连本司所管账簿亦多散落，"诏取天下民籍，户部不知其数，及考其盈虚，又称亡失簿书"。宋廷除严令三部长官、判官提高效率，快速定夺积滞事务外，更于咸平五年命翰林学士冯拯、陈尧叟会同判三司度支勾院孙冕，减省三司"积滞文帐及诸州无例施行文字二十一万五千余道"。至天禧二年（1018），在主判三司开拆司刘楚建议下，又诏知制诰王随、知杂御史吕夷简会同三司官员，成立三司定夺减省文字所，"所减省总九万余道三十四万五千二百纸"，朝廷为巩固此次文账整顿成果，特诏"三司及诸路并依新减数，不得有增益"。[3]

上述整顿仅为权宜之计，难收长久之效。由于州郡文账的申省方式与处理机制未变，三司文账积压之弊反复出现，自天圣九年（1031）后，更是"徒有点算之名，而全无覆察之实"。[4] 在此情况下，宋廷尝试调整财务审核机制，以寻求一劳永逸解决问题的路径。皇祐二年，盐铁判官周湛"寻究弊源"，进行勘同法改革，试图简化文账及其"收附""单状"的申省与审核流程，成效一度颇为显著。[5] 但此后三司吏人因文账及所附凭据庞杂零碎，往往不加拆发，导致文账审查制度再次废弛。在治平二年（1065）至熙宁二年间，"送勾新旧

---

1 《长编》卷六〇，景德二年十月庚寅，第1371页。《宋会要辑稿》职官二七之四一，第3731页。关于提举仓草场所、提举诸司库务司的设立时间，及其与三司的职能关系，参见周藤吉之「北宋における提挙在京諸司庫務司と提点在京倉草場所の興廃」『宋・高麗制度史研究』東京：汲古書院、1992、279~312頁。

2 《宋史》卷三〇一《边肃传》，第9983页。

3 《长编》卷五一，咸平五年四月壬午，第1125页；卷四八，咸平四年五月戊子，第1061页；卷五二，咸平五年五月庚子，第1130页；卷九一，天禧二年三月辛未，第2107页；《宋会要辑稿》职官一一，第3309页。

4 《宋会要辑稿》职官五之二七，第3134页。

5 《宋会要辑稿》职官五之二七，第3134页；《宋史》卷三〇〇《周湛传》，第9967页。

文帐共一十二万余道，并不见磨勘出小收大，被失陷官物。或虽有则例不同及差互数目、未见归着钱物，只是名目行遣会问，并不结绝"，[1] 三司官吏或不仔细审查账面收支有无抵牾、是否合法，或虽发现钱物出入不实，但对其去向不加追查，财务审核并未起到应有作用。

宋廷虽做出诸般努力，但文账积压之弊反复出现，除因州郡申省账册数量、类型过多外，更与其攒造方式密切相关。熙宁五年，宋廷成立详定帐籍所，以期集中解决四方申省文账"因循不复省阅"之弊，并专设三司帐司，命三部、子司选差得力前行、后行吏人数百，专门勘验点检申省文账，试图消除三司胥吏职事不一、账册审核难以专精之弊。[2] 但实际成果不尽如人意，"首尾七八年间……所管吏仅六百人，用钱三十九万贯，而所磨出失陷钱止一万余贯"，可见这次行动的行政成本甚至高于审核发现的失陷钱数。帐司配置有数量庞大、专职专任且行政能力较强的吏人队伍，收效似不应如此之差。笔者推测，州郡文账申省前，或已经当地规整，使得账面信息不致抵牾，故三司难以根究；而三司吏人显然也明了此点，为免麻烦，除部分贿赂不足之州郡，对大多数申省文账内容不甚详考，如苏辙所言："盖州郡所发文帐，随帐皆有贿赂，各有常数。常数已足者，皆不发封。一有不足，即百端问难，要足而后已。"[3]

综上，造成三司计度失当的原因颇为复杂，除供军带来的军资调度压力外，另一重要因素即为三司在统筹郡计、移易支遣时出现的权能落差。实物财政条件下，州郡申省文账所载财赋内容多样、单位繁杂，很难统一核算，加之审核流程烦冗，文账类型又未做轻重缓急之分，[4] 势必导致三司疲于应对。此外，三司财务审核的实际目标，更侧重账面信息的一致而非数据的真实准确。因此，即使三司吏人勉力从事，除非耗费较多行政成本，一一核对收支凭据，清查仓库存留，穷究钱物去向，否则仍难掌握州郡财政收支实况。至熙宁五年，曾布建议整顿三司文账，"于三司取天下所上帐籍视之"，发现其中"至有

---

1 《宋会要辑稿》职官五之二八，第 3135 页。

2 《宋会要辑稿》职官五之二七，第 3134、3135 页。

3 苏辙：《苏辙集》卷四〇《论户部乞收诸路帐状》，第 706 页。

4 州郡不同类型申省文账，在三司国计中的重要程度存在明显差异。元祐元年，苏辙曾对申省文账做如下区分："钱帛等帐，三司总领国计，须知其多少虚实……至于驿料等帐，非三司国计虚赢所系，故止令（转运司——引者补）磨勘架阁。"（苏辙：《苏辙集》卷四〇《论户部乞收诸路帐状》，第 706 页）

到省三二十年不发其封者"。[1] 文账审核之实效既与初始目标相背离，审核的意义便大打折扣，相关官吏不免愈发因循，文账积压情况也更加严重。

三　上供额与中央征调立额管理的形成

令人疑惑的是，即便三司官吏对州郡申省文账采取近乎放任的态度，但依托于郡计信息的国计体系仍得以长期维持。这促使我们思考，在实践中，三司国计体系的运作机制有无变化，这种变化如何发生，又对州郡文账申省制度有何影响？

如前所述，北宋前期三司有限的财务行政能力，与实物财政条件下文账审核、统筹调度的技术难度存在较大落差。长此以往，宋初建立的三司国计体制将失去可靠的信息基础，终致难以维系。当三司面对权能落差带来的行政压力及其引起的国用问题时，转运司在国计体系中的作用逐渐突出。咸平三年，三司户部在"计度合支殿前诸军及府界诸色人春冬衣，用绢、绵、绝、布数百万匹两"后，即牒诸路转运司，命其据"辖下州郡出产物帛等处就近计度，于夏秋税钱物力科折，准备辇运上京"。[2] 景德四年以降，宋廷逐渐对诸路转运司及发运司上供钱物进行立额管理，成为三司国计模式调整的重要转折。[3]

真宗朝着眼于稳定全国钱物移易的规模与方式，力图建立国家财赋征调的"经久之制"。咸平元年，诏三司"经度茶、盐、酒税以充岁用，勿得增加赋敛，重困黎元，诸色费用并宜节约"，不久又命其"具中外钱谷大数以闻"，试图掌握国家财政收支的整体情况，调整其中不合理之处。但在西北边事未宁、军费开支庞大的情况下，钱物征调数量很难保持长期稳定，虽"诏三司官属议军储经久之制"，[4] 但最终不了了之。直到景德元年，党项、契丹先后弭兵，

1　苏辙：《苏辙集》卷四〇《论户部乞收诸路帐状》，第 706 页。
2　胡榘修，方万里、罗浚纂《宝庆四明志》卷五《叙赋》，《宋元方志丛刊》第 5 册，中华书局，1990，第 5045 页。
3　杨倩描：《从"系省钱物"的演变看宋代国家正常预算的基本模式》，《河北学刊》1988 年第 4 期，第 87 页。但杨氏对上供额在"预算"中的实际作用及其对三司、转运司等计度职能的影响未作充分论述。
4　《长编》卷四三，咸平元年八月丁亥，第 914 页；卷四三，咸平元年十一月戊午，第 920 页；卷四九，咸平四年十月甲子，第 1080 页。

边费压力减轻，方有机会重构国家财赋征调与管理体制。而其核心措置，即为设置州郡钱物征调定额，并依托相关法规建设及财务监督、人事课绩制度以维持其稳定运行。

三司计度京师支用，安排州郡上供，乃是国计体系运作的核心环节，但由于缺乏长期稳定计划，宋廷只能约估所需钱物数量，临时移易措置。[1]景德至天禧间，宋廷逐渐确立各类钱物具体上供额。以东南漕运米纲为例，景德三年底，宋廷据发运副使李溥建议，"取十年酌中之数为额"，[2]并于次年下诏淮南、江、浙、荆湖南北路，"以至道二年至景德二年终十年酌中之数，定为年额，上供六百万石"。[3]之所以取至道二年数为起点，当因时值三司国计体系形成之际。发运司600万石上供年额，系由江南东、江南西、淮南、两浙、荆湖南、荆湖北六路转运司上供年额加总形成，[4]是通盘考虑各路钱物征收与实际运输能力的结果。[5]此后，各路粮草、钱帛、金银上供额相继确立，[6]至神宗朝均较稳定，如上供米额"或增或减，然其大约以景德所定岁额为准"，[7]即使偶有调整，也会很快复原。[8]

同唐代两税三分及宋初三司以两税为基础进行计度上供不同，景德上供

1　马端临：《文献通考》卷二五《国用考》，第743页。

2　《宋会要辑稿》职官四二之一六，第4078页。

3　马端临：《文献通考》卷二三《国用考》，第691页。

4　如沈括（熙宁年间任三司长官）《梦溪笔谈》卷一二《官政二》所言："发运司岁供京师米，以六百万石为额：淮南一百三十万石，江南东路九十九万一千一百石，江南西路一百二十万八千九百石，荆湖南路六十五万石，荆湖北路三十五万石，两浙路一百五十万石，通余羡岁入六百二十万石。"（中华书局，2015，第126页）其中20万石系加耗，上供正额正为600万石。

5　吴同《北宋汴河、淮南运河的通航能力与漕粮定额》（《中国经济史研究》2020年第5期）认为，东南诸路上供斛斗额之所以定为600万石，乃是受汴河最大通航能力限制。

6　据陈傅良总结："银纲，自大中祥符元年诏五路粮储已有定额，其余未有条贯，遂以大中祥符元年以前最为多者为额，则银纲立额始于此。钱纲，自天禧四年四月三司奏请立定钱额，自后每年依此额数起发，则钱纲立额始于此。绢绵纲，虽不可考，以咸平三年三司初降之数，则亦有年额矣。"（马端临：《文献通考》卷二三《国用考》，第691页）

7　《宋会要辑稿》职官四二之一六，第4078页。此处主要针对汴河上供斛斗，其他诸河曾有所变化，如广济河上供粟增多，而黄河逐渐不再供粟，仅以菽（豆）上供，嘉祐四年更诏罢黄河运菽（马端临：《文献通考》卷二五《国用考》，第744页），但基本是以景德定额为基准调整的。

8　如真宗后期至天圣间，东南六路漕米一度增至650万石，天圣四年又裁减为600万石；而天圣七年前，六路漕米因荒欠一度"权减五十万"，但当"岁丰"，即于次年复旧为600万石（《长编》卷一〇四，天圣四年闰五月戊申，第2408页；卷一〇七，天圣七年正月壬寅，第2491页）。

额内钱物，其来源已不局限于特定税赋名目，而是由两税、课利等多种收入筹措而来。[1] 在上供立额确立前后，宋廷分别调整两税、榷利的祖额。就构成上供正赋的两税而言，景德二年五月，确立三司每年比较各州税额增减之制；景德四年七月，经三司使丁谓建议，又规定三司"自今以咸平六年户口、赋入为额，岁较其数以闻"，[2] 将诸州两税及户口数同时立额。至于课利方面，宋初茶盐酒课均已立额，景德四年诏"榷酤之法，素有定规，宜令计司立为永式。自今中外不得复议增课，以图恩奖"，[3] 州郡不得擅改酒课额。至此，宋廷对各地税赋征收、钱物上供均加以立额，形成了国家财赋征调的基本规模。[4]

在通过立额稳定国家财赋征调数量的基础上，宋廷更采用比较之法，定期对比钱物收支额与不同时期实际收支数，以便掌握国家财政收支的变化趋势，从而及时发现问题，采取对策。这一管理思路的突出表现，即为三司使主持编修《会计录》的出现。据苏辙所言，三司编定《会计录》之目的，在于"有司得以居今而知昔，参酌同异，因时施宜"，[5] 通过比较国家财政的收支内容、数量变化，适时调整财政政策与具体制度。事实上，宋代臣僚议经费、论国用，多以当下财政状况与历朝所修《会计录》比较，而《景德会计录》作为

1　黄纯艳：《总量分配到税权分配：王安石变法的财权分配体制变革》，《北京大学学报》2020 年第 5 期，第 87 页。

2　《宋会要辑稿》食货六九之一六、七八，第 8055、8093 页。

3　马端临：《文献通考》卷一七《征榷考》，第 486 页。

4　需指出的是，宋代财政管理中"额"的类型颇多，性质也有差异。其中两税税额长期稳定，斯波义信认为这意味着宋代田赋收入增长较少，脱离当地实际经济发展水平，并将此现象理解为"最早的原额主义"（《宋代江南经济史研究》，方健、何忠礼译，江苏人民出版社，2001，第 248~250 页）；包伟民也指出宋代单位面积农田两税额有"凝固化"倾向（《宋代地方财政史研究》，第 205~206 页）；但宋代两税额特别是夏税钱额，往往变为课税基准，而非实际征收钱物，这或许是两税额"凝固"的重要原因。相比两税额，上供额在北宋前期稳定，但北宋中后期中央亦多增加上供额以应付财政需求（包伟民：《宋代的上供正赋》，《浙江大学学报》2001 年第 1 期，第 64~65 页）。至于工商课利祖额，更是时常调整（李华瑞：《试论宋代工商业税收中的祖额》，《中国经济史研究》1999 年第 2 期，第 64 页）。几类"额"性质的差异，某种意义上也是宋代中央财赋管理征调分离的产物，其在国家财政运作中的具体作用与相互关联，当另文讨论。

5　苏辙：《苏辙集》卷一五《元祐会计录叙》，第 1050 页。丁谓进呈《会计录》，可能有迎合真宗封禅的政治投机考虑，但这一动机，或出于宋代士大夫为劝诫君主而建构的历史叙述，不能因此否定《会计录》对于财政计度的意义，参见高磊《宋代〈会计录〉研究》，硕士学位论文，河北大学，2011，第 34 页。

宋廷所修首部《会计录》，常被作为衡量财计得失的主要参照。[1]

宋廷立额征调财赋，还与法规编修密切配合。澶渊立盟后不久，真宗即组织三司官员编"一司一务敕"，以规范国家财政管理制度。景德二年初，盐铁副使林特负责主持编录三司诏敕，于当年十月九日颁行《三司新编敕》。[2] 此次编敕是对《咸平编敕》后三司财政管理制度调整的整理与总结。[3] 针对两税征收，宋廷也编定了相应"一务敕"。景德二年，真宗命权三司使丁谓"取户税条目及臣民所陈农田利害，编为书"，次年初正式编成《景德农田敕》，[4] 其中多为针对州郡两税计征、完纳管理的具体规定。[5]

宋廷更将征调立额与官员课绩挂钩。[6] 就上供而言，东南六路 600 万石上供米额又被称为"米课"。在上供立额前不久，诏"江、淮、荆湖南北路转运司逐年所运上供粮储，自今如有出剩，即与批书转运使副历子，叙为劳绩"。[7] 就计征而言，景德四年宋廷申明，不再单纯以户数变化判定州县官课绩等次，唯有能够实现荒田税额归户并带来税收增加的主户数增长，方可登入申省"升降帐"，作为州县官课绩及升降俸给的依据，至于无益于税收增长的分税产析户与无税产客户则不计入其中。三司遂可凭借税租账掌握各州主户数与税额，

1　如《曾巩集》卷三○《议经费札子》载："宋兴，承五代之敝，六圣相继，与民休息，故生齿既庶，而财用有余。且以景德、皇祐、治平校之……以二者校之，官之众一倍于景德，郊之费亦一倍于景德。官之数不同如此，则皇祐、治平入官之门多于景德也。郊之费不同如此，则皇祐、治平用财之端多于景德也。"（中华书局，1984，第451~452页）关于宋代《会计录》编修功能的讨论，还可参见陈扬《北宋帐籍与会计录制度浅析》，《甘肃理论学刊》2012年第1期。

2　《宋会要辑稿》刑法一之三，第8213页；王应麟：《玉海》卷六六《诏令·景德三司新编敕》，第1256页。

3　景德二年八月，朝廷曾依三司所奏，要求转运司及各州郡长吏妥善编录和保管《咸平编敕》后续降宣敕、札子（《宋会要辑稿》刑法一之二、三，第8213页；《长编》卷六一，景德二年八月戊子，第1358页）。而三司之所以有此奏议，或与当年编录宣敕活动有关。

4　《长编》卷六一，景德二年十月庚辰，第1369页；《宋会要辑稿》刑法一之三，第8213页。

5　如天圣三年七月，京西路劝农使建议置两税簿印，以革除税租簿制作过程之弊。三司赞同此建议，即引《农田敕》条目为据（《宋会要辑稿》食货六九之一七、一八，第8056页）。此外，景祐三年，欧阳修也称各地官吏在征纳秋税时，"一以《农田敕》限，甚者笞而绝之"（欧阳修：《欧阳修全集》卷六六，第966页）。可知征税时之程限，亦据《农田敕》规定。

6　官员差遣结束回京，审官院、流内铨等人事管理部门，往往以其印纸、历子所载招纳、逃移户税信息及监当课利都帐"会问三司"（《宋会要辑稿》职官五九之五，第4638页；《宋会要辑稿》职官一一之一○，第3313页）。至于对征榷课利立额进行比较并对官员进行科罚之制，自太宗时期即已施行。

7　《长编》卷一○四，天圣四年闰五月戊申，第2408页；卷六一，景德二年十二月，第1380页。

并以此课绩官员，防止"税额走漏"与税赋承担者减少。相关制度此后逐渐完善，皇祐元年，权三司使叶清臣建议严格漕臣考课事目，包括"一、户口之登耗，二、田土之荒辟，三、茶、酒、盐税统比不亏递年祖额，四、上供和籴、和买物不亏年额抛数，五、报应朝省文字及帐案齐足"等项目，当时未能实施；[1]但三司考课漕司上供并加以赏罚之制，四年后最终得以实行："诸路转运使上供不足者皆行责降，有余则加升擢。"[2]由此观之，三司财赋征调立额管理，需依托收支比较与人事课绩才能实现。

要之，真宗朝财政管理体制调整的主旨，是建立稳定的"经久之制"，而其核心措施，则是对国家财赋征调立额，在维持财赋征调规模的同时比较其变化。宋廷还通过确立相对稳定的财政管理法规和人事课绩制度，保障立额管理正常运作。各项措施自景德元年逐次展开，彼此间密切关联，形成了以财赋征调立额为中心的财政管理体系，进而深刻影响了北宋国计模式的运作机制。

四 三司国计运作机制的合理化

征调立额管理，尤其是上供额的出现，极大改变了北宋国计体系的运行机制，以及三司、转运司等财政管理机构在其中的角色。

就三司而言，其依托各路漕司、发运司上供额进行钱物调度，不必直接统筹郡计。嘉祐二年（1057），三司使张方平论京师军储不足，拟定的应对方案即立足于对京师四河（汴河、广济河、惠民河、黄河）沿线诸路斛斗上供额的调整。兹以此为例，说明三司利用上供额计度国用的具体方式。首先，三司有权改变上供额中的实际起发数量，以应对各处支费。如京西路上供斛斗额为 35 万石，但因其于皇祐五年（1053）"诉部内伤"，无力应对，实际到京之数每年仅数万石，且迟迟无法补足，三司顾及其"财赋不至丰赡，诸色支费亦多"之窘境，遂减至 20 万石。

其次，三司可通过上供额调整发运司、转运司征调内容及转输路线，实现钱物移易。就"移"而言，如南京应天府驻军较多，每年自京东路上供额中

---

1 《宋会要辑稿》食货六九之七八，第 8093~8094 页；《宋会要辑稿》职官五九之七，第 4640 页。

2 《长编》卷一七四，皇祐五年六月壬辰，第 4214 页。

调拨 12 万石，本由转运司组织徐、单、曹、济州及广济军民户支移两税应对，三司为避免民力劳敝，命南京截留上供米、麦 12 万石。就"易"而言，宋夏开战后禁军多在西北外戍，"在京军粮月支数少"，三司遂命汴河所输东南六路部分斛斗折现钱以应对陕西军费，后因京师大礼支赐需要，三司更命六路将 50 万石折钱 50 万缗，起发上京。值得一提的是，三司"移""易"并非截然区分，如京师"岁支马料豆麦约六十万石"，三司"近年计度，多抛数下发运司起发"，但转输困难，耗费颇多，张方平重行计度，命"陕西、京西及将京畿二税细色折纳粗色"以供马料，东南六路则专门运送粳米，如此不仅岁计足办，运费亦得减省。[1]

就转运司、发运司而言，征调立额提高了其财计自主权。仁宗庆历年间，监察御史包拯进奏："据发运司准中书札子，据三司奏，乞将庆历三年上供额斛斗六百万石内，将小麦一百万石、大豆十五万石折纳见钱。发运司遂相度，小麦每斗并耗添估九十四文省，大豆每斗并耗八十八文省，比逐处见粜价例两倍已上，应该小麦一石纳见钱九百四十文省。"[2] 可知三司意图将部分上供斛斗折纳现钱，而东南发运司接此指令后，提高豆、麦折估，六路州郡以高额估价将夏税折变现钱，以应付三司所需。由此观之，三司仅规定了应折纳斛斗的种类、数量，并未规定筹措现钱的具体方式，至于不同等次民户折变夏税的方案及折变的具体估价，则由发运司、转运司负责拟定。另如皇祐元年秀州、苏州夏税折纳，由两浙转运司安排，命二州第一、二等人户送纳本色布帛，第三等人户则将户内税物折纳现钱，于杭、湖、睦州置场，"依市价买得上等堪好匹帛，数目充备，起发上京送纳"。[3] 这一类事务各州应均由当路转运司安排，三司不再直接调整两税计征方式。

不过，转运司、发运司财政计度自主权的提升，并不表示三司对钱物收

1　张方平：《乐全先生文集》卷二三《论京师军储事》，第 511~512 页。

2　包拯撰，杨国宜校注《包拯集校注》卷一《请免江淮两浙折变一》，第 20 页。据《历代名臣奏议》，时"拯权三司使"（黄淮、杨士奇编《历代名臣奏议》卷二四三《荒政》，台北：学生书局，1963，第 3220 页），如此则当在嘉祐四年至六年间。不过，此奏状中意见多与三司奏请抵牾，且屡言送三司相度，催促三司定夺，当非包拯任职三司时所上。杨国宜考证，此奏作于庆历四年、五年间包拯任监察御史时（包拯撰，杨国宜校注《包拯集校注》卷一，第 21 页），可从。

3　程俱：《北山小集》卷三七《乞免秀州和买绢奏状》，《宋集珍本丛刊》第 33 册，线装书局，2004 年影印本，第 627 页。

支调度的监管削弱。州郡财务文账申省之制原则上并未废止，朝臣亦屡请求更张积弊，严格执行该制度，除了满足临时清查旧账、划刷钱物需要，更应与财政立额管理体制下官员课绩密切关联。真宗、仁宗二朝，各路转运司多向中央进献上供额外"羡余"，这固然有赖于其财计自主权的扩大，但也与三司能够监督漕臣并对其有效课绩，进而激励其进奉有关。[1] 除课绩措施外，三司对转运司、发运司的钱物筹措、征调计划仍需加以审批。大中祥符六年（1013），针对各州筹措琐细支费而采取的正税"折科""支移"措施，宋廷更命三司"常切约束"。[2] 前述皇祐元年两浙转运司令秀州、苏州夏税绢帛折变现钱事，三司次年即下牒，命其"不得更令人户折纳见钱"，[3] 可见州郡两税折变方案虽由转运司拟定，但仍需得到三司批准。两税之外，各州若以和籴、和买方式筹措钱物，其方案同样需三司裁断。如大中祥符六年，大理寺丞刘有政奏请州郡籴买粮价，"夏以五月、秋以九月，悉用中旬价量增之，以为定额"，此议即付三司详定。[4]

要之，征调立额后，三司仍为国计中枢，但不必直接统筹郡计；转运司、发运司的上供钱物立额，在某种意义上构成三司计度国用之"中介"，范镇所谓"国家用调责之三司，三司责之转运使，转运使责之州"[5] 之局面完全形成。而财政管理机构角色的演变，又体现出国计运作机制在三方面的深刻变化。

其一，就计度层级而言，由三司、州郡二级变为三司、漕司、州郡三级，其分工、协作更为合理。三司拟定计度方案，只需以上供钱物额为基础，对其构成内容、数量及转输路线加以调整。至于各州郡如何具体筹措，则由转运司、发运司根据各路实际财政状况，采用两税折变、科配、籴买等多种手段完成。[6] 相比唐代两税三分体制下州郡、藩镇财赋分成与定额上供，北宋钱物上

1　高聪明：《从"羡余"看北宋中央与地方财政关系》，《中国史研究》1997 年第 4 期，第 100~101 页。

2　《宋会要辑稿》食货七〇之六，第 8103 页。

3　程俱：《北山小集》卷三七《乞免秀州和买绢奏状》，第 627 页。

4　《宋会要辑稿》食货三九之七，第 6855 页。

5　《长编》卷一七六，至和元年八月丙申，第 4271 页。

6　丁谓于景德中"纂三司户口税赋之入，及兵食吏禄之费，会计天下每岁出纳赢亏之数"（晁公武撰，孙猛校证《郡斋读书志校证》卷八《仪注类》，上海古籍出版社，1990，第 327 页）而成的《景德会计录》，主要登载三司财政收支，不载州郡财政出纳。黄纯艳也认为北宋《会计录》数据，"主要是承担'经费'的三司和元丰改制后户部的收支"（《宋代财政史》，第 372 页），这或许从侧面反映了三司较少直接计度州郡出纳。

供额建立在钱物系省的基础上，且不局限于两税，更将和籴等财赋筹措手段包括在内，增加了财政计度的灵活性。

其二，就国计调度与税赋征发关系而言，中央计司在对税赋计征、上供进行立额管理的同时，不再刻意维持税赋"征调一体"局面，这也适应了两税计征的特点。如前所述，五代至宋初，中央计司曾一度试图在"检田定税"基础上，根据上供需要，将折纳税物直接摊入各州田亩，但此类做法难以适应统一后的全国财政计度。由于各地田亩数量、等次及折纳方式不同，中央计司无法确定两税统一科则，[1]因此很难直接根据田亩数集中核算财赋征调具体数量。而所谓"亩税额"，尤其是南方地区大量夏税钱额，并非实际计征税物，往往只能反映所系人户的财产与赋税承担能力。[2]在此情况下，三司难以"据亩出税"，只能厘定基本征收原则，并将所需税物经由转运司、州、县层层下摊，最终根据各乡田亩具体科则拟定计征方案。[3]总之，随着立额管理的形成，各路上供额并非仅由税额分隶而来，三司较少通过亩税额直接计度筹措上供物资，而主要依托监督、课绩之权实施监管。[4]

其三，就国计依托的财务信息层次及类型而言，随着对州郡钱物直接审核、调度的减少，三司对州郡申省文账的依赖程度有所下降。甚至在常年未曾拆封申省文账情况下，三司主导的国计体系仍可以维持运转。而随着转运司计度自主权的扩大，其审核财务文账的必要性也有所提升。至元丰三年朝廷改

1　包伟民：《宋代地方财政史研究》，第 199~200 页。

2　周曲洋：《量田计户：宋代二税计征相关文书研究》，博士学位论文，中国人民大学，2017，第 120~121 页。

3　如福建惠安县，自宋初均定税额后，即"以土田高下定出产钱。夏秋二税及折变粮料，俱以产钱为母，而第人户九等以权之……田分九等，地分五等，田上三等每亩自十六至十四文，中三等自十文至十一文……其田地产钱自一文至一百九十九文为第五等，二百文至四百四十九文为第四等……夏税产钱一文纽纳布钱一分二五丝，税钱一分五厘，小麦一勺五抄"（嘉靖《惠安志》卷六《田赋》，《天一阁藏明代方志选刊》第 43 册，上海古籍出版社，1982，第 3 页 b~4 页 b）。可见同一县内不同田亩科则，其税钱额实际折科方式差异甚大。相关分析，参周曲洋《量田计户：宋代二税计征相关文书研究》，第 120 页。

4　北宋治平间，三司编定《会计录》，其垦田数已非各地统计加总而来，而是由两税额推知，所谓"特计其赋租以知顷亩之数"，两税未加者则不在其列（马端临：《文献通考》卷四《田赋考》，第 98 页）。在元丰三年账法改革后，漕司申省税租账中，已不再有田亩数信息，但在州郡申漕司账中仍得保留，参《庆元条法事类》卷四八《赋役门》，第 645、646 页。

革帐法，将诸色钱物文账审核权下放，"其县、镇、仓场、库务帐，本州勘勾；诸州帐，转运司勘勾。内钱帛以下具收、支、应、见在逐县总数，造计帐申省"。自此，转运司只需将与三司"总领国计"密切相关，"须知其多少虚实"的钱帛、粮草等账汇总为"计帐"申报三司；至于其他"非三司国计虚赢所系"之文账，因转运司自州郡取索便利，且熟悉地方情况，有能力进行准确高效的审核，所以只需对其"磨勘架阁"，审核后于本司存档，不必再申三司。[1]

由此观之，转运司计度自主权的扩大，是元丰帐法得以成立的前提，而元丰帐法的推行，又使得转运司加强对州郡钱物的审核，"漕计"制度由此进一步完善。三司难以有效审核文账之弊也有所缓解，从此既可以摆脱沉重的文账负担，又不致失去对最为关键钱物收支信息的掌控，"外内简便，颇称允当"。[2]此后，中央计司虽屡经调整，三司的国计职能也被户部左曹取代，但州郡收支文账直接申省之制并未恢复，南宋户部更是"惟有上供之目而已"。[3]虽有臣僚力图振举北宋前期"天下财赋窠名，旧悉隶三司"之制，要求州郡收支计账直接申报户部，以便能够核查全国收支情况，征调地方钱物，增加中央收入，朝廷对此也有讨论，但最终不了了之。[4]三司统筹郡计的旧制难以复兴，除因吏治松弛，更与州郡申省文账对中央财政计度的作用逐渐边缘化有关。

总之，较诸宋初直接统筹郡计，景德以降，三司依托各路上供额移易钱物，州郡财赋的征发与调拨不再直接联系，其面临的行政压力一定程度上得以缓解。转运司、发运司则逐渐成为三司、州郡之间的财政计度层级，正如陈傅良所言："虽自一钱以上，名曰系省，而州郡之阙，一仰于部使者。四方之计□，至于三司，或累十年不省，而藏富于外台不可胜计。"[5]上述变化，并不直

---

1 《长编》卷三〇九，元丰三年闰九月庚子，第7495页（标点有调整）；卷三八三，元祐元年七月己卯，第9331页。

2 苏辙：《苏辙集》卷四〇《论户部乞收诸路帐状》，第706页。小林隆道认为"元丰帐法"的出现，意味着州司账簿的具体审核层级下移至转运司，三司的事务大为减少，参见「北宋期における路の行政化—元豊帳法の成立中心に」『宋代中国の地方統治と情報伝達』、424頁。

3 李心传：《建炎以来系年要录》卷五四，绍兴二年五月丙戌，胡坤点校，中华书局，2013，第1118页。此外，淳熙四年（1177）正月二十一日户部侍郎韩彦古亦称户部"所知之数，则上供而已"（《宋会要辑稿》食货五六之五八，第7315页）。

4 《宋会要辑稿》食货五六之五七、五八，第7314~7315页。

5 陈傅良：《陈傅良先生文集》卷三六《与王亚夫运使》，第463页。

接体现为法条规定的具体变动，而是在制度实践中逐渐形成的。这一过程，反映了在三司财务处理能力有限的情况下，国家财政计度模式如何与税制、央地财政权力结构变化相协调，进而逐渐趋于合理化。北宋前期，国家仍基本处于实物财政状态，且两税计征无统一税则，税赋折纳、征调中缺乏统一核算单位。在此情况下，国家财赋征、调分别立额管理，使得中央计司着意于调度而非计征，将两税制税方案拟定权下放转运司，比较有效地协调了税赋征、调关系，有利于国家财政计度效率与合理性的提升。

　　但随着赵宋王朝财政开支扩大，以立额为基础的两税财赋征调分离亦造成三方面结果：其一，财计自主权与财政压力并存，为漕司以下地方政府依托两税正额及其计征环节进行赋役加派提供了空间，并衍生出诸如"暗耗""斛面"之类附加杂税；其二，三司长期依托定额移易钱物，面对临时大宗开支腾挪余地有限，往往依赖内藏借贷、支赐应付，甚至经费入不敷出；[1] 其三，在两税"征、调分离"情况下，为应对国计需要，中央计司一方面更多依托财赋窠名合并征调钱物，如北宋后期及南宋经制钱、总制钱之类，[2] 另一方面更依赖于两税以外的税种以及和籴、和买等形式筹措的财赋。[3] 这又为国家财政管理带来诸如榷利监管，粮草、榷货估价调节，钱货"轻重相权"

1 北宋财政管理体系包括多个系统，其中三司主导的国计体系主要应对经费，另以内藏库预备非常之费。时人所论"积贫""国用不足"，主要针对三司经费，突出表现在仁宗中期至英宗朝。参程民生《论北宋财政的特点与积贫的假象》，《中国史研究》1984 年第 3 期，第 30~34 页；冀小斌《北宋积贫新解——试论"国用不足"与王安石新法之争》，周质平、Willard J. Peterson 主编《国史浮海开新录——余英时教授荣退论文集》，第 284 页。
2 自熙宁新法实施后，宋朝央地财政关系逐渐由"总量分配"的分成法转向以窠名分隶为中心的"税权分配"，且持续至南宋，参黄纯艳《总量分配到税权分配：王安石变法的财权分配体制变革》，《北京大学学报》2020 年第 5 期。关于宋代不同税种附加税的生成及其窠名分隶关系的变化，参黄纯艳《论宋代中央与地方的税权分隶》，邓小南、范立舟编《宋史会议论文集（2014）》，中国社会科学出版社，2016，第 100~119 页。
3 据三司长官蔡襄统计，治平元年全国绢帛收入中，两税占 31.6%，市买占 68.4%；粮食收入中，两税占 67%，市买则占近 33%（蔡襄：《蔡襄集》卷二二《论兵十事奏》，第 390 页）。另外，在北宋中期，西北、东南诸路及汴京地区，市买所得物资在总收入中占据可观比例。以粮食斛斗而论，陕西、河东大部倚靠市买，东南上供粮中也有 1/3 以上由市买筹措。至于高级绢帛、金银，更大多来自市买，参李晓《宋朝政府购买制度研究》，上海人民出版社，2007，第 104~125 页。关于宋代籴买及科买制度，另参袁一堂《宋代市籴制度研究》，《中国经济史研究》1994 年第 3 期，第 140 页；魏天安《宋代的科配和时估》，《河南师大学报》1982 年第 4 期，第 27~29 页。

等新问题，[1]促使宋朝政府提升针对榷利收入、钱物储备以及采办供给等财政事务的管理能力。[2]

余　论

古今国家制度建构，多以应对实际统治需求为主要目标。所谓以开国者之睿智，立数百年不易之规条，只可能出于后人对祖先的称誉。制度之所以不断变化，多因时过境迁，经国者不得不屡加更易以应对时势。中国历代王朝以传统技术手段，面对辽阔境土的“大一统”管理需求，进行制度调整更为不易。不同应对之道，有助于我们观察不同时期国家行政运作的特点，并从中追寻其对后世产生的影响。本书对北宋前期三司国计体系运作与演进过程的分析，是展示以上历史脉络的一个典型例证。

就国家财政管理体系而言，自元丰五年罢废三司，直到清代户部奏销体制形成，中国历史上长期未再出现集全国财赋收支计度与审核权于一身的中央计司，这在某种意义上表明北宋前期三司“总国计”的制度设计存在不合理处。但北宋前期，三司国计体系毕竟存续了相当长的时间，且基本维持了国家财政稳定，其运作机制的演化进程，体现了实物财政条件下，中央财计在受到行政能力制约，又不能改变基本目标的情况下，通过调整落实方式，从三司直接统筹郡计转向依托漕司上供额进行计度征调，从而逐渐适应国家财政管理需求。

对“大一统”王朝国家而言，财政高度集权，中央计司“如臂使指”地指挥财赋征调，更多体现为制度设计的基本原则。受制于财务审核的复杂技术要求及自身行政能力的局限，其在实践中多需调整变通，寻求平衡点，以应对

1　王安石熙宁新法强调，将钱物“轻重”、“取予”及“理财聚众”之权，自“兼并之家”夺回，操诸人君之手，主张“轻重敛散之权不可以无术”（王安石：《王安石文集》卷七〇《乞制置三司条例》、卷八二《度支副使厅壁题名记》，第1217~1218、1431页），当即针对此类问题而发。关于这一议题，需另文讨论。

2　关于宋代政府对于商税及茶酒征榷的管理能力，参刘光临、关棨匀《唐宋变革与宋代财政国家》，《中国经济史研究》2021年第2期，第48~50页；关于北宋财政收入及供给能力的综合考察，参黄纯艳《北宋财政能力与国家治理》，《史学集刊》2021年第5期，第14~17页。

两者间的权能落差。这也是各王朝财政集权制度演化的一般动力。在不同时期，各王朝面对类似难题，采取不同应对之策会导向不同结局。唐前期以"支度国用"为中心的财政计度体系，[1] 因户部度支司难以通过籍账掌控课口，同时杂项税收增加，租庸调收入逐渐与国家财政支出脱节，中央只得以"长行旨条"对收支额进行原则性规定，导致国家财政管理僵化，直到建中元年（780）行两税法时走向瓦解。[2] 相比之下，北宋前期以两税为基础的国计体系，在三司难以掌控计征对象（田亩数量与科则），[3] 甚至难以掌握州郡钱物详细收支数据的情况下，却依托调控上供额得以长期维持。由此观之，宋代财赋征、调分别立额管理，是造成唐宋财政计度体系演化路径差异的重要因素。财赋征调立额管理，一定程度上平衡了统筹计度的难度与三司财务行政能力之间的权能落差。此外，对中央而言，上供定额可以使三司较少直接参与州郡财政收支核算，也不必直接承担加赋之责，这也正是两税额得以长期维持稳定的重要前提。

北宋前期国计体系演化，固与募兵制带来的供军调度有关，但更重要的原因则在于两税征调方式较租庸调发生了根本性变化。一方面，始于唐建中元年的两税法，是对传统人头税制的重大改革，在两税三分基础上形成了新的"以支定收"的财政计度体制，[4] 即中央政府能够量出制入，通过两税、上供即征、调两层面立额，掌控国家税赋的收入与移易。另一方面，以资产为宗的两税，不存在全国统一的税则，加之北宋前期主要为实物财政，征调钱物名目、单位庞杂，账簿核算、勘验手续烦琐，三司很难直接统筹州郡财政

1　唐前期财政计度体系包括多个组成部分，主要为租庸调，此外还包括围绕特定用度，针对户税、地税等税赋的征调，参陈明光《唐代财政史新编》，中国财政经济出版社，1991，第28~35、37页；这一体系的运转，需要依托唐前期国家严密的制度设计与较强的财政管理能力，参陈明光《唐代前期"统收统支"财政体制与国家治理》，《史学集刊》2021年第5期，第9~12页。

2　关于唐前期"支度国用"体系的运作，参见大津透《唐律令制国家的预算——仪凤三年度支奏抄、四年金部旨符试释》，特别是所附唐代财政预算示意图，刘俊文主编《日本中青年学者论中国史·六朝隋唐卷》，上海古籍出版社，1995，第430~484页；关于"支度国用"与租庸调的关系，参李锦绣《唐代财政史稿》上卷，北京大学出版社，1995，第60页。

3　宋代田赋在实际计征过程中，往往以户为课税对象，参见周曲洋《量田计户：宋代二税计征相关文书研究》，第137页。

4　陈明光：《唐代财政史新编》，第228页。

收支与税赋计征方式。在计度难度较大而行政能力不足的情况下，三司遂依托各路上供额安排钱物移易，不再直接统筹郡计，形成中央财政计度征调分离格局。

由此观之，北宋前期三司国计机制的演化，不仅只为应对财政集权管理模式中的权能落差问题，更是两税税制特点与实物财政条件共同作用的产物。只要这一历史条件存在，征调分离的计度格局就会长期持续。至明前期，朝廷依托里甲重新整编田赋计征体制，确定税粮起运、存留分隶比例，试图重建"征、调合一"的税赋体制。但直到明中叶赋役折银与定额改革，尤其是一条鞭法实施后，税粮、上供物料等"一切赋役都折成银子编派和会计……课税客体多样化的差役和实物的征派，有了统一的计量标准和定额"，[1]全国财政才能得以统一核算，地方政府才能编造出详载赋役科则、定额与分隶信息以资征派的《赋役全书》，使得中央政府至少在技术层面有可能全面掌握地方钱粮实际收支勾销情况，进而展开预算编制和年终审核。[2]最终在清顺治年间，建立起地方奏销册攒造、申报与户部统一奏销钱粮之制。[3]至此，全国财赋征调分离局面方才得到改变，传统国家财政的统筹计度又以新形式得以落实。

第二节　簿书期会：北宋三司对钱物的支拨与勾销

北宋三司总领国计，"指挥百司、转运使、诸州"，[4]均有赖于对各处钱物出纳情况的研判。因此，三司所辖案分及诸子司，需依托各类账册簿书，审核监

1　刘志伟：《略论清初税收管理中央集权体制的形成》，《贡赋体制与市场——明清社会经济史论稿》，中华书局，2019，第189~190页。

2　申斌：《赋役全书的形成——明清中央集权财政体制的预算基础》，博士学位论文，北京大学，2018，第223页。

3　刘志伟：《略论清初税收管理中央集权体制的形成》，《贡赋体制与市场——明清社会经济史论稿》，第187~189页。

4　《司马光集》卷五一《论钱谷宜归一札子》，第1066页。

管财务收支，[1]是谓"簿书期会"之职。[2]这一职能看似烦冗琐碎，却是三司获取、分析国家财政信息的主要渠道，也是其筹划财政政策的基础。因此，欲理解三司在国家财政管理中的角色，必须深入"簿书期会"的运作过程，通过分析"簿书"的类型、功能，复原三司勘验审核的具体细节，进而探析相关制度的运行机制，思考其对于北宋财政管理的意义。

原则上，对于内藏库以外全国钱物出纳，三司均需加以监管，其范围涵盖京师及外路州郡，但二者的运作方式颇有不同：对于京师仓场库务，三司往往直接"点检"文簿，[3]三司官与库务官员间亦多存"统摄之体"；[4]至于外路州郡，三司多不勘验出纳簿书，仅审核州郡申报总账。因此，细致剖析京师仓场库务出纳管理制度，有助于理解三司"簿书期会"的具体方式。基于上述考虑，本节将重点考察三司如何依托文旁、"凭由"、"帖文"（省帖）等财务文书，实现对京师钱物支拨、勾销的审批与监督。

1　关于北宋三司内部负责管理财务出纳的机构与人员编制，以周藤吉之「北宋の三司の性格」（原载『法政史学』18、1965、氏著『宋代史研究』、79~144 頁）以及「北宋における三司の興廃」（『駒沢史学』13、1966、氏著『宋代史研究』、28~144 頁）二文较具代表性，其中系统梳理了三司内部机构的沿革、分合与调整，并对其基本职能进行了简要论述，周藤氏认为，如三司勾院、磨勘司等部门，均负责财务审计。此外，如汪圣铎《宋朝理财体制由三司到户部的变迁》（《宋辽金史论丛》第 2 辑，第 132~134 页）、《两宋财政史》（第三编第三章"三司理财体制"，第 584~589 页）以及黄纯艳《宋代财政史》（第 7~11 页），也曾梳理并归纳各子司的财务审计职能。此外，肖建新《宋朝审计机构的演变》（《中国史研究》2000 年第 2 期，第 112~126 页）、《宋代审计三论》（《史学月刊》2002 年第 1 期，第 39~46 页）以及方宝璋《宋代财经监督研究》，均曾对三司有关财务审计诸司的设置、职掌以及相关财务文书加以考察。相关研究的具体论点，将随文述及，此不赘言。

2　《长编》卷二〇九，治平四年闰三月丙午，第 5090、5091 页。"簿书期会"，为曾任三司使之张方平向神宗总结三司的主要职掌。所谓"簿书期会"，原出贾谊所言："大臣特以簿书不报，期会之间，以为大故。"（《汉书》卷四八《贾谊传》，中华书局，1962，第 2244 页；另参《汉书》卷二二《礼乐志》所引贾谊之言，第 1130 页）主要针对汉初大臣对礼俗败废不加措意，反务琐细庶务之弊。颜师古注云："簿，文簿也。故谓大事也。言公卿但以文案簿书报告为事也。"（《汉书》卷二二《礼乐志》，第 1131页）可知"簿书期会"本意，即限期据文书处理庶务。此处"簿书期会"，特指三司对各类财务文书（包括账簿、凭证）的按时搜集、整理、勘验与审核。

3　天圣七年六月诏："三司使、副使子弟多乞监在京诸库务，虽部分不同，其如文字相干，上下难为点检。"（《宋会要辑稿》职官二七之四五，第 3733 页）

4　熙宁三年十二月二十七日，三司使吴充言："本省判官、主判官与本辖库务监官，并权副使、权发遣副使于监当少卿监，除在朝廷自有彝制，其入省及诸处相遇，点检到库务，合存统摄之体，座次相压，未有定制。"（《宋会要辑稿》仪制三之三八、三九，第 2350 页）

一　"簿书"的主要类型：文账与财务凭证

讨论"簿书期会"的具体运行机制前，需厘清"簿书"的主要类型与功能。[1] 三司日常财务管理依据的"簿书"，大体可分为申省文账与出纳凭证两类，二者功用各异又密切关联，必须相互配合，方得掌控钱谷出纳。

（一）申省文账及其功用

京师仓场库务及外路州军，需将一定时期内各项钱物出纳、存留、欠负等财务数据造账申报三司，形成"申省文账"。依财政管理周期不同，这些账册可分为以自然时限（如年月日）申报的"月账""季账""年账"，以及与仓库分界出纳关联的"界末账"等类型。

首先讨论在京仓场库务按年月日申省的文账。熙宁九年四月，宋廷规定京师仓库账册申报时限："诸在京府界仓库所供月、季、年帐，并于合满后，依限申省。月、季帐二十五日，半年帐四十日，年帐五十日。"[2] 此外还有每十日一申之"旬帐"。申报期限与所涉钱物事务监管难度有关，最普遍的是按月、季申报。[3] 就三司而言，这类账册是其获悉京师钱物出纳情况的主要凭据。兹以月账为例分析其财务功能。嘉祐二年十一月，三司使张方平进奏：

> 臣庆历五年权三司使，尝取责到在京诸仓见在斛斗数，人粮一千三百万石，是时每月约支三十四万有余石，计可备二年一十一月日支遣；马料三百二十万石，是时每月约支四万余石，计可备七年支遣。今次受命，再领邦计，昨于三月中取责到在京诸仓见在斛斗数，人粮八百万石，每月约支四十万石，计可备一年余八月日支遣；马料七十万石，每月约支四万七千余石，计可备一年余四月日支遣。自庆历及今，

1　方宝璋曾将此类财务账簿文书视为审计、会计凭证，对其各自名目、用途多有考释，是目前学界对宋代会计文书最为全面系统的研究成果，参《宋代财经监督研究》，第158~205页。

2　《宋会要辑稿》职官二六之一〇，第3692页。

3　方宝璋：《略论宋代会计帐籍》，《中国经济史研究》2004年第3期，第26~28页。

通十年之比，计所亏耗五分之二，为国远虑，窃所寒心。[1]

张方平庆历五年曾担任三司长官，此番又莅其职，遂将当时京师军储情况同庆历五年相比较，并进奏仁宗。据奏状可知，张方平是根据各月数据估算财政收支大数，以京师诸仓所申三月月账见在数以及各月人粮、马料支给总数，计度军储维持时间。据此，至少就军粮这类标准相对稳定的常程开支而言，月账信息既能反映一定时期钱物出纳的整体情况，又具有较强的时效性，是三司擘画财计、决策谋议的重要依据。乾兴元年四月，三司据修造司月账，了解京师诸处修造计划完成情况与消耗物料数："去年十二月诸处修造文帐，省司点检，有二千六百七十八处。内四百三十四处已修去，供破料文帐二千一百五十四处。"[2]在此基础上，三司总结修造中存在兵匠拖延等问题，并指出其原因在于管理人员配置不合理，事权分散，"不得专一催促点检"，请求特差阁门祗候及宦官二员专掌其事。[3]

除了为擘画财计提供依据，此类账册也是三司监督京师官员钱物收支的凭据。至道元年十月，太宗曾下诏左藏库："所差使臣，须二年满日，与专、副一时差替。监官候交割漏底，月帐到省，则给解由归班。"[4]当左藏库监当使臣二年任满，完成前后任交割手续，必须由三司审核当月月账，方可给解由离任。

其次分析同仓库钱物出纳界分直接挂钩的"界末账"。宋代钱物管理中，各仓场库务所储钱物多分界管理，每一界分储存钱物数量相对稳定。[5]当一界钱物支出完毕，需就当界钱物收支情况造账，是为"界末账"，其主要作用在于对管库官员的财务审核。仓场库务监当官吏任满，需将任内界末账申报三

———————————

1　张方平：《乐全先生文集》卷二三《论京师军储事》，第 511 页。

2　《宋会要辑稿》职官三〇之一六，第 3798、3799 页。

3　《宋会要辑稿》职官三〇之一六，第 3799 页。

4　《宋会要辑稿》食货五一之二一、二二，第 7152 页。

5　宋代仓库"界分"的划分不拘一法，以诸仓为例，即有以贮藏物为标准分界之"百万界"法，以及以诸仓近便划分之"五大界"法（参照宁三年十一月制置三司条例司进奏，《宋会要辑稿》职官二六之五，第 3690 页）。

司，经核查确无失实违法，官吏方可离任交割。[1] 由于官员界满离任时可能还未满月，因此，当对官员离任财务收支加以关防，必须配合查验界末账与逐月攒造账册。据大中祥符六年十二月诏，出纳仓库之界末账，以及离任监官最后一月账，需由本部门先行初审，遣行人勘验"旧界得替末帐"及"前月帐尾"中"见在钱物"数，视其与账内其他各项收支可否吻合；[2] 若无问题，钱物管理机构即据此数申报三司，以供新旧任监官、专、副交割。可以说，界末账是三司对掌管钱物出纳的监当官展开离任审计的基础。[3]

要之，京师诸官司申报三司的各类账册，既是三司计度财用、擘画制度之依托，也是其监督财计落实情况，课绩管库官吏的凭据。需要补充的是，申省文账的体式结构，因其功能有别，或以收支录名列项，或以钱物名目分类，其中后者与三司财务、计度审核关系尤为密切。至道元年十月，太宗要求左藏库申三司月账，"以钱、金银、匹帛、杂色丝绵为三帐，犀玉、腰带、鞍辔、杂物别具帐"，[4] 可见在实物财政条件下，文账根据钱物名目分类，便于三司掌握各类钱物收支大数，计度调拨。

（二）财务出纳凭证

钱物文账对于三司理财既如此重要，故需对其内容详加审核，确保所载数据真实准确。比勘账册各项钱物出入数据吻合与否、有无抵牾，只能视为财务审核之"内证"。倘若未对文账数据来源加以勘核，则无法查验钱物出入数据的真实性、合法性。因此，三司必须依靠出纳凭证这一"外证"，将其同账册比勘，确保内容并无出入，方能许可钱物管理部门销账，完成钱物出纳流程。

北宋三司据以勘验文账的财务凭证，大体包括哪些类型？天禧二年八月，三司减省文字所奏请加强各机构向金耀门文书库送纳财务文书的关防

1　《宋会要辑稿》食货五五之六，第 7254 页。

2　《宋会要辑稿》食货五一之二三，第 7153 页。

3　事实上，北宋官员批书历子、印纸中之财务政绩，在注拟差遣与磨勘时，人事部门需关报三司，以文账勘验，参《宋会要辑稿》职官一一之一〇，第 3313 页。

4　《宋会要辑稿》食货五一之二一，第 7152 页。

措施，其中有如下提议："仍乞截自今据逐旋磨勘在京府界仓场等处界分应帐凭由、文旁，令逐手分于每卷上批凿库务名目、某年月凭由道数，写签帖封记印押讫，每令手分供写单状，轮差后行一名取索单状照证，收掠凭由，置历开说合封送库务名目、凭由年月、道数，都计几束，般载于金耀门文书库交割架阁。"[1] 为保证存档文书入库交接时内容、数量的准确，需要管库手分清点并批书凭由来源、数量，供写相应单状，后行随即将单状与凭由对照，确认一致并记录在案。凭由、文旁作为财务凭证，具有勘验账册的功能，三司可据此审查钱物支出信息是否真实合法，因此需在存档前专门记录。

凭由、文旁之所以能被用于勘验文账信息，盖因其在钱物支出的事前审核环节中曾发挥凭证功能。元祐五年（1090）四月丁酉，朝廷接受户部建议，设立官用钱物请领时限，"于请官物条内，添入充官用之物，过限具因依报所属，别出凭由、帖、旁"。[2] 这一规定在南宋中期仍然施行，据《庆元条法事类》引《给赐令》："诸以凭由、旁、帖给钱物，限百日内请。无见在或界分异者，半年内缴换。无故过限，勿给……即充官用而过限，具事因报所属别出。"[3] 由此可见，请领钱物需以凭由、帖、旁为据，并以百日为限；倘若超期，请领者应向所属部门汇报原因，由户部另出凭由、帖、旁以支给。绍兴二十九年（1159）十二月诏"左藏库今后将应支钱物，逐一照验凭由、旁、帖支给"，[4] 更明言凭由、旁、帖均系左藏库支出钱物凭据。值得一提的是，元丰五年官制改革后，财务凭证的类别与功能并无太大变化，因此可通过上述诏敕、令条管窥北宋前期情况。

倘若文账所载某笔钱物收支并无相应财务凭证可供勘验勾销，即成为"应在"钱物。天圣元年七月，宋廷命知制诰张师德、侍御史知杂事蔡齐"详定三司蠲纳司应在名物及放天下欠负"，蠲纳司后改置为理欠司，而所谓

---

1 《宋会要辑稿》食货五二之一一、一二，第7175页。

2 《长编》卷四四一，元祐五年四月丁酉，第10610页。

3 《庆元条法事类》卷三七《库务门·勘给》引《给赐令》，第599页。

4 《宋会要辑稿》食货五一之二八、二九，第7156页。

"应在名物"，即"名物虽著于籍而实未尝入官"者。[1]可见应在钱物除放虽由三司理欠司负责，但其性质与未曾入账的欠负钱物不同，是已系簿籍但实际"未尝入官"者。另据《神宗正史·食货志》，各州"以官物输他司或中都，虽著于籍，而无已入官之符契者，则总于应在司"，[2]可见应在钱物的特点在于，账册虽以登记入纳，却并无可供对勘的财务凭据以资证明。为免此类钱物失陷，造成官府损失，漕司需不时遣官详加磨勘。[3]但据南宋前期韩元吉所言，应在钱物"上下举知其无有，而载之赤历，常占虚数"，[4]往往只是空系账籍而已；然其名义上已然在官，并非欠负，难以除放，反为官府划刷敛纳提供了条件。

以上分析了宋代中央财务行政所需文账及财务凭证的基本类型，并对其相互关系进行了梳理。总的来说，二者彼此勘验，互为书证。接下来，拟考察以三司为代表的财务管理机构如何审核各类文账与财务凭证，实现对京师钱物出纳的监管。

二　库藏钱物支给具体人员：以官吏俸料请受为例

库藏钱物支给官吏军兵等具体人员，以及官司间钱物出纳，其管理模式有所差异，需分别讨论。兹以官吏俸料请给为例，考察库藏钱物支付具体人员的基本流程，并分析三司、粮料院等机构在其间的作用。

宋代官吏获取俸料，需以请受文历为凭，自官府仓库请领钱物；[5]而三司监

1　《长编》卷一〇〇，天圣元年七月壬午，第 2326 页。

2　《长编》卷二二八，熙宁四年十一月甲申引《神宗正史·食货志》，第 5541~5542 页。

3　如天禧四年二月，京东转运副使范雍言："诸州帐籍，应在不少，望自今委转运使于逐州选官一员专管帐目，磨勘如及一百万数，一年内八分已上，并升差遣。不满百万，一年了者，批历为劳绩。"朝廷从之（《宋会要辑稿》食货一一之一一，第 6216 页）。

4　韩元吉：《南涧甲乙稿》卷九《集议繁冗虚伪弊事状》，《丛书集成初编》本，中华书局，1985，第 155 页。

5　关于请受文历性质、功能的讨论，参衣川强《宋代文官俸给制度》，郑樑生译，台北：台湾商务印书馆，1977，第 52~54 页；汪圣铎《宋粮料院考》，《文史》2005 年第 1 辑，第 185~200 页。另外，关于请受历具体内容，请领、使用方式的研究，参王燕萍《宋代官员俸禄支给手续新探》，硕士学位论文，中山大学，2012，第 8~37 页；张亦冰《宋代官员俸禄勘给程序研究——以财务文书为中心》，硕士学位论文，中国人民大学，2013，第 4~23 页。

管此类钱物支出，亦需依托文旁、省帖等财务凭证。[1] 汪圣铎以幕职州县官借支料钱为例，考察了元丰改制前官吏获取请受历的一般过程，"由吏部发文给三司，三司再下文给粮料院，由粮料院具体办理给他们借支料钱"，而"在京官员的俸禄支放大约也是要经过类似的程式"。[2] 具体来说，即由所属机构将官吏身份情况关报三司，由度支司下属钱帛、百官、斛斗等案[3]确定俸料规格，最后由三司所属粮料院（马步军粮料院、诸司粮料院）[4]勘给请受历。天圣七年六月，权判三司度支勾院张应物进奏："今后左右金吾、千牛卫长史，中书省主事，太常寺太乐、鼓吹局令丞，礼院礼直、副礼直官等所支料钱，令本属处依京朝官例逐月具合请人数、姓名，牒三司勘会支给。"[5] 可见官员请受料钱，所属官司应牒报三司审批。倘若请受人员身份改变，或请受钱物内容、数量变化，所属官司亦需及时告知三司，毁抹请受文历，防止他人冒请，如天圣七年左千牛卫长史王惟则坐事停职，但"本卫不以关闻"，其旧请受文吏未经三司毁抹，以致被用于"盗请官钱"。[6] 除了勘验官吏身份与请受内容、数量，三司还需审核请受时间。嘉祐七年三月，三司进奏："乞今后如有官员、使臣得假出看亲之类，并令请受文历赴阁门，依授差遣体例，批凿辞见月日，令粮料院照会分数见钱。如有不将文历赴阁门批凿人数，并科违制之罪。"[7] 可见官员注

1　关于省帖的财务功能，张亦冰、周曲洋曾有所论及（张亦冰：《宋代官员俸禄勘给程序研究——以财务文书为中心》，第29页；周曲洋：《禁中须索与北宋内廷财政》，第65页）。至于宋代财政管理中之文旁，汪圣铎、冯红曾专门考察，但其对文旁理解得过于宽泛，对钱物出纳中文旁的性质与使用方式理解也欠妥，如直接以旁为请俸凭证（汪圣铎、冯红：《旁：宋代的一种官文书》，《河北学刊》2010年第3期，第66~72页）。

2　汪圣铎：《宋粮料院考》，《文史》2005年第1辑，第189页。

3　《宋史》卷一六二《职官志二》："度支分掌八案：……二曰钱帛案，掌军中春冬衣、百官奉禄、左藏钱帛、香药榷易……七曰斛斗案，掌两京仓廪廥积，计度东京粮料、百官禄粟厨料。八曰百官案，掌京朝幕职官奉料、祠祭礼物、诸州驿料。"（第3809页）

4　马步军粮料院，为三司下属机构，一度分作马军粮料院、步军粮料院。其职掌，据《宋史》卷一六二《职官志二》："勾当诸司、马步军粮料院官各一人，以京朝官充。掌文武官诸司、诸军给受奉料，批书券历，诸仓库案验而廪赋之。"（第3811页）此外，对于军兵支给，在粮料院批勘券、历前，需先经专勾司（南宋避赵构讳，改为审计司）审核，据《宋史》卷一六二《职官志二》："勾当马步军专勾司官一人，以京朝官充。旧以三班。掌诸军兵马逃亡收并之籍，诸司库务给受之数，审校其欺诈，批历以送粮料院。"（第3811页）

5　《宋会要辑稿》职官五七之三三，第4575页。

6　《宋会要辑稿》职官五七之三三、三四，第4575~4576页。

7　《宋会要辑稿》职官五七之三八，第4578页。

拟差遣，需由阁门关报三司辞见日期，作为其请受俸给的起始时间。总之，审查批勘请受历，从而确定请受人员身份及请受钱物数量、名目、时间，是三司与下属粮料院监管钱物出纳的主要途径。

京师仓库在支给钱物过程中，除审核官员持有的请受历，还需参照三司下达省帖以及粮料院批勘文旁。左藏库作为贮存金银钱帛的主要库藏，其出纳管理制度较具代表性。大中祥符六年十二月，朝廷下诏左藏库，规定其勘验财务凭证，支付官吏钱物并入账勾销的基本流程。《宋会要辑稿》多处载录该诏敕片段，可互为补充，兹将具体流程分为三个环节，并将相关记载归类列表（见表3-1），以便分析。[1]

如表3-1所示，"大中祥符六年下左藏库诏"规定的左藏库支付钱物流程，主要由三个环节构成：（1）粮料院批勘文旁并送旁至库；（2）左藏库核对文旁、三司省帖、官吏请受历一致，支付钱物；（3）左藏库支付钱物后，将文旁、省帖勘同，并造月账申三司，由所属子司勾院、磨勘司审核勾销。以下将详析其运作机制，并阐述相关财务文书及官司发挥的作用。

（一）作为俸料支付凭证的文旁、省帖

首先考察支付流程的核心——环节2，以明确文旁、省帖在左藏库钱物支付中的功能。官吏请俸前，三司需审批支付内容、数量，向左藏库下发省帖，其下属粮料院也需"批勘文旁"，并且实封"赴库通下"，由左藏库登记接收文旁时间。[2]当官吏赴左藏库请受钱物，左藏库需"将请受历与正勾省帖勘同，于省帖及历内批书日分，拆开文旁，对历支付"，[3]其具体流程，包括以下两部分。

其一，左藏库对勘官员请受历及三司所下"正勾省帖"，若无误，则勾

1　该诏见于《宋会要辑稿》食货五一之二二、二三，第7153页，所述最为全面；另载于同书职官五之六四，所述细节更为丰富，但全面性不及此，尤其对事后审核销账内容极少涉及。另外，乾兴元年九月，三司言引同监左藏库李守信状，其中亦称"准大中祥符六年十二月三十日敕"（《宋会要辑稿》职官五之六五、六六，第3152页），内容大体相仿，故据以校补。为行文便利，下文径以"大中祥符六年下左藏库诏"代称此诏。

2　关于三司及粮料院审核、批勘省帖、文旁之流程，详下。

3　《宋会要辑稿》食货五一之二二、二三，第7153页。

表3-1　北宋前期京师官吏军兵钱粮发放流程

勘给流程＼史料记载	环节1：粮料院勘批文旁并送旁至库	环节2：左藏库核对文旁，三司省帖、官吏请受历一致，支付钱物	环节3：左藏库事后据文旁勾销账，造月账申三司
《宋会要辑稿》食货五一之二二，大中祥符六年十二月诏左藏库	应三司粮料院每日批勘文旁，须次日实封送左藏库，本库立便上簿，监官封记到日	候请人到库，将历受历与正勾省帖勘同，于省帖及历内批书日分，拆开文旁，对历支付	所支文旁，正勾省帖粘连合帖，入当月成次月帐内除破。依旧例即降正勾支帖下粮料院并合支库务。候支省帖，及已支检旁未见到，即入帐不破。委监官置历，抄上职位、姓名，所支物色名件，候月帐入省，令省司追索文历点检寻未见文旁，同前都手分于历上勘同着字，造成一帐。磨勘亦上下批差书字，仰磨勘司责领支付专，随帐入勾。磨勘即将历照证旁上年月、钱数、官位、指挥，有撰那下无省帖者，副收掌，候得替，造成一帐，文旁即将历照例勾干一帐内开破
《宋会要辑稿》职官五之六五，乾兴元年九月，三司据右侍禁、监左藏库李守信状，准大中祥符六年十二月三十日敕	应粮料院批勘文旁赴本库通下，仰置簿抄上	候请人将到文历，监当面将正勾省帖对勘姓名、人数，亲子帖内勾下姓名	其旁亦自勘所司将勾正省帖连入当月成次月帐内除破

续表

勘给流程 史料记载	环节 1：粮料院批勘文劵并送劵至库	环节 2：左藏库核对文劵、三司省帖、官吏请受历一致，支付钱物	环节 3：左藏库事后据文劵销账，造月账申三司
《宋会要辑稿》职官五之六五，大中祥符六年十二月诏	三粮料院文劵须实封送左藏库监官当面通下，仍于送劵历右语内分明言说文劵多少，并是元批印押，其劵别无虚伪。如已后点检验认稍有虚伪，便只勘粮料干系官吏情罪，勒令陪填所支钱数。如左藏库公然将外来不是粮料院封文劵支遣，只勘左藏库干系人情罪陪填。又应合系勘支文劵发赴左藏库之时，其诸军内诸色人并诸司、坊、监、场、院、库、务诸色人等，令开坐名目去处，候到，合请人数、官物都数，实封关报左藏库。所正句（疑当为"勾"）支官物勘人等去处，对令勾凿支给。所有自来执历勘请官人等去处，亦令粮料院具逐人职位姓名，所请官物数目开坐，随劵关报左藏库。所是马步诸军自来遇南郊并非泛依例勘支粮料院依旧例勘支		

画省帖内请领人姓名并批书日期，以确认其身份及请受待遇。其中请受历为请俸者请领钱物凭据，"正勾省帖"则是曾经三司审核下达左藏库的支付指令。至于负责勘验的机构及审核内容，据乾兴元年九月同监左藏库李守信奏状引大中祥符六年十二月三十日敕："应粮料院批勘文旁赴库通下，仰置簿抄上；候请人将到文历，监官当面将正勾省帖对勘姓名、人数，亲于帖内勾下姓名支付。"[1]可见左藏库监官勘同内容至少包括"姓名、人数"。此外，当左藏库销账时，倘若省帖缺失，需将请俸"年月、钱数、官位、指挥"登记入历，代替省帖作为勘验文旁凭证，[2]可见省帖应当包含支给钱物信息。

其二，左藏库将粮料院送纳的实封文旁拆封，对照请受历勘验，随即"依正勾〔省帖〕支给例，对旁勾凿支给"。[3]可见左藏库勘验文旁的方式与"正勾省帖"相似，依文旁中所载人员姓名核销支给钱物。当请受历与"正勾省帖"、文旁分别勘同的情况下，左藏库方才许可支付钱物。作为请受历的比勘对象，文旁与"正勾省帖"均载有给付人员数量、身份以及支付机构等信息，如文旁中有"合请人数"，请受人"职位、姓名"以及请受"去处"，"正勾省帖"中则有请受者"姓名、人数"以及"应支仓库专副姓名、界分"。[4]如此看来，在钱物支给中，三司勾院所下"正勾省帖"与粮料院批勘之文旁，分别意味着不同机构的财务审核结果，又共同构成请受历的勘验凭证。需要指出的是，在大中祥符六年诏下达前，左藏库支付钱物，同样需勘验文旁、"正勾省帖"。[5]该诏书之重点，主要在于规定各机构开具担保文状，加强各环节间既有

---

1 《宋会要辑稿》职官五之六五、六六，第3152页。该敕文与"大中祥符六年下左藏库诏"内容基本一致，当本诸同一诏书。

2 《宋会要辑稿》食货五一之二三，第7153页。

3 《宋会要辑稿》职官五之六五，第3152页。

4 据《庆元条法事类》卷三七《库务门·勘给》引《给赐令》："诸勘给钱物旁、帖，皆书应支库专副姓名、界分。"（第599页）令文所述虽为南宋时规定，"帖"当指户部所下帖文，但考虑到两宋钱物勘给基本程式与财务凭证类型变化不大，其中规定文旁、"帖"中需注明"应支仓库专副姓名、界分"，应即北宋文旁中所载请领"去处"的具体内涵。由此可推知，北宋前期三司所下"正勾省帖"中，也应包括"应支仓库专副姓名、界分"等支给主体信息。

5 此诏曾言"依旧例降正勾支帖下粮料院并合支库务"，另据至道元年五月诏，左藏库支俸钱、衣赐时勘验文旁，存在旁数、帖数不一致的情况（《宋会要辑稿》食货五一之二二，第7152页）。

关防措置的严密性，而非改变财务凭证审核及钱物支付流程，文旁、"正勾省帖"的性质、作用并无变化。

（二）三司、粮料院与省帖、文旁的形成

上文明确了省帖、文旁作为财务凭证的功能，接下来分析环节 1，以理解三司、粮料院发挥何种作用。根据"大中祥符六年下左藏库诏"："所支官物，依旧例降正勾支帖下粮料院并合支库务。"[1] 可见三司省帖不但发至库务，还需发往粮料院。那么，粮料院批勘文旁，同三司下发省帖，又是否存在关联？对此问题，兹以军队请粮事为例论之。

天圣七年十月，上封者称京师诸军请粮仓储地点与营地距离甚远，建议粮料院批勘文旁时"听就近仓给遣"，三司就此进奏："旧条，凡给粮，有诸班、诸军禄与诸司之别，皆粮料院预以样进呈，三司定界分仓敷支给，用年月为次……今请每月委提点仓场官与三粮料院依旧制排连年月界分外，仍依军次批勘。如敢邀颉作弊，地远不便，许人纠告。"[2] 可见三司根据粮料院所呈仓储粮"样"的粮储品质、保存情况，安排各仓敷界分月粮支给时序，粮料院再将所定时序、地点及军额次序，批书于诸军月粮文旁之上。此外，至道元年五月，宋廷诏令"左藏支俸钱、衣赐勘旁，如旁数小于帖数，即据旁支；大于帖数，即子细根勘"，[3] 可见左藏库接收粮料院文旁与三司省帖数量，有时无法一致，倘旁数少于帖数，说明粮料院文旁已发至左藏库，但三司省帖下达后缺失，左藏库仍可直接支付；反之，若旁数多于帖数，则意味着三司虽下达省帖，粮料院未必批勘文旁，左藏库必须详加查验。由此观之，三司在钱物支付审批中居于核心地位，并通过省帖指挥粮料院、左藏库支付；而粮料院则依据三司下达省帖，每日批勘文旁发往左藏库，以为支付依据。

根据"大中祥符六年下左藏库诏"规定，三司粮料院将文旁送左藏库时，还需另行开列支付人员具体信息、给付钱物数量等内容，一并实封关报左藏库，以便支付前据以对勘文旁。关报内容因支给对象而异：如以部门为单位，

---

1 《宋会要辑稿》食货五一之二三，第 7153 页。

2 《宋会要辑稿》职官五之六六，第 3153 页。

3 《宋会要辑稿》食货五一之二二，第 7152 页。

统一请领钱物的"诸军内诸色人并诸司、坊、监、场、院、库、务诸色人等",粮料院需开列该部门请物"名目去处、合请人数、官物都数";若为"执历勘请官物人等",即官员、军兵等个人自持"文历"请受,则粮料院需详细开列个人"职位姓名、所请官物数目"。[1] 其中"名目",当指支付项目、事由;"合请人数、官物都数"以及"职位姓名、所请官物数目"分别指支付对象及支付钱物内容、数量;至于所谓"去处",即为具体支付机构,如仓库之类。由于左藏库需将文旁与关报文书对勘,其内容应当相同。此外,据大中祥符六年诏,文旁需与请受历勘同,方可销账,至比勘时,除核对"年月、钱数、官位"等信息,还需对照"指挥"一项,当指支给钱物依据的朝廷规定。如此看来,文旁中当包括支付项目、支付机构、支付钱物等具体内容和数量,以及支付对象数量、身份等信息。

至于粮料院送旁形式、时限,"大中祥符六年下左藏库诏"规定必须于批勘次日,连同一系列证明文书,实封送左藏库。除前述关报文书外,还有所谓送旁历,粮料院需"于送旁历右语内分明言说文旁多少,并是元批印押,其旁别无虚伪",即声明文旁数量及批书、用印、押字之真实性。左藏库在开拆文旁后,需立刻将其数量登记入簿,封印保存,从而保证支给所用文旁与粮料院送纳者一致。倘若左藏库将"外来不是粮料院封文旁支遣",则仅归罪左藏库,而非粮料院之责,"只勘左藏库干系人情罪陪填"。[2] 由此观之,送旁历与关报文书作用相似,均意味着粮料院对所送文旁之真实性、准确性承担责任,只不过前者侧重验证送旁数量、批勘者身份,后者侧重验证文旁内容。

(三)作为销账、勘账凭证的文旁、省帖

钱物支付完成后,文旁、省帖对于财务管理仍具重要意义,主要体现在仓库等支付部门据以销账以及三司据以比勘、审查月账两方面。

先论仓库销账。"大中祥符六年下左藏库诏"规定,左藏库以"所支文旁、正勾省帖粘连合帖,入当月或次月帐内除破"。可见文旁与"正勾省

---

1 《宋会要辑稿》职官五之六五,第 3152 页。

2 《宋会要辑稿》职官五之六五,第 3152 页。

帖"，不但是对勘请受文历的支付凭据，还被集中黏合，连入支付部门所造月账，作为销账凭证。在此之前，文旁仍需经左藏库审核，确认其入账信息的有效性。乾兴元年九月，同监左藏库李守信申状三司，回顾"大中祥符六年下左藏库诏"，认为"近多不依禀，显有造伪"，建议支付部门在"支过文旁"入账前，对其文书流转严加监管："逐库轮差专副、前行、勾押官、手分、库子各一名，在中门收掌毁抹文旁，旋计逐色支过数目委无差互，诣实结绝文状在旁。其支过文旁上历，发与专副收管，依例入帐除破。"[1] 上述建议，经朝廷批准施行。此后，文旁一经毁抹，即由库务前行等吏人收掌，检查其数量及真实性，说明确已支给钱物，并开具文状为证，登记上历备查，方可交由库务专知、副专知官销账，其目的在于防止吏人利用"支过文旁"作弊，贪没库藏钱物。

"正勾省帖"作为三司下达的钱物支付指令，理应成为销账凭证。文旁之所以有此功用，则因其代表着粮料院对钱物支出合法性、真实性的审核，以及左藏库对其同请受历、省帖信息一致性的认定。换言之，请受历与文旁，分别意味着钱物请受与支付的合法性。其中请受历属付身文书，不存于官府，在左藏库将其与文旁勘同，并据以支付钱物后，即由监门使臣"依例封历，用朱笔勾出"，[2] 封装返还给请领者。如此一来，与请受历信息相同且存放于左藏库的文旁，即成为证明钱物支付合法，可用于勾销月账的凭证。

再论三司审查月账。支付部门据文旁、省帖销账，并不意味着三司对财务出纳监管的结束。据"大中祥符六年下左藏库诏"：

> 如省帖内文旁未到，及已支检旁未见，委监官置历，抄上职位、姓名、所支物色名件，明言甚年月日，省帖内有检寻未见文旁。候月帐入省，令省司追索文历点检，同前都手分于历上勘同着字，随帐入勾。磨勘亦上下批凿书字，仰磨勘司责领交付专、副收掌，候得替，造成一帐。有攒那下无省帖者，文旁即将历照证旁上年月、钱数、官位、指挥，同，

---

1 《宋会要辑稿》职官五之六五、六六，第3152~3153页。

2 《宋会要辑稿》职官五之六六，第3152页。

即依例于一帐内开破。[1]

左藏库销账时未见文旁或省帖，需专置文历，登记请领者及支出钱物信息，并声明已经查找，未见文旁或省帖。当"月帐入省"时，三司需向左藏库索取该文历，由手分吏人审核，书字证明，将其与月账一并发勾院、磨勘司勘同，"批凿书字"，再由磨勘司专知官保管，直至得替时汇总造账。据此可知，在正常情况下，左藏库销账后应将文旁、省帖与"月帐"申三司，由勾院、磨勘司据此审查申省月账信息。

文旁、省帖既如此重要，三司需严格查验二者的真实性。天禧元年三月，宋廷诏令京师及开封府界外县仓、场、库、务：

> 帐内开破钱物，并是仓、场、库、务具状，开坐文旁并支过钱物数目连申，勘给务、粮料院覆行验认。如委是元批勘真旁，别无伪滥，即具结罪文状缴连，实封赴省，逐案判官厅置历抄上，付司点数收领，便将点对应帐使用。兼勘给务、粮料院别具合同单状，开说旁数、官物数目，实封申三司（按，疑脱"勾"字）院，将元关报照证拘辖。其省司正勾破贴，即候出勾，逐旋缴连，直赴逐案投下，点检著字收领，应帐使用。[2]

此诏令要求仓场库务均需将文旁、正勾省帖申三司勘核。可见文旁、省帖作为钱物支付、销账凭据，适用于包括左藏库在内的京师、开封府界各仓场库务。具体规定，包括以下两方面。

其一，关于申省文旁之审核。仓场库务在"帐内开破钱物"即销账后，需将文旁情况及钱物数目具状申勘给务或粮料院。[3]作为文旁批勘部门，勘给务、粮料院将确认其仓场库务文旁是否为原批勘真旁，若非伪冒，则结罪担保，并"别具合同单状"，写明其所接收仓场库务关报文旁数量与支给钱物

1　《宋会要辑稿》食货五一之二三，第7153页。
2　《宋会要辑稿》职官五之六六，第3153页。
3　二者均为钱物支给文旁批勘部门，但勘给务负责府界诸县，粮料院则负责京师。前者具体职能仍待详考。

数，与仓场库务所申文状一并实封申三司。三部诸案在接收文旁后，先由判官当厅登记入历，再由三部清点数量，收纳保存，据以比勘、审查仓场库务申省文账。

其二，关于申省"正勾破帖"之审核。宋人多谓"支付"为"支破"，此处"正勾破帖"当即"正勾省帖"。[1]相比文旁，"正勾省帖"并非粮料院等批勘，而由三司直接下发仓场库务。因此，"破帖"无须由粮料院等初审，而是直接发付三司审核，并由三部诸案清点、受领，以供勘核。

天圣八年（1030）七月，新授京西转运使王继明曾建议简化上述流程，由勘给务、粮料院各申一本合同文状，改为共申一本，"一处申缴入省"；而三司顾虑改制"有失关防"，唯恐仓场库务官员作弊以致"出没钱物"，仍坚持天禧元年两文状分别申报之制，仅建议简化"合同单状"审核程序："自今将先次赴省申下合同单状一本，各认支过者，自于盐铁、度支、户部勾院申下，更不将赴前部投下，及委三勾院主判官厅置簿，抄上合同文状因依。"[2]仓场库务可将文状直申三部勾院，后者将文状原委登记入历，以备点检。由此可见，粮料院、勘给务开具此类"合同单状"，当由三司勾院勘核。

上文主要依据"大中祥符六年下左藏库诏"，复原了京师官吏请领俸料时左藏库钱物支出的审批、勾销机制，其基本流程可复原如下（见图1）。

（1）在支给钱物前，三司需根据请领者数量、身份，分别下"正勾省帖"至所属粮料院与仓场库务。（2）三司所属粮料院，在接到"正勾省帖"后，批勘载有请领者身份、请领钱物信息之文旁，将其实封发付仓场库务。（3）官吏请受钱物，仓场库务需将其所持请受历与文旁、"正勾省帖"比勘，确认三者有效无误，方可支付钱物。（4）支付完成后，仓场库务据文旁、省帖勾销月账，并将二者申三司审核，作为三司比勘、审查支付部门申省月账之凭据，若文旁或省帖丢失，则仓场库务需将相关信息登记入历，报三司备查。

---

1 三司下仓库此类帖文，通称省帖，但时人议论、文书中，往往会在"帖"前添加相关财务活动之名目，以为专称。所谓"支帖""破帖"，均指自仓库支破钱物。此外，还有称"拨帖"者，如天禧二年八月诏"出卖匹帛场自今于内藏库交拨匹帛，令三司给帖交数，内藏交讫，缴送三司拨帖除放，其卖到钱却送内藏库"（《宋会要辑稿》食货五一之三，第7142页）。出卖匹帛场出卖内藏匹帛，根据此诏规定，需根据三司所下"拨帖"，方可接收内藏库拨付匹帛出卖。

2 《宋会要辑稿》职官五之六六，第3153页。

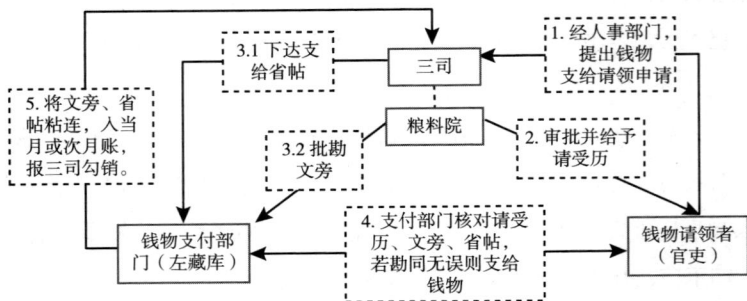

图 1　库藏钱物支付官吏军兵流程

　　根据上述流程，可初步归纳文旁、省帖功能及三司角色。在钱物支付与销账、勘账过程中，文旁、省帖及请受人所持请受历构成互证关系。至于三司角色，主要体现在两方面。首先，盐铁、度支、户部三部及所属勾院、粮料院，需对钱物支付进行事前审核，并批勘发往仓场库务的"正勾省帖"、文旁以及发往请受人的请受历：其中"正勾省帖"作为三司指令，代表三司依法监督钱物支付主体、对象；而文旁、请受历分别作为支付、请受凭据，表明三司所属粮料院，依法审核钱物出纳主体及具体内容。其次，三司及其所属勾院、粮料院，需对钱物支给进行事后审查，体现在批勘文旁、省帖以为仓场库务销账凭据，以及覆审文旁、省帖并据以勘核月账等方面。要之，文旁、"正勾省帖"之所以成为钱物支付凭证，并作为销账、勘账依据，乃因其曾经三司、粮料院审批，并由仓场库务配合勘验，其真实性、准确性有所保障。值得一提的是，因请领者身份、钱物支给项目、负责仓场库务不同，钱物支给的具体审批方式或有所差别，如军兵领取俸料，即以券而非"请俸历"为凭证。但考虑到支给人员钱物必须勘验身份，上述财务流程及相关文书功能当具有普遍性。

三　官司间的钱物出纳：以南北作坊、供庖务为例

（一）三司审核出纳凭由的意义

　　除支给官吏军兵人员钱物，三司还需监管在京官司间的钱物出纳。在此过程中，三司据以审核文账、监督出纳的财务凭证不再是文旁，而是所谓"凭

由"。[1]

　　三司内部设有都凭由司，属诸子司之一，负责整理、审核京师钱物出纳凭由，以防"散落"，[2]具体职掌有二：其一，"凡部支官物，皆覆视无虚谬，则印署而还之"；其二，"支讫，复据数送勾而销破之"。[3]这表明，三司都凭由司在钱物出纳前需审核凭由，确认其内容真实无误后，则签署用印以证明其有效性；而在钱物支给后，三司都凭由司又需将凭由交勾院审核，支付部门方可据以销账。淳化四年十二月，宋廷诏左藏逐库监官："自今凭由须逐时申破，如积涉经年，以违制坐之。"[4]要求左藏库依时限将凭由申省送勾，不得拖延积压，以免销账无据可依。

　　三司都凭由司如此严格审核"凭由"，与该文书在财务管理中的具体功能有关。仁宗天圣二年，朝廷根据三司建议，调整南北作坊准宣制作器物时取索物料流程：

　　　　南、北作坊准宣制造内中并诸处物色，乞自今并各令置簿主管，勒合干作分计料申支。候请到，作坊点检元请数足，入库封镮，逐旋支付人匠。内金银细色并当日晚却点称元数，权入库收附，次日复支付。造成名件，亦便勾收入库，或即日送纳。逐时计会取索凭由，于月帐内除破，务令整齐，及帐目、凭由各无差互。监官、专副得替，并须点检造作未了名件及见在物料数目归省，如有少欠，申省根勘，不得盖庇，只凭文字交数。若不明白，干系人等并以违制断罪。仍乞自今有传宣并急速生活，其合系申请物料，并须当日或次日具细料实封申省支给，省案亦如限支遣。[5]

南北作坊为京师之官营手工业工场，"掌造兵器、戎具、旗帜、油衣、藤漆什

1　在宋代行政管理中，许多作为书证的凭据均被称为"凭由"，其种类相当广泛。本书涉及的，只是仓库钱物出纳中作为财务凭证的凭由。

2　《长编》卷四〇，至道二年闰七月辛未，第849页。

3　《宋史》卷一六二《职官志二》，第3810页。

4　《宋会要辑稿》食货五一之二一，第7152页。

5　《宋会要辑稿》方域三之五一，第9327页。

器之物，以给邦国之用"，[1]此外也为禁中造作器物。两作坊分别统属数千军兵、匠人以供劳作，并自皮角库等处取索制物所需原料。此举固为严密作坊取索物料的审核程序，提高造作内廷"生活"的效率与保密性，同时也透露出作坊自库藏取索钱物时的财务审批流程。

首先，南北作坊"自今并各令置簿主管，勒合干作分计料申支……自今有传宣并急速生活，其合系申请物料，并须当日或次日具细料实封申省支给，省案亦如限支遣"，说明作坊各作在造作前，需计度所需物料数量名目，实封申报三司，经三部诸案审批后，方可自诸库藏领取。若造作急需的"急速生活"，则作坊申报与三司审核时限仅为一日。

其次，南北作坊"候请到，作坊点检元请数足，入库封镵，逐旋支付人匠。内金银细色并当日晚却点称元数，权入库收附，次日复支付。造成名件，亦便勾收入库，或即日送纳"，可见两作坊取索物料，清点足数后，仍需入库储存，待造物时发付匠人。在每日造作中，匠人若使用"金银细色"物料未毕，当晚需清点数量，暂归库藏，次日另行取索。此外，匠人还需将每日造成器物及时入纳相应库藏。

最后，由于物料及造成器物需入库保管，三司要求南北作坊"造成名件，亦便勾收入库，或即日送纳。逐时计会取索凭由，于月帐内除破，务令整齐，及帐目、凭由各无差互"，器物造成后，南北作坊监官及专知官、副需清点各作取索物料凭由，造月账时，账目需与凭由对应整齐，数据互无参差，方可销账。此外，当作坊监官及专知官、副得替，离任前需清点未完成器物及现存物料，如数申报三司，若有少欠，三司需核查追究。根据上述流程，南北作坊所属各作应预先计划某一时限所需钱物，[2]并报三司审批，依凭由申领物料，而南北作坊则将各作物料"取索凭由"，作为销账凭据。

物料取索部门计度支费，未必逐次报三司审批，钱物出纳也未必每次开

1　《宋会要辑稿》方域三之五〇、五一，第9326页。按南北作坊，太祖雍熙九年九月始分，熙宁后改名东西作坊。

2　具体财务计度时限，随事务类型而有所差异。如据开宝三年四月戊子诏，"诸司营缮必先定课程，每旬合给物料，绝其委积侵盗之端"，要求诸司在修造时，需先拟订总体时限进度与人力物力支费计画，再以十日为单位，计度所用物料（《长编》卷一一，第245页）。

具凭由销账。据天禧元年四月提举诸司库务夏守赟引供庖务奏状：

> 亲王宫宅、御厨、礼宾院每日食羊，并本处官员书历放数，内会灵
> 观只凭手分白札子取拨。乞今后令本管官员置历，赴务供纳，及乞勒手
> 分攒写文状，赴御厨勘会，入帐点对，月终别出凭由开破……[1]

供庖务主要负责京师牲畜宰杀与肉类加工、供应。据奏状所言，当御厨等机
构每日自供庖务取索食材（如"每日食羊"）时，由本司官员置备"文历"，
在其中写明支领数量，即可凭此请领，无须逐日申报三司，也无须每次给付
凭由，只需月末出具凭由交供庖务勾销月账。而会灵观仅凭吏人白札子领
取，大约因其系账于御厨，与其他取索机构不同。据天圣《仓库令》规定：
"诸仓库给用……即年常支料及诸州依条合给用者，不须承牒。"[2]若仓库某类
钱物出纳在一定财务计度周期中相对稳定，形成所谓"年常支料"，则支付
部门无须三司牒文即可出纳钱物。另据大中祥符七年七月诏："御厨馔诸色
物，须预先一月计料，具数申三司支给。"[3]可见御厨所需食材物料，已提前一
个月计度名目、数量，并申三司审批许可。当御厨在此计度周期（一个月）
内每日取索，不必再报三司批准，至于凭由，也由御厨在计度周期结束（如
月末）时统一开具，并以每日记录取索物料之文历为依据，所谓"月置历抄
上，计会凭由除破"。[4]据此可知，京师官司取索钱物，可预先计度某一时期
内钱物出纳内容、数量，并由三司审批，此后每次出纳，不必逐一申报，当
时限内钱物取索完成，该官司方才开具凭由供支付部门销账。这进一步证
明，销账凭由内容，当与三司审批计度一致；而三司审核出纳凭由，则是为
了保证财政计度的切实执行。

　　值得一提的是，三司除了审查外朝机构钱物出纳凭由，还一度参与对内

1　《宋会要辑稿》食货五五之四七，第 7281 页。

2　天一阁博物馆、中国社会科学院历史研究所天圣令整理课题组校证《天一阁藏明钞本天圣令校证（附
　　唐令复原研究）》，"清本"宋 15 条，第 395 页。

3　《宋会要辑稿》方域四之二，第 9329~9330 页。

4　《宋会要辑稿》方域四之二，第 9330 页。

廷取索凭据的勘核。景德四年八月，针对此前财务效率低下，"内中须索文记，委都知司勘验除破，颇有留滞逾年未能讫给者"之弊，朝廷命三司都凭由司勘验据以销账的"内臣文字"，试图提高内廷取索审核效率，加强对内臣关防。据景德四年八月戊申诏：

> 自今内廷及含光等殿在京诸处斋醮，内臣于诸司库务宣索物料，并令库务具名数押署，逐司方得给付。给讫，连内臣文字实封送三司置籍，每旬具两本进内，一留中，一下尚书内省降用印凭由除破。其奉诏监葬者，事毕，亦具所费奏闻，录别本送三司凭由司勘验，如前制。[1]

根据诏令规定，内臣于诸司库务传宣取索内廷所需物料，诸库务在支给前应写明取索钱物名目、数量，签署押字，以备同内臣取索钱物之"内臣文字"勘验。支给完毕，诸司库务需将自身押署文字与"内臣文字"一并实封申三司，审核后登记在案，每十日汇总，一式两份申报内廷，一份留中，一份交尚书内省，根据审核结果，在"内臣文字"上用御宝，发付支付部门销账。此时的"内臣文字"，与支给部门销账凭由性质相同，故加盖御宝后，即称"御宝凭由"。[2]而根据"其奉诏监葬者，事毕，亦具所费奏闻，录别本送三司凭由司勘验，如前制"，可见三司内部审核"内臣文字"的部门，正是都凭由司。

　　三司审核内臣取索文书，持续时间不长，大中祥符元年二月应内藏库建议停罢。其理由据内藏库所述："旧制，宣取物色，皆降御宝凭由除破，近因条约库务，亦令经由三司，望再降诏旨，止令尚书内省勾检。"[3]即认为外朝不应关防内廷用度，要求内廷取索钱物不经三司审核，只由内廷尚书内省直接勾检，即可降下"御宝凭由"销账。但景德四年诏令中，有关三司审核内廷取索凭由以及进奏用印的规定，仍可帮助我们理解其审核外朝凭由的基本机制。需要注意的是，外朝诸司与内廷取索钱物之原则，毕竟有所差别：外朝诸司取索

1　《长编》卷六六，景德四年八月戊申，第1481页；《宋会要辑稿》职官五之三四，第3138页。
2　《宋会要辑稿》职官五之三四，第3138页。
3　《长编》卷六八，大中祥符元年二月，第1525页，"尚书内省"点校本误断作"尚书、内省"；《宋会要辑稿》食货五一之二，第7141页。

钱物，需由三司事前审批计度，取索凭由方才合法、有效；相比之下，内廷取索钱物的名目、数量，直接来自君主旨意（"宣索"），无须三司审批。换言之，君主不但为取索主体，其指令也是取索钱物合法性的来源，不论入内内侍省还是尚书内省，都只是君主意志的执行者。正因如此，三司并不参与凭由在支付前的审核，而是由内臣直接以文字取索，支付部门只需事后报告三司，如天圣《仓库令》规定"诸仓库给用，皆承三司文牒，其供给所须及在外军事要须速给者，先用后申"。[1] 在支付完成三司勘验凭由后，也不得直接用印发还支付部门，而需进奏入内，由尚书内省用御宝证明其有效性。

（二）三司下发支给"破帖"及其与凭由之关系

　　三司通过审核凭由保障钱物支给合乎计度，但凭由主要针对事后销账而言。在支给过程中，支付部门仍需依赖三司省帖指令，以保证支出与计划一致。接下来将讨论三司开具帖文的具体方式，并考察帖文的功能及其与凭由之关系。

　　如前所述，大中祥符元年改制后，内廷取索钱物文字不再经由三司，而是由尚书内省审核，即下"御宝凭由"，以供支付部门销账，传宣使臣往往"止是口传诏旨，别无凭验，致因缘盗取钱物"。天禧三年（1019）二月，经三司建议，曾于入内内侍省设合同凭由司，并于三司设承受御宝凭由司，以加强对内臣传宣取索的关防。其运作流程大体如下：（1）内臣取索金银绢帛等钱物，需以合同凭由司开具用印之"合同凭由"为据；（2）当支付钱物完毕后，诸库务需将"合同凭由"奏内廷审核，由尚书内省用印形成"御宝凭由"，下发至三司承受御宝凭由司；（3）三司承受御宝凭由司"承准印凭文字勘会，依例牒都凭由司出给破帖"，[2] 即勘验"御宝凭由"之真实性，随后依例行牒都凭由司发出"破帖"，以为支付凭证。

　　天禧三年朝廷调整的意图，乃是模仿三司都凭由司对外朝钱物出纳凭由的审核方式，通过在内廷设立取索凭由关防机制，防止内臣传宣取索中造伪作

1　天一阁博物馆、中国社会科学院历史研究所天圣令整理课题组校证《天一阁藏明钞本天圣令校证（附唐令复原研究）》，"清本"宋 15 条，第 395 页。
2　《宋会要辑稿》职官五之三五，第 3138 页。

弊：内臣取物，需以合同凭由司审核之"合同凭由"为凭；[1] 支付部门销账，又以尚书内省审核之"御宝凭由"为据。[2] 此时的内廷机构，相当于发挥了三部诸案审核及都凭由司审核用印之作用，而都凭由司必须在收到经审核凭由的条件下，方可发出"破帖"。由此推知，在外朝钱物出纳过程中，都凭由司必须在收到由取索机构开具且经三部诸案审核、签署用印之凭由后，才可为支给部门开具"破帖"，确保钱物出纳合乎计度。总的来看，对三司来说，凭由乃是其审核官司间钱物出纳的核心财务凭证；而对支付部门而言，经三司审核之凭由，不但是事后销账的凭据，也是其获得三司都凭由司所下支给"破帖"的前提。

如前所述，经三司审核之凭由，不但为都凭由司下达"破帖"之依据，还被作为仓场库务攒造"界末文帐"之依托。当仓场库务官、吏界满得替时，需相互勘验凭由、"破帖"与"界末文帐"，作为其离任财务审计之凭证。天圣四年二月，入内押班江德明进奏：

> 昨奉诏，以臣僚言店宅务课利亏少旧额，令取索数目进呈……又详本务系第一等重难，三司差军大将充专、副，二年界满得替，并无破帖、凭由，亦无界末文帐，是致难以点检。今后差军大将立界，候二年界满，起置交头交割，供申界末帐赴三司，候勾磨了日，别与优轻差遣。[3]

店宅务系官府屋宇经营机构，三司军将、大将在此任职专知官、副，为吏职中"第一等重难"差遣，以二年任期为界。当其界满交割前，三司需审核当界"界末文帐"，并以凭由与"破帖"作为旁证。三者勘验无出入，军将、大将此任"重难差遣"即告完成，可另入"优轻差遣"。此外，据熙宁元年十二月十三日诏：

---

1 "合同凭由"之大体运作方式如下：当内臣传宣取索金银绢帛等钱物时，需赴入内内侍省，请求其在两本合同凭由上分别写明取索钱物名目、数量，并将其中一本实封发付支付部门，另一本则由传宣取索内臣持有，以资取索。当内臣以合同凭由取索时，由诸库务官勘核两本合同凭由信息异同，"将实封合同当面勘会，比对印记、取索物数、使臣姓名悉同"，倘若"别无虚伪，即画时支给"。《宋会要辑稿》职官五之三四、三五，第3138页。

2 周曲洋：《禁中须索与北宋内廷财政》，第23页。

3 《宋会要辑稿》食货五五之五，第7254页。

内香药库监官、专、副得替，收到出剩，更不理为劳绩。但界内别无欠少，及损恶官物，帐籍、凭由齐整，末帐入省，监官与先次指射合入差遣。若有诸色人偷侵官物，及点检不得整齐，或帐籍、凭由积滞，并差人交替，候官物、帐籍齐足，监官方得与住程差遣，专、副别与勾当……[1]

除专知、副专知官等吏人外，香药库监官离任，三司也需对其界末文账、凭由以及库内所存实物加以核查，当文账、凭由齐备，监官方可注拟新任差遣。由此观之，凭由与"界末文帐"一道，构成仓场库务官吏任内课绩审核的主要依据。故当仓场库务以凭由、文旁销账后，一般即由本司保存，以备日后核查；天禧二年八月后，更规定诸仓场库务需将凭由送往金耀门文书库架阁统一存档，以便他司查账。

总之，对于京师与开封府界官司间相互出纳钱物，三司之审核、监督方式大体有二。其一，对于预先计度的钱物出纳，三司监督要点在于确认数量、内容合乎计度，具体措施如下：支给前，审核用度机构开具的凭由，在此基础上，向支付部门下发"破帖"据以支出；支给后，覆审支付部门所申凭由，确认其有效性后返还供其勾销月账、攒造界末文账。其二，对于未经计度的钱物出纳，三司之审核要旨在于比较出纳钱物内容、数量的一致性，确保出纳真实准确，故一般不预先审核出纳凭据，而是在出纳完成后，对双方的申省文账与入账凭证加以勘同。（见图 2 ）

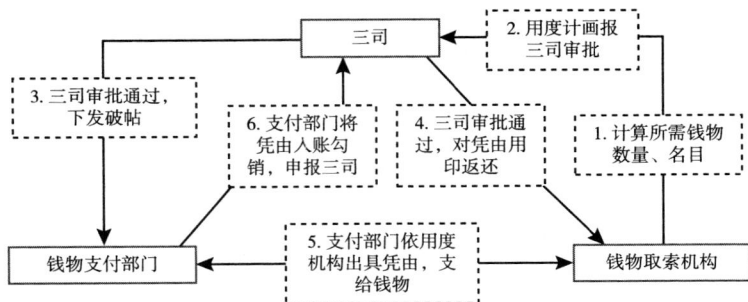

图 2　官司间钱物出纳流程

1 《宋会要辑稿》职官二七之五，第 3711 页。

在财务行政中，凭由、文旁的功能颇有相似之处，均为钱物支付部门销账及三司审核文账之凭证，以确保钱物出纳依计度执行。但相比粮料院批勘文旁，凭由并不作为支给凭据，仅用于支给后销账。二者的上述差异，正反映出不同出纳场合三司财务计度与审核监督方式的区别：相比凭由多用于官司间钱物出纳，[1]文旁多用于个人以请受文历向官府支取钱物，因个人身份、待遇多变，很难事先确定"年常支料"，因此，在支给、销账、勘账各环节，三司及其所属子司、粮料院审核更为严格，需批勘并下达省帖、文旁，方可完成支付。

小　结

以上，本书初步梳理了北宋前期申省财务簿书的类型、功能，并分析了三司如何依托财务文账以及请受历、文旁、凭由等财务簿书，审批与监督京师仓场库务钱物出纳。所谓三司"簿书期会"，其运作机制大体如下：三司需审核钱物用度部门支用要求，明确其名目、数量是否合乎规定，并据此向钱物支付部门（主要为仓场库务）下达支付指令（省帖），给予支付凭据（凭由或经粮料院批勘之文旁）；钱物支付部门根据三司指令，勘验凭据，依此向用度部门支出所需钱物；支付完成后，钱物管理部门需制作文账，并将其所载数据与相应支给凭据比勘同异，完成销账，最后申报三司，以资日后审核文账。由于支付钱物给官吏、军兵等人员时需核实身份，故请受凭据以及财务审批、销账的具体流程，较诸官司间钱物出纳有所差异，但二者的基本原则一致：通过审核、比较文账及财务凭证所载钱物支出名目、数量，确保京师仓场库务支给的合法性与真实性。

那么，三司审核文账、财务凭据，管理仓场库务钱物出纳，对于其履行"总国计"之职意义如何？治平四年，曾长期任职三司、时为翰林学士承旨的张方平，在区分三司、二府分工差异时，对三司"计财之任"的主体内容有

1　即使在财务管理中，凭由的种类也非常繁多，许多凭由系官司内部开具使用，并不经由三司审批。对于各类凭由的具体功能，必须联系具体史料语境，理解所属财务出纳场合。相关问题，尚待进一步研究。

所论述："计财之任，虽三司之职，日生烦务，常程计度，簿书期会，则在有司；至于议有系于军国之体，事有关于安危之机，其根本在于中书、枢密院，非有司可得而预也。"[1] 张方平所述，实为经验之谈，其所云"有司"，即为同二府对举之三司。可见三司职掌的主要内容，包括完成"簿书期会""常程计度"等。[2] 前文已论及"簿书期会"与财务计度间的关联，自太宗朝后期形成的三司国计体系，以满足京师支用为核心任务，故三司需直接掌控京师各类钱物支给情况，并在此基础上结合外路州军财政状况，拟定上供调度方案。而三司在管理不同类型钱物出纳时，依托财务文书对收、支、贮存信息加以比对、审核，正是掌握京师财务情况的重要渠道。从这一角度看，三司"簿书期会"乃是北宋前期全国财计体系正常运作之基础。此外，据前所述，不论在钱物支出前的审批环节，抑或在钱物支出完毕后入账勾销之际，三司均需审核钱物用度名目、数量是否合乎计度。就此意义而言，以"簿书期会"管理京师钱物出纳，系三司"常程计度"得以落实的保证。

综上，"簿书期会"是三司日常行政的重要内容，其既为三司履行财务监管、审核职能的主要途径，也是三司"总国计"之职得以实现的基础与保障。正因如此，勘验审核文账簿书，虽给三司造成沉重的行政负担，宋廷也曾多次调整三司内部机构，并设提举诸司库务司、提举仓草场所等机构，分担三司"簿书期会"之责，提高行政效率，但三司直接管理京师钱物出纳的原则及其基本运作机制，在北宋前期并无太大变化。[3]

1　《长编》卷二〇九，治平四年闰三月丙午，第 5090、5091 页。

2　除张方平的三分法，熙宁五年，详定帐籍所臣僚曾以"生事急速文字""点检帐目"区分三司人吏日常政务类型（《宋会要辑稿》职官五之二九，第 3153 页）。二者的区别主要在于论者视角与分类标准的差异。所谓"簿书期会"、"常程计度"以及"日生烦务"，主要就政务内容而言；而"生事""文帐"则主要就三司职掌之实现方式及其依据而言，包括数据信息依据以及法规诏敕依据。两者相辅相成，并不矛盾：前者需以后者为依托，后者则以前者为指向。总的来说，根据北宋前期臣僚理解，北宋三司职掌的主要内容，即为通过审核、分析各类申省财务信息，拟订钱物收支计画并监督其执行；而完成上述职掌，又需以多种钱物收支信息的搜集、验证与整合为基础，并以相关法令、诏敕规定为依凭。

3　相比之下，对于外路州军钱物出纳，三司管理较为间接，一般不直接审核财务凭证。且北宋中期，多将外路财务审核之权下放至转运司，并最终于元丰三年行"元丰帐法"，明确了漕司的财务审核权。

第三节　财政集权与五代宋初幕职、
州县官料钱制度演进

　　中国古代王朝开国肇基与扩张版图之际，朝廷多力图直接掌握并整合全国财赋资源，以应付政治军事用度，同时避免离心势力坐大。相关制度意图，学者常以"财政集权"概括之。但朝廷条文的具体落实，必然会受到广阔境土中复杂多样的社会、经济因素制约，必须经过因地、因时制宜的反复调整，才能具体贯彻集权的基本思路。

　　力图终结唐末割据局面的五代北宋诸朝，亦曾经历上述过程。这一时期，历朝中央政府着意掌控地方各项财政收支，实现州县钱物"系省"，进而建立高度集权的财政管理体系。所谓"省"或"省司"，主要指中央财政管理机构，包括五代后梁、后唐同光年间租庸院（司）以及后唐明宗朝至北宋之三司等。而钱物"系省"，其含义除了中央财政机构对各项财赋收入的掌控，更包括对钱物的"支配权"，亦即通过对钱物支出数量、内容、方式的制度整齐与监管，实现州军钱物"非条例有定数不得擅支"。[1]作为地方日常开支的重要组成部分，幕职、州县官按月领取的料钱，[2]自然是朝廷严加管控的对象。

　　所谓幕职、州县官，包括节度、观察等使府佐僚以及州县官员，是当时地方行政的重要参与者，其由唐代藩镇幕职与州县外官演进而来，在设置、

1　参见杨倩描《从"系省钱物"的演变看宋代国家正常预算的基本模式》，《河北学刊》1988年第4期；陈明光《从唐朝后期的"省司钱物"到五代的"系省钱物"——五代财政管理体制演变探微》，武汉大学中国三至九世纪研究所编《魏晋南北朝隋唐史资料》第30辑，第63~79页；汪圣铎《两宋财政史》，第2~42页；包伟民《宋代地方财政史研究》，第46~50页。

2　唐前期京官俸料，由月俸、食料、课、杂钱等构成；外官无俸，只有月料、课、杂钱。李锦绣指出，外官俸料收入以月料为主，以钱定额，故其俸料往往被简称为月料。参李锦绣《唐代财政史稿》上卷，第841页。中晚唐五代诸道幕职、州县官，其料钱多被称为俸料、月俸，而修于北宋初的《五代会要》则专设"料钱门"，记载其制度沿革，应能代表时人的理解。本书在引述文献中一仍其旧，在行文中则统一称为"料钱"。

职掌、选任方式等方面经历了诸多调整，并于五代宋初逐渐合流。[1]朝廷欲全面掌控地方财政开支，必须统一规定幕职、州县官料钱内容、数额及支付方式，相关措置受到多方面因素的影响。首先，料钱作为官僚管理、地方财政制度的组成部分，其经费来源与朝廷选官制度变化相关，且同朝廷与藩镇、州郡人事管理权的演变密切关联。其次，在唐至宋初国家财政"钱帛兼行"的局面下，以钱计额的料钱多以绢帛实物折支，[2]朝廷欲实现对料钱支出的监管，需在各地物价存在差异的情况下，规定其折支比例与折价。最后，晚唐至宋初，朝廷如何针对官僚、军队、民众等群体，合理分配财赋权益，协调各方矛盾，是直接关涉统治安危的重要问题；[3]料钱作为官员俸禄的基本构成，[4]朝廷调整其相关制度，必须兼顾各地官僚群体与民众利益，以保持社会稳定、政权巩固。

总之，料钱制度中看似琐屑的细节，往往与唐宋之际的政局走向、制度变化密切相关。因此，考察五代宋初幕职、州县官料钱制度的运作与演进，分析朝廷各项调整的具体动因，有助于我们探究旨在加强中央集权的制度设计怎样在与地方官民互动中落实，又如何在各方张力中嬗变，进而帮助我们在"解

---

1 苗书梅将宋代幕职州县官理解为"唐末五代幕府属官和州县属官中部分官职组成的新的官僚群体"，并对其范围进行了系统梳理。参见《宋代官员选任和管理制度》，河南大学出版社，1996，第414~415页。关于五代宋初幕职州县官体系的演进，参见闫建飞《宋代幕职州县官体系之形成》，《中山大学学报》2018年第4期。

2 所谓"钱帛兼行"，指绢帛与钱币一般，兼具流通手段、价值尺度之功能，具备货币的一般性质，其成因与自然经济发达、商品经济发育不充分以及钱币不足有关（李埏：《略论唐代的"钱帛兼行"》，《历史研究》1964年第1期）。对于唐代社会经济运行中铜钱的记账单位功能，以及实际支付、交易等场合以绢帛、谷物结账的具体方式，学界亦有深入讨论，参见赖瑞和《唐人在多元货币下如何估价和结账》，《中华文史论丛》2016年第3期。

3 五代宋初，朝廷财赋分配失当往往引发政治动乱。后唐庄宗朝租庸使孔谦即着力加强中央财赋征敛，以资洛阳供军。但因其对地方财赋搜刮过甚，民众调发转输负担沉重，同时在官、军俸赏方面吝于支给，最终动摇了庄宗的统治（闫建飞：《后唐洛阳城的粮食供给》，叶炜主编《唐研究》第25卷，北京大学出版社，2020，第668~675页）。

4 五代官员俸禄，主要包括料钱、禄粟及马料等实物；而北宋前期官员俸禄，则大体由正俸、加俸、职田三类构成。其中，正俸包括料钱（标准以月定）、衣赐（标准以岁定）、禄粟（标准以月定）三部分。衣赐、禄粟、加俸和职田，并非所有官员均可享受。唯料钱一项，上自使相，下至选人最低等的判司簿尉，以及武阶最低之三班借职，均能获得［黄惠贤、陈锋主编《中国俸禄制度史》（上），武汉大学出版社，1996，第229~254页］。

剖麻雀"的基础上，对唐宋政治、经济变迁背景下朝廷集权意图与制度实践的
复杂关系，获得更丰富的理解。[1]

一　料钱支给范围与数额的形成

中央政府欲掌控幕职、州县官料钱开支，原则上需确定其员额编制，并
统一规定各官料钱数额，而实现这一目标，前提在于中央政府掌握州县官除授
权，并以系省钱物支给料钱。因此，五代宋初幕职、州县官料钱数额演变，不
仅关乎国家财政状况，更与人事管理制度调整紧密相连。

唐代州县官由吏部任命，其料钱来源在武德至开元年间几经变化：起
初，州县官料钱并不纳入度支司主导的支度国用体系，[2]而是由公廨本钱营运
收息支付，属于陈明光所谓"预算外财政支出"；直到开元后期，其月料始
采用"预算内的定额供给"，确立了户税支付之制。[3]建中元年推行两税法
前，中央派遣黜陟使厘定了诸道幕职、州县官定额与俸禄标准，并在两税三
分时根据诸道州县支出定额，划分了相应的留州与送使额，同时允许诸道对
三分定额外之收入圆融支用，自行应付，中央政府并不直接干预；[4]但诸道幕
职、州县官料钱实际支出数量多不依中央规定，而是据各地两税征收状况调
整。[5]换言之，诸道幕职、州县官料钱支给，并非尽由省司钱物供应，中央亦
难监管。

1　学界对五代和北宋料钱制度已有较系统的考察，但主要集中于梳理料钱内容、等次的变化，较少关注
　　其与其他制度演进的整体关联，对其同社会、经济实况的关系以及朝廷制度调整的动因，亦措意不多。
　　关于五代十国俸禄制度沿革，以及折支、除陌、俸户等支付方式的基本梳理，参见杜文玉《五代十国
　　制度研究》第八章"俸禄制度"，第 350~363 页。关于宋代俸禄标准与给付方式，参见衣川强《宋代文
　　官俸给制度》，第 1~57 页；苗书梅《宋代官员选任和管理制度》，第 492 页；黄惠贤、陈锋主编《中国
　　俸禄制度史》（上），第 241~307 页；汪圣铎《宋代社会生活研究》，人民出版社，2007，第 158~209 页；
　　陈明光、孙彩红《中国财政通史·隋唐五代财政史》（下），湖南人民出版社，2013，第 961~972 页。
2　所谓户部度支司"支度国用"之职，李锦绣理解为唐前期全国性财政预算体系。参见李锦绣《唐代财政
　　史稿》上卷，第 15 页。
3　陈明光：《唐代财政史新编》，第 78~90 页。
4　陈明光：《唐代财政史新编》，第 249~252 页。
5　李锦绣：《唐代财政史稿》下卷，第 1108 页。

五代系省钱物范围逐渐扩大，管理亦渐趋严密。[1] 自后唐起，朝廷即着手规定系省钱给料的幕职、州县官范围与料钱数额。后唐同光二年四月，经吏部三铨奏请，朝廷重定四京以外各州判司、录事及各县官员额；[2] 当年八月，租庸使孔谦进一步规定系省钱物支付料钱的具体对象：三京留守、节镇所置"节度、观察判官、书记、支使、推官各一员，留守置判官各一员，三京府置判官、推官"由系省钱给料，"余并罢俸钱"。[3] 至次年二月，租庸院审查各州所供"事例文帐"，发现诸道州县官及防御、团练副使、判官等料钱额与"旧来支遣则例"不符，且折支标准不一，租庸院难以"勘会"。[4] 为使租庸院掌控各地财政支出，以便减省国计，孔谦遂全面厘定幕职、州县官料钱的给付对象、数额与支付方式。[5]

租庸院首先厘定三京、诸道州县官及防御、团练副使、判官料钱及衣粮数额，并规定其支付方式均为"贯文实"，[6] 即实支足额现钱，不经折支、除陌。此外，"防御团练副使判官外，其余推巡已下职员，皆是本使自要辟请，圆融月俸赡给，亦乞依旧规绳，省司更不支给钱物"，刺史州"元无副使，若有请废；其军事判官，所有月俸亦是刺史俸内支赡"，[7] 明确将防御、团练推官、巡官以及刺史州军事判官排除出系省钱物支给料钱的范畴，各处若行辟署，其料钱需本州长官圆融支给。至此，由系省钱物供应料钱的幕职、州县官范围、料钱数额以及支付方式基本确立。

此后不久，租庸院又拟定了"新定四京及诸道副使判官已下俸料"之制，其内容大体包括两方面。其一，规定诸节镇、四京僚佐中，由系省钱物供应料钱之范围与员额，诸节镇"除所置副使、判官、掌书记、推官外，如本处更安

1　陈明光：《从唐朝后期的"省司钱物"到五代的"系省钱物"——五代财政管理体制演变探微》，武汉大学中国三至九世纪研究所编《魏晋南北朝隋唐史资料》第 30 辑，第 66~75 页。

2　《册府元龟》卷六三二《铨选部・条制四》，第 7303~7304 页。

3　《旧五代史》卷七三《唐书・孔谦传》，第 965 页。

4　《册府元龟》卷五〇八《邦计部・俸禄四》，第 5778 页。

5　《旧五代史》卷七三《唐书・孔谦传》，第 965 页。

6　《册府元龟》卷五〇八《邦计部・俸禄四》，第 5778~5779 页。《五代会要》记载同一史事，料钱单位作"千贯"，此当非 1000 贯，而应理解为 1 贯不经折支除陌，实给千文。参见王溥《五代会要》卷二八《诸色料钱下》，第 441 页。

7　《册府元龟》卷五〇八《邦计部・俸禄四》，第 5778~5779 页。

排检署官员，即勒本道节使自备请给，不得正破系省钱物"。[1] 其二，厘定上述官员给俸内容、数额标准与支付方式，其中厨料部分，如米面蒿柴之类，均支给实物；而料钱部分，则以实钱支付，不经折支实物。[2] 朝廷基本依从租庸司建议，仅将观察支使补充入系省钱物给料范围。[3]

同光三年（925）租庸院所定料钱之制，被称为"省司则例"，其意义主要体现在以下方面。首先，该则例明确了系省钱物供给料钱的幕职、州县官对象、员额。这部分官员，或为中央铨选部门除授的州县官，或为节镇奏辟，仍需"朝廷除拜"的藩镇"副使、判官、掌书记、推官"，其任免权集于中央；至于"本处自要辟请""安排检署"之官，既非朝廷除授，则由诸道以课利或公使钱"自备请给"，圆融供应。如天成四年八月北京留守司建议，将留守巡官纳入系省钱给料对象，但朝廷因"本使临时辟请，无朝廷除拜之例"，[4] 并未同意，可见人事委任与薪酬供给密切相关：中央对州县、幕职官员的除授，是系省钱物支其料钱的重要条件。其次，该则例规定了州县官料钱额与支付方式。同光三年料钱额虽较唐后期有所减少，但全支现钱，正符合孔谦"百官俸钱虽多，折支非实，请减半数，皆支实钱"之主张。[5] 此举既能保证官员收入，更使得中央得以有效掌控各地财政收支，避免诸道州县私自挪用系省钱物或擅行征敛。[6] 值得一提的是，这一时期由孔谦主持的租庸院，在地方财政管理方面相当强势，多不经藩镇使府直接向诸州下达指令，各州亦"直奉租庸使帖指挥公事"，[7] 同光三年省司则例应为各州遵行。

---

1 《册府元龟》卷五〇八《邦计部·俸禄四》，第5779页。此处的"更安排检署官员"，《五代会要》作"更妄称简署官员"，参见王溥《五代会要》卷二七《诸色料钱上》，第438页。

2 所谓"依除"，即依据除陌之意，系后唐同光二年施行的"八十陌钱"之制（参见《旧五代史》卷一四六《食货志》，第1947页），亦即折支八成现钱。

3 《五代会要》载："诸道节镇依旧更置观察支使一员，其俸料、春冬衣赐，仍准掌书记例支遣。"参见王溥《五代会要》卷二七《诸色料钱上》，第439页。

4 《册府元龟》卷五〇八《邦计部·俸禄四》，第5780页。

5 《旧五代史》卷七三《唐书·孔谦传》，第965页。

6 如后唐明宗天成元年三月枢密院所下指令："已前州、使钱谷，并系省司，昨遍降德音，特指挥除省元本利润物色，并与拨充公使；兼月支俸料，足以丰盈。访闻州府节度使、刺史内，尚有不守诏条，公行科敛，须议止绝……州府既有利润，兼请俸钱，凡合遵条宪，不得赊买行人物色，兼行科率。"《册府元龟》卷六五《帝王部·发号令四》，第693页。

7 《资治通鉴》卷二七三，同光二年十月辛未，第8925页。

　　需要说明的是，由于同光三年则例并未涵盖全体幕职、州县官，[1]此后各朝曾以该则例为基础，对系省钱物支付料钱的官员范围略作调整：后周显德五年（958）十二月，刺史州之军事判官被单独纳入系省钱物给料之列，不再由刺史于"已俸内支赡"；[2]北宋建立后，翰林学士承旨陶谷于乾德二年主持制订"少尹幕职官参选条件"，原本属"本处自要辟请"的防御、团练、军事推官改由中央铨选，[3]并随即被纳入系省钱物支付料钱范畴，[4]此后"使府不许召署，幕职悉由铨授"。[5]综上，自同光三年至北宋乾德四年，随着中央授予系省钱物给料官员范围扩大，朝廷对于幕职、州县官员额与料钱标准的规定也逐渐完善。孔谦虽于同光四年（926）获罪身死，其所定财制亦被诬聚敛而多遭罢废，但"惟有定官员、减俸之事因循未革"，[6]为此后各朝继承，成为料钱制度调整的基础。

二　料钱支给方式的调整与反复

　　朝廷以系省钱物供给州县官料钱，并规定支给对象范围与钱数，原则上得以掌控诸道幕职、州县官料钱开支总数，但实际情况并非如此简单。如前所述，唐宋国家财政"钱帛兼行"，实际收支多以绢帛而非现钱。唐前期，州县虽依各地"时估"（或曰"实估""市估"）买卖，[7]但中央支度国用、财政收支

1　同光三年料钱则例，仅针对防御、团练副使、判官及州县官，尚未涉及四京留守系统以及节度、观察使府僚佐员数及料钱数。后唐长兴二年闰五月规定藩镇幕职考满未替仍给全俸，但"元不在省司给俸者，不在此例"。参见王溥《五代会要》卷二八《诸色料钱下》，第 444 页。

2　王溥：《五代会要》卷二八《诸色料钱下》，第 447 页。

3　这部分幕职官料钱待遇与州县官挂钩，倘若其员阙已满，则可听其意愿改注州县官，但需"将一周年月俸比校，如有不同，即上下不过十贯者，听与注拟"，即参照料钱水平改注。参见《长编》卷五，乾德二年七月庚寅，第 129~130 页。

4　雍熙二年（985）十二月，宋廷"诏定幕职、州县官俸钱"。《宋会要辑稿》职官一一之七六，第 3364 页。

5　《长编》卷五，乾德二年三月丁丑，第 123 页。

6　《册府元龟》卷五〇八《邦计部·俸禄四》，第 5480 页。

7　唐宋间时估制度的具体运作方式，大体为州县市司每十日组织各行人进行市估，评定各类实物上、中、下三等市估价，取其并保存市估案以为折估依据。市估价系以时价为基础，但受官府干预，未必如实反映时价。参见池田温《中国古代物价初探——关于天宝二年交河郡市估案断片》，池田温：《唐研究论文选集》，孙晓林等译，中国社会科学出版社，1999，第 144~154 页。

一般以实物计账，钱货比价对中央财政管理影响尚不突出。唐中叶，随着两税法中税钱立额而折征实物，钱币的财政核算单位作用愈发凸显，如何根据钱货轻重变化调整财政收支折价，成为朝廷瞩目的问题。受行政技术限制，朝廷无法全面掌握各州钱物比价，只能规定一般原则。唐宪宗元和四年（809），朝廷财政控制力增强，试图厘定外官俸料标准，并以半钱半物，折支中半实估半虚估的"省估"支付。但省估较时估为高，有损外官收入。唐后期中央集权削弱，外官复以实估（时估）给料，其收入也高于省估折支的京官。[1]

根据同光三年省司则例，幕职、州县官料钱应由系省现钱全额给付，但该制度与国家财政实际状况不尽相符。五代政权钱币铸造极少，供应不足，[2]且长期面对财政压力，同光三年给见规定施行"未几半年，俸复从虚折"。[3]自后唐至宋初，朝廷仍长期维持料钱折支之制，其对料钱折支方式的调整，大体经历了三个阶段。

阶段一，为后唐天成以降及后晋。后唐天成二年十月，明宗曾下诏整顿州县官料钱折支制度：

> 策名筮士，诚切于进身；制禄命官，义从于责实。既惩黩货，宜有代耕。应天下州县官员逐月俸料，如闻支给多不及时，纵或支遣，皆是烂弱斛斗。既阙供须，难责廉慎。自此随处官员所破料钱，宜令逐县人户，于合送纳税物内，计折充支，一则免劳于人户输送，一则便于官僚。仍下三司，速与计度。[4]

为增加州县官俸现钱比例，减少折支中"烂弱斛斗"，避免官员实际收入受损

1　李锦绣：《唐代财政史稿》下卷，第1240~1241页。
2　五代折支制度长期施行，应与北方诸政权钱币铸造量较少、财政现钱收入不足有关。据汪圣铎研究，当时各中原王朝虽曾设立铸钱部门，并通过熔铸佛像等措施铸造铜钱，但因版图限于江北，未能统辖江、池、饶、建州等铸钱地区，钱币铸造量非常有限。参见汪圣铎《两宋货币史》，第325~326页。关于五代延续唐后期钱币紧缺局面，铜钱流通严重不足的具体情况及成因分析，参杜文玉《五代十国经济史》，学苑出版社，2011，第170~174页。
3　《旧五代史》卷七三《唐书·孔谦传》，第965页。
4　《册府元龟》卷五〇八《邦计部·俸禄四》，第5780页。

过多，朝廷计划将州县官料钱数摊入民户两税额，命其折钱缴纳，以供料钱支给。但此方案经三司"计度"后即无下文。天成四年七月给事中许光义请求"支令录实料钱，责于守法"，[1]可见天成二年料钱给现钱规定，并未在地方切实执行。[2]

诸州料钱折支比价不合理，且朝廷政令难以贯彻，或与方镇使府垄断折价定估权相关。同光四年兵变，孔谦被杀，租庸院罢废，中央计司指挥直达"支郡"之制亦发生变化。自天成元年以降，后唐至后汉朝廷屡次下诏州府，除军机急务，"寻常公事"不得自主行遣或"违越"观察使府申报朝廷，必须申使府定夺。[3]对于定估这类"寻常公事"，使府往往专擅处置，高抬价例以减省支出，导致州县官收入不足。据后晋天福二年（937）隰州浦县令窦温颜所言，州县官虽由朝廷"支给料钱，合专慎守"，但"逐月所给正俸，皆无见钱，使府给配之时，皆是虚头计算"，州县官所领料钱折支物，其定估皆由方镇使府掌控，往往高价虚估，实际收入大打折扣。在各州财政紧张的情况下，地方行政支费多来自民户科配，官府"差配百姓纸笔及课钱"，甚至出现"纸笔户""柴炭户"，[4]州县官料钱开支亦不例外。当朝廷难以提高料钱中现钱比例，定估权又为使府掌控时，州县官只得自行设法，向手力等差役人户"擅放"钱物，以保障自身收入。在窦温颜看来，若欲根绝此弊，除严立条法约束使府、州县官，朝廷需明令各地依时估折支料钱，以切实保障州县官待遇。朝廷部分接受了窦氏建议，严禁州县向民户配钱，但申明"所给料钱，难议条理"，[5]对料钱支给方式遂难改作。

阶段二，为后汉三司使王章主导下，朝廷针对料钱支付方式的全面更张。一方面，王章规定官员料钱折支中采用三司虚估，"郡官所请月俸……命所司

1 《册府元龟》卷五〇八《邦计部·俸禄四》，第5780页。

2 类似的制度，似乎曾在南汉施行。据《宋会要辑稿》职官五七之二〇（第4568页），开宝四年十月，"知邕州范曼上言：'管内州县官逐年减下料钱计千四百六十七贯八十文，皆是广南差人驱纳，却属覆勘司课程。其钱元是人户税钱额内分出。'诏宜令本州于两税钱内收附"。可见当地州县官料钱，本应摊入人户两税钱内支给。

3 王溥：《五代会要》卷二四《诸使杂录》，第392页；关于五代支郡的专决与进奏权的变化，参见闫建飞《唐后期五代的支郡专达》，《国学研究》第45卷，中华书局，2021，第39~47页。

4 《册府元龟》卷五〇八《邦计部·俸禄四》，第5782页。

5 《册府元龟》卷五〇八《邦计部·俸禄四》，第5781页。

高估其价，估定更添，谓之'抬估'，（王）章亦不满其意，随事更令更添估"，[1]
这一做法固然基于其对儒士的轻视，降低了官员收入水平，但同时废除了使府
因地而异的折支比价，将折价定估权收归中央，有利于加强对系省钱物支出的
控制。另一方面，乾祐三年（950）七月辛巳，王章建议专设"俸户"，以筹
措州县官月料所需现钱：

> 州县令录佐官，请据户籍多少，量定俸户：县三千户已上，令月
> 十千，主簿八千；二千户已上，令月八千，主簿五千；二千户已下，令
> 月六千，主簿四千。每户月出钱五百，并以管内中等户充。录事参军、
> 判司俸钱，视州界令佐，取其多者给之，其俸户与免县司差役。[2]

该建议为朝廷采纳，在当日行下敕书中，除了明确置俸户官员的范畴、标准，
还具体规定了俸户的来源、义务与权利：

> 诸道州府令、录、判司、主簿，宜并等第支与俸户，每月纳钱五百，
> 与除二税外，免放杂差遣，不得更种职田。所定俸户，于中等无色役人
> 户内差置，不得令当直及赴衙参。如有阙额及不逮，明申州府差填，不
> 得裹私替换。若是令录判司主簿除本分人数外，剩占一人俸户，及令当
> 直手力更纳课钱，并许百姓陈告。事若不虚，其陈告人与免户下诸杂差
> 徭，所犯人追毁告身，配递力役。[3]

此时所设俸户，主要为供应州县令录佐官（州录事参军、判司以及县令、主
簿）料钱。诸州在明确各官员料钱标准后，即在中等无色役户内差派俸户。
各官均领有一定数量俸户，每月每户收息 500 文以充月料，此外不得"剩占
一人俸户"并强迫手力等差役人纳钱。如某官俸户数量或供钱不足额，则
需申报州府，设法补足。充俸户者不免两税，但可免县司差役，也不需耕种

---

1 《旧五代史》卷一〇七《汉书·王章传》，第 1410 页。
2 《旧五代史》卷一〇三《汉书·隐帝纪》，第 1368 页。
3 《册府元龟》卷五〇八《邦计部·俸禄四》，第 5781 页。笔者对该段文献的标点有所修正。

职田。至于俸户筹措现钱的具体方式，乾祐三年敕规定，州县官收到料钱折支物即下发俸户，命其出卖易钱，"每一贯文给与两户货卖，逐户每月输钱五百文"，[1] 故亦被称为"回易料钱俸户"。[2] 此外，胡三省既将后汉俸户比作唐制"月收息给俸"之课户、俸户，[3] 可见州县官针对俸户放贷取息，或许也是变易官物、收敛现钱的方式之一。由此观之，后汉朝廷一方面通过中央统一"抬估"掌控官物实际折支数量，减省系省钱物支出；另一方面通过设置俸户，将州县民户之科配制度化，以维持幕职、州县官现钱收入。但州县官依托俸户营收钱物的具体方式，则非朝廷所能掌控，难免法外征敛，加重俸户负担。

　　阶段三，为后周、北宋围绕料钱折支与俸户设置的反复调整。后周显德五年十二月丙戌，周世宗重定幕职、州县官俸给标准，[4] 料钱额虽有所减少，但"并支俸钱"，不再折支。在此基础上，后周朝廷为更张后汉弊政，遂禁绝"诸色课户及俸户"，[5] 具体规定如下：

　　　　诸州府京百司内诸司州县官课户、庄户、俸户、柴炭纸笔户等，望令本州及检田使臣依前项指挥，勒归州县。候施行毕，具户数奏闻。仍差本判官精细点检……[6]

所谓"检田使臣"，指当年十月朝廷遣"左散骑常侍须城艾颖等三十四人分行

1　此据北宋重申乾祐三年敕。《宋大诏令集》卷一七八《复置俸户诏》（乾德四年七月丁亥），第 639 页。

2　《长编》卷一二，开宝四年十一月庚申，第 274 页。

3　关于五代"俸户"与唐代"公廨钱""课户"性质之比较，胡三省曾在周世宗罢俸户诏下有如下议论："唐初，诸司置公廨本钱，以贸易取息，计员多少为月料。其后罢诸司公廨本钱，以天下上户七千人为胥士，而收其课，计官多少而给之，此所谓课户也。唐又薄敛一岁税，以高户主之，月收息给俸，此所谓俸户也。"《资治通鉴》卷二九四，显德五年十一月丙戌，第 9589 页。

4　周世宗早已考虑提高官员俸禄，主张料钱全支现钱。《册府元龟》卷五〇八《邦计部·俸禄四》（第 5782 页）载，显德三年十二月，周世宗即言于侍臣："文武百僚所请俸给，支遣之时，非唯后于诸军，抑亦又多折估，岂均养之理邪？如其有过，朕不敢私，责重俸薄，甚无谓也。此后并宜支与实钱。"但当时似未正式下诏，实际调整需至显德五年。

5　《资治通鉴》卷二九四，显德五年十二月丙戌，第 9589 页。

6　《册府元龟》卷五〇八《邦计部·俸禄四》，第 5782 页。此处的"点检"二字作"防数"。参见王溥《五代会要》卷二八《诸色料钱下》，第 447 页。

诸州，均定田租"，[1] 可见后周此次料钱调整，系与其"检田定户"，整顿两税税额、田亩与税户等措置密切相关，在整编税户的同时，将俸户等特殊人户"勒归州县"，扩大了州县差役范围。周世宗更命专官专使仔细审查户数，并针对擅立俸户者拟定惩治之法，以确保制度落实。[2] 相比州县官向俸户放贷取息或回易现钱，以系省钱物直接供给料钱无疑有利于中央管控地方支出。

但料钱给现钱之制并未长期维持，北宋乾德二年、三年间，宋廷将诸州钱帛调拨入京，[3] 加之南方铸钱机构、铜矿尚未归宋，[4] 各地存留现钱不足，幕职、州县官"自来所请料钱，多是折以他物"。[5] 乾德四年，宋廷为平全师雄之乱，试图怀柔西川吏民，特命"西川管界幕职、州县官等，所支月俸并与见钱"，[6] 既以"与见钱"表示优待，可知他路州县料钱难以给现钱。[7] 各地官员为获现钱，多贸易折支所得官物，甚至"货鬻不充其直"，强行高价贩卖，以致"有赋于廛肆，重增烦扰"，[8] 后唐、后晋州县官配卖折支物之弊再次出现。

在现钱难得的情况下，北宋朝廷为提高幕职、州县官待遇，避免"俸给苟有不充，官吏何以知劝"，减少官员配卖料钱折支物时的贪墨与混乱，遂重拾后汉朝廷牙慧。乾德四年七月，宋廷准后汉乾祐三年之制，为"令、录、簿、尉、判司"等州县官置俸户。二者在俸户来源、免差役优待、筹措现钱方式以及每月所纳料钱数等方面完全一致，俸户均来自"中等无色役人户内"，且"逐户每月输钱五百文，除二税外，与免余役"，[9] 宋制只是补充了细节规定，

1　《资治通鉴》卷二九四，显德五年十月庚子，第 9587 页。

2　《五代会要》载："……及有人论诉称有漏落，抵罪在本州判官及干系官典；与如今后更有人户愿充此等户者，便仰本州勒充军户，配本州牢城执役。"参见王溥《五代会要》卷二八《诸色料钱下》，第 447 页。

3　参见《长编》卷五，乾德二年，第 139 页；卷六，乾德三年三月，第 152 页。

4　汪圣铎：《两宋货币史》，第 326~328 页。

5　《宋会要辑稿》职官五七之一八，第 4567 页。

6　《宋会要辑稿》职官五七之一八，第 4567 页。

7　需要说明的是，由于北宋平蜀后调发大量铜钱上供，且开宝三年禁铜钱入川，川峡地区州县官俸，虽以铜钱定额，实支乃折价之铁钱，宋初该地区铜铁钱比价多变，至至道三年（997）后稳定为 1∶5（参见汪圣铎《两宋货币史》，第 486~495 页）。故所谓给现钱乃铁钱，并非铜钱。

8　《宋史》卷一七一《职官志十一》，第 4115 页。

9　《宋大诏令集》卷一七八《复置俸户诏》（乾德四年七月丁亥），第 639 页；《宋会要辑稿》职官五七之一九，第 4567 页；《长编》卷七，乾德四年七月丁亥，第 174 页。

要求州县每年俵散蚕盐时将折支物一并下发俸户。[1] 乾德四年复置俸户，主旨在于停罢官员自行配卖折支物，改由俸户出卖以易现钱，以免官员恃势高抬物价，滋扰市场。至开宝四年十一月，宋廷进一步扩展给俸户官员范围，为幕职官置俸户：

> 节、察、防、团、军事判官推官，军判官等，并依州县官例，给回易料钱俸户。节度、防、团副使权知州事，节度掌书记自朝廷除授及判别厅公事者，亦给之。副使非知州，掌书记奏授而不厘务者，悉如故，给以折色。[2]

幕职官俸户标准"依州县官例"，每户每月纳 500 文。但对于节度防御团练副使及节度掌书记，则在职掌、选任等方面设有限制：前者必须"权知州事"，后者则不但需由朝廷除授，还需"厘务"（即"判别厅公事"）。这一变化，显然与北宋前期幕职、州县官职掌、任命方式演变密切相关，"置俸户，给实钱"的优待仅针对中央除授且实际厘务官员。

综上，五代至宋初，对于幕职、州县官料钱支给政策，朝廷长期摇摆反复，大体经历了三个阶段。在后汉将折价定估权收归中央后，朝廷主要调整方式有二：一为直接支付现钱，二为中央定估折支。在各州现钱不足的情况下，料钱直接给现钱很难实现。中央为有效掌握财政支出情况，多倾向于规定折支比价。但若采用中央定估折价，官员实际料钱收入往往受损，难免科配民户以取现钱。为保证中央任命的幕职、州县官待遇，同时避免官员私自科配民户，贪墨滋扰过甚，朝廷只得为官员专设俸户，由其负责将料钱折支物易为现钱。后汉乾祐三年、北宋乾德四年朝廷两次设置俸户，虽为无奈之举，但也说明了该制度的务实性：在现钱不足的情况下，以俸户贩易折支官物，筹措料钱，不但有利于提高官员收入，便于朝廷掌控支出官物数量，且不致增加财政开支，

---

1 所谓"蚕盐"，为五代乡村榷盐之一法，系先将定额盐（一般为解盐）于初春据田亩或其他标准俵散民户，以供保存蚕茧，民户则于缴纳夏税时同时纳钱。因蚕盐俵散民户范围较广，故可同时下发料钱折支物。参郭正忠《五代蚕盐考》，《中国社会经济史研究》1988 年第 4 期。

2 《长编》卷一二，开宝四年十一月庚申，第 274 页。

所谓"立俸户便于官员，于国亦无所妨"；而俸户负担虽重，却无须承担州县杂役，初亦尚堪承受。[1]

三　料钱折支比例与折价的确立

宋初重置俸户，提高了幕职、州县官待遇，但也引发了诸多社会问题。俸户不再承担差役，州县必得转嫁他户，这无异于加剧其余人户的负担。而在市场不发达、粮价多波动的情况下，要求俸户每月将农产品交易为现钱给纳，本身即是极大困扰。此外，官员往往额外科配俸户，"或逾制科率，则俸户不任，有受弊者，却成扰人，此为不便"。[2]可见置俸户难免败坏吏治，恶化官民关系，对于亟待巩固社会秩序、稳定统治的新兴王朝而言，绝非长久之计。

开宝九年，宋太宗即位次月，即下诏更张太祖旧制，停罢俸户："细民以农桑为业，顷制奉户月输缗钱，营置良苦，今皆罢之。官奉并给官物，令货鬻及七分。仍依周显德五年十二月诏，增给米麦。"[3]此诏旨在昭示新君仁德，但影响颇为深远，此后宋廷再未重置俸户。[4]值得注意的是，宋廷一方面停罢俸户，要求"本官月俸并以官物给之"，[5]另一方面又允许官员出卖折支官物，贩易现钱，但规定只得"货鬻及七分"，即出售官物后所得现钱不超过料钱额七成，意图对出售官物收益总额加以约束。这在某种意义上体现了北宋中央政府的无奈：为了减少对财政与社会的不利影响，需停止俸户制度，而为使领取折支官物的幕职、州县官收入不致过于不均不足，又不得不接受其货鬻官物以易现钱这一现实，并将其制度化。[6]但幕职、州县官料钱尽数折支后，"官估价高，

1　《长编》卷八一，大中祥符六年七月己未，第1843页。

2　《长编》卷八一，大中祥符六年七月己未，第1843~1844页。

3　《长编》卷一七，开宝九年十一月戊辰，第384页。

4　大中祥符年间，臣僚建议复行俸户之制，但为真宗拒绝。《长编》卷八一，大中祥符六年七月己未，第1843~1844页。

5　《宋会要辑稿》职官五七之二〇，第4568页。

6　咸平二年九月乙巳诏，"群臣月俸折支物无收其算"（参见《长编》卷四五，第964页）。可见在咸平二年以前，宋廷甚至对官员贩卖俸料实物征收商税。

不能充七分之数"，[1] 三司定估远高于时估，导致官员所得官物过少，自行贩易后收入根本无法达到料钱额的七成。

　　为弥补幕职、州县官失去俸户后的经济收入，宋太宗着手调整料钱支付方式。随着东南铜钱产量逐渐增加，[2] 宋廷提高了料钱支给中的现钱比例，于太平兴国二年改尽数折支官物为"以度支官钱给其三分之一，其二分以官物给之"。此制起初针对"两京、江南、荆湖诸道州府幕职州县官"，[3] 而端拱元年诏书称"除西川、广南外，诸道州府幕职州县官俸钱，三分中二分给以他物"，[4] 可见除给现钱俸的西川、广南地区外，赵宋其他统治区域亦采取同一折支比例。更重要的是，朝廷同时明令各地"以时价贵贱计其直"，[5] 允许各处以时估折支官物，其目的即在于保障幕职、州县官收入，避免"亏损其价"。[6] 现钱难以全支，而中央定估难免损害官员收入，科配民户又易激化社会矛盾。在这种情况下，宋廷终将折支定估权下放诸州。此后，料钱中现钱比例虽有所调整，如端拱元年规定的"半给见钱，半折他物"之制，成为有宋一代官员料钱折支通则，[7] 但料钱依时估折支之制再无变化。[8]

　　需要强调的是，宋太宗此时放弃中央定估，并不意味着财政管理权的削

1　太平兴国二年二月诏："诸道所给幕职、州县官奉，颇闻官估价高，不能充七分之数……"《宋史》卷一七一《职官志十一》，第 4115 页。
2　自宋太宗朝，江、池、饶、建四大钱监逐渐恢复或建立，南方铜钱铸造量快速上升，至真宗咸平二年，四大钱监每年铸造铜钱已达一百二三十万贯，"相当于唐朝天宝年间岁铸数的三倍"。汪圣铎：《两宋货币史》，第 328~331 页。
3　《宋会要辑稿》职官五七之二一，第 4568 页。
4　钱若水修，范学辉校注《宋太宗皇帝实录校注》卷四四，端拱元年六月甲午，第 603 页。
5　《宋会要辑稿》职官五七之二一，第 4568 页。
6　《宋史》卷一七一《职官志十一》，第 4115 页。
7　《宋会要辑稿》职官五七之二二，第 4569 页。《宋史·职官志》（第 4109、4135 页）载，嘉祐禄令之制，"幕职、州县料钱，诸路支一半见钱，一半折支"；另崇宁三年（1104）定选人七阶后，幕职、州县官所改，承直郎以下寄禄官料钱，"折支中给一半见钱，一半折支"。可见幕职、州县官料钱半支现钱之制并无变化。
8　此处需对一"反证"略作辨析。雍熙四年，宋廷曾下诏要求"应内外文武臣僚等折支俸钱，旧以八分为十分支给，自今并以实价给之"。参见钱若水修，范学辉校注《宋太宗皇帝实录校注》卷四二，雍熙四年十一月庚辰，第 524 页。《宋会要辑稿》则作："内外群臣并诸道本城军校兵士所请折色料钱，先因朝臣所请，以八分作十分支给者，自今并依实估钱数支给，更不加抬二分。"参见《宋会要辑稿》职官五七之二二，第 4569 页。太平兴国二年既已规定地方料钱据时估折支，笔者认为此处的"实价""实估"，系针对俸钱"以八分为十分支给"而言，而这显然是对后汉除陌旧制的延续，同前述作为折支比价的"时估"无关。

弱。相比五代使府专擅定估，随着太平兴国二年藩镇"支郡"直属京师，[1]中央可直接掌握各州政务信息并下达指挥；加之幕职、州县官全由中央除授，各类课绩与印纸、历子制度逐渐确立，[2]央地人事关系也发生了根本性变化，朝廷实现了对州郡行政的全面、直接监管，时估拟定亦不例外。事实上，当各州录事参军、市司与行户议定时估时，[3]宋廷即命通判"面估定官物"以为监督，以防"亏损其价"。[4]而在太宗后期，更要求各州将"应系钱物合供文帐，并于逐色都数下，具言元管年代，合系本州支用申省"，[5]三司审核各类钱物支出是否合理合法，进而据此计度国用，"移易支遣"系省钱物；[6]在各州申省杂物账中，需声明支出物帛"撮计丈尺、片段、件数，都估折钱数"，其中充"料钱折支者，各依条例估定"。[7]可见宋廷在不直接定估的情况下，试图通过设官监督与审核申省文账等手段，维持时估折支规定的落实，进而实现对幕职、州县官料钱折支的监管掌控。

　　至于时估折支之制何以能在两宋长期维持，则与时估本诸市价的性质及其在国家财政中的广泛运用密不可分：一方面，宋廷规定民户两税折变，均以"纳月上旬时估中价准折"；[8]另一方面，宋代官司自行户配买物资，亦被要求以时估支付。[9]如此一来，地方财政收支各层面，原则上以时估为比价，这使得财政折价与市价不致完全脱离，同时也约束着诸州官员的定估：倘若高抬时估以减省料钱支费，则有损当地税赋折纳收入，且增加官府采买开支。

　　综上，在国家财政现钱不足，"钱帛兼行"的年代，朝廷统一折支比价及设置俸户等尝试，均难以适应地方社会现实，将激发官民矛盾与吏治、社会问

1　《长编》卷一八，太平兴国二年八月丙寅，第 410 页。

2　邓小南：《宋代文官选任制度诸层面》，河北教育出版社，1993，第 9~13、67~68、76~77 页。

3　关于宋代时估形成的运作机制，参见张亦冰《唐宋时估制度的相关令文与制度实践——兼论〈天圣令·关市令〉宋 10 条的复原》，《中国经济史研究》2017 年第 1 期。

4　《宋史》卷一七一《职官志十一》，第 4115 页。

5　马端临：《文献通考》卷二三《国用考》引陈傅良所述，第 694 页。

6　关于北宋前期三司如何依托州军文账所载收支情况计度调拨各处钱物，参见杨倩描《从"系省钱物"的演变看宋代国家正常预算的基本模式》，《河北学刊》1988 年第 4 期。

7　《庆元条法事类》卷三七《库务门》引《仓库式》，第 586 页。

8　《宋会要辑稿》食货九之一二，第 6181 页。

9　关于官员"下行"定估、配买制度，参见魏天安《宋代的科配和时估》，《河南师大学报》1982 年第 4 期；李晓《宋朝政府购买制度研究》，第 397~398 页。

题，也导致其掌控力难以抵达财政收支流程的末梢。但当宋廷面对诸多限制，放弃中央统一定估，其仍可通过协调收支估价，并依托得力的人事、财务监管手段，实现对各州系省钱物支出的掌控，从而以更灵活务实的方式达致财政集权的目的。

小　结

　　五代至宋初，随着幕职、州县官人事除授权收归中央，由系省钱物支给料钱的官员范围亦在扩大。朝廷为实现对系省钱物的全面支配，除了规定料钱具体数额标准，更试图将管控触角延伸至钱物收支末端，相关制度更易不休，造成的社会经济问题也反复出现。在财政"钱帛兼行"、中央财政又无力全支现钱的情况下，为防止地方擅自抬抑估价以致难以监管，朝廷倾向于规定折支"虚估"比价。但此类政策难以适应各地物价差异，导致享受同一料钱标准官员，实际经济待遇差距甚大，为保证收入水平，一些官员甚至通过对民户配卖、放贷等法外征敛手段，将料钱折支物易为现钱，影响了地方财政管理与社会秩序。为了提升幕职、州县官待遇，缓和官民矛盾，稳定社会秩序，后汉及北宋朝廷均曾设置俸户，试图将折支官物交易制度化、规范化。但民户每月以货物易钱，负担同样极重，易生滋扰且侵占差役，不论从社会稳定还是地方财政角度，均难以长期维持。最终，宋太宗朝确立了"半给见钱，半折他物"的折支比例，并在提升官员现钱收入的同时，改以时估折支官物，将定估权下放各州。此后，北宋幕职、州县官料钱支付方式基本保持稳定，再无整体变化。

　　由此观之，纵使不考虑政府行政能力、官员素质等问题，部分以集权为目的的制度规定，本身即缺乏合理性与普遍性，而政权肇基与巩固过程中必然面临的政局波动、人事安排与社会稳定等问题，也会影响其执行的方式与效果。如果说中晚唐朝廷无法实现外官"省估"折支，是囿于对地方控御能力不足，北宋朝廷最终放弃中央定估，多少体现了传统国家行政技术面对社会经济复杂局面的无奈。但相比此前各朝，官僚人事管理制度的严密，政令下达、信息申报系统的完善以及财政资源的增加，为北宋王朝制度调整提供了新的机遇：依托直达州郡的人事、财务监管与行政指挥体系，加之钱监复产增铸带来的铸币量提升，宋廷得以通过提升现钱比例、设官兼临、审核文账、协调财政收支折价等方式，以更务实的方式在料钱管理制度中落实其财政集权原则。宋太宗的上述措置，之所以能长期维持，与其说是权力分化，毋宁说是朝廷经过与地方官民长期互动，最终在实践中形成各方均可接受的实施途径。

结　语

本书以财务行政体制视角切入，分别讨论了北宋三司职掌范围、分工及相关制度来源，梳理了三司内部组织架构与行政运作机制，并对三司参与政务决策与立法、拟订财务收支调拨计划以及审核财务出纳账簿的基本模式进行了系统考察。在此基础上，笔者将回归最初的研究目标，尝试对三司在北宋行政系统中的角色做出合理贴切的理解。

前述讨论基本是以三司财务行政基本制度架构及其具体运作为中心，考察三司内部机构，三司与君主、宰执以及三司与诸司、州军之间的互动关系。总的来看，三司在财务行政决策中，兼具有司与内职双重特点；在财务行政具体运作中，相对其余诸司又扮演着核心角色。是故时人多将三司譬诸唐之尚书省，目为"大有司"。然而，三司在北宋前期行政体系中扮演的上述角色，看似基本稳定，实则始终处于动态变化中，且在不同时期相关调整的方式与目的均有所差异。因此，与其就某一时间的制度断面做出静态"结论"，不如调整视角，进行历时性总结。

笔者认为，北宋三司角色的变化，依托于三司财务行政体制之调整，大体可分为四个阶段。

第一阶段，为五代至北宋太祖朝，三司角色的演化，主要体现在两方面。其一为三部职掌范围及分工模式的变化与整合。后梁政权在藩镇财使基础上，先后设置建昌宫使、国计使与租庸使，其与延续自唐末的三司分立，不但分割了三司的钱物管理权，更兼有藩镇财使的诸多繁杂职掌，为三司所不具备。后唐同光元年，源于藩镇财使的租庸司兼并三司；天成元年后唐明宗又在此租庸司上重置三司，其结果使得新设三司兼具原三司与藩镇财使之职掌范围，同时也改变了三部分工方式，三者不再自成独立收支体系，需协作配合方可完成财政管理。至北宋，首先通过乾德四年诏令，明确三部判官职掌，规定其负责政务信息搜集、初步研判与处置方案拟定，确立其作为三司内部政务核心之地位；其次于乾德五年改变三司二十四案统属关系，形成每部分领八案局面，三部调整过程方基本完成。其二则为三司与最高决策层关系的变化。唐后期财政三司长官由宰相兼领，三司已成为宰相领导下的财务机关，但随着五代中央财政管理机构的上述调整，以及宰相决策地位的下降，三司逐渐具有内职性质，具备直接奉行君主圣旨的制度化渠道，而无须经由宰执，突出表现即为宋初以来长春（垂拱）殿御前会议取旨中，三司已独立进奏取旨。经上述两方面调整，北宋三司继承五代中央财司而来的职掌范围，三部分工格局及所属判官职掌，基本得以确立，而在此过程中，五代中央财使更在职掌分工机制、参与决策方式等财务行政体制方面，为北宋三司留下了深刻的烙印：北宋三司在作为"有司"奉行宰执指挥的同时，兼有内职直承圣旨之渠道，这一政务决策—执行机制，在此阶段即已基本形成。

第二阶段，为北宋太宗朝至真宗景德元年前。太宗初期，北宋已将东南地区全面纳入版图，并着手建立全国性财赋上供体系。为有效管理钱物上供调度，淳化五年，太宗命州军造钱物四柱帐申三司，并于至道年间正式确立了三司计度国用基本模式。在该模式下，三司以上供满足京师支用为核心目标，根据京师钱物支费以及各州军财赋收支情况，计划全国钱物移易；此外，更依托申省财务文书，对京师及外路州军钱物出纳进行直接而严密的审核监督，以保障财务计度得以拟定并实现。上述计度国用与审核模式，将财务收支计划权、审核监督权高度集中于三司，使得三司成为全国财务信息的交汇点，得以根据各类财务数据全面掌握并深入分析国家财政状况。但与此同时，该体制的问题也已出现：三司行政压力大为增加，往往难以及时有效处置政务；此外，三司计度、监督权高度集中，缺乏相应的制约监督机制。因此，自太宗中期至真宗初，一方面基于对加强三司行政能力、提高行政效率与合理性的诉求，另一方面基于对三司官司、人员的防弊需要，宋廷针对三司长官设置分合，以及财务审核类、文书收发类等子司之设置，进行了多次调整。但以上两类调整思路，本身存在难以调和的矛盾：若分化官司职掌，增加关防环节，势必影响行政效率；倘官司职掌集中，虽有利于信息汇总，提高行政合理性与效率，但官员多无力应付，且缺乏内部勾检审核。当时国家尚为实物财政，三司必须在掌握全国财赋收支状况的前提下对各地钱物因时因地加以移易，以敷国用，这进一步加剧了三司的行政负担。总之，在这一时期，三司依托文账申省机制以及庞大的财务管理辅助机构，成为全国财务信息申报处理之枢纽，其作为财务行政计度、审核、监督核心的"总国计"地位已然奠定，"三司财务行政体制"的主体架构，也可说基本形成；但在体制形成伊始，其中的一些根本性问题，如行政能力之局限、防弊与效率之矛盾已然暴露。

第三阶段，大体为真宗景德年间至仁宗中期。这一时期，三司财务行政体制主要发生了两点变化。其一为政务处置方式的改变，主要体现在依条贯直接处置政务的增多，以及计度国用由直接管理转向定额责成。如前所述，在宋太宗后期至宋真宗咸平年间，三司已逐渐难以应付计度权、审核监督权高度集中带来的烦冗政务，文账大量积压，宋廷虽屡次调整机构设置，增加人员配置，但仍难解决上述问题。景德元年，随着对辽澶渊之盟的缔结，国防压力有所减轻，内外政局相对稳定，宋廷有条件对财务管理体制进行系统整顿。在景德二年、三年间，先后由三司主导，完成了与本司职掌直接相关的"一司敕"（即《三司新编敕》）及"一务敕"（即《景德农田敕》）的编修。通过对编敕条贯内容的编定，三司确定了本司相关政务的处置程序，使其有法可依，减少了他司申报以及进奏取旨带来的行政负担。此外，自景德四年起，宋廷开始对各路上供钱物斛斗定额，这一做法本为保障京师财赋收入，但引发三司计度国用方式的变化，其不再完全依靠直接审核、计算各州军的财政收支拟订全国各州军钱物上供、移易计划，而更多通过细致计度、审批京师支费，在各路漕司上供额基础上，确定所需钱物移易方案，至于相应筹措工作，则由漕司具体负责完成。换言之，三司将计度国用的焦点完全集中于京师财赋收支，而在保证国计裁决权的前提下，将州军钱物具体计度、审核权部分下放漕司。其二为参与政务决策方式变化。仁宗即位初，因垂帘体制下太后听政频率较低，三司直接参与御前会议决策的机会有所减少。而仁宗中前期，在臣僚建议下，宋廷对于内降加以限制，并严密化了覆奏规定，使得三司直接奉行君主指令之渠道受到更多制约，政务决策中由二府宰执主导的场合愈益增多。总之，在这一阶段，三司仍维持其"总国计"职掌，在全国财务计度、审核中居于枢纽地位，同时保持着直接奉行圣旨的内职行政色彩。但其在两方面的实际运作方式均已有所变化。

第四阶段，大约为仁宗中期至熙宁年间。这一时期，随着国家财政局面的变化，三司财务行政体制在实际运行中愈发陷入困境，相应的制度调整力度也更强，主要体现在两方面。其一为申省文账管理。如前所述，州军申省文账本已数量浩繁，景德四年后，随着三司国计运作方式的调整，其不再直接审核、计划州军钱物收支，对州军申省文账之依赖性有所减弱，故文账积压、处置不及等情况愈发严重。仁宗朝，曾先后采取设立专司集中整顿、改变账册审核机制等措施，力图使三司得以及时有效地点检勘验申省文账，其中尤以皇祐二年周湛主持的改革最具代表性，但结果均治标不治本。至神宗熙宁五年，在曾布主导下，宋廷于三司成立帐司，集结三部诸案、子司得力吏员磨勘账册，同时改革文账申省内容、体式，试图从根本上解决三司文账积压问题，但最终耗费行政成本颇高，未收预期效果。直到元丰三年帐法，朝廷将大量州军文账审核权下放漕司，虽部分解决了上述问题，但三司直接审核全国财赋收支的职能也由此大为改变。其二为三司与宰执关系的调整。在三司财务行政体制下，三司虽为奉行宰执指挥之"有司"，但具有不经二府独立奉行诏旨之渠道，且对财赋收支数据的搜集与处理往往具有独占性；与此同时，宰执虽为最高决策中枢，对国计大政具有裁决权，但因缺乏相应行政能力，往往不得不依赖三司方可合理决策。三司与宰执的上述关系，虽有利于君主维持多途径出令渠道，但这一方面易导致政出多门，另一方面难免造成决策低效与合理性下降。仁宗中期，河患边防等问题加剧，相应财政调度、开支激增，三司与宰执间亟待建立有效沟通渠道，以提高决策效率。在这一时期，如张方平、蔡襄等三司长官，均曾呼吁加强宰执对财赋收支的知情权，提高相关信息汇报的时效性，从而使之有能力完成国计大政之合理决策。宋廷也针对治河等关涉部门较多、职掌庞杂之政务新设官司，直属二府，以提高处置效率（如废三司河渠司，以都水监职掌治河）。上述调整思路延续至熙宁时期：如设立中书检正官，加强宰相机构财务行政能力，并令其参与三司条贯编修，从而规范三司政务运作方式；废除三司胄案，以直属宰相之军器监统领军器制造；施行均输法，扩大发运司、漕司之计度权，如此种种，兹不备举。通过上述调整，北宋三司财务行政体制的基本运作模式已有所动摇，三司政务决策中的内职色彩以及财务计度审核的枢纽作用也已削减，而其作为中书门下统领的"有司"性质却愈发突出。元丰五年官制改革，一方面拆分三司职掌，将其计度、审核监督诸权，依职掌类型或层次予以分割，或散入他司，或下放外路；[1]另一方面，宰相不但加强了财务管理能力，更可直接支配财赋，并建立了专门财务管理渠道，使户部完全成为下属"有司"。[2]上述变化，虽与神宗政治理念有关，但某种程度上亦是对仁宗中期以来调整思路的继承，其实质不啻为对三司财务行政体制的动摇。

　　如果说第一、二阶段大体为北宋三司财务行政体制的定型期，那么第三、四阶段则主要为其在实践中的调整期。后者并不意味着对前者的彻底否定，而是在基本维持前者核心目标、运作原则的情况下，为适应现实环境，调整其落实方式。在定型期，三司财务行政体制的形成，往往基于制度惯性（五代中央财使）与特定的政治考量（如加强中央财权、君主独裁之类）；而在调整期中，

1　元丰官制改革中，财务计度、审核相关之职掌，多由三司散入他司。如三司对于器物修造、工程营建的计度审批之权，被移入库部、工部、水部以及将作监等部门；而三司财物监督、审核之权，则归入比部、太府寺等机构。汪圣铎曾对三司到户部的变迁过程以及三司职掌分散情况进行细致梳理，参《宋朝理财体制由三司到户部的变迁》，《宋辽金史论丛》第2辑，第142~147页。

2　参汪圣铎《宋朝理财体制由三司到户部的变迁》，《宋辽金史论丛》第2辑，第149~152页。

该体制的实践与演进，则更多基于制度的合理性与操作性。至元丰五年中央财政管理体制彻底改革，三司罢废，一百二十余年间，北宋各行政主体，包括君主、三司官员、各类财臣乃至其他臣僚，在继承前代遗制的情况下，随着国家财政形势变化，基于不同目的与思路，共同参与塑造了三司财务行政体制，并赋予三司作为财务管理机构在政务决策、执行方面的独特性。

综上，三司财务行政体制的实际运作模式，在北宋前期处于变动之中。而三司在维持"总国计"基本职掌情况下，在这一体制中扮演的角色，亦多有变化。这一过程，既体现出制度惯性的强大与参与者因循旧制的保守，又呈现出三司财务计划、审核机制因时制宜的权变。而隐藏在体制生成、演进背后的，则是传统国家行政管理中，行政权力集中高效之追求、权力析分制衡之考量以及官司行政能力有限之现实三者间复杂交错的矛盾与妥协。由于北宋实行国家财政养兵之募兵制，且当时财政计度收支多以实物，大量的供军开支需三司对军需钱物进行繁复移易方足敷用，这就进一步加剧了其处置政务的难度。事实上，行政合理高效、职权关防制衡与理财官司行政效能不足之间的矛盾，即使在元丰官制改革后，亦无法根本解决；而各类财务管理权的分化，又滋生出新的"弊病"，以致时人多呼吁重建三司。如司马光、苏辙等均曾指出，罢废三司，分散财务行政职掌，导致各部门沟通不畅，财务计度、出纳无法统一管理，支费不合理，钱物失陷、浪费现象愈发严重。[1] 现代史家亦认为，三司制度虽有其弊端，但元丰五年改制，造成北宋理财系统"失去了强有力的中

---

[1] 如司马光元祐初即言："旧日三司所掌事务，散在六曹及诸寺、监，户部不得总天下财赋。既不相统摄，帐籍不尽申户部，户部不能尽知天下钱谷之数，五曹各得应支用钱物，有司得符，不敢不应副，户部不能制。户部既不能知天下钱谷出纳见在之数，无由量入为出。五曹及内百司各自建白理财之法，申奏施行，户部不得一一关预，无由尽公共利害。"（《司马光集》卷五一《论钱谷宜归一札子》，第1067页）元祐三年，户部侍郎苏辙亦奏言："自数十年以来，群臣不明祖宗之意，每因一事不举，辄以三司旧职分建他司。利权一分，用财无艺。他司以办事为效，则不恤财之有无。户部以给财为功，则不论事之当否。彼此各营一职，其势不复相知，虽使户部得才智之臣，终亦无益于算矣。"（苏辙：《苏辙集》卷四一《请户部复三司诸案札子》，第731页）值得一提的是，此类议论，或对南宋臣僚有所影响。南宋人对三司制度加以总结，多谓其"总国计"（章如愚：《群书考索》后集卷四《官制门》，第460页），"掌天下利权"（李心传：《建炎以来朝野杂记·甲集》卷一七《财赋·三司户部沿革》，徐规点校，中华书局，2000，第380页）。上述论断，往往出自南宋人为科举策论编订的参考资料（如前述《群书考索》之类），能反映当时普遍认同或流行的政治话语，带有类似"标准答案"的性质，系对三司职权抽象而程式化的"印象"。

枢"这一严重后果，以致北宋晚期乃至南宋朝廷，不得不采取各类措施，以弥补这一缺陷。[1]

　　以上，笔者对三司在北宋行政体系中的角色及其演变进行了总结。最后，拟以北宋后期以户部为中心之理财体制为参照系，对北宋三司财务行政体制之独特性略做归纳、阐述，以期更为全面地理解该体制的历史特点。除了广为称道的长官位望崇高，三司理财之特色更多体现在其职掌运作机制之中。就决策与立法而言，三司与最高决策者——君主的联系较为直接，可不经由宰执，直承君主旨意行遣政务；相比之下，此后的户部，不论左、右曹，均可视为宰相下属之理财机关。就财务计度而言，三司统筹钱物出纳移易之计划，其范围涵盖全国，而尤以京师财务为重；至于户部，则尚不能集中京师钱物计度之权。就财务审核而言，三司总领京师乃至州军财务收支审核，而户部之财务审核权，多归诸比部、太府寺等机构。总的来说，三司财务行政体制在北宋行政系统中的突出特点，可归纳为参与决策的直达性与职掌理财的集中性。而这两方面特点，如前所述，除源于唐中后期财政三司，更多来自五代藩镇财使之制度"遗产"。

1　汪圣铎：《宋朝理财体制由三司到户部的变迁》，《宋辽金史论丛》第 2 辑，第 147~148 页。

参考文献

一　史料

包拯撰，杨国宜校注《包拯集校注》，黄山书社，1999。

毕仲衍撰，马玉臣辑校《〈中书备对〉辑佚校注》，河南大学出版社，2007。

毕仲游:《西台集》，陈斌点校，中州古籍出版社，2005。

不著撰人:《群书会元截江网》，《景印文渊阁四库全书》第934册，台北：台湾商务印书馆，1986。

不著撰人:《州县提纲》，《宋代官箴书五种》，中华书局，2019。

蔡襄:《蔡襄集》，吴以宁点校，上海古籍出版社，1996。

陈傅良:《陈傅良先生文集》，周梦江点校，浙江大学出版社，1999。

陈瓘:《宋忠肃陈了斋四明尊尧集》(简称《四明尊尧集》)，

《四库全书存目丛书》史部第 279 册，齐鲁书社，1996。

陈均编《皇朝编年纲目备要》，许沛藻等点校，中华书局，2006。

陈尚君：《旧五代史新辑会证》，复旦大学出版社，2005。

陈师道：《后山居士文集》，影印宋刻本，上海古籍出版社，1984。

陈师道：《后山谈丛》，李伟国点校，中华书局，2007。

陈舜俞：《都官集》，《宋集珍本丛刊》第 13 册，线装书局，2004 年影印本。

陈襄：《古灵先生文集》，《宋集珍本丛刊》第 8~9 册，线装书局，2004 年影印本。

程俱：《北山小集》，《宋集珍本丛刊》第 33 册，线装书局，2004 年影印本。

董诰等编《全唐文》，中华书局，1983。

杜大珪编，顾宏义、苏贤校证《名臣碑传琬琰集校证》，上海古籍出版社，2021。

杜范：《杜清献公集》，《宋集珍本丛刊》第 78 册，线装书局，2004 年影印本。

杜佑编《通典》，王文锦等点校，中华书局，1988。

范仲淹：《范仲淹全集》，李勇先、王蓉贵校点，四川大学出版社，2002。

高承：《事物纪原》，李果订，金圆、许沛藻点校，中华书局，1989。

龚鼎臣：《东原录》，《全宋笔记》第 8 编第 9 册，大象出版社，2017。

郭茂育、刘继保编著《宋代墓志辑释》，中州古籍出版社，2016。

韩琦：《安阳集》，《宋集珍本丛刊》第 6 册，线装书局，2004 年影印本。

韩琦撰，李之亮、徐正英笺注《安阳集编年笺注》，巴蜀书社，2000。

韩元吉：《南涧甲乙稿》，《丛书集成初编》本，中华书局，1985。

洪迈：《容斋随笔》，孔凡礼点校，中华书局，2005。

黄纯艳、战秀梅编《宋代经济谱录》，甘肃人民出版社，2008。

黄淮、杨士奇编《历代名臣奏议》，影印明永乐内府刊本，台北：学生书局，1963。

黄士毅编，徐时仪、杨艳汇校《朱子语类汇校》，上海古籍出版社，2014。

黄庭坚：《黄庭坚全集》，刘琳、李勇先、王蓉贵点校，四川大学出版社，2001。

黄宗羲编《宋元学案》，全祖望补修，中华书局，1986。

江少虞：《宋朝事实类苑》，上海古籍出版社，1981。

黎靖德编《朱子语类》，王星贤注解，中华书局，1986。

李昉等编《文苑英华》，中华书局，1966。

李觏：《李觏集》，王国轩点校，中华书局，2011。

李林甫等编《唐六典》，陈仲夫点校，中华书局，1992。

李焘：《续资治通鉴长编》，中华书局，2004。

李心传：《建炎以来朝野杂记》，徐规点校，中华书局，2000。

李元弼：《作邑自箴》，《宋代官箴书五种》，中华书局，2019。

林駧编《新笺决科古今源流至论》，元延祐四年圆沙书院刻本，《中华再造善
　　本》第1编，北京图书馆出版社，2005。

刘安世：《尽言集》，《丛书集成初编》本，中华书局，1985。

刘敞：《公是集》，《宋集珍本丛刊》第9册，线装书局，2004年影印本。

刘昫：《旧唐书》，中华书局，1975。

刘挚：《忠肃集》，裴汝诚、陈晓平点校，中华书局，2002。

陆耀遹：《金石续编》，《石刻史料新编》第1辑第5册，台北：新文丰出版公司，
　　1977。

陆贽：《陆贽集》，王素点校，中华书局，2006。

罗振玉：《芒洛冢墓遗文》，《石刻史料新编》第1辑第19册，台北：新文丰出
　　版公司，1977。

罗振玉：《山左冢墓遗文》，《石刻史料新编》第1辑第20册，台北：新文丰出
　　版公司，1977。

吕中编《大事记讲义》，张其凡、白晓霞等点校，上海人民出版社，2014。

吕祖谦编《宋文鉴》，中华书局，1992。

马端临：《文献通考》，上海师范大学古籍研究所、华东师范大学古籍研究所点
　　校，中华书局，2011。

孟元老撰，邓之诚注《东京梦华录注》，中华书局，1982。

欧阳修、宋祁：《新唐书》，中华书局，1975。

欧阳修：《新五代史》，中华书局，1974。

欧阳修：《归田录》，李伟国点校，中华书局，1981。

欧阳修：《欧阳修全集》，李逸安点校，中华书局，2001。

欧阳修撰，李之亮笺注《欧阳修集编年笺注》，巴蜀书社，2007。

潘汝士：《丁晋公谈录（外三种）》，杨倩描、徐立群点校，中华书局，2012。

彭百川：《太平治迹统类》，《景印文渊阁四库全书》第 408 册，台北：台湾商
　　务印书馆，1986。

钱若水等编，范学辉校注《宋太宗实录校注》，中华书局，2013。

沈括：《梦溪笔谈》，中华书局，2015。

沈括著，杨渭生新编《沈括全集》，浙江大学出版社，2011。

释文莹：《湘山野录　续录　玉壶清话》，郑世刚、杨立扬点校，中华书局，
　　1984。

司马光：《书仪》，《丛书集成初编》本，中华书局，1985。

司马光：《资治通鉴》，中华书局，1956。

司马光：《涑水记闻》，邓广铭、张希清点校，中华书局，1989。

司马光：《司马光集》，李文泽、霞绍晖校点，四川大学出版社，2010。

宋敏求编《唐大诏令集》，中华书局，2008。

宋敏求：《春明退朝录》，诚刚点校，中华书局，1980。

苏轼：《苏轼文集》，孔凡礼点校，中华书局，2004。

苏舜钦：《苏舜钦集》，沈文倬校点，上海古籍出版社，1981。

苏颂：《苏魏公文集》，王同策等点校，中华书局，2004。

苏辙：《苏辙集》，陈宏天、高秀芳点校，中华书局，1990。

苏辙：《龙川略志》，俞宗宪点校，中华书局，1982。

孙逢吉：《职官分纪》，《景印文渊阁四库全书》第 923 册，台北：台湾商务印
　　书馆，1986。

田锡：《咸平集》，《宋集珍本丛刊》第 1 册，线装书局，2004 年影印本。

脱脱：《宋史》，中华书局，1985。

王安石：《王安石文集》，刘成国点校，中华书局，2021。

王昶：《金石萃编》，《石刻史料新编》第 1 辑第 3 册，台北：新文丰出版公司，
　　1982。

王偁：《东都事略》，孙言成、崔国光点校，齐鲁书社，2000。

王珪：《华阳集》，《景印文渊阁四库全书》第 1093 册，台北：台湾商务印书馆，

1986。

王明清:《挥麈录》,上海书店出版社,2001。

王鸣盛:《十七史商榷》,黄曙辉点校,上海书店出版社,2005。

王溥:《唐会要》,上海古籍出版社,2006。

王溥:《五代会要》,上海古籍出版社,1978。

王钦若等编《册府元龟》,周勋初等点校,凤凰出版社,2006。

王应麟:《玉海》,影印光绪九年浙江书局刊本,江苏古籍出版社、上海书店,
　　1987。

王栐:《燕翼诒谋录》,诚刚点校,中华书局,1981。

魏泰:《东轩笔录》,李裕民点校,中华书局,1997。

文彦博:《文潞公文集》,《宋集珍本丛刊》第 5 册,线装书局,2004 年影印本。

吴处厚:《青箱杂记》,李裕民点校,中华书局,1985。

吴曾:《能改斋漫录》,中华书局上海编辑所,1960。

谢深甫编《庆元条法事类》,戴建国点校,黑龙江人民出版社,2002。

徐度:《却扫编》,朱凯、姜汉椿整理,《全宋笔记》第 3 编第 10 册,大象出版
　　社,2008。

徐松辑《宋会要辑稿》,刘琳等校点,上海古籍出版社,2014。

徐自明撰,王瑞来校补《宋宰辅编年录校注》,中华书局,1986。

薛居正:《旧五代史》,中华书局,1976。

杨亿:《武夷新集》,《宋集珍本丛刊》第 2 册,线装书局,2004 年影印本。

叶梦得:《石林燕语》,宇文绍奕考异,侯忠义点校,另附汪应辰《石林燕语
　　辨》,中华书局,1984。

佚名编《宋大诏令集》,司义祖整理,中华书局,1962。

余靖:《武溪集》,《宋集珍本丛刊》第 3 册,线装书局,2004 年影印本。

元稹:《元稹集》,冀勤点校,中华书局,2010。

乐史:《太平寰宇记》,王文楚点校,中华书局,2008。

张方平:《乐全先生文集》,《宋集珍本丛刊》第 5 册,线装书局,2004 年影印本。

张方平:《张方平集》,郑涵点校,中州古籍出版社,1992。

章如愚:《群书考索》,影印明正德刻本,广陵书社,2008。

赵汝愚编《宋朝诸臣奏议》，北京大学中国中古史研究中心校点整理，上海古籍出版社，1999。

曾巩：《曾巩集》，陈杏珍、曹继周点校，中华书局，1984。

曾枣庄、刘琳编《全宋文》，上海辞书出版社、安徽教育出版社，2006。

郑侠：《西塘先生文集》，《宋集珍本丛刊》第24册，线装书局，2004年影印本。

郑獬：《郧溪集》，《宋集珍本丛刊》第15册，线装书局，2004年影印本。

周阿根：《五代墓志汇考》，黄山书社，2012。

周密：《齐东野语》，张茂鹏点校，中华书局，1983。

周勋初主编《宋人轶事汇编》，上海古籍出版社，2014。

朱熹：《八朝名臣言行录》，李伟国点校，《朱子全书（修订本）》，上海古籍出版社、安徽教育出版社，2010。

朱易安、傅璇琮主编《全宋笔记》第1~6编，大象出版社，2003~2013。

《宝庆四明志》,《宋元方志丛刊》第5册，中华书局，1990。

《淳熙三山志》,《宋元方志丛刊》第8册，中华书局，1990。

《嘉定赤城志》,《宋元方志丛刊》第7册，中华书局，1990。

二　中文论著

（一）著作

包伟民：《传统国家与社会：960~1279年》，商务印书馆，2009。

包伟民：《宋代城市研究》，中华书局，2014。

包伟民：《宋代地方财政史研究》，上海古籍出版社，2001。

曹家齐：《宋代交通管理制度研究》，河南人民出版社，2002。

陈明光：《汉唐财政史论》，岳麓书社，2003。

陈明光：《唐代财政史新编》，中国财政经济出版社，1991。

陈瑞青：《黑水城宋代军政文书研究》，知识产权出版社，2014。

陈衍德、杨权：《唐代盐政》，三秦出版社，1990。

陈寅恪：《金明馆丛稿初编》，三联书店，2001。

陈寅恪：《唐代政治史述论稿》，三联书店，2001。

陈志坚:《唐代州郡制度研究》,上海古籍出版社,2005。

陈智超:《解开〈宋会要〉之谜》,社会科学文献出版社,1995。

程龙:《北宋粮食筹措与边防——以华北战区为例》,商务印书馆,2012。

程龙:《北宋西北战区粮食补给地理》,社会科学文献出版社,2006。

程民生:《宋代地域经济》,河南人民出版社,1992。

程民生:《宋代人口问题考察》,河南人民出版社,2013。

程民生:《宋代物价研究》,人民出版社,2008。

戴建国:《宋代刑法史研究》,上海人民出版社,2008。

戴建国:《唐宋变革时期的法律与社会》,上海古籍出版社,2010。

戴扬本:《北宋转运使考述》,上海古籍出版社,2007。

戴裔煊:《宋代钞盐制度研究》,中华书局,1981。

邓广铭:《北宋政治改革家王安石》,三联书店,2007。

邓广铭:《邓广铭学术论著自选集》,首都师范大学出版社,1994。

邓广铭:《邓广铭治史丛稿》,北京大学出版社,1997。

邓小南、曹家齐、平田茂树主编《文书·政令·信息沟通——以唐宋时期为
　　主》,北京大学出版社,2011。

邓小南:《祖宗之法——北宋前期政治述略（修订版）》,三联书店,2014。

习培俊:《两宋国家与地方社会研究》,中国社会科学出版社,2021。

董春林:《宋代内藏财政研究》,中国社会科学出版社,2019。

冻国栋:《唐代的商品经济与经营管理》,武汉大学出版社,1990。

冻国栋:《中国中古经济与社会史论稿》,湖北教育出版社,2005。

杜文玉:《五代十国制度研究》,人民出版社,2006。

方宝璋:《宋代财经监督研究》,中国审计出版社,2001。

傅宗文:《宋代草市镇研究》,福建人民出版社,1989。

高聪明:《宋代货币与货币流通研究》,河北大学出版社,2000。

葛承雍:《唐代国库制度研究》,三秦出版社,1990。

葛金芳:《两宋社会经济研究》,天津古籍出版社,2010。

葛金芳:《唐宋变革期研究》,湖北人民出版社,2004。

耿元骊:《唐宋土地制度与政策演变研究》,商务印书馆,2012。

郭正忠:《两宋城乡商品货币经济考略》,经济管理出版社,1997。

郭正忠:《三至十四世纪中国的权衡度量》,中国社会科学出版社,1993。

郭正忠:《宋代盐业经济史》,人民出版社,1990。

韩茂莉:《宋代农业地理》,山西古籍出版社,1993。

何冠环:《宋初朋党与太平兴国三年进士》,中华书局,1994。

何汝泉:《唐财政三司使研究》,中华书局,2013。

何忠礼:《科举与宋代社会》,商务印书馆,2006。

胡如雷:《隋唐五代社会经济史论稿》,中国社会科学出版社,1996。

黄纯艳:《宋代财政史》,云南大学出版社,2013。

黄纯艳:《宋代茶法研究》,云南大学出版社,2002。

黄纯艳:《宋代海外贸易》,社会科学文献出版社,2003。

黄纯艳:《唐宋政治经济史论稿》,甘肃人民出版社,2009。

黄惠贤、陈锋主编《中国俸禄制度史》,武汉大学出版社,1996。

黄仁宇:《十六世纪明代中国的财政与税收》,阿风译,三联书店,2001。

黄正建主编《天圣令与唐宋制度研究》,中国社会科学出版社,2011。

黄正建主编《中晚唐社会与政治研究》,中国社会科学出版社,2006。

吉成名:《宋代食盐产地研究》,巴蜀书社,2009。

贾志刚:《唐代军费问题研究》,中国社会科学出版社,2006。

姜锡东:《宋代商人和商业资本》,中华书局,2002。

雷家圣:《宋代监当官体系之研究》,新北:花木兰文化出版社,2009。

李碧妍:《危机与重构:唐帝国及其地方诸侯》,北京师范大学出版社,2015。

李伯重:《理论、方法、发展趋势——中国经济史研究新探》,清华大学出版社,2002。

李伯重:《唐代江南农业的发展》,北京大学出版社,2009。

李昌宪:《五代两宋时期政治制度研究》,三联书店,2013。

李昌宪:《中国行政区划通史(宋西夏卷)》,复旦大学出版社,2007。

李华瑞:《宋代酒的生产和征榷》,河北大学出版社,1995。

李华瑞:《宋代救荒史稿》,天津古籍出版社,2013。

李华瑞:《宋夏关系史》,中国人民大学出版社,2010。

李华瑞:《王安石变法研究史》,人民出版社,2004。

李金水:《王安石经济变法研究》,福建人民出版社,2007。

李锦绣:《唐代财政史稿》,北京大学出版社,2001。

李锦绣:《唐代制度史略论稿》,中国政法大学出版社,1998。

李景寿:《宋代商税问题研究》,云南大学出版社,2005。

李全德:《唐宋变革期枢密院研究》,国家图书馆出版社,2009。

李埏:《不自小斋文存》,云南人民出版社,2001。

李伟国:《宋代财政和文献考论》,上海古籍出版社,2007。

李晓:《宋朝政府购买制度研究》,上海人民出版社,2007。

郦家驹:《宋代土地制度史》,中国社会科学出版社,2015。

梁方仲:《中国经济史讲稿》,中华书局,2008。

梁方仲:《中国历代户口、田地、田赋统计》,中华书局,2008。

梁庚尧:《宋代社会经济史论集》(上、下),台北:允晨文化实业股份有限公
　　司,1997。

梁太济、包伟民:《〈宋史食货志〉补正》,中华书局,2008。

梁太济:《两宋阶级关系的若干问题》,河北大学出版社,1998。

林文勋、黄纯艳:《中国古代专卖制度与商品经济》,云南大学出版社,2003。

刘后滨:《唐代中书门下体制研究》,齐鲁书社,2004。

刘静贞:《皇帝和他们的权力:北宋前期》,台北:稻乡出版社,1996。

刘志伟:《贡赋体制与市场——明清社会经济史论稿》,中华书局,2019。

卢向前:《唐代政治经济史综论》,商务印书馆,2012。

苗书梅:《宋代官员选任与管理研究》,河北大学出版社,1996。

宁志新:《隋唐使职制度研究》,中华书局,2005。

裴汝诚:《半粟集》,河北大学出版社,2000。

漆侠:《宋代经济史》,中华书局,2009。

漆侠:《王安石变法》,《漆侠全集》第2卷,河北大学出版社,2009。

乔幼梅:《宋辽夏金经济史研究》,上海古籍出版社,2015。

全汉昇:《中国经济史研究》,中华书局,2011。

任爽编《十国典制考》,中华书局,2004。

任爽主编，赵旭副主编《五代典制考》，中华书局，2007。

史继刚：《宋代军用物资保障研究》，西南财经大学出版社，2000。

宋家钰：《唐朝户籍法与均田制研究》，中州古籍出版社，1988。

孙洪升：《唐宋茶业经济》，社会科学文献出版社，2001。

孙继民：《俄藏黑水城所出〈宋西北边境军政文书〉整理与研究》，中华书局，2009。

唐长孺：《山居存稿》，中华书局，2011。

汪圣铎：《两宋财政史》，中华书局，1995。

汪圣铎：《两宋货币史》，社会科学文献出版社，2003。

汪圣铎：《宋代社会生活研究》，人民出版社，2007。

王化雨：《面圣：宋代奏对活动研究》，三联书店，2019。

王菱菱：《宋代矿冶业研究》，河北大学出版社，2005。

王永兴：《陈门问学丛稿》，江西人民出版社，1993。

王永兴：《唐勾检制研究》，上海古籍出版社，1991。

王云海：《〈宋会要辑稿〉考校》，河南大学出版社，2008。

王曾瑜：《涓埃编》，河北大学出版社，2008。

王曾瑜：《宋朝阶级结构》，中国人民大学出版社，2010。

王曾瑜：《宋朝军制初探》，中华书局，2011。

王曾瑜：《锱铢编》，河北大学出版社，2006。

魏天安：《宋代官营经济史》，人民出版社，2011。

魏天安：《宋代行会制度史》，东方出版社，1997。

吴树国：《承续与变迁：唐宋之际的田税》，社会科学文献出版社，2021。

吴松弟：《中国人口史·辽宋金元时期》，复旦大学出版社，2005。

吴宗国编《盛唐政治制度研究》，上海辞书出版社，2003。

严耕望：《唐史研究丛稿》，香港：新亚研究所，1969。

杨文新：《宋代市舶司研究》，厦门大学出版社，2013。

杨宇勋：《先公庾后私家——宋朝赈灾措施及其官民关系》，台北：华品文创出版股份有限公司，2013。

叶坦：《大变法》，三联书店，1996。

张达志：《唐代后期藩镇与州之关系研究》，中国社会科学出版社，2011。

张复华：《宋神宗元丰改制之研究》，台北：中研院三民主义研究所，1988。

张弓：《唐代仓廪制度研究》，中华书局，1986。

张国刚：《唐代藩镇研究》，中国人民大学出版社，2010。

张家驹：《张家驹史学文存》，上海人民出版社，2010。

张其凡：《宋初政治探研》，暨南大学出版社，1995。

张维玲：《从天书时代到古文运动：北宋前期的政治过程》，台北：台大出版中心，2021。

张勇：《宋代淮南地区经济开发若干问题研究》，中国社会科学出版社，2019。

张泽咸：《唐五代赋役史草》，中华书局，1986。

赵冬梅：《文武之间：北宋武选官研究》，北京大学出版社，2010。

赵晶：《〈天圣令〉与唐宋法制考论》，上海古籍出版社，2014。

郑学檬：《五代十国史研究》，上海人民出版社，1991。

郑学檬：《中国古代经济重心南移和唐宋江南经济研究》，岳麓书社，2003。

周宝珠：《宋代东京研究》，河南大学出版社，1992。

周佳：《北宋中央日常政务运行研究》，中华书局，2015。

朱瑞熙：《中国政治制度通史·宋代卷》，社会科学文献出版社，2011。

〔日〕池田温：《唐研究论文选集》，孙晓林等译，中国社会科学出版社，1999。

〔日〕池田温：《中国古代籍帐研究》，龚泽铣译，中华书局，2007。

〔日〕池泽滋子：《丁谓研究》，巴蜀书社，1998。

〔日〕吉冈义信：《宋代黄河史研究》，薛华译，黄河水利出版社，2013。

〔日〕加藤繁：《唐宋时代金银之研究》，中华书局，2006。

〔日〕加藤繁：《中国经济史考证》第 1 册，吴杰译，商务印书馆，1959。

〔日〕加藤繁：《中国经济史考证》第 2 册，吴杰译，商务印书馆，1959。

〔日〕久保田和男：《宋代开封研究》，郭万平译，上海古籍出版社，2010。

〔日〕平田茂树、远藤隆俊、冈元司编《宋代社会的空间与交流》，河南大学出版社，2008。

〔日〕平田茂树：《宋代政治结构研究》，林松涛等译，上海古籍出版社，2010。

〔日〕斯波义信：《宋代江南经济史研究》，方健、何忠礼译，江苏人民出版社，

2001。

〔日〕斯波义信:《宋代商业史研究》,庄景辉译,台北:稻禾出版社,1997。

〔日〕寺地遵:《南宋初期政治史研究》,刘静贞、李今芸译,台北:稻禾出版社,1995。

〔日〕衣川强:《宋代文官俸给制度》,郑樑生译,台北:台湾商务印书馆,1977。

〔日〕竺沙雅章:《宋朝的太祖与太宗——变革时期的帝王》,方建新译,浙江大学出版社,2006。

〔英〕杜希德:《唐代财政》,丁俊译,中西书局,2016。

〔新〕王赓武:《五代时期北方中国的权力结构》,胡耀飞、尹承译,中西书局,2014。

〔美〕韩明士（Robert P. Hymes）、谢康伦（Conrad Schirokauer）编《为世界排序——宋代的国家与社会》,刘云军译,九州出版社,2022。

〔美〕万志英（Richard von Glahn）:《剑桥中国经济史》,崔传刚译,中国人民大学出版社,2018。

（二）论文

安国楼:《论北宋三司的财会管理》,张德宗主编《河南大学研究生论丛》第2辑,河南大学出版社,1988。

包伟民:《宋代的上供正赋》,《浙江大学学报》2001年第1期。

陈明光:《"检田定税"与"税输办集"——五代时期中央与地方的财权关系论稿之一》,《中国社会经济史研究》2009年第3期。

陈明光:《从唐朝后期的"省司钱物"到五代的"系省钱物"——五代财政管理体制演变探微》,武汉大学中国三至九世纪研究所编《魏晋南北朝隋唐史资料》第30辑,上海古籍出版社,2014。

陈明光:《五代财政中枢管理体制演变考论》,《中华文史论丛》2010年第3期。

陈衍德:《唐代专卖收入初探》,《中国经济史研究》1988年第1期。

陈扬:《北宋帐籍与会计录制度浅析》,《甘肃理论学刊》2012年第1期。

程民生:《论北宋财政的特点与积贫的假象》,《中国史研究》1984年第3期。

崔玉谦:《北宋天禧元年三司使马元方离任始末考论——兼论内藏库与计司之间的矛盾冲突》,姜锡东主编《宋史研究论丛》第 21 辑,科学出版社,2018。

崔玉谦:《北宋神宗、哲宗、徽宗三朝诸皇帝年号财库设置考论》,姜锡东等主编《宋史研究论丛》第 24 辑,科学出版社,2019。

戴建国:《宋代籍帐制度探析》,《历史研究》2007 年第 3 期。

戴静华:《宋代商税制度简述》,收入邓广铭、程应镠编《宋史研究论文集》,上海古籍出版社,1982。

刁培俊:《当代中国学者关于宋朝职役制度研究的回顾与展望》,《汉学研究通讯》第 87 期,2002。

丁义珏:《北宋覆奏制度述论》,《中华文史论丛》2013 年第 4 期。

丁义珏:《论北宋仁宗朝的“内降”——制度、政治与叙事》,台湾《汉学研究》2012 年第 4 期。

董春林:《财政与皇权的互动——北宋内藏库运作机制之演变》,《南都学刊》2010 年第 3 期。

董恩林:《五代中央财政体制考述》,《湖北大学学报》1986 年第 2 期。

范学辉:《三司使与宋初政治》,姜锡东等主编《宋史研究论丛》第 6 辑,河北大学出版社,2005。

范学辉:《论北宋的封桩缺额禁军钱制度》,《史学月刊》2001 年第 3 期。

方宝璋:《宋代审计机构若干史实之考证——兼与肖建新先生商榷》,《中国史研究》2002 年第 1 期。

方宝璋:《宋代通判在财经上的监督》,《辽宁大学学报》1995 年第 2 期。

冯培红:《唐五代归义军军资库司初探》,《敦煌学辑刊》1998 年第 1 期。

傅礼白:《北宋三司使的性质与相权问题》,《山东大学学报》1991 年第 1 期。

高聪明:《从“羡余”看北宋中央与地方财政关系》,《中国史研究》1997 年第 4 期。

高聪明:《论南宋财政岁入及其与北宋岁入之差异》,《河北学刊》1996 年第 1 期。

葛金芳、金强:《北宋制置三司条例司考述》,《江西广播电视大学学报》2000 年第 3 期。

葛绍欧:《北宋之三司使》,《食货月刊(复刊)》第 8 卷 3、4 期,1978。

古丽巍:《变革下的日常——北宋熙宁时期的理政之道》,《文史》2016 年第 3 辑。

古丽巍:《何以"有为"？——论北宋神宗朝"大有为"之政》，邓小南主编《宋史研究诸层面》，北京大学出版社，2020。

顾吉辰:《论宋太祖集中财权》,《学术月刊》1991 年第 5 期。

胡如雷:《唐宋时期中国封建社会的巨大变革》,《史学月刊》1960 年第 7 期。

黄纯艳:《经济制度变迁与唐宋变革》,《文史哲》2005 年第 1 期。

黄纯艳:《总量分配到税权分配：王安石变法的财权分配体制变革》,《北京大学学报》2020 年第 5 期。

冀小斌:《北宋积贫新解——试论"国用不足"与王安石新法之争》，周质平、Willard J.Peterson 主编《国史浮海开新录——余英时教授荣退论文集》，台北：联经出版事业股份有限公司，2002。

雷家圣:《理想兵制的困境——宋神宗时期"保甲法"再探讨》,《河南大学学报》2001 年第 6 期。

李华瑞:《试论宋代工商业税收中的祖额》,《中国经济史研究》1999 年第 2 期。

李军:《五代三司使考述》,《人文杂志》2003 年第 5 期。

李立:《宋代政治制度史研究方法论批判》，包伟民主编《宋代制度史研究百年（1900~2000）》，商务印书馆，2004。

李伟国:《论宋代内库的地位和作用》，原载《宋辽金史论丛》第 1 辑，中华书局，1985，收入氏著《宋代财政与文献考论》。

梁庚尧:《市易法述》，氏著《宋代社会经济史论集》上册，台北：允晨文化，1996。

廖寅:《宋代的公吏与"公吏世界"新论》,《史学月刊》2021 年第 12 期。

刘光临、关棨匀:《唐宋变革与宋代财政国家》,《中国经济史研究》2021 年第 2 期。

刘后滨:《"正名"与"正实"——从元丰改制看宋人的三省制理念》,《北京大学学报》2011 年第 2 期。

苗书梅:《宋代军资库初探》,《河南大学学报》1996 年第 6 期。

苗书梅:《宋代通判及其主要职能》,《河北学刊》1990 年第 5 期。

聂文华:《〈文献通考〉所引"止斋陈氏曰"即〈建隆编〉佚文考》,《中国典籍与文化》2015 年第 3 期。

裴海燕:《北宋宦官参预经济活动述略》,《河北大学学报》1998 年第 4 期。

钱穆:《论宋代相权》,宋史座谈会编集《宋史研究集》,"国立"编译馆"中华丛书"编审委员会,1958。

孙彩红、陈明光:《唐宋财赋"上供、留使、留州"制度的异同》,《安徽师范大学学报》2004 年第 6 期。

孙朋朋:《北宋前期三司权力与地位演变及其政治意涵》,河南大学"西园研史"首届唐宋史青年学者论坛论文,2021。

田志光:《北宋前期中书宰辅在政令颁行中的权力运作》,《河南大学学报》2013 年第 3 期。

汪圣铎、冯红:《旁:宋代的一种官文书》,《河北学刊》2010 年第 3 期。

汪圣铎:《宋朝理财体制由三司到户部的变迁》,中国社会科学院历史研究所宋辽金元研究室编《宋辽金史论丛》第 2 辑,中华书局,1991。

汪圣铎:《宋代的官营便钱》,《中国社会经济史研究》1982 年第 1 期。

汪圣铎:《宋粮料院考》,《文史》2005 年第 1 辑。

王化雨:《"进呈取旨":从御前决策看宋代君主与宰辅的关系》,《四川师范大学学报》2012 年第 1 期。

王化雨:《宋代视朝活动探研:以时间和班次为中心》,姜锡东主编《宋史研究论丛》第 14 辑,河北大学出版社,2013。

王瑞来:《论宋代相权》,《历史研究》1985 年第 2 期。

王晓薇:《宋仁宗朝缓解财政危机的失败》,《河北学刊》2001 年第 5 期。

王育济:《"乾德二诏令"求是》,《文史哲》1991 年第 4 期。

王曾瑜:《北宋系省、封桩与无额上供钱物述略》,《中国经济史研究》2018 年第 6 期。

吴丽娱:《论唐代财政三司的形成发展及其与中央集权制的关系》,《中华文史论丛》1986 年第 1 期。

吴同:《北宋汴河、淮南运河的通航能力与漕粮定额》,《中国经济史研究》2020 年第 5 期。

肖建新:《宋朝审计机构的演变》,《中国史研究》2000 年第 2 期。

肖建新:《宋代审计三论》,《史学月刊》2002 年第 1 期。

闫建飞:《宋初"制其钱谷"之背景及措施》,《史学月刊》2021 年第 11 期。

杨帆:《熙宁七年三司大火考论》,姜锡东主编《宋史研究论丛》第 27 辑,科学出版社,2020。

杨倩描:《从"系省钱物"的演变看宋代国家正常预算的基本模式》,《河北学刊》1988 年第 4 期。

杨倩描:《宋初三司左右计体制初探》,河北师范学院历史系编《中国古史论丛》,河北教育出版社,1995。

杨倩描:《唐宋时期的三司体制述论》,《河北师院学报》1990 年第 4 期。

杨倩描:《北宋的财务行政管理》,《中国经济史研究》1988 年第 1 期。

俞菁慧、雷博:《北宋熙宁青苗借贷及其经义论辩——以王安石〈周礼〉学为线索》,《历史研究》2016 年第 2 期。

张家驹:《赵匡胤论》,《历史研究》1958 年第 6 期。

张其凡:《三司·台谏·中书事权——宋初中书事权再探》,《暨南学报》1987 年第 3 期。

郑寿彭:《宋代三司之研究(上、中、下)》,《现代学苑》1973 年第 8、9、10 期。

周佳:《北宋前期日朝的形成与运行》,《中国史研究》2013 年第 2 期。

周建明:《论北宋漕运》,《中国社会经济史研究》2000 年第 2 期。

张呈忠:《从〈管子·轻重〉到〈周官·泉府〉——论王安石理财思想的形成》,《管子学刊》2017 年第 3 期。

张呈忠:《元丰时代的皇帝、官僚与百姓——以"京东铁马、福建茶盐"为中心的讨论》,《社会科学》2017 年第 8 期。

朱义群:《熙宁初年"以理财为先务"新探》,未刊稿。

〔法〕蓝克利:《礼仪、空间与财政——11 世纪中国的主权重组》,顾良译,《法国汉学》第 3 辑,清华大学出版社,1998。

〔日〕宫崎市定:《东洋的近世》,收入刘俊文主编,黄约瑟译《日本学者研究中国史论著选译》第一卷《通论》,中华书局,1992。

〔日〕宫泽知之:《宋代的价格和市场》,收入近藤一成主编《宋元史学的基本问题》,中华书局,2010。

〔日〕宫泽知之:《北宋的财政与货币经济》,张北译,收入刘俊文主编《日本中青年学者论中国史·宋元明清卷》,上海古籍出版社,1995。

〔日〕内藤湖南:《概括的唐宋时代观》,收入刘俊文主编,黄约瑟译《日本学
　　者研究中国史论著选译》第一卷《通论》,中华书局,1992。

〔日〕藤田丰八:《宋代市舶司与市舶条例》,载氏著《中国南海古代交通丛
　　考》,魏重庆译,山西人民出版社,2015。

(三)学位论文

1. 硕士学位论文

陈克双:《熙丰时期的中书检正官——兼谈北宋前期的宰属》,硕士学位论文,
　　北京大学,2007。

陈曦:《宋代帐籍法研究》,硕士学位论文,山东大学,2013。

高磊:《宋代〈会计录〉研究》,硕士学位论文,河北大学,2011。

黄亚娟:《北宋三司使研究》,硕士学位论文,河南大学,2006。

李义琼:《北宋前中叶财政体制的变迁》,硕士学位论文,云南大学,2010。

罗祎楠:《论元丰三省政务运作分层机制的形成》,硕士学位论文,清华大学,
　　2005。

吕金龙:《北宋减省冗官支费研究》,硕士学位论文,东北师范大学,2014。

彭向前:《唐末五代宋初中央财权集中的历史轨迹》,硕士学位论文,河北大
　　学,2001。

任仁仁:《北宋嘉祐、治平年间理财思潮研究》,硕士学位论文,华东师范大
　　学,2013。

王晓斌:《制置三司条例司与熙丰变法时期的司农寺研究》,硕士学位论文,陕
　　西师范大学,2001。

王晓薇:《从庆历新政到熙宁变法——两次变法之间的北宋政治研究》,硕士学位
　　论文,河北大学,2001。

王燕萍:《宋代官员俸禄支给手续新探》,硕士学位论文,中山大学,2012。

谢婷:《北宋前期三司组织机构和长官出身研究》,硕士学位论文,北京大学,
　　2013。

张小平:《陈恕年谱》,硕士学位论文,陕西师范大学,2005。

张亦冰:《宋代官员俸禄勘给程序研究——以财务文书为中心》,硕士学位论

文，中国人民大学，2013。

周曲洋:《禁中须索与北宋内廷财政》，硕士学位论文，中国人民大学，2013。

2. 博士学位论文

陈扬:《北宋中后期中央计司管理体制研究》，博士学位论文，中国人民大学，2012。

丁义珏:《北宋前期的宦官——立足制度史的考察》，博士学位论文，北京大学，2013。

古丽巍:《宋神宗元丰之政的形成与展开》，博士学位论文，北京大学，2011。

郭艳:《宋代物质赏赐研究》，博士学位论文，河南大学，2010。

郭志安:《北宋黄河中下游治理若干问题研究》，博士学位论文，河北大学，2007。

贾明杰:《北宋三司若干问题研究》，博士学位论文，河北大学，2017。

贾启红:《宋代军事后勤若干问题研究》，博士学位论文，河北大学，2015。

申斌:《赋役全书的形成——明清中央集权财政体制的预算基础》，博士学位论文，北京大学，2018。

王化雨:《宋朝君主的信息渠道》，博士学位论文，北京大学，2008。

王孙盈政:《唐代后期的尚书省研究》，博士学位论文，浙江大学，2011。

闫建飞:《唐末五代宋初北方藩镇州郡化研究（874~997）》，博士学位论文，北京大学，2017。

杨帆:《宋代县级财政研究》，博士学位论文，河北大学，2014。

杨芳:《宋代仓廪制度研究》，博士学位论文，首都师范大学，2011。

余蔚:《宋代地方行政制度研究》，博士学位论文，复旦大学，2004。

张维玲:《经典诠释与权力竞逐：北宋前期"太平"的形塑与解构（960~1069）》，博士学位论文，台湾大学，2015。

张卫忠:《江南士人与北宋前期政治》，博士学位论文，北京大学，2013。

张祎:《制诏敕劄与北宋的政令颁行》，博士学位论文，北京大学，2009。

（四）研究综述与书评

包伟民主编《宋代制度史研究百年（1900~2000）》，商务印书馆，2004。

邓小南:《走向"活"的制度史——以宋代官僚政治制度史研究为例的点滴思考》,《浙江学刊》2003 年第 3 期。

宫泽知之:《唐宋社会变革论》,《中国史研究动态》1999 年第 6 期。

胡戟主编《二十世纪唐研究》,中国社会科学出版社,2002。

黄宽重:《从活的制度史迈向新的政治史——综论宋代政治史研究趋向》,《中国史研究》2009 年第 4 期。

李华瑞:《唐宋变革论的由来和发展》,天津古籍出版社,2010。

柳立言:《何谓"唐宋变革"》,《中华文史论丛》2006 年第 1 期,收入氏著《宋代的家庭和法律》,上海古籍出版社,2008。

魏莹莹:《宋代三司制度研究 15 年（2000~2015）述评》,《决策与信息》（下旬刊）2015 年第 7 期。

杨世利、尚平:《宋代中枢权力研究综述》,《中国史研究动态》1998 年第 1 期。

张广达:《内藤湖南的唐宋变革说及其影响》,荣新江主编《唐研究》第 11 卷,北京大学出版社,2005。

朱瑞熙、程郁编《宋史研究》,福建人民出版社,2006。

（五）社科领域相关论著

〔英〕安德鲁·海伍德（Andrew Heywood）:《政治学核心概念》,吴勇译,天津人民出版社,2008。

陈共:《财政学》,中国人民大学出版社,2009。

陆连超:《新财政史:解读欧洲历史的新视角》,《天津师范大学学报》2008 年第 4 期。

马骏:《治国与理财:公共预算与国家建设》,三联书店,2011。

谢斌主编《行政管理学》第 2 版,中国政法大学出版社,2014。

尹文敬:《财政学》,商务印书馆,1935。

周飞舟:《以利为利:财政关系与地方政府行为》,三联书店,2012。

（六）工具书与数据库

昌彼得、王德毅:《宋人传记资料索引》,鼎文书局,1984。

方建新：《二十世纪宋史研究论著目录》，北京图书馆出版社，2006。

龚延明编著《宋代官制辞典》，中华书局，1997。

李之亮：《宋代京朝官通考》第 2 册，巴蜀书社，2003。

汪圣铎编《两宋货币史料汇编》，中华书局，2004。

三　外文论著

板橋眞一「北宋前期の資格論と財政官僚」『東洋史研究』第 40 巻第 2 号、
　　1991。

船越泰次『唐代両税法研究』汲古書院、1996。

島居一康『宋代財政構造の研究』汲古書院、2012。

渡辺信一郎『中国古代の財政と国家』汲古書院、2010。

宮澤知之『宋代社会経済史論集』汲古書院、2022。

宮崎聖明「北宋の三司使・戸部尚書の人事と経歴」『北大史学』第 38 期、
　　1998。

宮崎聖明「北宋の中書と三司の統摂関係について」『史朋』2002 年 3 月。

宮崎聖明『宋代官僚制度の研究』北海道大学出版会、2010。

見城光威「宋初の三司について―宋初政権の一側面」『集刊東洋学』第 86 期、
　　東北大学中国文史哲研究会、2001。

礪波護『唐代政治社会史研究』第一部「唐宋の変革と使職」第一章「三司使
　　の成立について」同朋舎（東洋学研究輯刊）、1986。

梅原郁『宋代官僚制度研究』同朋舎、1985。

日野開三郎「唐代藩鎮の支配体制」『日野開三郎東洋史学論集』第一巻、
　　三一書房、1980。

小林隆道「北宋における路の行政化―元豊帳法の成立中心に」氏著『宋代中
　　国の地方統治と情報伝達』、早稲田大学博士論文、2010。

小林隆道「北宋前期における財政文書管理―三司火災による文書消失とその復
　　旧過程考察から」氏著『宋代中国の地方統治と情報伝達』、早稲田大学博
　　士論文、2010。

小岩井弘光『宋代兵制史の研究』汲古書院、1998。

曽我部静雄『宋代財政史』大安株式会社、1966。

周藤吉之「北宋における三司の興廃」原載『駒沢史学』13、1966、氏著『宋代史研究』東洋文庫、1969。

周藤吉之「北宋の三司の性格」原載『法政史学』18、1965、氏著『宋代史研究』東洋文庫、1969。

周藤吉之「五代節度使の支配体制—特に宋代職役との関連に於いて」原載『史学雑誌』第 61 編第 4、6 号、1953、氏著『宋代経済史研究』東京大学出版会、1962。

Robert M. Hartwell, "Financial Expertise, Examinations, and the Formulation of Economic Policy in Northern Sung China," *The Journal of Asian Studies*, Vol. 30, No.2 (Feb, 1971), pp. 281−314.

后　记

　　本书是在本人博士学位论文基础上修改、增补而成的。修改过程中，聚焦的具体议题与研究落脚点有较多调整，其中对三司官员选任、迁转模式的关注，对三司、中书门下政务分层机制与权能关系的讨论，对熙宁、元丰时期三司与朝廷钱物管理机制的考察，以及对上供立额意义的认识，大体反映了博士毕业后的新思考。但回头翻阅六年前写就的博论"致谢"，当时立下的许多研究目标仍未实现，颇觉惭愧。

　　本项研究，缘起于硕士阶段的"中国古代政治制度研究"课程。刘后滨老师指导大家研读"仪凤三年度支奏抄"，结合大津透、李锦绣等学者的研究，分析唐前期律令制下中央财计的运作机制。作为宋史专业的研究生，对于相关制度的后续演化进程，特别是在宋代的情况，颇感疑惑。自高中以来，通史教材无不言北宋以三司掌财权，乃至将其视为宋代专制王朝分权机制的重要发明，但如此重要的机构，其

"财权"内涵究竟为何？怎样体现，又如何落实？其与"支度国用"体制有何差异？这些是我和师友讨论甚久而难得确解的问题，也是此项研究最大的"内驱力"。遗憾的是，书稿虽然付梓，但学生时代关心的问题并没有得到充分解答。特别是关于熙、丰新政时期三司角色的调整，以及元丰改制后罢废三司后中央理财体制如何演化，本是题中应有之义，但因相关问题与北宋后期乃至南宋财政管理体制牵涉较多，需要进行长时段观察，本人又过于疏懒，具体研究只得暂付阙如，留待日后。因此，眼下的这本小书，只能算是阶段性思考的结集，实在称不上让自己满意的答卷。

攻读博士学位，是学者"被动训练"的最后阶段。在此期间，能在北大从邓小南老师问学，无疑是我的幸运。由于本人的愚钝和惰性，对于邓师的耳提面命，实不敢保证完全落实，但确实改变了我的为学与处事方式。值得一提的是，除了学术研究方面的具体指导，邓师特别重视发现、解决问题的"办法""路径"，强调啃硬骨头，狭路相逢勇者胜的坚韧精神，这不但鞭策我勤奋向学，更将激励我奋勇应对生活、工作中的困难。

求学过程中，邓师经常鼓励我们结合各自研究方向转益多师，并尽一切努力为同学们问学方家提供机会。邓师曾利用宋史读书课与贵阳孔学堂研习营，先后邀请黄宽重、刘静贞、刘光临、郑嘉励等老师，指导我们研读不同领域论著及墓志、族谱等多种类型史料，开阔了大家的研究思路。在本人综合考试、开题、答辩等培养阶段，邓师延请王小甫、张帆、赵冬梅、叶炜、史睿、李华瑞等老师参与指导，老师们对论文的切实批评与建议，成为书稿修订的重要动力。值得一提的是，在北大国学研究院学习期间，严文明、袁行霈、楼宇烈、蒋绍愚、阎步克等诸位先生，不顾年事已高，坚持为我们开设课程，听取各专业论文汇报，提示思路，指导写作方法；国学院班主任李四龙老师、社科处耿琴老师，不辞辛苦地延请名师、组织考察，对我们的学术训练、处事能力多加提点。先生们对于学术品质的执着，对于学术事业的坚守，使我们在精神上获得了宝贵的财富。

如果说北大的湖光塔影是学子们的梦想所在，那么人大则给予了我求学异乡最初的温暖。倘若没有人大老师、同学那些年对我的宽容、帮助，我在生活、学习中，仍将充满幼稚与冲动。感谢我的硕士导师包伟民老师，是他帮助我打下宋史学习的基础，并在此后学习、工作中对我多加鼓励。感谢刘后滨老师，正是本科阶段刘老师指导我整理北京地区出土唐人墓志，使我逐渐形成了对唐宋历史的兴趣。感谢孟宪实、李晓菊、刘新光、皮庆生、李全德、邱靖嘉、王静、方玉萍等老师，他们对我的学习、生活提供了多方面的指导和鼓励。2017年入职母校后，我经历了由学生向教师的身份转变，科研考核与行政庶务曾一度让我颇感焦虑。感谢学院领导与师友在"职业磨合期"给予我充分的信任与帮助。教学是我的首要工作，备课授课、研讨习作的过程中，同学们的敏锐思考时常予我启发，也刺激我了解原本并不熟悉的材料与议题，大大拓展了我的研究视野，使我得享教学相长之乐，幸甚至哉。特别是近年承担"考古调查与历史研究"课程，集中阅读不同区域的石刻、方志资料，为长期从事中央制度研究的我提供了难得的地方性视角，感谢老师、同学们给予的机会。

求学人大、北大期间结识的诸位同学，一直是我梳理思路、打磨观点时的最佳交流对象。特别是北大同级闫建飞、朱义群、尹航、金炳辰，在选题、论文写作过程中，大家相互督促鼓励，彼此扶持。此外，聂文华师兄的博闻强识，贾连港师兄的明敏高效，陈希丰师兄的周详干练，任石师姐的坚韧不拔，均是我力图学习效法的对象。在宋史读书课与日常讨论中，袁璠、吴淑敏、曹杰、何天白、杨光、胡斌、张泽坤、孔洋等同门的敏锐思维，极大刺激了我对材料、议题的敏感度，中古史中心报告厅中的切磋琢磨、激烈辩论，令我至今难忘。博士学位论文写作修改过程中，方诚峰、张祎、古丽巍等师兄师姐也曾多次提供建议。人大学友张雨、赵璐璐、陈扬、郑庆寰、韩冠群、周曲洋、王申、黄晓巍、王文豪、吴同、年慧龙、王杨梅、李京泽、牟学林、刘喆、张飘、金珍、高峰等，予我教益甚多，其灼见令我受益匪浅。至于顾成瑞、朱博宇，均为我多年好友，大家不但在学习、工作方面相互砥砺，也是苦闷烦难之时的倾诉对象。感谢大家的耐心倾听与中肯建议。

博士毕业以来，本人曾多次参加尤怡文、丁义珏老师组织的浙大高研院暑期工作坊，不同学科、不同断代学者，先后聚焦官僚科层体制与财政管理、基层支配与资源征发等问题，砥砺切磋，激荡思想，惠我良多，感谢申斌、孙闻博、华喆、丁俊、李鸣飞、洪丽珠、毛亦可、曲柄睿、魏峰、傅俊等学友的指点。这些学术滋养，未能充分呈现于眼下的书稿中，但深刻影响了我接下来的思考与研究取向，也刺激我尽快"走出"博士论文，拓展新的议题空间。近些年，财政制度与国家建构间的关系，成为学界关心的话题。围绕传统国家财政活动的研究方法，学人进行了诸多反思；如何展开跨断代、通贯性的实证研究，又如何与社会科学研究者展开有效对话，更深受史学界关注。"食货"是帝制王朝维系统治的物质基础，而如何拟定计划，汲取与分配物质资源以因应具体目标，更是大部分政治体都需面对的问题，这是财政研究得以进行跨时段、跨地域、跨学科对话的基础。如何理解不同资源禀赋、政治目标、技术条件、社会文化结构中，国家财政的核心任务、达成方式与演化路径，则是我目前最为关心的议题。此外，学者近年基于史源考索，对宋代文献生成、流传进行了较多检讨，这也提示我们，在制度史研究中，需要注意核心史料的取材与编纂过程；看似资料丰富、记载整齐的表象下，需要注意同质同源材料"彼此印证"背后的陷阱。接下来的几年，本人期待在进一步消化、反思经验研究与方法论的基础上，基于区域研究视角，对赵宋王朝的财政管理模式、钱物征调格局与制度演化逻辑，进行更深入的考察，构建面向更丰富且贴合实际的历史图景。

本书大部分内容曾经会议或期刊发表，感谢会议研讨与投稿修订过程中评议老师、编辑老师与审稿专家的批评建议。本研究获得国家社科基金青年项目支持，结项过程中，外审专家的评议意见给我极大启发。出版过程中，社会科学文献出版社历史学分社的郑庆寰社长、赵晨编辑详细校阅了我的文稿，提出了许多中肯建议，对我帮助至多，在此一并致谢。一切疏漏之处，自应由本人承担责任。

求学十多年间，给予我帮助的师友还有很多，无法一一具致谢忱，只能在未来的治学道路上加倍努力。

最后，需要感谢家人对我的宽容，他们对于我学业、事业的选择，给予了无条件的支持。爷爷在我成长过程中指引甚多，当他去世时，我因疫情阻隔，没能赶回家乡送别，留下了永远的遗憾。父母张祝健、刘冰洁待人接物的包容态度，面对工作、生活难题时的勇气与责任感，作为工程师缜密、严谨的思维方式，对我影响至深。寓居北京十七年，只有寒暑假才有机会陪伴他们，深感不安。我的妻子傅乐乐，为家庭付出了很多，帮助我逐渐适应了"丈夫"这一新角色；她从事财会工作，更使我直观感受到"簿书期会"烦琐细节背后的重要意义。希望我能以更成熟的生活状态回报他们。

张亦冰

2023 年 4 月 22 日于中国人民大学人文楼

图书在版编目(CIP)数据

北宋三司财务行政体制研究 / 张亦冰著. -- 北京：
社会科学文献出版社, 2023.5（2024.6重印）
（中国人民大学唐宋史研究丛书）
ISBN 978-7-5228-1771-2

Ⅰ.①北… Ⅱ.①张… Ⅲ.①财政管理体制－研究－
中国－北宋 Ⅳ.①F812.944.1

中国国家版本馆CIP数据核字（2023）第076064号

·中国人民大学唐宋史研究丛书·
北宋三司财务行政体制研究

著　　者 / 张亦冰

出 版 人 / 冀祥德
组稿编辑 / 郑庆寰
责任编辑 / 赵　晨
责任印制 / 王京美

出　　版 / 社会科学文献出版社·历史学分社（010）59367256
　　　　　地址：北京市北三环中路甲29号院华龙大厦　邮编：100029
　　　　　网址：www.ssap.com.cn
发　　行 / 社会科学文献出版社（010）59367028
印　　装 / 三河市东方印刷有限公司

规　　格 / 开　本：787mm×1092mm 1/16
　　　　　印　张：18　字　数：294千字
版　　次 / 2023年5月第1版　2024年6月第2次印刷
书　　号 / ISBN 978-7-5228-1771-2
定　　价 / 89.00元

读者服务电话：4008918866